Kochvergnügen wie noch nie

Koch vergnügen
wie noch nie

Das große Bildkochbuch mit den besten Koch-Ideen von CHRISTIAN TEUBNER und ANNETTE WOLTER.

Die Farbfotos gestalteten CHRISTIAN TEUBENER und PETE A. EISING.

Ein Wort zuvor

»Kochvergnügen wie noch nie«, das große GU Bildkochbuch, hat sich seit seinem Erscheinen zwei Millionen Benützer und Freunde erworben. Nun liegt es als Neuauflage vor Ihnen und zeigt unsere Bemühung, Rezepte und Bilder in diesem Buch stets dem sich wandelnden kulinarischen Geschmack anzupassen, auf besondere Leserwünsche einzugehen und neue Erkenntnisse auf den Gebieten Essen und Trinken zu berücksichtigen. Natürlich bleibt dabei das erfolgreiche Prinzip gewahrt: Jede Kochidee des großen Rezept-Teiles wird in einem Farbfoto gezeigt. Sie können sich also sowohl im Durchsehen Anregungen aus den Bildern holen, als auch gezielt das Gewünschte nachschlagen, gleich, ob es Suppe oder Vorspeise, Salat oder Gemüse, Fisch, Fleisch, Geflügel oder Wild geben soll. Aufläufe, Eintöpfe, Mehlspeisen nach althergebrachten Rezepten, Desserts aus Obst, Eis und zarter Creme ergänzen die hundertfachen Kochmöglichkeiten. Und weil es wichtig ist, zu wissen, wie man sein Soll nicht überschreitet, stehen bei jedem Rezept Joule- beziehungsweise Kalorienangaben.
Nach dem erprobten Verfahren, traditionell Bewährtes zu erhalten und Überholtes auszusortieren und zu erneuern, gingen wir auch bei der ständigen Aktualisierung dieses Buches vor. So finden Sie nach wie vor die beliebten Standardrezepte der internationalen sowie der regionalen Küche und Verarbeitungsvorschläge

für die wichtigen Grundnahrungsmittel, zusätzlich aber auch Vorschläge für die Verwendung von Vollkornprodukten, von Wildkräutern, exotischen Früchten und für neue Gemüsezubereitungen. Als Zutaten der überarbeiteten Rezepte wurden möglichst Frischprodukte empfohlen. Wir bemühen uns, die gewünschten Geschmacksergebnisse ohne ausgefallene Extravaganzen und Raffinessen durch ausgewogene Kombination von Zutaten und Gewürzen zu erreichen und nicht durch ein Vielerlei von diesem und jenem. Wo tiefgefrorene Produkte jahreszeitlich bedingt oder aus Qualitätsgründen von Vorteil sind, wurden sie empfohlen, Lebensmittel aus Dosen fanden dagegen nur dann Verwendung, wenn ihre Qualität durch die Konservierung nicht beeinträchtigt wird.

Als Ergänzung finden Sie am Anfang des Buches die wichtigsten Rezepte für Saucen, Reiszubereitungen, Klöße, Kartoffelbeilagen und spezielle Ergänzungen, die am Schluß der Rezepte mit dem Hinweis »Das paßt dazu« empfohlen werden. In tabellarischer Übersicht und wesentlich erweitert schließt sich daran der große Gewürzplan an, mit dem die Kunst des Würzens für jeden leicht erlernbar ist.

Die letzten Seiten dieses Buches führen dann vom Kochvergnügen zur Küchenmeisterschaft! Zunächst zeigen wir Ihnen Menüvorschläge für die verschiedensten Gelegenheiten, so daß Sie sich als Gastgeber unnötiges Kopfzerbrechen ersparen und sicher wissen, was sich zu einem gut abgestimmten Menü kombinieren läßt.

Unter der Rubrik »Begriffe und Kniffe von A bis Z« finden Sie Rat und Auskunft in wichtigen küchentechnischen Fragen, bekannte Gerichte werden in Kurzform erklärt, sowie Hinweise über Art und Behandlung von nicht alltäglichen Produkten gegeben. Das Kapitel »Gartechniken, Garzeiten« erläutert die Grundtechniken des Garens sowie spezielle Verfeinerungsmethoden wie Flambieren oder Gratinieren. Die Tabellen mit den Garzeiten für die jeweiligen Methoden ermöglichen es Ihnen, auch unabhängig von einem bestimmten Rezept sicher zu guten Ergebnissen zu kommen.

Wenn Sie die Seite »Vor dem Start zu lesen« genau beachten, können Sie auch ohne besondere Vorkenntnisse die Rezepte dieses Buches erfolgreich nachkochen. Damit sie Ihnen sicher gelingen, gleichgültig welcher Herd in Ihrer Küche steht, geben wir Ihnen zusätzlich eine kleine Umrechnungstabelle für die Temperaturen des Backofens, die in Rezepten in Grad Celsius genannt werden.

Dies ist in der Tat ein besonderes Kochbuch. Entdeckerfreuden, gutes Gelingen und viel Erfolg damit, kurz, wahres Kochvergnügen wünschen Ihnen die Autoren

Christian Teubner
und
Annette Wolter

Wenn nicht anders angegeben, sind alle Rezepte für 4 Personen berechnet.

Sie finden in diesem Buch

Rat für die Praxis
9   Wichtige Beilagenrezepte
16 Die Kunst des Würzens
23 Kleine Getränkekunde
24 Vor dem Start zu lesen

Feine Vorspeisen, kleine Gerichte
26 Gemüse als Auftakt
30 Delikatessen aus dem Meer
32 Warme Vorgerichte

Suppen, die gut schmecken
36 Bouillon mit Einlage
38 Kräuter- und Gemüsesuppen
40 Kräftige Suppen mit Fleisch

Salate für viele Anlässe
44 Salate als Beilage
48 Salate als Mahlzeit
54 Party-Salate
58 Salate als Dessert

Fische und Krustentiere
60 Scampi und Garnelen
64 Fisch im Ganzen serviert
68 Fischfilets, Fischkoteletts
70 Matjes und Hering

Rindfleischgerichte
72 Kurzgebratenes
74 Gesotten und geschmort
78 Festliche Braten

Kalbfleischgerichte
80 Kurzgebratenes
82 Geschmortes Kalbfleisch
84 Festliche Braten

Schweinefleischgerichte
86 Kurzgebratenes
88 Geschmort und gekocht
90 Festliche Braten

Lamm- und Hammelfleischgerichte
92 Kurzgebratenes
94 Festliche Braten

Innereien, köstlich zubereitet
96 Gerichte aus Leber und Nieren
98 Lüngerl, Herz und Zunge

Hackfleisch-Variationen
100 Frikadellen international
102 Hackklößchen, Hackbraten
104 Hackbraten, Hackpastete

Von Hähnchen bis Puter
- 106 Hähnchen und Poularde
- 108 Gebratene Enten
- 110 Gans und Puter

Wild und Wildgeflügel
- 112 Kleine Wildgerichte
- 114 Klassische Wildbraten
- 116 Feine Schmorgerichte
- 118 Spezialitäten von Wildgeflügel

Gemüse und Kartoffeln
- 120 Gemüse als Beilage
- 130 Gemüse als Mahlzeit
- 140 Aromatische Pilzgerichte
- 144 Kartoffeln als Beilage
- 148 Kartoffeln als Mahlzeit

Getreide, vielfältig verwendet
- 152 Reisgerichte
- 156 Nudelspezialitäten
- 158 Vollkornmahlzeiten
- 162 Aus Grieß und Mehl

Kräftige Eintöpfe
- 164 Für kalte Tage
- 168 Aus fremden Küchen

Aufläufe als Hauptgericht
- 172 Nudelaufläufe
- 176 Gemüseaufläufe
- 180 Süße Aufläufe

Mehlspeisen und Desserts
- 182 Süße Mahlzeiten
- 190 Feine Obstdesserts
- 194 Zarte Cremes
- 200 Eis, festlich angerichtet

Besonderes für Gäste
- 202 Happen und Herzhaftes
- 208 Rustikale Leckerbissen
- 212 Feine Fondues

Vom Kochvergnügen zur Küchenmeisterschaft
- 217 Garnieren und Verzieren
- 217 Menüvorschläge
- 219 Begriffe und Kniffe von A bis Z
- 226 Gartechniken, Garzeiten

Zum Nachschlagen
- 233 Rezept- und Sachregister

Rat für die Praxis

Wer mit Liebe und Sorgfalt ein Hauptgericht bereitet, möchte auch eine ebenbürtige Beilage dazu servieren. Deshalb folgen hier einige Rezepte für beliebte Ergänzungen und Saucen, die nicht jedem ohne Kochbuch gelingen. Außerdem finden Sie unter der Rubrik »Die Kunst des Würzens« wichtige Hinweise mit einem ausführlichen Würzplan, der Ihnen Abwandlungen nach Ihren Vorräten an Kräutern und Gewürzen ermöglicht. Die »Kleine Getränkekunde« schließlich gibt in erster Linie Hinweise über das Temperieren von Wein und welche Weine bevorzugt zu welchen Gerichten passen. Wenn Sie dann noch einen Blick auf die Seite »Vor dem Start zu lesen« werfen, haben Sie sich mit diesem Buch schon so vertraut gemacht, daß die Praxis unverzüglich beginnen kann.

Wichtige Beilagenrezepte

Kartoffelpüree

Zutaten:
1 kg mehlig kochende Kartoffeln · 1 Teel. Salz · ⅜–½ l Milch · 50 g Butter · ¼ Teel. geriebene Muskatnuß

Pro Portion etwa 1 470 Joule/350 Kalorien
Zubereitungszeit: 45 Minuten

Der Arbeitsablauf:
• Die Kartoffeln waschen, dünn schälen, dabei die Keimansätze ausstechen und schlechte Stellen abschneiden.
• Die Kartoffeln in Stücke schneiden, mit dem Salz und mit Wasser bedeckt im geschlossenen Topf bei schwacher Hitze weich kochen.
• Die Milch erhitzen. Das Kochwasser von den Kartoffeln abgießen und die Kartoffeln im Topf mit dem Stampfer zerdrücken oder durch die Kartoffelpresse drücken.
• Nach und nach unter Rühren mit dem Schneebesen so viel heiße Milch zugießen, bis ein lockeres Püree entstanden ist.
• Die Butter in Stücke schneiden und unter das Püree rühren.
• Das Kartoffelpüree mit Muskat abschmecken.

Kartoffelkroketten

Zutaten:
750 g fest kochende Kartoffeln · ½ Teel. Salz · 3 Eigelbe · 3–4 Eßl. Semmelbrösel · ½ Teel. Salz · 1 Messerspitze geriebene Muskatnuß
Zum Panieren: 2 Eßl. Mehl · 2 Eiweiße · 3 Eßl. Semmelbrösel
Zum Fritieren: 500 g Fritierfett oder 1 l Öl

Pro Portion etwa 1 470 Joule/350 Kalorien
Zubereitungszeit: 1 Stunde

Der Arbeitsablauf:
• Die Kartoffeln mit dem Salz wie im vorigen Rezept beschrieben weich kochen.
• Das Kochwasser abgießen, die Kartoffeln gut ausdämpfen lassen und durch die Kartoffelpresse drücken.
• Die Eigelbe und so viel Semmelbrösel unter die Kartoffelmasse rühren, daß ein formbarer, nicht klebriger Teig entsteht.
• Die Kartoffelmasse mit Salz und dem Muskat abschmecken und eine Rolle von etwa 6 cm Durchmesser formen. Die Rolle in knapp 2 cm dicke Scheiben schneiden und die Scheiben mit leicht bemehlten Händen zu korkenförmigen Röllchen drehen.
• Die Röllchen zuerst in Mehl, dann im leicht geschlagenen Eiweiß und zuletzt in den Semmelbröseln wenden.
• Das Fritierfett oder das Öl in einer Friteuse oder einem hohen Topf auf 190 bis 200° erhitzen.
• Die Kroketten portionsweise in etwa 6 Minuten von allen Seiten goldbraun fritieren, mit dem Schaumlöffel aus dem Fett heben, auf saugfähigem Papier abtropfen lassen und warm stellen.

Wichtige Beilagenrezepte

Rat für die Praxis

Kartoffel-Mandel-Bällchen

Zutaten:
*750 g mehlig kochende Kartoffeln · 60 g Butter · 3 Eigelbe ·
1 gemahlene Bittermandel · 1 Messerspitze gemahlener Macis ·
1 Teel. Salz · 2 Eiweiße · 100 g Mandelblättchen
Zum Fritieren: 500 g Fritierfett oder 1 l Öl*

Pro Portion etwa 2 480 Joule/590 Kalorien
Zubereitungszeit: 1 Stunde und 10 Minuten

Der Arbeitsablauf:
- Die Kartoffeln mit der Schale garen, schälen, und noch heiß durch die Kartoffelpresse drücken. Die Kartoffeln etwas abkühlen lassen.
- Die Butter schaumig rühren und nach und nach die Eigelbe unterrühren.
- Die Kartoffelmasse eßlöffelweise darunterarbeiten. Die Bittermandel und den Macis zugeben, die Masse salzen und mit bemehlten Händen zu einem glatten, formbaren Teig kneten. Eventuell noch etwas Mehl unterarbeiten.
- Aus dem Teig auf einer bemehlten Arbeitsfläche eine Rolle von etwa 5 cm Durchmesser formen, in fingerdicke Scheiben schneiden und diese zu Bällchen rollen.
- Das Fett in einer Friteuse oder einem tiefen Topf auf 190 bis 200° erhitzen. Wenn kein Fritierthermometer vorhanden ist, die Temperatur mit einem 1 cm großen Weißbrotwürfel prüfen. Wird er im heißen Fett in etwa 30 Sekunden rundherum goldbraun, ist die richtige Temperatur erreicht.
- Die Bällchen zuerst im leicht geschlagenen Eiweiß, dann in den Mandelblättchen wenden.
- Die Bällchen portionsweise in etwa 6 Minuten von allen Seiten goldbraun fritieren, mit einem Schaumlöffel aus dem Fett heben, auf saugfähigem Papier abtropfen lassen und warm stellen, bis alle Mandelbällchen ausgebacken sind. Nicht zu viele Bällchen auf einmal in das heiße Fett geben, weil sonst die Temperatur zu rasch sinkt.

Pommes duchesse
Herzogin-Kartoffeln

Zutaten:
*750 g mehlig kochende Kartoffeln · 1 Teel. Salz · 60 g Butter ·
3 Eigelbe · je 1 Messerspitze geriebene Muskatnuß und weißer Pfeffer
Für das Backblech und zum Bestreichen: 3 Eßl. Butter*

Pro Portion etwa 1 615 Joule/385 Kalorien
Zubereitungszeit: 1 Stunde

Der Arbeitsablauf:
- Die Kartoffeln mit Salz wie im Rezept für Kartoffelpüree, Seite 9, weich kochen. Das Wasser abgießen.
- Die Kartoffeln gut ausdämpfen lassen und heiß durch die Kartoffelpresse in eine Schüssel drücken.
- Die Butter stückweise, dann nacheinander die Eigelbe unterrühren. Die Masse mit dem Muskat und dem Pfeffer würzen, wenn nötig noch etwas salzen.
- Den Backofen auf 200° vorheizen. Das Backblech mit Butter einfetten.
- Die Masse in einen Spritzbeutel mit weiter Sterntülle füllen und mit etwas Abstand nebeneinander Rosetten von etwa 4 cm Durchmesser auf das Backblech spritzen. Die restliche Butter schmelzen lassen und die Kartoffelrosetten damit bepinseln.
- Die Herzogin-Kartoffeln auf der mittleren Schiene im Backofen in etwa 15 Minuten goldgelb backen.

Mit der Kartoffelpresse erhalten Sie ein besonders weiches, gleichmäßiges Kartoffelpüree.

Der Pommes-frites-Schneider teilt die Knollen in gleich starke Stifte, die gleichzeitig gar werden.

Pommes frites

Zutaten:
1 kg Kartoffeln · 1 kg Fritierfett · 1 Teel. Salz · 1 Teel. süßes Paprikapulver

Pro Portion etwa 1 700 Joule/405 Kalorien
Zubereitungszeit: 1 Stunde

Der Arbeitsablauf:
- Die Kartoffeln waschen, schälen, dabei die Keimansätze ausstechen und schlechte Stellen abschneiden.
- Die Kartoffeln in etwa ½ cm dicke und 5 bis 6 cm lange Stifte schneiden. Dazu am besten einen Pommes-frites-Schneider benutzen.
- Die Kartoffelstifte in einem Sieb kalt abspülen, abtropfen lassen und mit einem sauberen Küchentuch trockentupfen.
- Das Fett in einer Friteuse oder in einem Topf auf 180° erhitzen. Wenn kein Fritierthermometer vorhanden ist, die Temperatur mit einem 1 cm großen Weißbrotwürfel prüfen. Wird dieser im heißen Fett in etwa 30 Sekunden rundherum goldgelb, ist die richtige Temperatur erreicht.
- Die Kartoffeln portionsweise fritieren: Je ein Viertel der Menge in das heiße Fett geben, am besten in einem Drahtkorb, und die Kartoffelstifte in 3 bis 4 Minuten hellgelb fritieren, dabei den Korb im heißen Fett leicht schwenken, damit die Kartoffelstifte nicht aneinander hängen bleiben. Das Fett möglichst konstant auf 180° halten.
- Die Kartoffelstifte im Drahtkorb oder mit dem Schaumlöffel aus dem Fett heben, abtropfen und auskühlen lassen.
- Die Pommes frites kurz vor dem Servieren nochmals portionsweise im heißen Fett in 4 bis 5 Minuten goldbraun fritieren. Im

Das fertig gemischte Kartoffelpüree wird in den Spritzbeutel mit Sterntülle gefüllt...

... und in kleinen Rosetten mit einigem Abstand auf das Backblech gesetzt.

Rat für die Praxis

Drahtkorb oder mit dem Schaumlöffel aus dem Fett heben, auf saugfähigem Papier gut abtropfen lassen, in eine vorgewärmte Schüssel füllen und mit etwas Salz und Paprikapulver bestreuen.
● Die fertigen Pommes frites warm stellen, bis alle Kartoffelstifte fritiert sind.

Quellreis aus weißem Reis

Zutaten:
250 g weißer Langkornreis · ½ l Wasser · 1 Teel. Salz

Pro Portion etwa 860 Joule/205 Kalorien
Zubereitungszeit: 25 Minuten

Der Arbeitsablauf:
● Den Reis in einem Sieb unter fließendem kaltem Wasser waschen, bis das abfließende Wasser klar bleibt.
● Das Wasser mit dem Salz zum Kochen bringen.
● Den Reis ins sprudelnd kochende Wasser schütten und zugedeckt bei äußerst schwacher Hitze in 20 bis 25 Minuten ausquellen lassen.
● Den Reis vorsichtig mit einer Fleischgabel auflockern und im offenen Topf bei schwacher Hitze noch einige Minuten ausdämpfen lassen.

Quellreis aus Naturreis

Naturreis ist geschälter, jedoch unpolierter Langkorn- oder Rundkornreis. Die Reiskörner sind von dem Silberhäutchen umgeben und enthalten noch den Keimling. Sie benötigen eine längere Garzeit und etwas mehr Flüssigkeit zum Ausquellen. Naturreis ist wie alle Vollkorngetreide reich an Vitamin B.

Zutaten:
250 g Naturreis · ¾ l Wasser · ½ Teel. Salz · wahlweise 2 Teel. getrocknete Kräuter wie Basilikum, Liebstöckel oder Thymian oder 1 Eßl. Currypulver oder 2 Eßl. frische gehackte Petersilie · 1 Eßl. Butter

Pro Portion etwa 1 090 Joule/260 Kalorien
Quellzeit: 2–3 Stunden
Zubereitungszeit: 1 Stunde

Arbeitsablauf:
● Den Reis in einem Sieb unter fließendem kaltem Wasser waschen und in einen Topf geben.
● Das Wasser zugießen und den Reis 2 bis 3 Stunden quellen lassen.
● Den Reis im Einweichwasser zum Kochen bringen und zugedeckt bei schwacher Hitze 30 Minuten köcheln lassen. Das Salz und die getrockneten Kräuter zufügen, umrühren und den Reis bei äußerst schwacher Hitze noch 30 Minuten nachquellen lassen. Frische Kräuter jetzt erst waschen, trockenschleudern, feinhacken und unter den Reis mischen.
● Kurz vor dem Servieren die Butter unterrühren.

Wilder Reis

Diese Delikatesse ist das teuerste Getreide der Welt. Ein Beilagengericht nur aus wildem Reis – etwa 150 g – kostet soviel wie 1 kg Schweinebraten. Man verwendet diesen Reis deshalb haupt-

Wichtige Beilagenrezepte

sächlich für Füllungen von gegartem Geflügel wie Poularde oder Puter oder setzt ihm polierten Reis zu. Wilder Reis schmeckt würzig, nußartig. Man kann ihn in Delikateßgeschäften und in Naturkostläden kaufen. Es gibt ihn nur ungeschält. Wilder Reis ist reich an Protein und Vitamin B.

Zutaten: *100 g wilder Reis · 0,6 l Wasser · ½ Teel. Salz*

Pro Portion etwa 380 Joule/90 Kalorien
Zubereitungszeit: 45 Minuten

Der Arbeitsablauf:
● Den Reis in einem Sieb unter fließendem kaltem Wasser waschen und abtropfen lassen.
● Das Wasser zum Kochen bringen, den Reis einstreuen und zugedeckt bei schwacher Hitze 30 Minuten kochen lassen. Das Salz zufügen, vorsichtig umrühren und den Reis bei sehr schwacher Hitze in etwa 10 Minuten ausquellen lassen. Das Wasser ist dann völlig aufgesogen. Die Reiskörner springen auf.
● Den Reis nach dem jeweiligen Rezept würzen und weiterverarbeiten.

Risi-Pisi
Reis mit grünen Erbsen

Diese beliebte Art, Reis als Beilage zu servieren, stammt aus Venetien. Risi-Pisi kann auch mit grünem Salat als Hauptgericht serviert werden. Für Risi-Pisi benötigt man etwas mehr Flüssigkeit als für Quellreis oder Risotto. Der Reis soll weich, die Flüssigkeit noch nicht ganz aufgesogen sein. Der Parmaschinken darf durch Speck ersetzt werden.

Zutaten:
2 Frühlingszwiebeln mit Grün · 60 g fetter Parmaschinken · 80 g Butter · 1 l Fleischbrühe · 400 g enthülste Erbsen · 250 g Rundkornreis · 50 g geriebener Parmesankäse

Pro Portion etwa 2 245 Joule/535 Kalorien
Zubereitungszeit: 45 Minuten

Der Arbeitsablauf:
● Die Zwiebeln waschen, abtropfen lassen und mit dem Zwiebelgrün kleinschneiden.
● Den Schinken würfeln.
● 40 g Butter in einem Topf zerlassen und die Zwiebeln darin glasig braten. Den Schinken zufügen und unter Wenden in etwa 5 Minuten leicht bräunen lassen.
● Die Fleischbrühe erhitzen.
● Die Erbsen in einem Sieb unter fließendem Wasser waschen und sehr gut abtropfen lassen. Die Erbsen zu den Zwiebeln und dem Schinken geben und den Topf schwenken, damit sich das Fett auf die Erbsen verteilt.
● ½ Tasse Fleischbrühe zufügen und aufkochen lassen.
● Den Reis in einem Sieb unter fließendem kaltem Wasser waschen, bis das abfließende Wasser klar bleibt. Den Reis zu den Erbsen geben und vorsichtig umrühren.
● ½ l Fleischbrühe zugießen, die Hitze zurückschalten und den Reis zugedeckt kochen lassen, bis fast die ganze Fleischbrühe aufgesogen ist.
● Den Rest der Fleischbrühe tassenweise immer dann zugießen, wenn fast keine Brühe mehr im Topf sichtbar ist.
● Den Reis insgesamt 20 Minuten kochen lassen. Er soll weich, die Fleischbrühe nicht ganz aufgesogen sein.

Wichtige Beilagenrezepte

Rat für die Praxis

- Vorsichtig die restliche Butter und die Hälfte des Parmesankäses unterrühren.
- Risi-Pisi in einer vorgewärmten Schüssel anrichten und den restlichen Parmesan dazu reichen.

Spätzle

Zutaten:
3 l Wasser · 3 Teel. Salz · 400 g Mehl · 4 Eier · ½ Teel. Salz · 2 Eßl. Butter

Pro Portion etwa 2 140 Joule/510 Kalorien
Zubereitungszeit: 40 Minuten

Der Arbeitsablauf:
- Das Wasser mit dem Salz zum Kochen bringen.
- Das Mehl in eine Schüssel sieben und in die Mitte eine Mulde drücken.
- Die Eier einzeln über einer Tasse aufschlagen, prüfen, ob sie gut sind und in die Mehlmulde gleiten lassen.
- Das Salz daraufstreuen und die Zutaten von der Mitte aus zu einem Teig verarbeiten.
- 5 Eßlöffel Wasser – etwa ½ Tasse – zugießen und unterrühren. Der Teig soll weich, jedoch nicht flüssig sein, wenn nötig, noch mehr Wasser zufügen.
- Den Teig mit einem Rührlöffel schlagen, bis er Blasen wirft.
- Den Teig portionsweise durch ein Spätzlesieb oder mit einem Spätzlehobel in das kochende Salzwasser drücken. Oder den Teig portionsweise dünn auf ein nasses Holzbrett streichen und mit einer nassen Messerklinge in etwa ½ cm dicken Streifen über die Kante des Brettes ins kochende Wasser schaben. Das Messer zwischendurch immer wieder in kaltes Wasser tauchen.
- Die Spätzle umrühren und einmal aufkochen lassen.
- Die Spätzle sinken zuerst auf den Boden. Sie sind gar, wenn sie wieder an der Oberfläche schwimmen.
- Die Spätzle mit dem Schaumlöffel aus dem Wasser heben, abtropfen lassen und warm stellen, bis der Teig verarbeitet ist.
- Die Butter in einem Topf zerlassen und die Spätzle in der Butter schwenken.

Semmelknödel

Zutaten:
10 altbackene Brötchen/Semmeln oder entsprechend viel Knödelbrot vom Bäcker · Salz · ⅜ l Milch · 1 kleine Zwiebel · ½ Bund Petersilie · 1 Eßl. Butter · 3 l Wasser · 5 Eier · 1 Teel. getrockneter Majoran · 2 Messerspitzen weißer Pfeffer · Semmelbrösel nach Bedarf

Pro Portion etwa 1 890 Joule/450 Kalorien
Zubereitungszeit: 1 Stunde und 50 Minuten

Der Arbeitsablauf:
- Die Brötchen in hauchdünne Scheiben schneiden, in eine große Schüssel füllen und mit 1 Teelöffel Salz bestreuen.
- Die Milch erhitzen und über die Brötchenscheiben gießen. Die Weißbrotmasse zudecken und 1 Stunde durchziehen lassen.
- Die Zwiebel schälen und würfeln.
- Die Petersilie waschen, trockenschleudern und feinhacken.
- Die Butter zerlassen und die Zwiebelwürfel und die Petersilie darin braten, bis die Zwiebelwürfel goldgelb geworden sind.
- Das Wasser mit Salz zum Kochen bringen.
- Die Eier einzeln über einer Tasse aufschlagen, prüfen, ob sie gut sind, und auf die weichen Brötchenscheiben geben.
- Die Zwiebelwürfel mit der Petersilie, dem Majoran und dem Pfeffer zufügen.
- Alle Zutaten mit den Händen zu einem weichen, jedoch formbaren Teig verkneten. Klebt die Masse an den Fingern, nach Bedarf Semmelbrösel unterkneten. Ist der Teig zu fest, den Milchtopf mit etwas heißem Wasser ausschwenken und die Flüssigkeit an den Teig geben.
- Mit nassen Händen einen Probekloß formen und ins kochende Wasser legen. Verliert er rasch an Volumen oder zerfällt er gar, noch mehr Semmelbrösel unter den Teig arbeiten.
- 8 bis 10 Klöße aus dem Teig formen, ins kochende Salzwasser legen und bei schwacher bis mittlerer Hitze in 15 bis 20 Minuten garen.
- Die Klöße sind gar, wenn sie an die Oberfläche steigen und sich leicht drehen.
- Die Klöße aus dem Wasser heben, abtropfen lassen und in einer vorgewärmten Schüssel anrichten.

Hefeklöße

Zutaten:
500 g Mehl · 40 g Hefe · 0,2 l Milch · 1 Teel. Zucker · 100 g Butter · 1 Ei · ½ Teel. Salz

Pro Portion etwa 2 250 Joule/535 Kalorien
Ruhezeit für den Teig: 1 Stunde und 40 Minuten
Zubereitungszeit: 40 Minuten

Der Arbeitsablauf:
- Das Mehl in eine Schüssel sieben und in die Mitte eine Vertiefung drücken.
- Die Hefe in die Mulde bröckeln.
- Die Milch lauwarm werden lassen.
- Den Zucker auf die Hefe streuen, die Milch zugießen und mit etwas Mehl zu einem Brei verrühren.
- Eine dünne Mehlschicht über den Hefevorteig stäuben und diesen zugedeckt an einem warmen Ort (22 bis 24°) gehen lassen, bis die Mehlschicht Risse zeigt.
- Den gegangenen Hefevorteig mit dem Mehl in der Schüssel mischen.
- Die Hälfte der Butter zerlassen und mit dem Ei und dem Salz zum Teig geben.
- Den Hefeteig schlagen, bis er Blasen wirft und sich vom Schüsselboden löst.
- Den Teig zugedeckt etwa 1 Stunde gehen lassen, bis er sein Volumen verdoppelt hat.

Zum Garen von Hefeklößen ein Mulltuch so am Topfrand festbinden, daß es leicht durchhängt.

Die Klöße auf das Tuch über dem kochenden Wasser legen und eine Schüssel darüberstülpen.

Rat für die Praxis

● Den gegangenen Hefeteig mit der Hand zusammenschlagen, in 12 gleich große Portionen teilen und mit bemehlten Händen Klöße daraus formen.
● Die Hefeklöße auf einem leicht bemehlten Brett zugedeckt nochmals 20 Minuten gehen lassen.
● Einen großen Topf zu knapp zwei Drittel mit Wasser füllen. Ein Mulltuch darüberlegen und mit Bindfaden so am Topfrand befestigen, daß es leicht durchhängt, jedoch nicht mit dem Wasser in Berührung kommt.
● Die Klöße nebeneinander auf das Mulltuch legen und eine in der Größe passende feuerfeste Schüssel darüberstülpen.
● Das Wasser zum Kochen bringen und die Klöße über dem kochenden Wasser in 15 bis 20 Minuten im heißen Dampf garen.
● Die Klöße nach der Hälfte der Garzeit einmal wenden.
● Die restliche Butter zerlassen.
● Die gegarten Klöße mit 2 Gabeln aufreißen und in jede Öffnung etwas flüssige Butter träufeln.

Yorkshire Pudding

Yorkshire Pudding ist in England die unverzichtbare Beilage zu Roastbeef. Die Zubereitung eines echten Yorkshire Puddings ist nur zusammen mit dem Braten des Roastbeefs möglich, denn der Yorkshire Pudding gart unter dem Rost, auf dem das Roastbeef liegt, im Backofen. Der Bratensaft vom Roastbeef tropft dabei auf den Yorkshire Pudding und macht ihn saftig und aromareich.

Zutaten:
0,2 l Milch · 100 g Mehl · 3 Eier · 1 Messerspitze Salz · 1 Prise geriebene Muskatnuß · 1 Messerspitze weißer Pfeffer · 1 Eßl. Rindertalg

Pro Portion etwa 1070 Joule/255 Kalorien
Ruhezeit: 1 Stunde
Zubereitungszeit: 35 Minuten

Der Arbeitsablauf:
● Die Milch aufkochen und dann abkühlen lassen.
● Das Mehl in einer Schüssel mit den Eiern, dem Salz, dem Muskat und dem Pfeffer verrühren. Nach und nach die Milch zugießen.
● Den Teig zugedeckt 1 Stunde kühl stellen.
● Den Rindertalg hacken und in einer flachen feuerfesten Form auf der Herdplatte zerlassen.
● Den Teig gut durchrühren und in den zerlassenen Talg in die Form gießen.
● Den Yorkshire Pudding nach 15 Minuten Bratzeit des Roastbeefs unter den Rost in die Fettpfanne stellen.
● Nach 10 Minuten die Backofentemperatur, die bis dahin etwa 230° betragen hat, auf 100° zurückschalten.
● Den Yorkshire Pudding in weiteren 15 Minuten zusammen mit dem Roastbeef fertig garen und in Streifen geschnitten heiß zum Roastbeef servieren.

Heller Kalbsfond

Zutaten:
500 g kleingehackte Kalbsknochen · 500 g Kalbsnacken · 2 Stangen Lauch/Porree · 1 kleine Sellerieknolle (250 g) · 250 g Möhren · 1 Zwiebel · 2 Gewürznelken · 1 Lorbeerblatt · 2 l Wasser · 2 Teel. Salz

Wichtige Beilagenrezepte

Zubereitungszeit: 3½ Stunden

Der Arbeitsablauf:
● Die Knochen und das Fleisch kalt waschen. Das Fleisch in Würfel schneiden.
● Vom Lauch welke Blätter entfernen. Die Stangen aufschlitzen, unter fließendem Wasser auch zwischen den Blättern waschen und die Stangen in dicke Scheiben schneiden.
● Die Sellerieknolle unter fließendem Wasser bürsten, schälen und vierteln.
● Die Möhren unter fließendem Wasser bürsten, wenn nötig schälen oder schaben und in Stücke schneiden.
● Die Zwiebel schälen und mit den Nelken und dem Lorbeerblatt spicken.
● Die Knochen mit dem Fleisch in einen großen Topf geben.
● Das Wasser zugießen, salzen und zum Kochen bringen.
● Den sich bildenden Schaum wiederholt abschöpfen.
● Das Gemüse und die gespickte Zwiebel zufügen und die Brühe bei schwacher Hitze im nicht ganz geschlossenen Topf 3 Stunden leicht sprudelnd kochen lassen. Am Ende der Garzeit soll die Flüssigkeit auf ¾ bis ½ l reduziert sein.
● Die Brühe durch ein Sieb gießen und auskühlen lassen. Wenn das Fett an der Oberfläche erstarrt ist, die Fettschicht abnehmen.

Brauner Fond

Zutaten:
500 g gehackte Rinderknochen · 500 g Rindfleisch (Parüren, das sind Fleischabschnitte, die beim Parieren eines Bratens anfallen, oder Spannrippe, Querrippe oder Hals) · 2 Bund Suppengrün (Möhre, Sellerie, Lauch, Petersilienwurzel) · 1 Zwiebel · 2 l Fleischbrühe · 3 Eßl. Öl · 1 Kräutersträußchen (Petersilie, Thymian, Majoran, Bohnenkraut, Lorbeerblatt)

Zubereitungszeit: 4–5 Stunden

Der Arbeitsablauf:
● Die Knochen in einem Sieb unter kaltem Wasser waschen und abtropfen lassen. Das Fleisch waschen und in kleine Stücke schneiden.
● Das Suppengrün waschen, putzen und in möglichst kleine Würfel schneiden.
● Die Zwiebel schälen und würfeln.
● Die Fleischbrühe erhitzen.
● Das Öl in einem großen Topf erhitzen und die Knochen mit den Fleischstückchen darin bräunen.
● Das Suppengrün und die Zwiebelwürfel zufügen und unter Wenden braun werden lassen. Mit wenig kaltem Wasser ablöschen und mit der heißen Brühe auffüllen.
● Das Kräutersträußchen zufügen.
● Die Brühe zum Kochen bringen und den sich bildenden Schaum abschöpfen.
● Die Brühe 3½ bis 4½ Stunden kochen lassen, bis die Flüssigkeit auf etwa ½ l eingekocht ist.
● Die Brühe durch ein Haarsieb gießen, auskühlen lassen und gründlich entfetten.

Wichtige Beilagenrezepte

Rat für die Praxis

Helle Buttersauce

Zutaten:
⅜ l heller Kalbsfond, Rezept Seite 13 · 4 Eßl. Butter ·
2 Eßl. Mehl · ⅛ l Sahne · 1 Eigelb · 1–2 Messerspitzen Salz ·
1 Prise weißer Pfeffer · 1–2 Teel. Zitronensaft

Pro Portion etwa 1 220 Joule/290 Kalorien
Zubereitungszeit: 20 Minuten

Der Arbeitsablauf:
● Den Kalbsfond erhitzen.
● Die Hälfte der Butter bei schwacher Hitze zerlassen.
● Das Mehl darüberstäuben und unter ständigem Rühren hellgelb werden lassen.
● Die Einbrenne mit 2 Eßlöffeln kaltem Wasser ablöschen. Unter ständigem Rühren mit dem Schneebesen nach und nach den Kalbsfond zugießen.
● Die Sauce bei schwacher Hitze unter ständigem Rühren zum Kochen bringen und unter öfterem Umrühren 15 Minuten sieden lassen.
● Den Topf vom Herd nehmen. Die Sahne mit dem Eigelb verquirlen. 3 Eßlöffel heiße Sauce unter die Sahne-Eigelb-Mischung rühren. Die Eigelb-Sahne unter Rühren in die Butter-Mehl-Sauce laufen lassen.
● Die Sauce mit dem Salz, dem Pfeffer und dem Zitronensaft abschmecken, nochmals heiß werden, jedoch nicht mehr kochen lassen.
● Zuletzt die restliche Butter teelöffelweise in die Sauce rühren.

Kapernsauce

Zutaten:
⅜ l heller Kalbsfond, Rezept Seite 13 · 2 Eßl. Butter ·
2 Eßl. Mehl · 4 Eßl. Kapern · ⅛ l saure Sahne · 1 Eigelb ·
1–2 Messerspitzen Salz · 1 Messerspitze Zucker

Pro Portion etwa 860 Joule/205 Kalorien
Zubereitungszeit: 20 Minuten

Der Arbeitsablauf:
● Den Kalbsfond erhitzen.
● Die Butter bei schwacher Hitze zerlassen.
● Das Mehl darüberstäuben und unter Rühren hellgelb werden lassen.
● Die Einbrenne unter Rühren mit 2 Eßlöffeln kaltem Wasser ablöschen. Unter ständigem Rühren mit dem Schneebesen nach und nach den Kalbsfond zugießen.
● Die Sauce bei schwacher Hitze unter ständigem Rühren zum Kochen bringen und 15 Minuten sieden lassen. Öfters umrühren.
● Die Kapern abtropfen lassen; die Einlegflüssigkeit aufbewahren.
● Den Topf mit der Sauce vom Herd nehmen, die saure Sahne mit dem Eigelb und 2 Teelöffeln Einlegflüssigkeit von den Kapern verquirlen.
● 3 Eßlöffel Sauce unter die Sahnemischung rühren und unter Rühren in die Sauce laufen lassen.
● Die Sauce mit dem Salz und dem Zucker abschmecken und die Kapern hineingeben.
● Die Sauce nochmals gut erhitzen, jedoch nicht mehr kochen lassen.

Currysauce

Zutaten:
1 kleine Zwiebel · 1 säuerlicher Apfel · ⅛ l heller Kalbsfond, Rezept Seite 13, oder Hühnerbrühe · 2 Eßl. Butterschmalz · 1 Zweig frischer oder ½ Teel. getrockneter Thymian · 2 Eßl. Mehl · 1–1½ Eßl. indisches Currypulver (Garam Masala) · ⅛ l Kokosmilch oder Milch · ¼–½ Teel. Salz · ⅛ l Sahne · 2 Eßl. Kokosraspel nach Belieben

Pro Portion etwa 1 115 Joule/265 Kalorien
Zubereitungszeit: 25 Minuten

Der Arbeitsablauf:
● Die Zwiebel schälen und kleinwürfeln.
● Den Apfel vierteln, die Viertel schälen, vom Kerngehäuse befreien und in dünne Scheiben schneiden.
● Den Kalbsfond oder die Hühnerbrühe erhitzen.
● Das Butterschmalz in einem Topf zerlassen und die Zwiebelwürfel, die Apfelscheiben und den Thymian bei mittlerer Hitze unter Wenden darin braten, bis die Apfelscheiben zerfallen.
● Das Mehl und das Currypulver darüberstäuben und unter Rühren etwa 3 Minuten braten.
● Die Einbrenne unter Rühren mit 2 Eßlöffeln kaltem Wasser ablöschen.
● Nach und nach unter ständigem Rühren mit dem Schneebesen den heißen Kalbsfond und die Kokosmilch oder die Milch zugießen.
● Die Sauce bei schwacher Hitze 15 Minuten köcheln lassen.
● Die Sauce mit dem Salz abschmecken und mit der Sahne verfeinern. Die Currysauce nochmals heiß werden, jedoch nicht mehr kochen lassen.
● Nach Belieben die Kokosraspel in einer Pfanne ohne Fettzugabe hellbraun rösten und vor dem Servieren auf die Currysauce streuen.

Sauce béarnaise
Béarner Sauce

Zutaten:
2 Schalotten · 4 weiße Pfefferkörner · je 3 Stengel Estragon und Kerbel · 3 Eßl. Estragonessig · 3 Eßl. trockener Weißwein · 100 g Butter · 3 Eigelbe · 1–2 Messerspitzen Salz · 1 Prise Cayennepfeffer

Pro Portion etwa 1 065 Joule/255 Kalorien
Zubereitungszeit: 30 Minuten

Der Arbeitsablauf:
● Die Schalotten schälen und feinhacken.
● Die Pfefferkörner zerdrücken.
● Den Estragon und den Kerbel waschen und trockenschleudern.
● Die Blättchen von den Stielen streifen, feinhacken und mischen. 1 Teelöffel Kräuter zurückbehalten und zugedeckt aufbewahren.
● Die übrigen Kräuter mit den Schalotten, dem Pfeffer, dem Essig und dem Weißwein zugedeckt bei schwacher Hitze 5 Minuten köcheln und die Flüssigkeitsmenge anschließend im offenen Topf auf die Hälfte einkochen lassen.
● In einem flachen Topf mit breitem Durchmesser Wasser für ein Wasserbad erhitzen.
● Die Butter zerlassen, jedoch nicht heiß werden lassen.

Rat für die Praxis

- Den Estragonessigsud durch ein Sieb gießen, auskühlen lassen und mit den Eigelben zusammen in einem Topf, der gut ins Wasserbad paßt, verquirlen.
- Die Mischung in heißem – nicht kochendem – Wasserbad mit dem Schneebesen schlagen, bis sie cremig wird. Den Topf aus dem Wasserbad heben und die flüssige Butter erst tropfen-, dann teelöffelweise unter die Eigelbcreme rühren.
- Die Sauce salzen und mit dem Cayennepfeffer würzen. Mit den aufbewahrten gehackten Kräutern bestreuen.

Saucen auf Eigelbbasis im Wasserbad unter Rühren erhitzen, bis sie cremig sind.

Die zerlassene Butter zuerst nur tropfenweise in die Sauce rühren, damit sie nicht gerinnt.

Sauce hollandaise
Holländische Sauce

Zutaten:
150 g Butter · 2 Eßl. Weißweinessig · 3 Eigelbe · Salz · weißer Pfeffer · 1 Prise Cayennepfeffer · 2 Teel. Zitronensaft

Pro Portion etwa 1 385 Joule/330 Kalorien
Zubereitungszeit: 30 Minuten

Der Arbeitsablauf:
- Die Butter zerlassen, jedoch nicht heiß werden lassen.
- In einem flachen Topf mit breitem Durchmesser Wasser für ein Wasserbad erhitzen.
- Den Weinessig mit 2 Eßlöffeln Wasser in einem Topf, der gut in das Wasserbad paßt, zum Kochen bringen und auf die Hälfte einkochen lassen. Die Flüssigkeit abkühlen lassen.
- Die Eigelbe salzen, pfeffern und zufügen. Alles gut verrühren.
- Den Topf in das heiße, jedoch nicht kochende Wasserbad stellen und die Masse mit dem Schneebesen rühren, bis sie cremig wird. Darauf achten, daß das Wasser nicht kocht, da die Sauce sonst gerinnt. Wenn das Wasser zum Kochen beginnen sollte, rasch mit einem Schuß kaltem Wasser herunterkühlen.
- Die Eigelbcreme aus dem Wasserbad heben.
- Die geschmolzene Butter zuerst tropfenweise, später teelöffelweise mit dem Schneebesen unter die Eigelbmasse rühren. Wenn die Sauce eine festere Konsistenz bekommt, kann die Butter eßlöffelweise untergerührt werden.
- Die Sauce mit dem Cayennepfeffer, dem Zitronensaft und nach Bedarf mit noch etwas Salz abschmecken.
- Sauce hollandaise stets lauwarm, niemals heiß servieren.

Wichtige Beilagenrezepte

Tomatensauce

Zutaten:
750 g Tomaten · 1 Zwiebel · 1 Stange Lauch/Porree · 1 Möhre · ¼ Sellerieknolle · 50 g durchwachsener Speck · 2 Eßl. Öl · ¼ l heller Kalbsfond, Rezept Seite 13, oder kräftige Fleischbrühe · 2 Eßl. Mehl · 1 Kräutersträußchen (je 2 Zweige Petersilie und Thymian, 2 Salbeiblätter, ½ Lorbeerblatt) · 1 Teel. Zucker · ½ Teel. Salz · 1 Messerspitze weißer Pfeffer

Pro Portion etwa 965 Joule/230 Kalorien
Zubereitungszeit: 1 Stunde

Der Arbeitsablauf:
- Die Tomaten häuten, vierteln und das weiche Innere mit den Kernen entfernen. Die Viertel grobhacken.
- Die Zwiebel schälen und würfeln.
- Vom Lauch die dunkelgrünen, harten Blattenden abschneiden, die Stange aufschlitzen und gründlich unter fließendem Wasser waschen. Den Lauch in Scheiben schneiden.
- Die Möhre waschen, wenn nötig schaben und in kleine Würfel schneiden.
- Die Sellerieknolle waschen, schälen und kleinwürfeln.
- Den Speck würfeln.
- Das Öl in einem Topf erhitzen und die Speckwürfel darin bräunen.
- Das gesamte zerkleinerte Gemüse zufügen und bei mittlerer Hitze unter Wenden in etwa 10 Minuten hellbraun braten.
- Den Fond oder die Fleischbrühe erhitzen.
- Das Mehl über das Gemüse stäuben und unter Rühren hellbraun braten.
- Die Einbrenne mit wenig kaltem Wasser ablöschen. Nach und nach unter Rühren mit dem Schneebesen den Fond oder die Brühe zugießen.
- Die Sauce zum Kochen bringen. Die Hitze reduzieren. Das Kräutersträußchen einlegen und die Sauce im offenen Topf bei schwacher Hitze 40 Minuten köcheln lassen. Dabei ab und zu umrühren.
- Die Sauce durch ein Sieb streichen und mit dem Zucker, dem Salz und dem Pfeffer würzen.

Meerrettichsahne

Zutaten:
1 Stück Meerrettich (etwa 75 g) · 2 Teel. Zitronensaft · 1 Teel. Zucker · 1 Prise Salz · 1 Messerspitze scharfes Paprikapulver · ⅛ l Sahne

Pro Portion etwa 485 Joule/115 Kalorien
Zubereitungszeit: 30 Minuten

Der Arbeitsablauf:
- Den Meerrettich waschen, schaben und feinreiben.
- Den geriebenen Meerrettich mit dem Zitronensaft, dem Zucker, dem Salz und dem Paprikapulver verrühren.
- Die Sahne steif schlagen und den Meerrettich unterziehen.

Remoulade

Zutaten:
2 Sardellenfilets · 150 g Delikateßmayonnaise (Fertigprodukt) · ⅛ l saure Sahne · 2 Teel. Zitronensaft · 2 Teel. mittelscharfer

Die Kunst des Würzens

Senf · *1 Messerspitze weißer Pfeffer · Salz · 50 g Pfeffergürkchen · 2 Eßl. Kapern · 1 Handvoll Kerbel · 2 kleine Zweige Estragon*

Pro Portion etwa 1 470 Joule/350 Kalorien
Zubereitungszeit: 15 Minuten

Der Arbeitsablauf:
- Die Sardellenfilets wässern.
- Die Mayonnaise mit der sauren Sahne, dem Zitronensaft, dem Senf und dem Pfeffer verrühren und mit Salz abschmecken.
- Die Pfeffergürkchen in kleine Würfel schneiden. Die Kapern abtropfen lassen und kleinschneiden.
- Die Sardellen aus dem Wasser nehmen, trockentupfen und feinhacken.
- Die Pfeffergürkchen, die Sardellen und die Kapern unter die Mayonnaise mischen.
- Den Kerbel und den Estragon waschen, trockenschleudern, die Blätter von den Stielen zupfen, sehr fein hacken und zuletzt unter die Remoulade rühren.

Sauce vinaigrette
Französische Salatsauce

Zutaten:
1 hartgekochtes Eigelb · Salz · 1 Messerspitze weißer Pfeffer · 3 Eßl. Weinessig · 6 Eßl. bestes kaltgepreßtes Olivenöl · 1 Schalotte · 1 Eßl. kleine Kapern · je 1 Bund Petersilie und Schnittlauch · 1 Handvoll Kerbel · 3 kleine Zweige Estragon

Pro Portion etwa 670 Joule/135 Kalorien
Zubereitungszeit: 15 Minuten

Der Arbeitsablauf:
- Das Eigelb mit der Gabel zerdrücken und mit Salz, dem Pfeffer, dem Essig und dem Öl verrühren.
- Die Schalotte schälen und in sehr kleine Würfel schneiden.
- Die Kapern hacken.
- Die Kräuter waschen, trockenschleudern, feinwiegen und mit der Schalotte und den Kapern unter die Salatsauce rühren.

Die Kunst des Würzens

Die Würzkraft von Kräutern und Gewürzen geht bei unsachgemäßer Behandlung und Lagerung verloren, deshalb sind folgende Punkte im Umgang mit ihnen zu beachten:
- Getrocknete Kräuter in kleinen Mengen kaufen und in lichtundurchlässigen verschließbaren Behältnissen aufbewahren.
- Samengewürze ebenfalls in kleinen Mengen ungemahlen kaufen und luftdicht verschlossen dunkel aufbewahren.
- Frische Kräuter möglichst bald verbrauchen. Zum Aufbewahren die Kräuter sehr kalt abwaschen, auf einem Küchentuch vollständig abtropfen lassen und die Stielenden abschneiden. Die Kräuter dann in ein fest verschließbares Glas (Schraubglas) geben. Auf den Boden des Glases zuvor ein Stück saugfähiges angefeuchtetes Papier legen. Stellt man die Kräuter in diesem Glas kühl, halten sie sich 8 bis 10 Tage frisch.
- Eine andere gute Methode, die Würzkraft von Küchenkräutern voll zu erhalten, ist das Einlegen in Öl. Dafür die Kräuter waschen, abtropfen lassen, nicht zu fein hacken, in kleine Gläser füllen und mit neutral schmeckendem, kaltgepreßtem Öl oder auch mit kaltgepreßtem Olivenöl bedecken und zuschrauben.
- Die dritte Methode ist das Tiefgefrieren der Kräuter. Gewaschen, gut abgetropft, gehackt oder im ganzen in kleine Gefrierdosen oder – unzerkleinert – in Alufolie packen und einfrieren. Noch gefroren lassen sich Kräuter ganz leicht auf einem Brett mit der Hand oder dem Nudelholz zerdrücken.
- Samengewürze möglichst erst kurz vor der Verwendung zerkleinern. Sie werden entweder in einer Gewürzmühle gemahlen oder im Porzellanmörser zerstoßen. Mit dem Mörser können auch Wacholderbeeren, Pfeffer- oder Pimentkörner grob zerdrückt werden, beispielsweise für Marinaden. Gewürzmischungen, wie die indischen Currymischungen, werden im Mörser bereitet. Aber auch für frische Kräutermischungen für kalte Saucen oder Kräuterbutter ist der Mörser nützlich.

Unentbehrliche Geräte für Kräuter und Gewürze: Pfeffermühle, Mörser, Holzbrettchen und Glasgefäße zum aromasicheren Aufbewahren.

- Zitrusfruchtschalen unbehandelter Früchte können so haltbar gemacht werden: Die Frucht dünn schälen. Die Schalen an der Luft trocknen lassen und in fest verschließbaren Gläsern aufbewahren. Bei Bedarf mit einer Handkaffeemühle mahlen. Oder: Die Schalen sehr fein abreiben, mit Honig vermischen und geschlossen aufbewahren. Auf diese Weise konserviert halten sich Zitrusfruchtschalen sehr lange.
- Die Gewürzmenge hängt vom persönlichen Geschmack ab. Anfangs lieber vorsichtig würzen und eher noch nachwürzen. Durch das Würzen soll der Charakter einer Speise unterstrichen, der Eigengeschmack der Zutat gehoben und nicht überdeckt werden. Wie viele verschiedene Gewürze für ein Gericht verwendet werden sollen, läßt sich nicht vorschreiben. Die in den Rezepten dieses Buches angegebenen Gewürze sind erprobte Kombinationen, doch steht es jedem frei, nach Lust und Laune zu experimentieren.
- Ungemahlene Samengewürze mitgaren lassen. Gemahlen gibt man sie erst nach dem Garen an die Speise. Getrocknete Kräuter gibt man am besten etwa 10 Minuten vor Beendigung der Garzeit an das Gericht, das genügt zur vollen Aroma-Entfaltung. In Aufläufen und Gebäck garen sie selbstverständlich von Anfang an mit. Frische Kräuter werden fast immer erst nach dem Garen an die Speise gegeben. Ausnahmen bilden das Kräutersträußchen, das mitkocht und nach dem Garen entfernt wird, und Kräuter für einen Sud oder eine Brühe.
- Frische Kräuter erst kurz vor der Verwendung kleinschneiden. Salatkräuter können bereits gehackt in Salatöl bis zur Fertigstellung der Salatsauce stehen bleiben.

Die Tabelle auf den nachfolgenden Seiten gibt eine Übersicht über die Verwendung von Kräutern und Gewürzen.

Rat für die Praxis

Die Kunst des Würzens

	Anis	Basilikum	Beifuß	Bohnenkraut	Borretsch	Cayennepfeffer	Currypulver
Suppen	süße Milchsuppen, Brot-, Obst-, Kerbel- und Kürbissuppe	Eintöpfe, Hülsenfrüchte-, Tomaten- und Fischsuppen	Zwiebelsuppe	Hülsenfrucht-, Gemüse- und Kartoffelsuppe	Kräuter- und Kartoffelsuppe	Fisch-, Gulasch-, Cremesuppen, chinesische Suppen	Fisch- und Pilzsuppen
Saucen		Tomaten-, Kräuter-, Bratensauce	Kräutersauce	Kräutersaucen auf Mayonnaise- und Essig-Öl-Basis, braune Saucen	Kräuter-, Salat- und Tomatensauce	helle Saucen, Salatsaucen	Currysauce
Salate	Obstsalate, Möhren- und Rote-Bete-Rohkost	Alle Blattsalate, Getreidesalate	Salat aus Bohnenkernen, Gurkensalat	Bohnen-, Gurken-, Kartoffel-, grüner Salat	alle grünen Blattsalate, Gurkensalat	Reis-, Nudel-, Geflügelsalat, Salat mit Garnelen	Reis-, Nudel-, Geflügel- und Eiersalat
Eierspeisen		Rührei, Käse-, Bauern-Omelette, Soufflés		Rührei, Spiegelei, Kräuteromelette, Bauern-Omelette	Kräuteromelette, Pfannkuchen	Omelette, Rührei, Spiegelei, Soufflé	gefüllte Eier
Fisch	Fischsuppe, sparsam verwenden	gebratener und gekochter Süßwasserfisch, Fisch in der Folie	gebratener fetter Fisch, Aal, Karpfen	gebratener und gedünsteter Seefisch		gebratener Fisch, Muscheln, Eintopf aus Meeresfrüchten	gedünsteter Seefisch, Garnelen
Fleisch		Kurzgebratenes, Fleisch vom Kalb, Lamm, Schwein	Schweinebraten, Hammelkeule, Schweinebauch	Lammragout, Schweinebraten, Fleischfarcen		Rind, Schwein, Gulasch, Steaks	Kalb- und Lammfleisch
Geflügel, Wild		gebratenes und geschmortes Hähnchen, Putenschnitzel	gebratene Gans, Ente, Gänseklein, Wildragout	Wildragouts		gebratenes Hähnchen, Frikassee, Wildschweinbraten	Geflügelcurry
Gemüse	Rote Bete, Möhren, Fenchel	Tomaten, Gurken, Rotkohl, Spinat, Hülsenfrüchte	Weißkohl, Wirsingkohl, Zwiebelgemüse	Hülsenfrüchte, grüne Bohnen, Gurke, Rotkohl, Möhren	Gurken, Kohlrabi, Tomaten, Weißkohl, Wirsingkohl, Kürbis	Blumenkohl, Schmorgurken	Auberginen, Blumenkohl, exotische Gemüse
Verschiedenes		Teigwaren, Vollkorngetreidegerichte, Kräuterkartoffeln, Kräuterbutter	Getreidebratlinge	Wurstgewürz, Bratkartoffeln	Kräuterbutter, Kräuterquark, Gurkenbowle	Reisgerichte, lateinamerikanische Gerichte, chinesische Gerichte	Reis, gebratene Bananen
Desserts, Gebäck	Plätzchen, Biskuits, Brot, Kompott	Pizza, Quiche		Käsegebäck			Pizza
Wissenswertes	Samen oder gemahlen verwenden, Tee aus Anis hilft bei Husten und Blähungen.	Blätter frisch oder getrocknet sparsam verwenden, nur 10 Minuten mitziehen lassen, wirkt durchwärmend, herz- und magenstärkend.	Getrocknete Blütenrispen sparsam verwenden, schmeckt bitter wie Wermutkraut, neutralisiert schwere Fette.	Getrocknet, gebündelt mitkochen – frisch gehackt an fertige Speisen geben, wirkt appetitanregend.	Frische Blätter verwenden, nicht mitkochen. Erfrischende Limonade: Blätter überbrühen, abgekühlt durchseihen, mit Honig und Zitronensaft würzen.	Sparsam verwenden, sehr scharf! Cayennepfeffer sind getrocknete pulverisierte Chilischoten.	Currypulver ist eine Mischung aus 10 bis 30 verschiedenen Gewürzen.

Die Kunst des Würzens

Rat für die Praxis

	Dill	Estragon	Fenchel	Ingwer	Kapern	Kardamom	Kerbel
Suppen	Kräuter- und Gemüsecremesuppen	Fleisch-, Geflügel-, Gemüsebrühe, Kartoffelsuppe	Brotsuppe, Möhrensuppe	Obstsuppen, Hülsenfruchtsuppen		klare Fleischbrühe, Obstsuppen	Kerbelsuppe, Kartoffelsuppe, Sauerampfer-, Brennessel- und Spinatsuppe
Saucen	Kräuter- und Dillsaucen	Sauce béarnaise, hollandaise, vinaigrette, grüne Sauce	Fenchelsauce		Kapernsauce, Remoulade, Ravigote	Fruchtsaucen	Kräuter- und Salatsaucen, grüne Sauce, Kerbelwurzel auskochen für Saucenbrühe
Salate	Gurken-, Kopf-, Kartoffel- und Reissalat	Kopf-, Gemüse-, Geflügel- und Fleischsalat	Kopfsalat (nur Blätter)	Geflügel-, Reis- und Obstsalat	Kartoffel-, Käse-, Wurst- und Fleischsalat	Obstsalat	grüner Salat, Möhrenrohkost, Kartoffel- und Tomatensalat
Eierspeisen	Rührei, Kräuteromelette	Kräuteromelette		Pfannkuchen	harte Eier, gefüllte Eier, Eier in Kapernsauce	Pfannkuchen, süßer Ausbackteig	Kräuteromelette, Rührei
Fisch	Aal, Lachs, Seefisch, Garnelen, Krebse	gedünstete Süßwasserfische, Plattfische, Thunfisch, Garnelen	Fischmarinade, Fischbouillon, gegrillter Fisch (nur Blätter)		gedünsteter Fisch, Fischragout	Fischsud	gedünsteter, gebratener und Fisch in der Folie gegart
Fleisch	Kalbsfrikassee, Lammfleischgerichte	Kalb- und Lammfleisch, gebratene Leber, Steaks und Koteletts	Schweine- und Lammfleisch (nur Blätter)	süß-saures Schweinefleisch, Hackfleischgerichte, Kalbsragout, Leber	Kalbs- und Lammfrikassee, Hackfleischgerichte, Tatar	Pasteten, Hackfleischteig, Lammragout, Kaninchen	Kalbfleischgerichte
Geflügel, Wild	gebratenes und gekochtes Huhn	Huhn, Ente, Gans, Steaks von Wildbret, Ragouts	Wildschweinbraten	exotische Geflügelgerichte	gekochtes Huhn	Wildpastete, Wildmarinade	gebratenes Huhn (frisches Kerbelkraut in die Bauchhöhle stekken), Hühnerfrikassee
Gemüse	Gurken, Kürbis, Möhren, Tomaten, Erbsen, Pilze	Linsen, Steinpilze, junge Erbsen, Möhren, Spargel	Möhren, Pilze, Hülsenfrüchte	Möhren, Kürbis, Spinat, weiße Bohnen, Lauch, Pilze		Hülsenfrüchte	Tomaten, Spinat, Erbsen
Verschiedenes	Kräuterbutter, Kräuterquark, eingelegte Gurken, Samen an Bratkartoffeln	Estragonessig, Mayonnaise, eingelegte Gurken und Zwiebeln		eingelegte Gurken, Punsch	Kräuter- und Sardellenquark	Punsch	Kräuterquark, Kräuterbutter
Desserts, Gebäck			Brot, englischer Applepie	Weihnachtsgebäck, Früchtebrot, Cremes, Melone		Brot, Weihnachtsgebäck, Apfelmus, Milchreis	
Wissenswertes	Frische Dillspitzen nicht mitkochen – Samen mitkochen, Dill wirkt appetitanregend.	Sparsam dosieren, frisch nicht mitkochen – schmeckt aromatisch, leicht bitter.	Wirkt verdauungsfördernd, gegen Magenkrämpfe, Blähungen und Husten.	Als frische Wurzel, als Pulver. Schmeckt leicht süßlich und brennend scharf.	Kapern sind die Blütenknospen des dornigen Kapernstrauchs.	Sparsam verwenden. Ungemahlene Samenkörner würzen intensiver.	Frische Blätter verwenden, nicht mitkochen – reich an Vitamin C, wirkt blutreinigend.

18

Rat für die Praxis

Die Kunst des Würzens

Knoblauch	Koriander	Kümmel	Kurkuma	Liebstöckel	Lorbeer	Macis	Majoran
Gulasch-, Kartoffelsuppe, Bouillon	Fleischbrühe, Wildsuppen, Hülsenfruchtsuppen, Kohlsuppe	Kohl-, Hülsenfrucht-, Kartoffelsuppe		Kartoffel-, Hülsenfrucht- und Gemüsesuppen	Bouillon, Ochsenschwanzsuppe, Wildsuppen	Bouillon	Kartoffel-, Tomaten-, Gemüse-, Wildsuppen, Hülsenfruchtsuppen
Aioli, Salatsaucen	dunkle Saucen		Salatdressings, scharfe Cremesaucen, Senfsauce	Kräutersaucen, Bratensauce	dunkle Saucen	helle Saucen	Braten-, Sahne-, Kräuter- und Tomatensauce
Blatt- und gemischte Salate, Tomaten- und Fleischsalat	Rote-Bete-Salat, Kohl-Salat	Rote-Bete-Salat, Kohl-, Kartoffel-, Wurst- und Käsesalat	Salate mit Krustentieren oder Fisch	grüner und gemischter Salat	Heringssalat		Kartoffel-, Fleisch-, Wurstsalat
		Rührei		Rührei		Rührei, Omelette, Soufflé	Käseomelette
gekochter, gedünsteter, gebratener, gegrillter Fisch, gebratene oder gegrillte Meeresfrüchte	Fischsud, gebratener Fisch, Aalgerichte	Fischsud, Krebse	Fischcurry, Fischsoufflé	Fischsud, gebratener Fisch	Fischsud, alle Heringsfische	Fisch-Stew	fetter Fisch, gedünstet oder gebraten
Hammel, Lamm, Schwein, Hackfleisch, Spieße, Pasteten	Schweine- und Rindfleischgerichte, Hammelfleisch, Kaninchen, Pasteten	Schwein, Sauerbraten, Gulasch, Stew	Stews und Curries mit Rindfleisch	gekochtes Rind- und Kalbfleisch, Schmorbraten, Ragout	Sauerbraten, Kalbs- und Rindergulasch, Schmorbraten, Ragouts, Gerichte aus Innereien	Kalbsfrikassee, Pasteten, Terrinen	alle fetten Fleischgerichte, Nieren, Kutteln, Leberknödel, Hackfleisch, Fleischfüllungen
gebratenes Hähnchen, Geflügelfüllungen, Wildschwein	Geflügelfüllungen, Geflügel- und Wildpasteten, Wildmarinade	gebratene Gans, Wildschwein	Hühnercurry	gekochtes Huhn, Gänseklein, Geflügelragouts	Geflügel- und Wildragouts	Geflügelragout	Huhn, Ente und Gans gebraten, Füllungen, Ragouts
Spinat, Mangold, Tomaten, Auberginen, Zucchini, Eintöpfe, Wirsing	Rote-Bete, Rotkohl, Weißkohl, Wirsingkohl, Hülsenfrüchte, Schwarzwurzeln	Weißkohl, Wirsingkohl, Sauerkraut, Hülsenfrüchte, Rote Bete	Kürbis, Okra	Spinat, Mangold, Möhren, Gemüseeintöpfe	Sauerkraut, Rotkohl, Weißkohl, Rote Bete	alle Kohlarten	Hülsenfrüchte, Bohnen, Erbsen, Zwiebeln
Knoblauchbutter und -brot	Einleggewürz für Gurken	Kartoffelgerichte, Pellkartoffeln, Quark, Käse, Getreidegerichte	Pickles, Marinaden, fernöstliche Reisgerichte	Reis- und Käsegerichte, Kräuterquark und -butter, als Einmachgewürz für Pilze und Essiggemüse	Sülze, sauer eingelegte Gurken, grüne Tomaten, Rote Bete, Mixed Pickles	Cocktails, Gemüsesäfte, Punsch	Klöße, Grünkerngerichte, Getreidebratlinge, Bratkartoffeln, Kräuterbutter, als Wurstgewürz
	Brot, Brötchen, Spekulatius, Printen, Lebkuchen	Roggenbrot, Brötchen, Kümmel- und Käsegebäck				Weihnachtsgebäck, Apfelkompott	Pizza
Knoblauch schmeckt bitter, wenn er braun gebraten wird.	Koriandersamen schmeckt würzig-lieblich, die Blätter salzigfrisch, sparsam verwenden.	Einzelgewürz, wirkt verdauungsfördernd in allen fetten Speisen, krampflösend.	Gemahlene, getrocknete Wurzel, schmeckt brennend scharf. Dunkel aufbewahren.	Frisches und getrocknetes Liebstöckel stets kurze Zeit mitkochen lassen.	Dunkelgrüne Lorbeerblätter sind aromatischer als bräunliche.	Gemahlene Muskatblüte verliert rasch an Aroma, deshalb besser ganze Macis kaufen.	Schmeckt stark aromatisch würzig. Nicht mit Oregano zusammen verwenden!

Die Kunst des Würzens

Rat für die Praxis

	Meerrettich	Muskatnuß	Nelke	Oregano	Paprika	Petersilie	Pfeffer, grün
Suppen		alle herzhaften Cremesuppen, Bouillon, ungebundene Gemüsesuppen	Bouillon aus Fleisch oder Huhn, Obst- und Wildsuppen	Bouillon, Tomatensuppe	Gulasch, Gemüsecreme- und Bohnensuppe	alle salzigen Suppen	Tomaten- und Geflügelcremesuppe
Saucen	warme Meerrettichsauce, Salatsauce, Tomatensauce, Meerrettichsahne	helle-, Kräuter-, Braten- und Käsesaucen, Sauce hollandaise	dunkle Saucen, Pilzsauce	Tomaten-, Kräuter-, Salat- und Hackfleischsauce	Bratensauce	alle Salat-, Petersilien-, Kräuter- und Hackfleischsaucen	Kräutersaucen
Salate	Kartoffel-, grüner und Tomatensalat, Möhren- und Apfelrohkost, Rote-Bete-Salat	Bohnen-, Spargel- und Kartoffelsalat	Obstsalate	Bohnen-, Tomaten-, grüner- und gemischter Salat	Fleisch-, Geflügel-, Wurst-, Nudel-, Reis- und Kartoffelsalat	alle salzigen Salate	gemischte Salate aus rohen oder gegarten Zutaten
Eierspeisen		Rührei, Soufflé		Rührei, Pfannkuchen	Rührei, Spiegelei, Eierstich	Kräuteromelette, Rührei, Eierstich	
Fisch	gekochter Fisch, Forelle, Karpfen, Lachs, Räucheraal	gekochter Fisch, Muscheln	Fischsud, gekochter Fisch, Karpfen, Aal	gedünsteter Seefisch	Fisch-Gulasch	Fischsud, gekochter, gedünsteter, gebratener, gegrillter Fisch	gegrillter Fisch, gedünsteter Plattfisch
Fleisch	gekochtes Rindfleisch, Grilladen, Sülze, Aufschnittfleisch und -wurst, Fleischfondue	helle Fleischgerichte, Pasteten, Kalbfleischgerichte	Schweine-, Lamm- und Sauerbraten, gebackener Schinken, gekochte Zunge, Pasteten	Schmorfleischgerichte aus Schweine-, Rind-, Kalb- und Lammfleisch, Hackfleischteige und -füllungen	gebratenes Schweine-, Rind- und Kalbfleisch, Gulasch aller Art, Innereien, Tatar	Schweine-, Rind-, Kalb-, Lamm- und Hackfleisch, Innereien, Füllungen	Steaks, Pasteten, Terrinen, Fleischfüllungen, Hackfleisch
Geflügel, Wild	gebratene Gans	Geflügel- und Wildragouts	Wildgerichte, Wildmarinade, gekochtes Huhn	Wildgeflügel, Geflügelfüllungen	Geflügel gebraten und geschmort, Frikassee, Wildgerichte, Wildgeflügel	gebratenes und gekochtes Huhn, Geflügelklein, Geflügelfüllungen	gebratenes Wild
Gemüse	Rote Bete	Blumenkohl, Rosenkohl, Rotkohl, Spinat, Mangold, Schwarzwurzeln	Rotkohl, Grünkohl, Sauerkraut	Paprikaschoten, Tomaten, Auberginen, Zucchini, Zwiebeln, Hülsenfrüchte	Paprika, Lauch, Gurken, Schwarzwurzeln, Sauerkraut	alle Gemüsegerichte, Pilze	gebratene Auberginen- und Zucchinischeiben, geschmorter Kürbis, Okras
Verschiedenes	zum Sauer-Einlegen von Gurken, Roten Beten und Heringen	Kartoffelpüree und -klöße, Grießnockerl, Käsefondue, Punsch, Cocktails, Sangria	Punsch, süßsauer eingelegte Kürbiswürfel, Rote Bete, Gurken, eingelegtes Obst	Vollkorngetreidegerichte	Reis-, Nudel- und Käsegerichte, Quark	Kräuterbutter, Kartoffelgerichte, Klöße, salzige Nockerl, Gemüsesäfte, Mixgetränke	Pfefferbutter, Frischkäse
Desserts, Gebäck		Weihnachtsgebäck, Applepie, Käsekuchen	Weihnachtsgebäck, Kompott	Pizza	Käsegebäck, Pizza, Quiche	Quiche	
Wissenswertes	Meerrettich am offenen Fenster reiben, damit das ätherische Öl nicht die Bindehaut der Augen reizt.	Ganze Nüsse kaufen, luftdicht verschlossen aufbewahren.	Ganze Nelken kaufen. Nelken erst bei Bedarf mahlen oder im Mörser zerdrücken.	Blätter frisch oder getrocknet sparsam verwenden. Schmeckt majoran-ähnlich, etwas schärfer, leicht bitter.	Paprika in warmes, nie in heißes Fett geben, er wird sonst bitter. Rosenpaprika vorsichtig dosieren.	Verträgt sich mit den meisten Gewürzen. Blätter und Stiele frisch verwenden, Wurzeln mitkochen.	Eingelegte grüne Pfefferkörner grobhacken, gefriergetrocknete zerdrücken oder mahlen.

20

Rat für die Praxis

Die Kunst des Würzens

Pfeffer, schwarz	Pfeffer, weiß	Pfefferminze	Piment	Pimpinelle	Portulak	Rosmarin	Safran
Bouillon (ganze Körner), dunkle Suppen	klare und helle, gebundene Suppen	Obst-, Kräuter-, Kartoffelsuppe	Gemüse-, Ochsenschwanz-, Hülsenfruchtsuppen, Bouillabaisse	Bouillon, Kräuter-, Gemüse- und Kartoffelsuppen	Kräutersuppen	Minestrone, Tomatensuppe	Fleisch- und Geflügelbouillon, Fischsuppen (Bouillabaisse)
dunkle Saucen	helle Saucen	Mintsauce	Braten-, Wild- und Salatsaucen	Kräuter-, Salatsaucen, Frankfurter Grüne Sauce	Kräutersauce, Remoulade	Salat-, Kräuter- und Tomatensauce	
grüner, Tomaten-, Käse- und Fleischsalat	alle salzigen Salate	Obst- und Gurkensalat, Möhren- und Kohlrabi-Rohkost	Rohkostsalate	grüner, gemischter, Gurken-, Kartoffel-, Tomatensalat	grüner, gemischter und Gurkensalat	Tomaten- und Reissalat, Salat aus Meeresfrüchten	Fischsalat, Russischer Salat
	Rührei, Spiegelei, Omelette			Rührei, Pfannkuchen	Rührei	Gemüseomelette	
gekochter und gebratener Seefisch, Aal, Muscheln	gekochter, gedünsteter, gebratener Fisch	gebratener Seefisch	Fischsud, eingelegte Heringe	Aal, Hecht		Fischsud, gebratener, gegrillter Fisch, Fischmarinaden und Füllungen	gekochter Fisch, Krustentier-Eintopf
dunkles Fleisch, vor allem Steaks, Rouladen, Sauerbraten, Rindfleisch-Stew, (Pfefferpothast)	Kalb- und Lammfleisch, alle Fleischgerichte in heller Sauce, Hackfleisch	Lamm- und Hammelfleisch	Hammelbraten, Fleischeintöpfe und Ragouts, Innereien, Hackfleischgerichte			Schwein, Kalb, Lamm, Hammel, kurzgebratenes Fleisch, Grilladen	Lamm- und Hammelgerichte, Fleischspezialitäten aus dem Mittelmeerraum
gebratenes Huhn, Ente, Gans, Pute, Gänseklein, Wildgerichte, Wildmarinaden	Geflügelgerichte mit heller Sauce		dunkles Geflügel, Wild, Wildmarinaden			gebratenes und geschmortes Huhn, Geflügelfüllungen, Wild, Kaninchen, Marinaden	Hühnerfleischgerichte aus dem Mittelmeer und nahöstlichen Raum
alle Kohlsorten, Tomaten, Pilze, Erbsen, Hülsenfrüchte	grüne, weiße und dicke Bohnen, Pilze	Blumenkohl, Bohnen, Schwarzwurzeln, Spinat, Wirsingkohl, Möhren	Kohlrabi, Möhren, Spinat, Rosenkohl, weiße Bohnen, Auberginen	Blumenkohl, Gurken, Kohlrabi, Lauch, Schwarzwurzeln, Tomaten, Hülsenfrüchte	Tomaten, Eintöpfe	Auberginen, Gurken, Kürbis, Tomaten, Zucchini	Ratatouille, Tomaten
als Einmachgewürz für fast alle Gemüsesorten	Cocktails	Cocktails, Gemüsesäfte	Reisgerichte	Kräuterbutter, Kräuterquark, Mayonnaise	Blätter als Salat oder gehackt aufs Butterbrot, in Quark oder Joghurt	Essiggewürz, Kräuterquark, Kartoffelgerichte	Reisgerichte (Paella, Pilaw, Risotto milanese)
Pfeffernüsse		Kompotte, Sorbets	Puddings, Pflaumenkuchen, Vollkornkuchen, Brot			Pizza	Puddings, Cremes, Gebäck
Schwarzer Pfeffer ist schärfer aber weniger aromatisch als weißer.	Pfeffer, ob schwarz oder weiß, nicht gemahlen kaufen. Immer in der Pfeffermühle mahlen.	Am schärfsten ist die rotstielige Pfefferminze, Apfelminze und Orangenminze sind zarter im Aroma.	Pimentkörner schmecken zimtig-scharf und sind verträglicher als Pfeffer.	Schmeckt herzhaft-aromatisch. Pimpinelle verliert beim Trocknen an Würzkraft.	Hervorragender Wintersalat, kann auch wie Spinat zubereitet werden.	Rosmarin schmeckt frisch oder getrocknet herb-aromatisch, schwach bitter, wirkt kreislaufanregend.	Das teuerste Gewürz der Welt. Safran dunkel aufbewahren.

Die Kunst des Würzens

Rat für die Praxis

	Salbei	Schnittlauch	Thymian	Vanille	Wacholder	Zimt	Zitronenmelisse
Suppen	Bouillon, Aalsuppe	helle Suppen, Cremesuppen, gebundene Gemüsesuppen, Bouillon	Kartoffel-, Bohnen-, Tomaten- und gemischte Gemüsesuppen	Obst- und Milchsuppen	Wild- und Fischsuppen	Obst- und Milchsuppen	Tomaten- und Obstsuppen
Saucen	Kräuter- und Salatsaucen	helle Saucen, Kräuter- und Salatsaucen	Tomaten-, Kräuter-, Salat-, Hackfleischsauce	Obst-, Vanille- und Schokoladensauce	Braten- und Wildsaucen	Wein-, Obst- und Schokoladensaucen	Kräuter- und Salatsaucen
Salate	Fisch-, Geflügel-, Tomaten-, Gurkensalat	grüner, Kartoffel-, Gemüsesalat, Rohkost	Bohnen-, Kartoffel- und Tomatensalat	Obstsalate		Obstsalate	grüner und Gurkensalat, Rohkost
Eierspeisen	Omelette, Aufläufe	Rührei, Eier in Schnittlauchsauce, gefüllte Eier	Rührei, Omelette, Soufflé, Eier in Förmchen	Aufläufe, Schaumomelette, Kaiserschmarrn		süße Pfannkuchen	
Fisch	gebratener Aal, Hering, Renke und andere fette Fische	gedünstete Seefische	gebratener, gekochter, gegrillter Fisch, Fischauflauf, Muscheln, Tintenfisch		Fischsud, Fischmarinaden		
Fleisch	Schweine-, Kalbs-, Hammelbraten, Schweineschnitzel und Koteletts, gebratener Schinken, Leber	gekochtes Rindfleisch	Rind, Kalb, Schwein, Lamm, Kaninchen, Hackfleischgerichte		Gulasch, Rinderbraten, Sauerbraten, Schweinebraten, Marinaden	orientalische Fleischgerichte, Lamm- und Hackfleischgerichte	Kalbs- und Lammragout
Geflügel, Wild	fettes gebratenes Geflügel, Wildgeflügel		dunkles Geflügel, Wild, Wildragout		Wildmarinaden, Wildragouts, Wildgeflügel	Geflügelfüllungen	
Gemüse	Erbsen, Bohnen, Tomaten, Möhren, Zwiebeln	Erbsen, Möhren, Blumenkohl, Zwiebeln, Lauch, Kohlrabi	Hülsenfrüchte, Tomaten, dicke Bohnen, Schmorgurken, Eintöpfe		Sauerkraut, Rotkohl	Rotkohl	süß-sauer eingelegtes Gemüse
Verschiedenes	Getreidegerichte, Klöße, frische Salbeiblätter in Ausbackteig im Fett gebacken	auf Butterbrot und belegte Brote, Kräuterquark, Kräuterbutter	Kartoffelgerichte, Getreidegerichte, Getreidebratlinge	Schokoladengetränke, Punsch		süße Aufläufe, Milchdrinks, Punsch, Glühwein, Rumtopf	Getreidegerichte, Kräuterquark, Gemüsesäfte
Desserts, Gebäck	Tomaten- und Lauch-Quiche, Kartoffelgerichte			Cremes, Flammeris, Milchreis, Puddings, Kuchen, Plätzchen		Milchreis, Apfelspeisen, Gebäck	
Wissenswertes	Frisch und getrocknet sparsam verwenden. Salbei enthält neben ätherischen Ölen Harz, Gerbstoffe und Mineralien.	Schnittlauch ist reich an Vitamin C, Carotin und Vitamin B_2, wirkt verdauungsfördernd, appetitanregend.	Schmeckt herbpikant und duftet erfrischend. Thymian getrocknet und frisch sparsam dosiert mitgaren.	Schote oder Pulver gut verschlossen aufbewahren. Schoten mitkochen oder das Mark herauskratzen.	Wacholderbeeren schmecken bitter-süßlich. Ihr Aroma verstärkt sich, wenn man sie leicht zerdrückt.	Bei Zimtstangen sind die hellen am aromatischsten. Stangenzimt würzt intensiv, sparsam verwenden.	Stets frisch verwenden, nicht mitkochen. Das zitronenartig würzige Aroma dieses grünen Küchenkrautes wirkt belebend.

Rat für die Praxis

Kleine Getränkekunde

Grundsätzlich heißt die Devise für Getränke »Erlaubt ist was gut schmeckt!«. Allerdings müssen dieser Devise einige Einschränkungen folgen:
Niemals zu viele verschiedene alkoholische Getränke auf einmal servieren. Für einen längeren Abend sollte sich jeder für ein Getränk entscheiden und möglichst dabei bleiben. Biertrinkern sei ein Klarer zum Bier genehmigt. Wird nur Sekt oder Champagner gereicht, so darf Sekt zu gleichen Teilen mit Orangensaft gemischt werden.
Wird zur Begrüßung der Gäste oder als Stimulans vor einem Essen ein Aperitif gereicht, so kann dieser ein Glas trockener Sekt oder Champagner sein, trockener Sherry, trockener Portwein, Madeira oder Wermut, ein Bitter-Aperitif wie Campari oder Cinzano oder ein Pernod, der nach Anis schmeckt. Bitter-Aperitifs serviert man mit einem Stück Zitronenschale und mit Soda, Aperitifs mit Anisgeschmack pur mit einem Krug Eiswürfelwasser.
Mehr Aufmerksamkeit als alle anderen Getränke verdient edler Wein:
Die Aromastoffe des Weines kommen am besten zur Geltung, wenn der Wein nicht zu kalt ist. Weißweine werden zwar gerne kalt getrunken, sollten aber nicht direkt aus dem Kühlschrank kommen, wo meist eine Temperatur von 3 bis 6° herrscht. Für den Kenner ist eine Kellertemperatur von etwa 10° für einen Weißwein von der Mosel oder von der Saar gerade die ideale Temperatur. Schwererer Weißwein, etwa ein Rheingauer oder ein Pfälzer, sollte dagegen eher bei 12° genossen werden, deutsche Rotweine und Burgunder bei 18°, junger Bordeaux bei 16°, älterer Bordeaux bei 20 bis 22° und Beaujolais bei etwa 8°. Sekt und Champagner haben bei etwa 6° ihre Idealtemperatur.
Wer die Weintemperatur nicht nur schätzen möchte, was erst nach einiger Übung gelingt, sollte sich ein Weinthermometer zulegen, das man ins gefüllte Glas taucht, um die exakte Temperatur zu messen. Die gewünschte Temperatur erreicht man durch entsprechendes Lagern des Weines einige Stunden vor dem Trinken. Muß eine Temperatur von etwa 20° erreicht werden, so stellt man ihn mehrere Stunden vor dem Servieren in das normal temperierte Zimmer. Soll der Wein nur etwa 6, 10 oder 12° haben, so kommt er unter Umständen richtig temperiert aus dem Keller, oder man legt ihn einige Stunden in den Kühlschrank und läßt ihn dann noch so lange bei Raumtemperatur stehen, bis die gewünschten Grade erreicht sind. Servieren Sie stets die leichteren Weine vor den schwereren, kühlere Weine vor den temperierten und trockene Weißweine vor Rotweinen.
Hier eine kleine Übersicht der wichtigsten Gerichte und der dazu passenden Weine:
● Vorspeisen, bestehend aus Artischocken, Avocados, Tomaten, Radieschen, Gurke, Melone, geräuchertem Fisch, Wurst, Eiern oder Pasteten, serviert man am besten mit einem trockenen Sherry.
● Zu Schal- und Krustentieren wie Krabben, Hummer, Langusten, Krebsen und Muscheln paßt ein trockener Weißwein. Zu Austern sollte man dagegen nach Möglichkeit einen Chablis reichen, einen Champagner oder einen Muscadet.
● Zur Suppe ist Wein eigentlich überflüssig.
● Zu Fischgerichten passen grundsätzlich besser Weißweine als Rotweine. Hat ein Fischgericht starken Eigengeschmack, so ist weißer Burgunder, Rheingauer, Rheinhessener, Franken-Bocksbeutel oder Portugal-Bocksbeutel zu empfehlen. Zu zart schmeckenden Fischgerichten eignet sich dagegen ein junger Mosel- oder Loire-Wein. Zu Lachs sollte der beste weiße Burgunder gereicht werden oder ein Rheinpfälzer Riesling.

Kleine Getränkekunde

● Zu Schweine- oder Kalbfleischgerichten trinkt man gerne trockene Weißweine. Sind die Gerichte nicht mit stark gewürzten Saucen bereitet, so paßt ein Badischer Weißwein vom Kaiserstuhl, eine Pfälzer Spätlese, ein Frankenwein, ein nicht zu breiter Silvaner aus Rheinhessen, ein mittlerer Rheingauer.
● Zu zarten wertvollen Fleischteilen von Rind und Lamm ist Rotwein vorzuziehen, etwa ein Bordeaux oder ein Burgunder, zu Schmorbraten, Sauerbraten, gebratener Rinderlende oder zu Rinderragout eher deutscher Rotwein von der Ahr, aus dem Rheingau oder aus Württemberg. Zu Schinken serviert man einfachen roten Bordeaux oder Burgunder. Zu rohem westfälischem Schinken oder zu geräuchertem Schwarzwälder Schinken können einfache kräftige Weißweine gereicht werden.
● Als passendes Getränk zu Wild sind dunkle schwere Rotweine üblich. Probieren Sie aber ruhig einmal zu einem zarten Wildgericht einen nicht zu trockenen Weißwein oder einen weißen Rheinpfälzer.
● Zu Innereien wie Nieren, Bries, Leber, Kutteln, Hirn und Zunge sollten einfache Weißweine gereicht werden.
● Zu Geflügel, vor allem zu Hühnergerichten, die keinen starken Eigengeschmack entwickeln, paßt ebenso gut ein roter Bordeaux wie ein weißer Burgunder, ein Rotwein aus Baden oder Tirol, ein Weißwein aus dem Rheingau oder der Pfalz. Dies gilt auch für Perlhuhn, Truthahn oder Kapaun. Roter Bordeaux paßt dagegen zu Gerichten aus nicht abgehangenem Wildgeflügel, Burgunder zu Gerichten aus abgehangenem Wildgeflügel, zu Pasteten und Galantinen. Zu Enten- oder Gansgerichten servieren Sie einen mehr süßen Rheinwein oder einen Châteauneuf-du-Pape.
● Zu Käse wird im allgemeinen ein kräftiger Rotwein getrunken. Zu sehr mildem Käse paßt aber auch ein Roséwein. Deutsche und italienische Käsesorten harmonieren gut mit italienischem Rotwein. Die meisten Käsesorten können auch ausgezeichnet mit einem Portwein genossen werden.
● Zu Süßspeisen und Desserts Madeira, roter Portwein, Muskateller, Tokajer, aber auch eine Trockenbeerenauslese, ein Eiswein oder ein Strohwein, ein Barsac oder Sauternes aus dem Bordelais oder ein Vino Santo aus Mittel- oder Süditalien.

Vor dem Start zu lesen

Rat für die Praxis

Die Rezepte des farbigen Bildteils werden als fertiges Gericht auf Farbfotos vorgestellt. Wo der verfügbare Raum für Rezepttexte etwas knapp war, haben wir kurze Formulierungen wählen müssen. Ebenfalls aus Platzmangel entfielen in einigen Fällen besondere Angaben über das Anrichten oder Garnieren, doch liefert Ihnen immer das Bild die notwendigen Anregungen dafür. Damit Sie alle Angaben über Zutaten und Kochvorgänge sofort richtig verstehen, lesen Sie bitte die folgenden Abschnitte.

Zu den Rezepten

Teelöffel und Eßlöffel: Viele Zutaten werden in kleinen Mengen benötigt. Um Ihnen den Umgang mit der Briefwaage zu ersparen, haben wir Löffelmaße verwendet. Wo nicht ausdrücklich gehäufte Löffel angegeben sind, wurde stets von gestrichenen Löffeln ausgegangen. Die Angaben 1–2 Teelöffel oder 2–3 Eßlöffel bedeuten, daß sich die Menge nach persönlichen Vorstellungen richten kann. Doch sollten Sie stets zunächst die geringere Menge verwenden.

Gewürze und Kräuter: Wie Sie mit Kräutern und Gewürzen umgehen und wie diese vorteilhaft zu verwenden sind, ersehen Sie mühelos aus der großen Tabelle auf den Seiten 17 bis 22. In den Rezepten wurden alle vorgeschlagenen Gewürze, Salz und getrocknete Kräuter bewußt in kleinen Dosen angegeben, da jeder selbst herausfinden muß, ob er ein Gericht lieber salziger, würziger oder besser nur mild gewürzt wünscht. Zum Nachwürzen sollten Sie stets nur etwas von den genannten Würzmitteln hinzufügen und nicht zusätzlich weitere Gewürze verwenden, denn ein Zuviel an Würzmischung ist dem Geschmack eher abträglich. Beim Pfeffer wurde stets angegeben, ob schwarzer, weißer oder grüner für die Speise besonders geeignet ist. Denken Sie daran, daß Pfeffer nur frisch gemahlen sein volles Aroma entwickelt! Also Pfeffer aus der Mühle über die Speisen mahlen; Pfeffer aus dem Pfefferstreuer hat bereits wenige Wochen nach dem Mahlen erheblich an Würzkraft verloren.
Auch andere Würzmittel wie Zucker, Sirup, Dicksaft, Fruchtsaft oder Spirituosen wurden stets sparsam dosiert rezeptiert; hier sollte ebenfalls der eigene Geschmack über die gewünschte Menge entscheiden.

Zitrusfrüchte: Für viele Speisen werden die Schalen von Zitrusfrüchten als Würzmittel verwendet. In diesem Fall dürfen ausschließlich naturbelassene Schalen verwendet werden, keinesfalls aus Gründen der Konservierung »behandelte«. Ob Zitrusfrüchte behandelt oder unbehandelt sind, muß deklariert werden; im Zweifelsfall vergewissern Sie sich noch einmal bei Ihrem Kaufmann, denn häufig gehen die schriftlichen Hinweise darüber verloren. In jedem Fall Zitrusfruchtschalen vor der Verwendung heiß waschen und abtrocknen.

Fleischbrühe und Gemüsebrühe: Fleischbrühe, Geflügelbrühe, Knochenbrühe oder Gemüsebrühe werden häufig für Suppen und Saucen gebraucht. Ist keine selbstbereitete oder als Konzentrat eingefrorene Brühe im Hause, so können Sie ebensogut Fleischbrühe, Gemüsebrühe und Geflügelbrühe aus Würfeln oder einem Instantprodukt herstellen.

Tiefkühlprodukte: Sie wurden immer dann empfohlen, wenn die entsprechende frische Ware nur kurze Saison hat oder ohnehin in erster Linie tiefgefroren angeboten wird. Wird für ein Rezept nicht der ganze Inhalt einer Packung gebraucht, so läßt sich der unaufgetaute Rest im Gefriergerät oder im Gefrierfach weiter

nach Zeitangaben des Herstellers lagern. Mußte aber eine ganze Packung aufgetaut werden, um die geforderte Menge verwenden zu können, so lagern Sie den Rest zugedeckt im Kühlschrank und verwenden ihn möglichst für die nächste Mahlzeit in beliebiger Form.

Sahne und Crème fraîche: Sahne ist das beste Mittel zur Verfeinerung von Speisen. Wird in den Zutaten »Sahne« angegeben, so ist stets süße, ungeschlagene Sahne gemeint. Soll sie geschlagen werden, so geht dies aus dem Rezept hervor. Sehr oft wird ausdrücklich saure Sahne oder Crème fraîche angegeben. Beide Produkte bewirken andere Geschmacksnuancen als süße Sahne und wurden bewußt eingesetzt. Crème fraîche wird mit 30% und 40% Fettgehalt angeboten. Bei der Berechnung der Kalorien gingen wir sicherheitshalber von 40%iger Crème fraîche aus.

Butter, Öl, Schmalz: Butter kann nach Belieben durch Margarine ersetzt werden. Beide Fette schmelzen bereits bei 30°, sind leicht verdaulich und ergeben höher erhitzt einen Eigengeschmack. Butter und Margarine sollten jedoch niemals längere Zeit und möglichst nicht über 100° erhitzt werden, denn sie werden dann rasch zu dunkel, was der Gesundheit schadet. Als Brat- und Fritierfett bieten sich deshalb Öl, Schmalz, Kokos- oder Palmfett an. Für Salate wird vorwiegend Öl empfohlen. Halten Sie für Ihre Salate stets eine kleinere Menge kaltgepreßtes Öl vorrätig.

Temperaturen und Garzeiten: Alle angegebenen Garzeiten in den Rezepten dieses Buches sind Mittelwerte, die durch Erfahrung im Umgang mit verschiedenen Herdtypen ermittelt wurden. Dennoch sollten Sie diese Mittelwerte auf die Back-, Brat- und Kocheigenschaften Ihres Herdes abstimmen, denn von Herdtyp zu Herdtyp ergeben sich Abweichungen für die Garzeit und für die benötigten Temperaturen. Für den Back- und Bratbereich haben wir die nötigen Temperaturen in °C angegeben. Damit Besitzer von Gasherden auf die benötigten Celsiusgrade schalten können, geben wir Ihnen nachfolgend an, wieviel Grad Celsius den Schaltstufen beim Gasherd entsprechen:

Elektroherd/°C	Gasherd/Schaltstufe
150–175°	1–2
175–200°	2–3
200–225°	3–4
225–250°	4–5
250–300°	5–8

Beachten Sie, daß Elektrobacköfen 10–20 Minuten brauchen, um die vorgeschriebene Temperatur zu erreichen. Gasbacköfen und Heißlufterde erreichen die gewünschten Temperaturen in wenigen Minuten. Besitzer von Heißluftherden müssen sich in erster Linie nach den Angaben des Herstellers richten, die in den dazugehörigen Bedienungsanleitungen enthalten sind.
Für das Kochen auf dem Herd wurden Begriffe wie sehr schwache, schwache, mittlere und starke Hitze verwendet. Die Gasflamme kann man auf einfache Weise danach regulieren. Für Elektroplatten gibt es zwar Richtwerte für die einzelnen Schaltstufen, doch sind diese sehr unterschiedlich und nicht nur vom Herdtyp, sondern auch von Schwankungen im Stromnetz abhängig. Daher muß jeder mit seinem Herd Erfahrungen machen.

Wenn nicht anders angegeben, sind alle Rezepte für 4 Personen berechnet.

Gemüse als Auftakt

Feine Vorspeisen, kleine Gerichte

Gefüllter Staudensellerie

8 Stangen Staudensellerie
1 reife Avocado
2 Eßl. Limetten- oder Zitronensaft
200 g Doppelrahm-Frischkäse
1 Eßl. Cognac oder Weinbrand
Salz, frisch gemahlener weißer Pfeffer

Pro Portion etwa 880 Joule/ 210 Kalorien

Die Selleriestangen am Wurzelende voneinander trennen und die grünen Blätter abschneiden. Die Stangen waschen, abtrocknen, von schlechten Stellen befreien und in 10 cm lange Stücke schneiden. Die Avocado halbieren, den Stein entfernen und das Avocadofleisch mit einem spitzen Löffel aus den Schalen lösen. Das Avocadofleisch mit dem Limetten- oder Zitronensaft, dem Doppelrahm-Frischkäse und dem Cognac zu einer geschmeidigen Creme verrühren. Die Creme mit Salz und frisch gemahlenem Pfeffer abschmecken. Die Avocadocreme mit einem Spritzbeutel mit kleiner Sterntülle in die Selleriestangen spritzen oder die Creme mit einem kleinen Löffel in die Selleriestangen füllen und mit der Löffelspitze gleichmäßig eindrücken. Die gefüllten Stangen auf einem Teller anrichten und bis zum Servieren im Kühlschrank aufbewahren.

Das paßt dazu: dünne, getoastete Graubrotscheibchen.

Artischocken mit Vinaigrette

4 mittelgroße Artischocken
2 Eßl. Weinessig
4 Eßl. trockener Weißwein
1 Teel. Zucker
je ½ Teel. Salz und frisch gemahlener schwarzer Pfeffer
1 Teel. scharfer Senf
3 hartgekochte Eigelbe
4 Eßl. Olivenöl
1 kleine Zwiebel
½ Knoblauchzehe
je 1 Eßl. frische gehackte Estragon- und Kerbelblättchen

Pro Portion etwa 945 Joule/ 225 Kalorien

Die Artischocken von den Stielansätzen am Boden befreien. Die Blattspitzen um je 2 cm kürzen. Die Artischocken in 3 l Salzwasser zugedeckt 40 Minuten kochen lassen. Den Essig mit dem Wein, dem Zucker, dem Salz, dem Pfeffer und dem Senf verrühren. Die Eigelbe zerdrücken, mit dem Öl mischen und unter die Essig-Wein-Marinade rühren. Die Zwiebel und die Knoblauchzehe schälen, feinhacken, den Knoblauch zerdrücken und beides mit den Kräutern in die Sauce rühren. Die Artischocken abtropfen lassen und auf vorgewärmten Tellern mit der Vinaigrette servieren. Die Artischockenblätter zupft man ab, taucht sie in die Sauce und streift das Artischockenfleisch zwischen den Zähnen aus den Blättern. Zu kleine Blätter und das »Heu« in der Mitte der Frucht werden entfernt. Den Boden ißt man zuletzt mit Sauce übergossen.

Feine Vorspeisen, kleine Gerichte

Gemüse als Auftakt

Gefüllter Chicorée

2 Stauden Chicorée (200 g)
3 Eßl. Zitronensaft
2 große Fleischtomaten
1 große kernlose Mandarine
5 gefüllte grüne Oliven
½ Teel. Salz
1 Prise frisch gemahlener schwarzer Pfeffer
1 Teel. Ahornsirup
3 Eßl. Distel- oder anderes Öl

Pro Portion etwa 505 Joule/ 120 Kalorien

Die Chicoréestauden waschen, abtrocknen, von den äußeren schlechten Blättern befreien und am Wurzelende etwas kürzen. Aus dem Wurzelende mit einem spitzen Messer einen kleinen Keil herausschneiden, denn dieser Keil enthält die meisten Bitterstoffe. Die Chicoréestauden längs halbieren und mit wenig Zitronensaft beträufeln. Die Tomaten häuten, vierteln, vom Stengelansatz und den Kernen befreien und die Tomatenviertel in Würfel schneiden. Die Mandarine sorgfältig schälen und in Spalten teilen. Die Oliven in Scheibchen schneiden. Den restlichen Zitronensaft mit dem Salz, dem Pfeffer, dem Ahornsirup und dem Öl verrühren und mit den Tomatenwürfeln, den Mandarinenspalten und den Olivenscheibchen mischen. Den Tomaten-Mandarinen-Salat zugedeckt etwa 10 Minuten durchziehen lassen, dann in die Chicoréehälften füllen und anrichten.

Das paßt dazu: getoastetes Weißbrot und eiskalte Butter.

Gefüllte Tomaten

4 mittelgroße Tomaten
300 g Maiskörner aus der Dose
100 g Thunfisch aus der Dose
1 kleine Knoblauchzehe
1 Eßl. Öl vom Thunfisch
1 Eßl. gehackte Petersilie
½ Teel. Salz
1 Messerspitze weißer Pfeffer
½ Teel. Paprikapulver, edelsüß
1 Eßl. Weinessig
1 Eßl. gemischte Kräuter

Pro Portion etwa 775 Joule/ 185 Kalorien

Die Tomaten waschen, abtrocknen und jeweils einen kleinen Deckel abschneiden. Die Tomaten mit einem kleinen spitzen Löffel vorsichtig aushöhlen, das Fruchtfleisch würfeln und dabei die Kerne entfernen. Die Maiskörner abtropfen lassen. Den Thunfisch ebenfalls abtropfen lassen und etwas zerpflücken. Den Knoblauch schälen, sehr fein hacken und mit dem Öl, der Petersilie, dem Salz, dem Pfeffer, dem Paprika und dem Essig mischen. Die Sauce mit dem Thunfisch, den Maiskörnern und dem Fruchtfleisch vermengen, in die Tomaten füllen und diese mit den gehackten Kräutern bestreuen.

> **Unser Tip**
> Statt des Thunfischs können Sie auch gegartes Geflügel- oder Rindfleisch oder gepökelte Aufschnittzunge verwenden. Dann 1–2 Eßlöffel Crème fraîche zufügen.

Gemüse als Auftakt

Feine Vorspeisen, kleine Gerichte

Mariniertes Gemüse

Zutaten für 8 Personen:
4 Artischocken
4 Tomaten
1 kleine Zucchini
10 Eßl. Öl
8 kleine Schalotten
je 1 rote und grüne
  Paprikaschote
1 Knoblauchzehe
2 Piri-Piri
2 Lorbeerblätter
1 Tasse Weinessig
2 Eßl. Zucker
1 Teel. Salz
1 Zweig Thymian

Pro Portion etwa 735 Joule/ 175 Kalorien

Die Artischocken in Salzwasser etwa 40 Minuten kochen, die Blätter anderweitig verwenden und die Artischockenherzen halbieren und abkühlen lassen. Die Tomaten häuten und halbieren, dabei Stengelansätze und Kerne entfernen. Die Zucchini in dünne Scheiben schneiden, in wenig Öl von beiden Seiten etwas anbraten und abkühlen lassen. Die Schalotten schälen. Die Paprikaschoten von Rippen und Kernen befreien und die Schotenhälften 7 Minuten in kochendem Wasser blanchieren und abtropfen lassen. Die Knoblauchzehe schälen und in Scheibchen schneiden. Die Piri-Piri halbieren, von Rippen und Kernen befreien und kleinschneiden. Das Gemüse mit den Lorbeerblättern in eine große flache Schale legen. Das restliche Öl mit dem Essig, dem Zucker und dem Salz mischen und über das Gemüse träufeln. Den Thymianzweig darauflegen. Das Gemüse zugedeckt im Kühlschrank 12–24 Stunden marinieren. Das Gemüse in der Marinade servieren.

Das paßt dazu: frisches Stangenweißbrot oder geröstetes Vollkornbrot.

Feine Vorspeisen, kleine Gerichte

Gemüse als Auftakt

Eiersülzchen mit Spargel

6 Blätter weiße Gelatine
½ l entfettete Geflügelbrühe
2 Schnapsgläser trockener Sherry (4 cl)
1 Eßl. gehackte gemischte Kräuter
4 hartgekochte Eier
400 g frisch gekochte Spargelspitzen
4 Zweige Petersilie

Pro Portion etwa 590 Joule/ 140 Kalorien

Die Gelatine in reichlich kaltem Wasser einweichen. Die Geflügelbrühe erwärmen und den Sherry zufügen. Die Gelatine ausdrücken, unter Rühren in der Geflügelbrühe auflösen und die gehackten Kräuter untermischen. In vier Förmchen etwas von der Geleeflüssigkeit gießen und schwenken, damit die Förmchen innen ganz damit überzogen sind; im Kühlschrank erstarren lassen. Die Eier schälen und in Scheiben schneiden. Auf das erstarrte Gelee Petersilieblättchen legen und je 1 Eischeibe daraufgeben. Spargelstückchen über die Eischeiben füllen und so viel Geleeflüssigkeit, daß der Spargel davon bedeckt ist. Das Gelee wieder im Kühlschrank erstarren lassen. Die Förmchen nach und nach füllen, jeweils mit Geleeflüssigkeit bedecken und erstarren lassen. Die Sülzchen 3 Stunden kühl stellen, dann auf Teller stürzen und mit Tomatenscheiben und Petersilie garniert servieren.

Das paßt dazu: eine gut gewürzte Remoulade, Rezept Seite 15, und Weißbrot.

Garnelen-Spargel-Sülzchen

400 g tiefgefrorene Garnelen
500 g Spargel, 1 Teel. Salz
Saft von 1 Zitrone
6 Blätter weiße Gelatine
⅛ l trockener Weißwein
1 hartgekochtes Ei
einige Zweige Dill

Pro Portion etwa 525 Joule/ 125 Kalorien

Die Garnelen aus der Verpackung nehmen und zugedeckt antauen lassen. Den Spargel schälen, die holzigen Enden abschneiden und die Stangen bündeln. 2 l Wasser mit dem Salz und dem Zitronensaft zum Kochen bringen, den Spargel einlegen und zugedeckt 20 bis 30 Minuten kochen lassen. Die Gelatine in reichlich kaltem Wasser einweichen. Die Garnelen abbrausen und auf Küchenkrepp abtropfen lassen. Den Spargel aus dem Sud heben, erkalten lassen und in 5 cm lange Stücke schneiden. ⅜ l vom Spargelsud abmessen, mit dem Wein mischen und mit der gut ausgedrückten Gelatine verrühren. Etwas Sülzflüssigkeit in vier Schalen oder Gläser gießen, diese schwenken und innen ganz mit der Flüssigkeit überziehen; im Kühlschrank erstarren lassen. Aus dem Ei 4 Scheiben schneiden. In jede Form auf den Aspikspiegel 1 Dillzweig, 1 Eischeibe, 2 Spargelstücke und einige Garnelen legen, mit Aspikflüssigkeit übergießen und wieder im Kühlschrank erstarren lassen. So fortfahren, bis alle Zutaten aufgebraucht sind. Die Sülzchen kühl stellen.

Delikatessen aus dem Meer

Feine Vorspeisen, kleine Gerichte

Fischragout in Jakobsmuscheln

2 l Wasser, 1 Teel. Salz
2 Zwiebeln
3 Gewürznelken
600 g Kabeljaufilet
2 Tomaten
100 g kleine Champignons
2 Eßl. Butter
½ Teel. Salz
1 Prise weißer Pfeffer
⅛ l Weißwein, 4 Eßl. Sahne
1 Eßl. gehackter Dill
4 Eßl. geriebener
   Parmesankäse
4 grüne Oliven
4 Zweiglein Dill

Pro Portion etwa 1 220 Joule/
290 Kalorien

Das Wasser mit dem Salz zum Kochen bringen. 1 Zwiebel schälen, mit den Gewürznelken bestecken und mit dem Fischfilet 10 Minuten im Salzwasser köcheln lassen. Die Tomaten häuten und würfeln. Die Champignons putzen, waschen und abtropfen lassen. Die zweite Zwiebel schälen, feinhacken und in der Butter glasig braten. Die Champignons und die Tomatenwürfel kurz darin anbraten. Das Fischfilet trockentupfen, in kleine Stücke zerteilen, zu den Champignons geben, würzen und mit dem Wein aufgießen. Alles unter Umwenden einige Minuten dünsten; dabei sollte viel Flüssigkeit verdampfen. Das Ragout mit der Sahne und dem Dill mischen, in 4 Jakobsmuscheln füllen, mit dem Käse bestreuen und im Backofen bei 220° so lange überbacken, bis der Käse leicht zu bräunen beginnt. Mit den Oliven und mit Dill garniert servieren.

Überbackene Muscheln

400 g eingelegte Muscheln aus
   dem Glas
1 Zwiebel
1 Knoblauchzehe
2 Eßl. Öl
⅛ l Weißwein
2 Eßl. Tomatenmark
½ Teel. Salz
1 Prise weißer Pfeffer
1 Messerspitze Cayennepfeffer
1 Prise getrockneter Thymian
1 Messerspitze Zucker
1 Eßl. gehackte Petersilie
4 Eßl. frisch geriebener
   Hartkäse
2 Eßl. Butter in Flöckchen

Pro Portion etwa 925 Joule/
220 Kalorien

Die Muscheln abtropfen lassen. Die Zwiebel und die Knoblauchzehe schälen und feinhacken. Das Öl erhitzen. Die Zwiebel- und die Knoblauchstückchen darin glasig braten. Den Weißwein und das Tomatenmark unterrühren, mit dem Salz, dem Pfeffer, dem Cayennepfeffer und dem zerriebenen Thymian würzen und unter Umwenden bei schwacher Hitze 10 Minuten leicht kochen lassen. Den Zukker in die Sauce rühren. Die Tomatensauce in vier feuerfeste Förmchen verteilen und die Muscheln darübergeben. Die Muscheln mit der gehackten Petersilie und dem geriebenen Käse bestreuen. Die Butterflöckchen auf die Förmchen verteilen und die Förmchen bei 200° im Backofen so lange überbacken, bis der Käse zu schmelzen beginnt.

Das paßt dazu: Weißbrot.

Feine Vorspeisen, kleine Gerichte

Delikatessen aus dem Meer

Garnelencocktail

*500 g tiefgefrorene Garnelen
1 kleiner Kopf Friséesalat
1 Teel. Zitronensaft
1 Eßl. Olivenöl
¼ kleine Honigmelone (etwa 200 g)
je ½ rote und grüne Paprikaschote
4 Eßl. Crème fraîche
½ Teel. Zitronensaft
einige Tropfen Tabascosauce
½ Teel. Salz
2 Schnapsgläser Sherry fino (4 cl)*

Pro Portion etwa 840 Joule/ 200 Kalorien

Die Garnelen aus der Verpakkung nehmen und zugedeckt bei Raumtemperatur auftauen lassen. Den Salat zerlegen, die inneren Blätter für den Cocktail verwenden und diese waschen, trockenschleudern und kleinschneiden. Vier Cocktailgläser damit auslegen. Die aufgetauten Garnelen kalt abbrausen, abtropfen lassen und mit dem Zitronensaft und dem Olivenöl beträufeln. Die Garnelen zugedeckt etwa 30 Minuten marinieren lassen. Aus der Melone die Kerne entfernen und das Fruchtfleisch mit dem Kugelausstecher aushöhlen. Die Paprikaschoten von Rippen und Kernen befreien, die Schotenhälften waschen und abtrocknen. Die grüne Schote in dünne Streifen, die rote in kleine Würfel schneiden. Die Garnelen mit den Melonenkugeln und den Paprikastücken mischen und auf dem Friséesalat anrichten. Die Crème fraîche mit dem Zitronensaft, der Tabascosauce, dem Salz und dem Sherry mischen und über die Cocktails verteilen. Nach Belieben jeden Cocktail mit 1 hauchdünn geschnittenen Zitronenscheibe garnieren.

Das paßt dazu: kleine Käsestangen oder anderes Blätterteiggebäck.

Warme Vorgerichte

Feine Vorspeisen, kleine Gerichte

Kleine Käsesoufflés

1 kleine Stange Staudensellerie
2 Eßl. Butter, 3 Eßl. Mehl
¼ l heiße Milch
je 1 Messerspitze Salz und schwarzer Pfeffer
1 Prise geriebene Muskatnuß
3 Eiweiße
1 Prise Salz, 2 Eigelbe
100 g frisch geriebener Greyerzer Käse
Für 4 Förmchen von 8 cm ⌀ mit hohem Rand: Butter

Pro Portion etwa 1325 Joule/ 315 Kalorien

Den Sellerie in dünne Scheibchen schneiden. Die Butter in einem Topf zerlassen, den Sellerie darin anbraten, das Mehl darüberstäuben und mitbraten. Mit der Milch aufgießen und unter Rühren zu einem dicken Brei kochen und würzen. Den Backofen auf 180° vorheizen. Die Förmchen mit Butter ausstreichen. Die Eiweiße mit dem Salz steif schlagen. Unter den abgekühlten Brei nach und nach die Eigelbe und den Käse mischen. Den Eischnee unterheben. Die Käsesoufflés in 30 Minuten goldgelb backen. Den Backofen während der ersten 15 Minuten keinesfalls öffnen. Die Soufflés heiß servieren.

> **Unser Tip**
> Zu niedrige Souffléförmchen können Sie mit einem Streifen Pergamentpapier, den Sie mit Butter am Rand befestigen, erhöhen.

Schinkensoufflés

200 g magerer gekochter Schinken
2 Eßl. Butter
3 Eßl. Mehl
¼ l heiße Milch
1 Messerspitze Salz
1 Teel. Paprikapulver, edelsüß
2 Eigelbe
3 Eiweiße
1 Prise Salz
Für 4 Souffléförmchen von 8 cm ⌀ mit hohem Rand: Butter

Pro Portion etwa 1345 Joule/ 320 Kalorien

Den Schinken von allen Fetträndern befreien und in sehr kleine Würfel schneiden, im Mixer fein pürieren oder mit dem Wiegemesser sehr fein hacken. Die Butter in einem Topf zerlassen, das Mehl einstäuben und unter Rühren anbraten. Nach und nach mit der Milch ablöschen und kochen lassen, bis eine dicke Masse entsteht; mit Salz und dem Paprikapulver abschmecken. Die Soufflémasse vom Herd nehmen und den Schinken unterrühren.
Den Backofen auf 180° vorheizen. Die Förmchen einfetten. Die Eigelbe unter die Soufflémasse mischen. Die Eiweiße mit dem Salz zu steifem Schnee schlagen, unter die Soufflémasse heben und diese in die Förmchen füllen. Die Soufflés im Backofen auf der zweiten Schiene von unten 30 Minuten backen. Während der ersten 15 Minuten den Backofen keinesfalls öffnen, da die Soufflés sonst nicht aufgehen. Sofort nach dem Backen servieren.

Feine Vorspeisen, kleine Gerichte

Warme Vorgerichte

Mini-Quiches

150 g Mehl
1 Messerspitze Salz
1 Prise schwarzer Pfeffer
50 g Butter
50 g durchwachsener Speck
4 Eier
⅛ l Sahne
je 1 gute Prise Salz und weißer Pfeffer
4 Eßl. frisch geriebener Emmentaler Käse
4 Teel. Butter
Für 4 Tortelettförmchen von 8–10 cm ⌀ : Butter

Pro Portion etwa 2350 Joule/ 560 Kalorien

Das Mehl auf eine Arbeitsplatte sieben, in die Mitte eine Mulde drücken. Das Salz, den Pfeffer und 4 Eßlöffel kaltes Wasser in die Mitte geben und die Butter auf den Mehlrand schneiden. Alle Zutaten rasch zu einem Teig kneten und diesen in 4 gleich große Teile schneiden. Jedes Teigstück in Größe der Förmchen ausrollen. Die Förmchen leicht einfetten und mit Teig auslegen. Den Backofen auf 200° vorheizen. Den Speck feinwürfeln, leicht anbraten und auf den Teigböden verteilen. Die Eier mit der Sahne, dem Salz, dem Pfeffer und dem Käse verquirlen. Die Masse über die Speckwürfel gießen. Auf jedes Törtchen 1 Teelöffel Butterflöckchen geben. Die Quiches auf der mittleren Schiene im Backofen 15–20 Minuten bakken; sollten die Törtchen zu rasch bräunen, ein Stück Pergamentpapier über die Törtchen legen.

Broccolitörtchen

150 g Mehl
1 Messerspitze Salz
1 Prise weißer Pfeffer
4 Eßl. kaltes Wasser
50 g Butter
500 g Broccoli
4 Blätter weiße Gelatine
je 1 Prise Salz, getrockneter gerebelter Thymian und Basilikum
4 Eßl. Gemüsebrühe (Instant)
⅛ l Sahne
2 Eiweiße
2 Eßl. frisch geriebener Parmesankäse
Für 4 Tortelettförmchen von 8 cm ⌀ : Butter

Pro Portion etwa 1640 Joule/ 390 Kalorien

Aus den Zutaten von Mehl bis Butter wie in nebenstehendem Rezept einen Mürbeteig bereiten und 4 eingefettete Förmchen damit auslegen. Den Backofen auf 200° vorheizen. Den Broccoli von Salzwasser bedeckt 15 Minuten kochen lassen. Die Gelatine in kaltem Wasser einweichen. Die Törtchen auf der mittleren Schiene des Backofens 15 Minuten vorbacken. Den Broccoli abtropfen und erkalten lassen, im Mixer pürieren und würzen. Die Gemüsebrühe erhitzen. Die Gelatine ausdrücken, in der Brühe auflösen und mit dem Püree verrühren. Die Sahne steif schlagen, unter das Püree mischen und in die Törtchen füllen. Die Eiweiße zu steifem Schnee schlagen, den Käse unterheben, das Broccolipüree damit überziehen und die Törtchen auf der mittleren Schiene bei 230° überbacken, bis der Eischnee goldgelb ist.

33

Warme Vorgerichte

Feine Vorspeisen, kleine Gerichte

Überbackenes Pilzragout

*400 g gemischte Pilze
150 g roher Schinken ohne Fettrand
1 kleine Zwiebel
2 Eßl. Butter
4 Eßl. Crème fraîche
½ Teel. Salz
1 Messerspitze weißer Pfeffer
4 Eier
4 Eßl. geriebener Goudakäse
1 Eßl. gehackte Petersilie
Für 4 feuerfeste Förmchen: Butter*

Pro Portion etwa 1615 Joule/ 385 Kalorien

Die Pilze putzen und waschen. Große Pilze in Scheibchen schneiden, kleine Pilze halbieren. Den Schinken feinwürfeln. Die Zwiebel schälen und ebenfalls feinwürfeln. Die Butter in einer Pfanne zerlassen, die Zwiebelwürfel darin glasig braten, die Schinkenwürfel und die Pilze zugeben und alles unter Umwenden etwa 3 Minuten dünsten. Die Crème fraîche unter die Pilze rühren und alles mit dem Salz und dem Pfeffer abschmecken. Den Backofen auf 210° vorheizen. Das Pilzragout in vier eingefettete feuerfeste Förmchen füllen und in die Mitte jeweils eine kleine Vertiefung drücken. Die Eier nacheinander aufschlagen und jeweils in eine Vertiefung gleiten lassen. Die Eier leicht salzen, mit dem Käse bestreuen und die Förmchen in den Backofen schieben. Das Ragout etwa 12 Minuten überbacken; die Eier sollen stocken, aber nicht fest werden. Das Ragout vor dem Servieren mit der Petersilie bestreuen.

Das paßt dazu: Toastbrot.

Feine Vorspeisen, kleine Gerichte

Warme Vorgerichte

Chinesische Frühlingsrollen

3 Eßl. getrocknete chinesische Pilze
300 g Schweinenacken
1 Eßl. Mehl
150 g Bambussprossen aus der Dose
3 Eßl. Öl, 3 Teel. Sojasauce
6 Eßl. Geflügelbrühe
1 Teel. Salz
1 Teel. Speisestärke
200 g Mehl, 1 Ei, 1 Eiweiß
Zum Fritieren: 1 l Öl

Pro Portion etwa 2035 Joule/ 485 Kalorien

Die Pilze in heißem Wasser 2 Stunden quellen lassen, dann in feine Streifen schneiden. Das Fleisch in 1 cm dünne Scheibchen schneiden und in dem Mehl wenden. Die Bambussprossen in Streifen schneiden. 2 Eßlöffel Öl erhitzen, die Pilz- und Bambusstreifen darin anbraten, mit der Sojasauce übergießen und 3 Minuten dünsten. In etwas Öl das Fleisch anbraten, mit der Geflügelbrühe ablöschen, salzen, das Gemüse untermischen. Die Fleisch-Gemüse-Mischung mit der kalt angerührten Speisestärke binden und abkühlen lassen. Das Mehl mit ⅛ l kochendheißem Wasser verrühren. Das Ei unterkneten. Aus dem Teig 8 hauchdünne Blätter ausrollen. Die Füllung darauf verteilen, die Teigränder einschlagen und Rollen formen. Die Kanten mit Eiweiß bestreichen und fest andrücken. Das Öl in einer Friteuse auf 160° erhitzen. Die Röllchen darin nacheinander von jeder Seite in 4–6 Minuten goldbraun backen.

Pastetchen mit Putenragout

4 Blätterteigpastetchen (Fertigprodukt)
600 g Putenbrust
1 Zwiebel
100 g Champignons
2 Eßl. Öl, 1 Eßl. Mehl
⅛ l Weißwein
⅛ l Fleischbrühe
4 Eßl. Crème fraîche
1 Teel. Zitronensaft
einige Spritzer Worcestershiresauce
½ Teel. Salz
je 1 Prise frisch gemahlener weißer Pfeffer und Zucker
½ Zitrone, 1 Tomate

Pro Portion etwa 1930 Joule/ 460 Kalorien

Die Blätterteigpastetchen kurz im Backofen aufbacken und darin warm halten. Das Putenfleisch in kleine Würfel schneiden. Die Zwiebel schälen und feinwürfeln. Die Champignons putzen, waschen, trockentupfen und in Scheibchen schneiden. Das Öl erhitzen, die Fleischwürfel mit den Zwiebelwürfeln darin anbraten, die Champignonscheibchen zugeben, das Mehl darüberstäuben und alles unter Umwenden kurz anbraten. Den Weißwein und die Fleischbrühe zugießen und alles bei schwacher Hitze 10 Minuten leicht kochen lassen. Das Ragout mit der Crème fraîche verrühren und mit den restlichen Zutaten abschmecken, dann in die warmen Pastetchen füllen und auf einer vorgewärmten Platte anrichten. Nach Belieben mit Zitronenscheiben und Tomatenachteln garnieren.

Bouillon mit Einlage

Suppen, die gut schmecken

Bouillon mit gefüllten Pfannkuchen

150 g Mehl
1 Ei
je ⅛ l Milch und Mineralwasser
1 Prise Salz
2 Eßl. Öl
1 große Zwiebel
200 g Bratwurstmasse
100 g geschabte Leber
je 1 Messerspitze Salz, weißer Pfeffer und Selleriesalz
1 l heiße Bouillon
1 Eßl. gehackte Petersilie

Pro Portion etwa 1950 Joule/ 465 Kalorien

Das Mehl mit dem Ei, der Milch, dem Mineralwasser und dem Salz verrühren und zugedeckt 30 Minuten ruhen lassen. Etwas Öl in einer Pfanne erhitzen. Nach und nach kleine dünne Pfannkuchen aus dem Teig braten. Die fertigen Pfannkuchen heiß halten. Die Zwiebel schälen und feinwürfeln. Die Bratwurstmasse mit der geschabten Leber, den Zwiebelwürfeln, dem Salz, dem Pfeffer und dem Selleriesalz mischen und im restlichen Bratfett in der Pfanne unter ständigem Umwenden einige Minuten anbraten. Die Masse dann auf die Pfannkuchen streichen, die Pfannkuchen aufrollen und in etwa 1 cm dikke Scheiben schneiden. Die Pfannkuchenröllchen in Suppentassen oder Suppenteller geben und mit der heißen Bouillon übergießen. Jede Portion mit etwas Petersilie bestreuen.

Leberknödelsuppe

2 altbackene Brötchen
⅛ l lauwarme Milch
2 Eier
1 Zwiebel
400 g geschabte oder durchgedrehte Rinderleber
1 Eßl. gehackte Petersilie
1 Prise getrockneter Majoran
½ Teel. abgeriebene Zitronenschale
1 Teel. Salz
1 Prise schwarzer Pfeffer
etwa 1 Eßl. Semmelbrösel
¾ l würzige Bouillon

Pro Portion etwa 1340 Joule/ 320 Kalorien

Die Brötchen in kleine Stücke reißen und in kaltem Wasser einweichen. Die Brötchen dann gut ausdrücken, in eine Schüssel geben und mit der Milch übergießen. Die Eier über die Brötchen schlagen. Die Zwiebel sehr fein hacken. Die Leber, die Petersilie, den gerebelten Majoran, die Zitronenschale, die Zwiebelwürfelchen, das Salz, den Pfeffer und die Semmelbrösel zugeben und alles zu einem geschmeidigen Teig verkneten. 12 etwa walnußgroße Klößchen aus dem Teig formen. Etwa 1½ l Salzwasser zum Kochen bringen. Die Leberknödel ins siedende Salzwasser legen und in etwa 20 Minuten bei schwacher Hitze gar ziehen lassen. Inzwischen die Bouillon erhitzen, in Suppentassen anrichten und die Leberknödel in die heiße Bouillon legen.

Suppen, die gut schmecken

Bouillon mit Einlage

Minestrone

*100 g Kartoffeln
1 Zwiebel
2 mittelgroße Möhren
100 g Lauch/Porree
400 g Weißkohl
100 g Knollensellerie
1 Knoblauchzehe
50 g durchwachsener Speck
2 Eßl. Öl
1 l heiße Bouillon
100 g tiefgefrorene Erbsen
100 g tiefgefrorene grüne
   Bohnen
1 Messerspitze Salz
1 Prise weißer Pfeffer
4 Eßl. gehackte Petersilie
1 Eßl. gehacktes Liebstöckel
   und Selleriegrün
100 g gekochter Reis
100 g geriebener Parmesankäse*

Pro Portion etwa 1 450 Joule/ 345 Kalorien

Die Kartoffeln und die Zwiebel schälen. Das übrige Gemüse waschen und putzen. Die Kartoffeln, die Möhren und den Kohl in Streifen schneiden, den Lauch und die Zwiebel in Scheiben. Den Sellerie kleinwürfeln. Die Knoblauchzehe schälen und feinhacken. Den Speck würfeln und in dem Öl in einem großen Topf ausbraten. Das vorbereitete Gemüse mit dem Knoblauch in dem Fett von allen Seiten anbraten und mit der Bouillon aufgießen. Die tiefgefrorenen Erbsen und grünen Bohnen zufügen. Die Minestrone 20 Minuten bei schwacher Hitze zugedeckt kochen lassen. Die Suppe mit Salz und Pfeffer abschmecken. Die Kräuter und den Reis unterrühren und alles gut erhitzen. Den Parmesankäse gesondert zur Minestrone reichen.

Waterzooi

Holländische Fischsuppe

*Zutaten für 6 Personen:
1 Zwiebel
1 Bund Petersilie
750 g Fischabfälle (Schwänze,
   Flossen und Köpfe)
1 Lorbeerblatt
6 schwarze Pfefferkörner
¼ l trockener Weißwein
200 g Staudensellerie
50 g Butter
je 400 g Aal, Karpfen und
   Hecht
½ Teel. getrockneter Thymian
1 Teel. Salz
½ Teel. weißer Pfeffer*

Pro Portion etwa 1 220 Joule/ 290 Kalorien

Die Zwiebel schälen und in Ringe schneiden. Die Petersilie waschen und grobhacken. Die Fischabfälle waschen und mit den Zwiebelringen und der Petersilie, dem Lorbeerblatt und den Pfefferkörnern in einen Topf geben, den Wein und 1¼ l Wasser zugießen, alles zum Kochen bringen und bei schwacher Hitze 30 Minuten ziehen lassen. Inzwischen den Sellerie putzen und in Scheiben schneiden. Die Butter in einem großen Topf zerlassen, die Selleriescheiben zugedeckt darin etwa 10 Minuten dünsten. Die Fischbrühe durchseihen und zum Sellerie gießen. Die Fischstücke waschen, in Portionsstücke schneiden, in den Sud legen, mit dem Thymian, dem Salz und dem Pfeffer würzen und etwa 10 Minuten ziehen lassen; der Fisch sollte dabei nicht zerfallen. Die Suppe vor dem Servieren noch einmal abschmecken.

Kräuter- und Gemüsesuppen

Suppen, die gut schmecken

Kressesuppe mit Croûtons

1 Zwiebel
2 Kästchen Kresse
50 g Butter
1 Eßl. Schnittlauchröllchen
¾ l heiße Gemüse- oder Geflügelbrühe (Instant)
Salz und weißer Pfeffer
1 Prise geriebene Muskatnuß
2 Schnapsgläser trockener Weißwein (4 cl)
2 Eigelbe
⅛ l Sahne
2 Scheiben Toastbrot

Pro Portion etwa 1 260 Joule/ 300 Kalorien

Die Zwiebel schälen und feinhacken. Die Kresseblättchen mit einer Küchenschere abschneiden, in einem Sieb abbrausen und gut abtropfen lassen. 2 Eßlöffel der Kresseblättchen beiseite stellen. Von der Butter 1 Eßlöffel abnehmen, die übrige Butter in einem Topf zerlassen und die Zwiebel mit der Kresse unter Umwenden 2 Minuten darin anbraten. Den Schnittlauch und die Brühe zugeben, einmal aufkochen lassen. Die Brühe mit Salz und Pfeffer abschmecken und den Muskat unterrühren. Den Weißwein mit den Eigelben und der Sahne verquirlen. 4–5 Eßlöffel von der heißen Suppe in die Ei-Sahne rühren. Die Suppe vom Herd nehmen und die Ei-Sahne einrühren. Die Suppe noch einmal erhitzen, aber nicht mehr kochen lassen. Das Toastbrot würfeln und in der restlichen Butter goldbraun rösten. Die Suppe anrichten, mit den Toastwürfeln und den übrigen Kresseblättchen bestreuen.

Champignoncremesuppe

300 g Champignons
1 Zwiebel, 4 Eßl. Butter
3 Eßl. gehackte Petersilie
4 Eßl. Mehl
¾ l heiße Gemüse-, Fleisch- oder Geflügelbrühe (Instant)
Salz und weißer Pfeffer
⅛ l Sahne

Pro Portion etwa 1 365 Joule/ 325 Kalorien

Die Champignons putzen, waschen und blättrig schneiden. Die Zwiebel schälen und feinwürfeln. 2 Eßlöffel der Butter zerlassen und die Zwiebelwürfel mit den Champignons darin anbraten. Die Hälfte der Petersilie dazugeben und den Topf dann beiseite stellen. In einem anderen Topf die restliche Butter zerlassen, das Mehl hineinstäuben, unter Umrühren hellgelb anbraten und mit der heißen Brühe aufgießen. Die Suppe unter Umrühren mehrmals aufkochen lassen und mit Salz und Pfeffer abschmecken. Die Champignon-Zwiebel-Mischung zufügen und die Sahne einrühren. Die Suppe mit der restlichen Petersilie bestreuen.

Unser Tip
Eine Pilzcremesuppe können Sie auch mit allen anderen Pilzarten, die frisch auf dem Markt angeboten werden, bereiten. Sehr gut schmeckt eine Suppe aus gemischten Pilzen.

Suppen, die gut schmecken

Kräuter- und Gemüsesuppen

Sardische Selleriesuppe

1 Zwiebel
1 Knoblauchzehe
1 mittelgroße Möhre
300 g Rinderbrust
2 Eßl. Olivenöl
2 Eßl. Tomatenmark
500 g Staudensellerie
1 l heißes Wasser, 1 Teel. Salz
1 Messerspitze Peperoncino (kleine scharfe Paprikaschote)
2 Scheiben Toastbrot
1 Eßl. Butter
100 g frisch geriebener Parmesan- oder Pecorinokäse

Pro Portion etwa 1970 Joule/ 470 Kalorien

Die Zwiebel und die Knoblauchzehe schälen und feinhacken. Die Möhre waschen, schaben und in winzige Würfel schneiden. Das Fleisch waschen, abtrocknen und ebenfalls in kleine Würfel schneiden. Das Öl in einem Topf erhitzen, das Gemüse mit dem Fleisch unter Umwenden 3–4 Minuten anbraten. Das Tomatenmark mit etwas Wasser verrühren, zum Fleisch gießen und alles zugedeckt bei schwacher Hitze 20 Minuten schmoren lassen. Den Sellerie waschen, putzen und die Stangen in 1 cm dicke Scheiben schneiden. Den Sellerie zum Fleisch geben und 5 Minuten mitschmoren. Das heiße Wasser, das Salz und den Peperoncino zugeben und alles weitere 30 Minuten leicht kochen lassen. Das Brot würfeln, in der Butter goldgelb braten und mit der kochendheißen Suppe übergießen. Den geriebenen Käse gesondert dazu reichen.

Sauerampfersuppe

500 g junge Sauerampferblätter oder anderes gemischtes Wildgemüse aus jungen Brennesselblättern, jungem Löwenzahn und wenigen Blättern von Hirtentäschel und weißer Melde
4 Eßl. Butter
1 l heiße Gemüsebrühe (Instant)
2 Eigelbe
1 Prise Cayennepfeffer
⅛ l Sahne, Salz
2 Scheiben Toastbrot
1 Eßl. gehackter Kerbel

Pro Portion etwa 1340 Joule/ 320 Kalorien

Den Sauerampfer mehrmals gründlich waschen, gut abtropfen lassen und in feine Streifen schneiden. 2 Eßlöffel von den Sauerampferstreifen beiseite stellen. 3 Eßlöffel von der Butter zerlassen und den Sauerampfer bei schwacher Hitze einige Minuten darin andünsten. Die Gemüsebrühe zugießen und alles zugedeckt 15 Minuten schwach kochen lassen. Die Eigelbe mit dem Cayennepfeffer und der Sahne verquirlen, 5–6 Eßlöffel von der heißen Suppe unter die Ei-Sahne rühren. Die Suppe vom Herd nehmen und die Ei-Sahne mit der Suppe mischen. Die Suppe durch ein Sieb in einen anderen Topf passieren und nach Geschmack mit Salz und Cayennepfeffer abschmecken. Die Suppe heiß halten. Das Brot in der übrigen Butter von beiden Seiten goldbraun anbraten, zerbrechen und mit den zurückbehaltenen Sauerampferstreifen und dem Kerbel auf die Suppe geben.

39

Kräftige Suppen mit Fleisch

Suppen, die gut schmecken

Kräftige Gulaschsuppe

300 g Schweinebrustspitz
200 g Rinderbrust
2 Zwiebeln
100 g Möhren
1 grüne Paprikaschote
4 Fleischtomaten
2 Eßl. Öl
1 l heißes Wasser
1 Teel. Salz
1 Eßl. Paprikapulver, edelsüß
je 1 Prise schwarzer Pfeffer,
  Rosenpaprika- und
  Knoblauchpulver
$1/16$ l Sahne

Pro Portion etwa 2310 Joule/ 550 Kalorien

Das Fleisch waschen, trockentupfen und in gleich kleine Würfel schneiden. Die Zwiebeln schälen und in Ringe schneiden. Die Möhren schaben, waschen und in Scheiben schneiden. Die Paprikaschote halbieren, von Rippen und Kernen befreien, die Schotenhälften waschen und in Streifen schneiden. Die Tomaten häuten, von den Stengelansätzen befreien und die Tomaten würfeln; den dabei ausfließenden Saft aufbewahren. Das Öl in einem Topf erhitzen und die Zwiebelringe darin anbraten. Die Fleischwürfel zugeben und unter Umwenden 5 Minuten von allen Seiten anbraten. Die Möhrenscheiben und die Paprikastreifen sowie die Tomaten mit dem Saft zugeben, kurz andünsten, mit dem heißen Wasser auffüllen, das Salz und das Paprikapulver zufügen und die Suppe zugedeckt bei schwacher Hitze 1 Stunde leicht kochen lassen. Die Suppe danach mit dem Pfeffer, dem Rosenpaprika- und dem Knoblauchpulver und eventuell noch mit etwas Salz abschmecken. Vor dem Servieren die Sahne in die Suppe rühren.

Suppen, die gut schmecken

Kräftige Suppen mit Fleisch

Tomatensuppe mit Reis

2 Zwiebeln
2 Eßl. Olivenöl
250 g Tatar
150 g Langkornreis
1 l Tomatensaft aus der Dose
1 Teel. Salz
1 Messerspitze schwarzer Pfeffer
1 Teel. Kümmel
je 1 Prise Zucker und Cayennepfeffer
2 Eßl. gehackte Petersilie

Pro Portion etwa 1 260 Joule/ 300 Kalorien

Die Zwiebeln schälen und kleinwürfeln. Das Öl in einem genügend großen Topf erhitzen, die Zwiebelwürfel unter Umwenden darin glasig braten, das Tatar und den Reis zugeben und alles unter Umwenden einige Minuten anbraten. Den Tomatensaft zugießen, das Salz und den Pfeffer unterrühren und alles zugedeckt bei schwacher Hitze 20 Minuten leicht kochen lassen. Die Suppe zuletzt mit dem Kümmel, dem Zucker und dem Cayennepfeffer würzen und mit der gehackten Petersilie bestreuen.

Unser Tip
Wenn die Suppe als Hauptgericht serviert werden soll, so kann man die Tatarmenge erhöhen, eventuell einige gehäutete gewürfelte frische Tomaten zugeben und die Suppe zuletzt noch mit saurer Sahne verfeinern.

Kartoffelsuppe mit Hackklößchen

750 g Kartoffeln
2 Zwiebeln, 500 g Lauch
2 Eßl. Öl, 1 l heiße Fleischbrühe
1 altbackenes Brötchen, 1 Ei
300 g gemischtes Hackfleisch
je 1 Prise geriebene Muskatnuß, schwarzer Pfeffer und Salz
3 Tomaten
je 1 Messersp. getrockneter Majoran und Selleriesalz
1 Eßl. gehackte Petersilie

Pro Portion etwa 2 185 Joule/ 520 Kalorien

Die Kartoffeln schälen, waschen und in etwa 2 cm große Würfel schneiden. Die Zwiebeln schälen, feinwürfeln und knapp die Hälfte davon beiseite stellen. Den Lauch gründlich waschen, putzen und in Scheiben schneiden. Das Öl in einem großen Topf erhitzen, die Zwiebelwürfel und den Lauch darin 5 Minuten unter Umwenden anbraten, die Kartoffelwürfel und die heiße Brühe zugeben und alles zugedeckt 20 Minuten köcheln lassen. Das Brötchen in kaltem Wasser einweichen, gut ausdrücken und mit dem Ei, dem Hackfleisch, den restlichen Zwiebelwürfeln, dem Muskat, dem Pfeffer und dem Salz mischen; walnußgroße Klößchen daraus formen. Die Fleischklößchen in der Suppe in 10 Minuten gar ziehen lassen. Die Tomaten achteln, in die Suppe geben und mitgaren. Die Suppe mit dem Majoran und dem Selleriesalz abschmecken, mit der Petersilie bestreut servieren.

Kräftige Suppen mit Fleisch

Suppen, die gut schmecken

Bündner Gerstensuppe

Zutaten für 6 Personen:
60 g mittelgrobe Gerste
200 g Lauch/Porree
2 Sellerieblättchen
200 g Knollensellerie
2 Möhren, 400 g Weißkohl
1 Eßl. Öl
3 weiße Pfefferkörner
1 Lorbeerblatt, 3 Gewürznelken
100 g durchwachsener Speck
300 g geräucherter magerer Schweinebauch
200 g Hochrippe vom Rind
200 g Kartoffeln, Salz
3 Eßl. gehackte Petersilie

Pro Portion etwa 2310 Joule/ 550 Kalorien

Die Gerste gründlich kalt waschen. 1½ l Wasser zum Kochen bringen, die Gerste darin zugedeckt bei schwacher Hitze 30 Minuten kochen lassen. Alles Gemüse waschen, putzen und kleinschneiden. Das Öl in einem großen Topf erhitzen und das Gemüse unter Umwenden darin anbraten. Die Pfefferkörner zerdrücken und mit dem Lorbeerblatt und den Gewürznelken zum Gemüse geben. Den Speck, den Schweinebauch und das Rindfleisch waschen, abtrocknen und in Würfel schneiden. Das gesamte Fleisch zum Gemüse geben, die Gerste mit dem Kochwasser dazuschütten und alles zugedeckt bei schwacher Hitze 1 Stunde kochen lassen. Die Kartoffeln schälen, waschen, würfeln, 15 Minuten vor Ende der Garzeit in die Suppe geben und mitgaren. Die Suppe vor dem Servieren abschmecken und mit der Petersilie bestreuen.

Debrecziner Bohnensuppe

200 g weiße Bohnenkerne
2 grüne Paprikaschoten
2 Zwiebeln
1 Bund Suppengrün
2 Knoblauchzehen, 2 Eßl. Öl
500 g Fleischtomaten
4 Debrecziner Würstchen
1 Teel. Salz
¼ Teel. weißer Pfeffer
1 Messerspitze Paprikapulver, scharf
1 Prise Zucker
2 Eßl. Schnittlauchröllchen

Pro Portion etwa 2600 Joule/ 620 Kalorien

Die Bohnen kalt abbrausen und mit 1¼ l Wasser bedeckt 12 Stunden weichen lassen. Die Bohnen dann im Einweichwasser 1½–2 Stunden bei schwacher Hitze kochen lassen. Die Paprikaschoten putzen, waschen und in Streifen schneiden. Die Zwiebeln schälen und würfeln. Das Suppengrün waschen, putzen und kleinschneiden. Die Knoblauchzehen schälen und kleinwürfeln. Das Öl in einem großen Topf erhitzen. Die Zwiebelwürfel und die Knoblauchstückchen mit dem Suppengrün darin anbraten, die Paprikastreifen zugeben und die Bohnen zufügen. Alles verrühren und zugedeckt weitere 20 Minuten köcheln lassen. Die Tomaten häuten, in kleine Stücke schneiden und zu den Bohnen geben. Die Würstchen in Scheiben schneiden und in der Suppe erhitzen. Die Suppe zuletzt mit dem Salz, dem Pfeffer, dem Paprikapulver und dem Zucker abschmecken; mit dem Schnittlauch bestreuen.

Suppen, die gut schmecken

Kräftige Suppen mit Fleisch

Krautsuppe mit Rindfleisch

1½ l Wasser
300 g Rinderbrust
½ Zwiebel
1 Lorbeerblatt
1 Teel. Salz
4 weiße Pfefferkörner
50 g durchwachsener Speck
1 Tasse Rote Bete aus dem Glas
400 g Weißkohl
100 g Lauch/Porree
1 Eßl. Schweineschmalz
1 Eßl. Tomatenmark
2–3 Eßl. Weinessig
etwas Zucker, Salz und weißer Pfeffer
100 g saure Sahne

Pro Portion etwa 1 805 Joule/ 430 Kalorien

Das Wasser zum Kochen bringen. Das Rindfleisch kalt abwaschen, ins kochende Wasser geben und mehrmals abschäumen. Die ungeschälte Zwiebelhälfte mit der Schnittseite auf einer Elektroplatte oder in einer Pfanne braun anrösten und mit dem Lorbeerblatt, dem Salz und den Pfefferkörnern zum Fleisch geben. Das Fleisch bei schwacher Hitze etwa 1 Stunde kochen lassen; den Topf bis auf einen Spaltbreit dabei zudecken. Den Speck würfeln. Die Roten Beten etwas kleinschneiden. Den Kohl putzen und in Streifen schneiden. Den Lauch ebenfalls putzen und in Scheibchen schneiden. Das Schweineschmalz in einem Topf erhitzen, den Speck darin ausbraten, das Kraut und den Lauch zugeben, von allen Seiten kurz anbraten, die Roten Beten mit dem Saft und das Tomatenmark unterrühren. Nach und nach mit der Fleischbrühe auffüllen. Das Fleisch in Würfel schneiden und in die Suppe geben. Die Suppe mit dem Essig, Zucker, Salz und weißem Pfeffer nach Geschmack kräftig würzen und anrichten. Auf jede Portion ein Viertel saure Sahne geben.

Salate als Beilage

Salate für viele Anlässe

Gemischter Eissalat

400 g Eissalat/Eisbergsalat
je 300 g Salatgurke und Tomaten
1 Knoblauchzehe
2 Eßl. Estragonessig
4 Eßl. saure Sahne
1 Prise weißer Pfeffer
¼–½ Teel. Salz
2 Eßl. gehackte gemischte Kräuter wie Petersilie, Dill, Schnittlauch und Pimpinelle
2 Eßl. Sonnenblumenöl

Pro Portion etwa 480 Joule/ 115 Kalorien

Den Eissalat in einzelne Blätter zerlegen, lauwarm waschen, gut abtropfen lassen und in kleine Stücke reißen. Die Gurke und die Tomaten waschen, abtrocknen. Die Gurke in dünne Scheiben hobeln, die Tomaten achteln. Die Knoblauchzehe schälen, halbieren und eine Salatschüssel damit gut ausreiben. Den Essig mit der sauren Sahne, dem Pfeffer, dem Salz und den gemischten Kräutern verrühren. Die Salatblätter, die Gurkenscheiben und die Tomatenachtel in die Salatschüssel geben, mit dem Öl beträufeln und locker mischen. Die Salatsauce in die Mitte füllen und erst bei Tisch unter den Salat heben.

> **Unser Tip**
> Den gemischten Salat können Sie ebenso mit Kopfsalat, Endivien- oder je zur Hälfte mit Radicchio- und grünem Blattsalat bereiten.

Radicchiosalat mit Orange

300 g Radicchio
100 g krauser Endiviensalat
1 Orange
100 g Crème fraîche
½ Teel. Salz
1 Messerspitze weißer Pfeffer
1 Messerspitze Zucker
2 Teel. Butter
1 Eßl. Mandelblättchen

Pro Portion etwa 840 Joule/ 200 Kalorien

Die Salate in einzelne Blätter zerlegen, unter fließendem kaltem Wasser gründlich waschen und trockenschleudern. Große Radicchioblätter in Stücke reißen, den Endiviensalat in etwa 3 cm breite Streifen schneiden. Die Orange schälen und filetieren. Die Orangenspalten noch einmal halbieren und die Kerne herauslösen. Die Crème fraîche mit dem Salz, dem Pfeffer und dem Zucker verrühren. Die Butter zerlassen und die Mandelblättchen darin goldgelb braten. Den Radicchio, die Endivienstreifen und die Orangenstückchen mit der Crème fraîche mischen und den Salat mit den gerösteten Mandelblättchen bestreuen.

> **Unser Tip**
> Wenn Sie den leicht bitteren Geschmack des Radicchio noch verstärken möchten, dann hakken Sie 1–2 Strunkenden der Salatstauden klein und mischen sie unter die Salatsauce.

Salate für viele Anlässe

Salate als Beilage

Feldsalat mit Speck

*150–200 g Feldsalat/Nisslsalat
2 kleine weiße Zwiebeln
50 g durchwachsener Speck
2 hartgekochte Eier
1 Knoblauchzehe
2 Eßl. Weinessig
1 Eßl. Orangensaft
2 Eßl. Öl, ½ Teel. Salz
je 1 Prise Pfeffer und Zucker*

Pro Portion etwa 800 Joule/ 190 Kalorien

Den Feldsalat gründlich putzen, waschen und trockenschleudern. Die Zwiebeln in dünne Ringe schneiden. Den Speck kleinwürfeln und knusprig braun ausbraten. Die Eier achteln. Die Knoblauchzehe kleinhacken. Den Essig mit dem Orangensaft, dem Öl, dem Speckfett, dem Salz, dem Pfeffer und dem Zucker verrühren, den Knoblauch untermischen. Die Sauce mit dem Feldsalat, den Zwiebelringen und den Speckwürfeln mischen. Den Salat mit den Eiachteln garnieren.

Unser Tip
Wenn Sie Feldsalat lieber ohne Eier und Speck essen, probieren Sie eine Salatsauce aus 4 Eßlöffeln Sahnequark, 2 Eßlöffeln Öl, dem Saft von 1 Zitrone, 2 Eßlöffeln Milch, 1 Prise Salz und ½ Teelöffel Zucker. Die Quarksauce gut verrühren und 1 kleine Zwiebel dazureiben.

Gurkensalat mit Joghurtsauce

*1 mittelgroße Salatgurke
1 Zwiebel, 1 Bund Dill
1 Becher Vollmilchjoghurt
1 Eßl. gehackter Borretsch
½ Teel. Salz
1 Messersp. weißer Pfeffer
1 Eßl. Zitronensaft
1 Teel. Ahornsirup*

Pro Portion etwa 235 Joule/ 55 Kalorien

Die Gurke waschen, abtrocknen, längs halbieren und die Hälften in etwa 1 cm dicke Stifte schneiden. Die Zwiebel schälen, in dünne Ringe schneiden und die Ringe vierteln. Den Dill waschen, trockenschleudern und kleinschneiden. Den Joghurt mit dem Dill und den übrigen Zutaten verrühren und unter die Gurkenstifte und die Zwiebelstücke heben. Den Salat 10 Minuten durchziehen lassen.

Unser Tip
Probieren Sie den Salat einmal mit Garnelen: 400 g tiefgefrorene Garnelen mit Orangensaft beträufelt auftauen lassen. Aus dem Saft von 1 Zitrone, ½ Teelöffel Salz, je 1 Messerspitze weißem Pfeffer und Knoblauchsalz, 1 Teelöffel Zucker und 3 Eßlöffeln Öl eine Salatsauce bereiten. Diese mit der gewürfelten Gurke und den Garnelen mischen; mit gehacktem Dill bestreuen.

Salate als Beilage

Salate für viele Anlässe

Chicoréesalat mit Mandarinen

*4 kleine Stauden Chicorée
Saft von 1 Zitrone
3 kernlose Mandarinen
Saft von 1 Mandarine
je 1 gute Prise Salz und weißer
    Pfeffer
1 Teel. Weißweinessig
2 Eßl. kaltgepreßtes Nußöl
Schale von ½ Orange
1 Teel. eingelegte grüne
    Pfefferkörner*

Pro Portion etwa 965 Joule/ 230 Kalorien

Den Chicorée waschen, abtrocknen und von den Wurzelenden etwa ½ cm dicke Scheiben abschneiden. Aus dem Wurzelende mit einem spitzen Messer einen kleinen Keil herausschneiden. Die Stauden in 1 cm breite Streifen schneiden. Die Chicoréestreifen in eine Schüssel geben und mit dem Zitronensaft beträufeln. Die Mandarinen schälen und die weiße Unterhaut gründlich entfernen. Die Mandarinen in Spalten teilen und die Spalten einmal durchschneiden. Die Mandarinenstückchen über den Chicorée streuen. Den Mandarinensaft mit dem Salz, dem Pfeffer und dem Essig gut verrühren. Das Öl untermischen und die Marinade unter den Salat heben. Die Orangenhälfte heiß waschen und die Schale dünn schälen; in feine Streifen (Julienne) schneiden. Die Pfefferkörner grobhacken. Beides über den Salat streuen.

Paßt gut zu: Ochsensteaks, Kalbsschnitzel natur oder gebratenen Schweinelendchen.

Löwenzahnsalat

*150 g möglichst kleine zarte
    Löwenzahnblätter
1 Kopfsalatherz
1 Eßl. Weißweinessig
2 Messerspitzen Salz
1 Teel. Ahornsirup
2 Eßl. kaltgepreßtes Walnußöl
1 Becher Magerjoghurt
1 gute Prise schwarzer Pfeffer
2 Eßl. gehackte Petersilie oder
    Brunnenkresse
50 g Walnußkerne*

Pro Portion etwa 755 Joule/ 180 Kalorien

Die Löwenzahnblätter mehrmals in lauwarmem Wasser gründlich waschen, zuletzt kalt abbrausen und gut abtropfen lassen. Das Kopfsalatherz in die einzelnen Blätter zerlegen, diese ebenfalls gründlich waschen und abtropfen lassen. Den Weinessig mit dem Salz und dem Ahornsirup verrühren, bis sich das Salz gelöst hat. Die gut abgetropften Salatblätter und die Löwenzahnblätter in etwa 3 cm breite Streifen schneiden und die Essigmischung unterheben. Das Öl über den Salat träufeln. Den Joghurt mit dem Pfeffer und der Petersilie verrühren und unter den Salat heben. Die Nüsse darüberstreuen.

Unser Tip
Statt mit Walnüssen können Sie den Salat auch mit Radieschenscheiben bestreuen und den Joghurt statt mit Petersilie mit Sauerampfer oder wilder Pimpinelle mischen.

Salate für viele Anlässe

Salate als Beilage

Tomatensalat

4 große Tomaten
1 Teel. Salz
2 Messerspitzen frisch gemahlener schwarzer Pfeffer
1 Zwiebel, ½ Knoblauchzehe
3 Eßl. Olivenöl, 2 Eßl. Essig
2 Eßl. Schnittlauchröllchen

Pro Portion etwa 400 Joule/ 95 Kalorien

Die Tomaten waschen oder überbrühen und häuten, in Scheiben schneiden und auf einer Platte anrichten. Mit dem Salz und dem Pfeffer bestreuen. Die Zwiebel und den Knoblauch schälen, feinhakken und über die Tomatenscheiben streuen. Das Öl mit dem Essig verrühren, über die Tomaten träufeln. Nach Belieben Schnittlauchröllchen darüberstreuen.

Blumenkohlsalat

1 mittelgroßer Blumenkohl
1 hartgekochtes Ei
1 Eigelb, ½ Teel. Salz
1 Messerspitze weißer Pfeffer
½ Teel. Senf, 1 Prise Zucker
2 Eßl. Estragonessig
1 Eßl. Öl, 2 Eßl. Sahne
2 Eßl. Schnittlauchröllchen

Pro Portion etwa 545 Joule/ 130 Kalorien

Den Blumenkohl von Wasser bedeckt in 20 Minuten weich kochen, abtropfen lassen, in Röschen zerlegen und abkühlen lassen. Das hartgekochte Ei hacken und mit dem Eigelb, dem Salz, dem Pfeffer, dem Senf, dem Zucker, dem Essig, dem Öl und der Sahne verrühren. Die Sauce über den Blumenkohl gießen und den Schnittlauch darüberstreuen.

Bohnensalat

750 g Bohnen, 1 Teel. Salz
etwas Bohnenkraut, 1 Zwiebel
50 g durchwachsener Speck
2 Eßl. Weinessig, ½ Teel. Salz
1 Messersp. Paprikapulver, scharf

Pro Portion etwa 650 Joule/ 155 Kalorien

Die Bohnen putzen, waschen und mit dem Salz und dem Bohnenkraut von Wasser bedeckt in etwa 20 Minuten weich kochen. Dann abgießen, abkühlen lassen; große Bohnen halbieren oder vierteln. Die Zwiebel schälen und in Ringe schneiden. Den Speck würfeln, ausbraten und mit dem Essig, dem Salz und dem Paprika verrühren. Die Marinade mit den Zwiebelringen unter die Bohnen mischen.

Eissalat

1 kleiner Kopf Eissalat
2 kleine Mandarinen
4 Eßl. Orangensaft
je 1 Messersp. Salz und Zucker
1 Teel. Orangenschale, in dünne Streifen geschnitten
⅛ l Sahne
50 g gehackte Haselnußkerne

Pro Portion etwa 945 Joule/ 225 Kalorien

Den Salat in einzelne Blätter zerlegen, waschen und in Streifen schneiden. Die Mandarinen schälen, in Spalten teilen und diese halbieren. Den Orangensaft mit dem Salz, dem Zucker und der Orangenschale mischen. Die Sahne halbsteif schlagen, mit der Salatsauce mischen und mit den Nüssen und den Mandarinenspalten unter den Eissalat heben.

Salate als Mahlzeit

Salate für viele Anlässe

Fischsalat mit Erbsen

*2 Eßl. Weinessig, 1 Teel. Salz
2 Zweige Petersilie
400 g Kabeljaufilet
300 g tiefgefrorene Erbsen
½ rote Paprikaschote
2 hartgekochte Eier
einige schöne Blätter Kopfsalat
4 Eßl. Salatmayonnaise
150 g Magerjoghurt
1–2 Teel. Currypulver
2 Schalotten
1 Knoblauchzehe
1 Messerspitze Salz
1 Teel. Paprikapulver, edelsüß*

Pro Portion etwa 1870 Joule/ 445 Kalorien

2½ l Wasser mit dem Essig, dem Salz und der Petersilie zum Kochen bringen. Das Fischfilet waschen und in dem Wasser 10 Minuten leicht kochen lassen. Die Erbsen in ½ Tasse Salzwasser 6 Minuten dünsten. Die Paprikaschote putzen, waschen und mit den Eiern in Scheiben schneiden. Die Salatblätter waschen, trockentupfen und eine Salatschale damit auslegen. Die Erbsen abtropfen und kalt werden lassen. Das abgekühlte Fischfilet in etwa 3 cm große Stücke teilen. Abwechselnd die Eischeiben, die Fischstücke, die Schotenstreifen und die Erbsen auf den Salatblättern anrichten. Die Mayonnaise mit dem Joghurt und dem Curry verrühren. Die Schalotten schälen und darüberreiben. Die Knoblauchzehe schälen, würfeln, mit dem Salz zerdrücken und mit dem Paprika und den geriebenen Schalotten untermischen. Die Salatsauce über den Salat gießen.

Geflügelsalat mit Trauben

*1 frisches Hähnchen von 1 kg
1 Teel. Salz
1 Bund Suppengrün
400 g Salatgurke
4 kleine Tomaten, 1 Zwiebel
250 g blaue Weintrauben
200 g Eissalat/Eisbergsalat
3 Eßl. Weinessig
2 Eßl. naturreiner Traubensaft
einige Tropfen Ahornsirup
¼–½ Teel. Salz
1 Prise weißer Pfeffer
3 Eßl. Öl
1 Eßl. gehackter Dill*

Pro Portion etwa 1745 Joule/ 415 Kalorien

Das Hähnchen innen und außen gründlich kalt waschen. 2 l Wasser mit dem Salz zum Kochen bringen. Das Suppengrün putzen, waschen und zufügen. Das Hähnchen einlegen, den sich bildenden Schaum abschöpfen. Dann 40 Minuten kochen lassen; den Topf bis auf einen Spaltbreit zudecken. Die Gurke waschen und in Scheiben hobeln, die Tomaten waschen und achteln. Die Zwiebel in Ringe schneiden. Die Weintrauben häuten, halbieren und dabei entkernen. Die Salatblätter waschen, trockentupfen und in kleine Stücke reißen. Das abgekühlte Hähnchen von der Haut und den Knochen befreien und in etwa 3 cm große Stücke schneiden. Alles locker in einer Schüssel mischen. Den Essig mit dem Traubensaft, dem Sirup, dem Salz, dem Pfeffer und dem Öl verrühren, über den Salat träufeln und unterheben. Den Salat mit dem Dill bestreuen.

Salate für viele Anlässe

Salate als Mahlzeit

Poulardensalat mit grünen Bohnen

*800 g gegarte Poularde
500 g tiefgefrorene grüne
  Bohnen
1 große Zwiebel
4 Tomaten
10 gefüllte Oliven
6 Eßl. Kaffeesahne
3 Eßl. Weinessig
1 Teel. scharfer Senf
½ Teel. Zucker, Salz*

Pro Portion etwa 1 660 Joule/ 395 Kalorien

Die Poularde von Haut und Knochen befreien und das Fleisch würfeln. Die Bohnen in 1 Tasse kochendes Salzwasser schütten und zugedeckt bei schwacher Hitze 12 Minuten dünsten, in einem Sieb abtropfen und kalt werden lassen. Die Zwiebel schälen und in Ringe schneiden. Die Tomaten waschen, abtrocknen und achteln. Die Oliven in Scheibchen schneiden. Die Kaffeesahne mit dem Essig, dem Senf und dem Zucker und nach Bedarf mit etwas Salz verrühren. Das Geflügelfleisch mit den Bohnen, den Zwiebelringen, den Tomatenachteln und den Olivenscheibchen locker vermengen. Die Marinade unterheben; den Salat 1 Stunde durchziehen lassen.

Unser Tip
Wenn der Salat noch sättigender sein soll, mischen Sie gegarte Kartoffelwürfel unter.

Pikanter Rindfleischsalat

*1 Bund Suppengrün
1½ l Wasser, 1 Teel. Salz
2 Zwiebeln
800 g Rindfleisch aus der
  Unterschale
300 g Gewürzgurken
1 rote Paprikaschote
100 g Champignons
1 Apfel
2 Eßl. von der Gurken-
  einlegeflüssigkeit
2 Eßl. Weinessig
einige Spritzer
  Worcestershiresauce
½ Teel. Salz, 1 Prise Pfeffer
2 Eßl. Öl*

Pro Portion etwa 1 850 Joule/ 440 Kalorien

Das Suppengrün putzen, waschen und mit dem Salz und dem Wasser zum Kochen bringen. 1 Zwiebel ungeschält waschen, abtrocknen, halbieren und beide Schnittflächen auf der Elektroplatte oder in der Pfanne braun anrösten. Die Zwiebel und das Fleisch ins kochende Wasser geben. Das Wasser mehrmals abschöpfen. Das Fleisch 1 Stunde kochen lassen. Die zweite Zwiebel schälen und in Ringe schneiden. Die Gurken in Scheiben, die geputzte Paprikaschote und das abgekühlte Fleisch in Streifen schneiden. Die Pilze putzen und vierteln. Den Apfel schälen, vierteln, entkernen und in Scheibchen schneiden; alles mischen. Die Fleischbrühe im offenen Topf einkochen lassen. 4 Eßlöffel von der Brühe mit den restlichen Zutaten verrühren und über den Salat gießen. Den Salat 20 Minuten durchziehen lassen.

Salate als Mahlzeit

Salate für viele Anlässe

Käse-Wurstsalat

200 g Emmentaler Käse
400 g Lyoner Wurst
1 Apfel
200 g Gewürzgurken
200 g Maiskörner aus der Dose
1 Zwiebel
1 Knoblauchzehe
2 Eßl. Weinessig
½ Teel. Salz
1 Teel. milder Senf
1 Prise weißer Pfeffer
1 Messerspitze Paprikapulver, scharf
3 Eßl. Öl
½ Bund Schnittlauch

Pro Portion etwa 1 850 Joule/ 440 Kalorien

Den Käse in sehr feine Streifen schneiden. Die Wurst häuten und in dünne Scheiben schneiden. Den Apfel waschen, abtrocknen, vierteln, vom Kerngehäuse befreien und die Apfelviertel in kleine Würfel schneiden. Die Gewürzgurken ebenfalls würfeln. Die Maiskörner abtropfen lassen. Die Zwiebel schälen und feinwürfeln. Die Knoblauchzehe schälen, kleinhacken und mit den Zwiebelwürfeln, dem Weinessig, dem Salz, dem Senf, dem Pfeffer, dem Paprika und dem Öl verrühren. Alle Salatzutaten locker unter die Sauce mischen und anrichten. Den Schnittlauch waschen, trockentupfen, kleinschneiden und den Salat vor dem Servieren damit bestreuen.

Das paßt dazu: frisches Landbrot oder Laugenbrezen.

Geflügelsalat mit Avocado

800 g gegartes Geflügelfleisch ohne Haut und Knochen
1 reife Avocado
200 g blaue Weintrauben
2 kernlose Mandarinen
einige Blätter Kopfsalat
50 g Walnußkerne
2 Eßl. Salatmayonnaise
3 Eßl. Crème fraîche
1 Eßl. trockener Sherry
3 Eßl. Orangensaft
½ Teel. Salz

Pro Portion etwa 2 580 Joule/ 615 Kalorien

Das Fleisch in gleich große Stücke schneiden. Die Avocado halbieren, den Stein auslösen, die Fruchthälften schälen und quer in Scheibchen schneiden. Die Weintrauben halbieren, nach Belieben häuten und die Kerne herauslösen. Die Mandarinen schälen und filetieren. Die Salatblätter waschen und trockentupfen. Eine Salatschüssel mit den Salatblättern auslegen und das Geflügelfleisch, die Avocadoscheibchen, die Weintrauben und die Mandarinenspalten gemischt auf den Salatblättern anrichten. Die Walnußkerne hacken. Die Mayonnaise mit der Crème fraîche, dem Sherry, dem Orangensaft und dem Salz verrühren, über den Salat träufeln und die gehackten Nüsse darüberstreuen.

Das paßt dazu: getoastetes Weißbrot.

Salate für viele Anlässe

Rohkostsalate

Möhrensalat

*500 g Möhren
2 mittelgroße Orangen
Saft von 1–1½ Zitronen
1 Eßl. Puderzucker
1 Prise gemahlener Zimt
1 Eßl. Öl*

Pro Portion etwa 585 Joule/
140 Kalorien

Die Möhren schaben, waschen und in dünne Stifte schneiden oder raspeln. Die Orangen schälen, filetieren und mit den Möhrenstiften mischen. Den Zitronensaft mit dem Puderzucker, dem Zimt und dem Öl verrühren und über den Salat gießen.

Fenchelsalat

*400 g Fenchelknollen
1 Bund Radieschen
300 g Salatgurke
3 Eßl. Öl
1 Eßl. Zitronensaft
je 1 Messerspitze Salz und frisch
   gemahlener weißer Pfeffer
2 Eßl. frische gehackte
   gemischte Kräuter wie
   Schnittlauch, Petersilie,
   wenig Pfefferminze und
   Fenchelkraut*

Pro Portion etwa 525 Joule/
125 Kalorien

Die Fenchelknollen von den äußeren Blättern befreien und in hauchdünne Scheibchen schneiden. Die Radieschen waschen und ebenfalls in Scheibchen schneiden. Die Gurke schälen und in Scheiben hobeln. Die Salatfrüchte locker mischen. Das Öl mit dem Zitronensaft, dem Salz und dem Pfeffer verrühren, unter den Salat heben und den Salat mit den Kräutern bestreuen.

Salate als Mahlzeit

Salate als Mahlzeit

Salate für viele Anlässe

Scampisalat

400 g tiefgefrorene Scampi
500 g Spargelspitzen
200 g naturell eingelegte Muscheln
5 Eßl. Sahne
2 Eßl. Mayonnaise
einige Tropfen Zitronensaft
je 1 Prise Salz, weißer Pfeffer und Zucker
1 Teel. Paprikapulver, edelsüß
2 Teel. Dill
einige Salatblätter

Pro Portion etwa 1070 Joule/ 255 Kalorien

Die Scampi auftauen lassen. Die Spargelspitzen mit Salzwasser bedeckt 15 Minuten kochen lassen, kalt abbrausen und abtropfen lassen. Die Muscheln in einem Sieb abtropfen lassen und 2 Eßlöffel vom Sud aufbewahren. Die Sahne mit der Mayonnaise, dem Muschelsud, dem Zitronensaft, dem Salz, dem Pfeffer, dem Zucker und dem Paprika verrühren, mit den Scampi, den Spargelspitzen und den Muscheln locker mischen und mit dem Dill bestreut auf den Salatblättern anrichten.

Windsor-Salat

400 g frischer Knollensellerie
200 g frische Champignons
500 g gegarte Hühnerbrüstchen
100 g Salzgurken
4 Eßl. Salatmayonnaise
1 Teel. Zitronensaft
2 Teel. frisch geriebener Meerrettich
je 1 gute Prise Salz und Zucker
einige Tropfen Worcestershiresauce
50 g Feldsalat/Nisslsalat

Pro Portion etwa 1300 Joule/ 310 Kalorien

Den Knollensellerie schälen, in Scheiben hobeln und die Scheiben in feine Streifen schneiden. Die Champignons waschen, abtropfen lassen und in Scheibchen, die Hühnerbrüstchen und die Salzgurken in Streifen schneiden. Die Mayonnaise mit dem Zitronensaft, dem Meerrettich, dem Salz, dem Zucker und der Worcestershiresauce zu einer Sauce rühren. Die vorbereiteten Zutaten mit der Sauce vermengen und zugedeckt 20 Minuten durchziehen lassen. Den Feldsalat gründlich waschen, abtropfen lassen und den Rand einer Schale damit auslegen. Den Windsor-Salat in die Mitte füllen.

Normannischer Naturreissalat

1 säuerlicher Apfel
1 Stange Staudensellerie
⅛ l Sahne, ½ Teel. Salz
1 Prise weißer Pfeffer
1 Eßl. Zitronensaft
200 g gegarter Langkorn-Naturreis

Pro Portion etwa 1260 Joule/ 300 Kalorien

Den Apfel waschen, achteln, vom Kerngehäuse befreien und mit der Selleriestange in dünne Scheibchen schneiden. Das Selleriegrün feinhacken. Die Sahne mit dem Salz, dem Pfeffer und dem Zitronensaft verrühren, alle Salatzutaten mit dem Reis mischen und den Salat mit dem Selleriegrün bestreuen.

Salate für viele Anlässe

Salate als Mahlzeit

Thunfischsalat

400 g Thunfisch aus der Dose
½ Grapefruit
1 Banane
1 Teel. Zitronensaft
3 hartgekochte Eier
3 Eßl. Salatmayonnaise
1 Becher Magerjoghurt
1 gute Prise Salz
1 Teel. Paprikapulver, edelsüß
einige Blätter Kopfsalat

Pro Portion etwa 1 805 Joule/ 430 Kalorien

Den Thunfisch abtropfen lassen und in gleich große Stücke teilen. Die Grapefruit schälen, filetieren und die Spalten halbieren. Die Banane schälen, in Scheiben schneiden, die Bananenscheiben mit dem Zitronensaft beträufeln. 2 der hartgekochten Eier schälen, würfeln, das dritte Ei schälen und in Achtel schneiden. Die Mayonnaise mit dem Joghurt, dem Salz und dem Paprikapulver verrühren. Die Salatblätter waschen, trockentupfen und eine Schale damit auslegen. Die Thunfischstücke mit den Bananenscheiben, den Grapefruitstückchen, den Eiwürfeln und der Salatsauce locker mischen. Den Thunfischsalat auf den Salatblättern anrichten, mit den Eiachteln garnieren und mit etwas Paprikapulver bestreuen.

Unser Tip
Etwas größere Portionen ergibt der Thunfischsalat, wenn Sie einige Eßlöffel gegarten Reis untermischen.

Champignonsalat

350 g möglichst kleine Champignons
2 Teel. Zitronensaft
200 g gekochter Schinken ohne Fettränder
2 Eßl. Salatmayonnaise
4 Eßl. Sahne
1 Eßl. Weinessig
je 1 gute Prise Salz und Zucker
einige Blätter Endivien- oder Kopfsalat
1 Messerspitze Cayennepfeffer

Pro Portion etwa 945 Joule/ 225 Kalorien

Die Champignons putzen, mehrmals in lauwarmem Wasser gründlich waschen, kalt abbrausen, abtropfen lassen und trockentupfen. Große Pilze vierteln oder halbieren, kleine Pilze unzerkleinert lassen. Die Pilze mit dem Zitronensaft beträufeln und in eine Schüssel geben. Den Schinken in kleine Würfel schneiden und unter die Champignons mischen. Die Mayonnaise mit der Sahne, dem Weinessig, dem Salz und dem Zucker kräftig abschmecken und unter den Salat heben. Die Salatblätter waschen, in einem Tuch trockenschleudern und vier Salatteller damit auslegen. Den Champignonsalat darauf verteilen und mit dem Cayennepfeffer bestreuen.

Unser Tip
Der Salat wird üppiger, wenn man noch 2–3 hartgekochte gewürfelte Eier unter die Zutaten mischt.

53

Party-Salate

Salate für viele Anlässe

Maissalat mit Wurst

200 g Fleischwurst
100 g Goudakäse
2 kleine Zwiebeln
je ½ rote und grüne
* Paprikaschote*
4 mittelgroße Tomaten
100 g Gewürzgurke
300 g Maiskörner aus der Dose
2 Eßl. Weinessig
3 Eßl. Öl
½ Teel. Senf
½ Teel. Paprikapulver, edelsüß
¼ Teel. Salz
je 1 Prise schwarzer Pfeffer,
* Zucker und Cayennepfeffer*

Pro Portion etwa 1970 Joule/ 470 Kalorien

Die Haut von der Wurst entfernen und die Wurst in Streifen schneiden. Den Käse ebenfalls in Streifen schneiden. Die Zwiebeln schälen und in Ringe schneiden. Die Paprikaschoten von Rippen und Kernen befreien, waschen, abtrocknen und in Streifen schneiden. Die Tomaten waschen, abtrocknen und in Scheiben schneiden. Die Gewürzgurke ebenfalls in Scheiben schneiden. Die Maiskörner abtropfen lassen. Alle Salatzutaten in einer Schüssel mischen. Den Weinessig mit dem Öl, dem Senf, dem Paprikapulver, dem Salz, dem Pfeffer, dem Zucker und dem Cayennepfeffer verrühren, unter den Salat heben und den Salat zugedeckt 20 Minuten bei Raumtemperatur durchziehen lassen.

Das paßt dazu: kräftiges Roggenbrot.

Spaghettisalat

200 g Spaghetti
400 g gegarte Putenbrust
100 g Emmentaler Käse
2 grüne Paprikaschoten
2 Bund Radieschen
4 Tomaten
2 hartgekochte Eier
4 Eßl. Crème fraîche
1 Becher Magerjoghurt
3 Eßl. Tomatenketchup
1 Spritzer Tabascosauce
1 Eßl. Weinessig
¼ Teel. Salz
½ Teel. Paprikapulver, edelsüß
2 Eßl. Schnittlauchröllchen

Pro Portion etwa 2560 Joule/ 610 Kalorien

Die Spaghetti ein- bis zweimal brechen, in 3 l kochendes Salzwasser geben und in 10–12 Minuten darin garen. Dann in einem Sieb kalt abbrausen und abtropfen lassen. Die Putenbrust in gleich dicke Streifen schneiden. Den Käse in dünne Stifte schneiden. Die Paprikaschoten halbieren, von Rippen und Kernen befreien, waschen und in Streifen schneiden. Die Radieschen waschen, abtrocknen und in Scheiben schneiden. Die Tomaten waschen, abtrocknen und achteln. Die Eier schälen und in Scheiben schneiden. Alles locker in einer Schüssel mischen. Die Crème fraîche mit dem Joghurt, dem Tomatenketchup, der Tabascosauce, dem Essig, dem Salz und dem Paprikapulver verrühren. Den Salat damit anmachen und mit dem Schnittlauch bestreuen.

Salate für viele Anlässe

Party-Salate

Wurstsalat besonderer Art

1 Staude Römischer Salat
250 g Salatgurke
1 Bund Radieschen, 2 Tomaten
10 Perlzwiebeln aus dem Glas
8 Maiskölbchen aus dem Glas
200 g Schinkenwurst in Scheiben
100 g saure Sahne
1 Eßl. Zitronensaft
1 Teel. Sojasauce
½ Teel. Selleriesalz
1 Prise Zucker
1 Teel. grüne Pfefferkörner

Pro Portion etwa 1 450 Joule/ 345 Kalorien

Den Römischen Salat in Blätter zerteilen, waschen und trockentupfen. Die Gurke und die Radieschen waschen, abtrocknen und in Scheiben hobeln, die Tomaten achteln. Eine Salatplatte mit den Salatblättern belegen und darauf die Gurken- und Radieschenscheiben, die Tomatenachtel, die Perlzwiebeln und die Maiskölbchen anrichten. Von den Wurstscheiben die Haut abziehen, jede Scheibe bis zur Mitte hin einschneiden, zu Tütchen rollen und diese auf der Salatplatte anrichten. Die saure Sahne mit den restlichen Zutaten verrühren und über den Salat träufeln.
Für den Wurstsalat auf dem Bild im Hintergrund schneidet man Regensburger Würstchen und Gewürzgurken in Scheiben, Käse und rote Paprikaschoten in Streifen, 1 hartgekochtes Ei in Achtel. Die Salatsauce mischt man aus Essig und Öl und würzt sie mit Senf, gehackten Zwiebeln, Salz und frisch gemahlenem Pfeffer.

Eiersalat

150 g tiefgefrorene Erbsen
4 hartgekochte Eier
4 Tomaten
200 g gekochter Schinken ohne Fettrand
250 g Weintrauben
2 Eßl. Salatmayonnaise
1 Becher Magerjoghurt
2 Eßl. Tomatenketchup
2 Eßl. Weinessig
4 Eßl. kalte Gemüsebrühe (Instant)
½ Teel. Salz
1 Teel. Paprikapulver, edelsüß
1 Bund Petersilie

Pro Portion etwa 1 720 Joule/ 410 Kalorien

Die gefrorenen Erbsen in etwa 4 Eßlöffeln kochendem Salzwasser zugedeckt 6 Minuten bei schwacher Hitze dünsten, in ein Sieb schütten, abtropfen und erkalten lassen. Die Eier schälen und in Achtel schneiden. Die Tomaten waschen, abtrocknen und ebenfalls achteln. Den Schinken in Streifen schneiden. Die Weintrauben halbieren und dabei die Kerne entfernen. Die Salatmayonnaise mit dem Joghurt, dem Ketchup, dem Essig, der Brühe, dem Salz und dem Paprikapulver verrühren und locker unter die Salatzutaten mischen. Den Salat zugedeckt einige Minuten im Kühlschrank durchziehen lassen. Die Petersilie waschen, trockentupfen und feinhacken. Den Eiersalat vor dem Servieren mit der Petersilie bestreuen.

Das paßt dazu: frisches Grahambrot oder Toastbrot.

55

Party-Salate

Salate für viele Anlässe

Kartoffelsalat mit Matjes

600 g Salatkartoffeln
4 Matjesfilets, etwa 240 g
1 große Zwiebel
1 großer säuerlicher Apfel
2 Tassen Rote Bete aus dem Glas
100 g süß-saure Gurken
3 Eßl. Mayonnaise
5 Eßl. Magerjoghurt
1 Eßl. Weinessig
1 Prise weißer Pfeffer, Salz

Pro Portion etwa 2435 Joule/ 580 Kalorien

Die Kartoffeln unter fließendem Wasser bürsten und ungeschält in Salzwasser in 25–30 Minuten weich kochen. Die Matjesfilets kalt abspülen, trockentupfen und in Würfel schneiden. Die Zwiebel schälen und in Ringe schneiden. Den Apfel schälen, vierteln, das Kerngehäuse entfernen und die Apfelviertel würfeln. Die Roten Beten aus dem Glas in einem Sieb abtropfen lassen und würfeln; 2 Eßlöffel vom Saft aufbewahren. Die Gurken in Scheiben schneiden. Die Mayonnaise mit dem Saft der Roten Bete, dem Joghurt, dem Essig und dem Pfeffer verrühren. Die Kartoffeln abgießen, abkühlen lassen, schälen und in Scheiben schneiden. Die Kartoffelscheiben mit den Matjeswürfeln, den Zwiebelringen, den Apfelwürfeln und den kleingeschnittenen Roten Beten in einer großen Schüssel locker mischen. Die Mayonnaisesauce unter den Salat heben und den Salat vor dem Servieren zugedeckt noch einige Minuten durchziehen lassen. Den Salat etwas salzen.

Kartoffelsalat mit Kasseler

800 g Salatkartoffeln
300 g tiefgefrorene Erbsen
300 g mageres Kasseler, ohne Knochen
1 Zwiebel
50 g durchwachsener Speck
½ Tasse Fleischbrühe (Instant)
1 Eßl. Weinessig
½–1 Teel. Salz
1 Prise Knoblauchpulver
2 Eßl. Öl, Salz

Pro Portion etwa 2495 Joule/ 595 Kalorien

Die Kartoffeln möglichst schon einige Stunden vor dem Mischen des Salates in Salzwasser in 25–30 Minuten gar kochen, abkühlen lassen, schälen und in Scheiben schneiden. Die tiefgefrorenen Erbsen in etwa 3 Eßlöffel kochendes Salzwasser schütten, zugedeckt 3 Minuten kochen lassen, in ein Sieb gießen, abtropfen und kalt werden lassen. Das Kasseler in gleich große Würfel schneiden. Die Zwiebel schälen und würfeln. Den Speck würfeln und in einer Pfanne knusprig ausbraten. Die Fleischbrühe erhitzen. Den Essig mit dem Salz verrühren. Die Kartoffelscheiben mit der heißen Fleischbrühe und dem Essig mischen. Das Knoblauchpulver über die Kartoffelscheiben streuen. Das Kasseler, die Zwiebel, die Erbsen, die Speckwürfel mit dem Speckfett und das Öl unter die Kartoffelscheiben heben und den Salat zugedeckt vor dem Servieren noch einige Minuten durchziehen lassen. Den Kartoffelsalat eventuell noch etwas nachsalzen.

Salate für viele Anlässe

Party-Salate

Italienischer Salat

600 g Salatkartoffeln
1 kleiner Kopf Blumenkohl
je 100 g Bohnen und Möhren
150 g tiefgefrorene Erbsen
100 g Champignons
10 Sardellenfilets
2 Eßl. Weinessig
1 Teel. Salz
1 Messerspitze weißer Pfeffer
2 hartgekochte Eier
3 Eßl. Öl
2 Eßl. gehackte Petersilie

Pro Portion etwa 1 445 Joule/ 345 Kalorien

Die Kartoffeln in 25–30 Minuten garen, abgießen und kalt werden lassen; dann schälen und in Scheiben schneiden. Den Blumenkohl in Röschen zerlegen, in ungesalzenes kochendes Wasser geben und in etwa 20 Minuten garen. Die Bohnen und die Möhren putzen, waschen, die Bohnen in etwa 4 cm große Stücke schneiden und mit den gewürfelten Möhren in wenig Salzwasser 15 Minuten kochen lassen. Die Erbsen in 2–3 Eßlöffeln Salzwasser in 3 Minuten garen. Die Champignons putzen, waschen, große Köpfe halbieren oder vierteln. Die Sardellenfilets in Streifen schneiden. Den Essig mit dem Salz und dem Pfeffer verrühren. Die Kartoffelscheiben, das abgetropfte Gemüse, die Champignons, die Sardellenstreifen und den Essig in einer großen Schüssel locker miteinander mischen. Die Eier schälen und achteln. Den Salat abschmecken, das Öl unterheben. Vor dem Servieren mit den Eiachteln und der Petersilie garnieren.

Nudelsalat mit Salami

3 l Wasser, 1 Teel. Salz
200 g Hörnchennudeln
200 g Salami in dünnen Scheiben
100 g Emmentaler Käse
je 1 rote und grüne Paprikaschote
100 g Salzgurken
3 Eßl. Salatmayonnaise
4 Eßl. Sahne
1 Teel. Zitronensaft
je 1 gute Prise Salz, Zucker und weißer Pfeffer
½ Teel. Paprikapulver, scharf
2–3 Eßl. Milch

Pro Portion etwa 2 980 Joule/ 710 Kalorien

Das Wasser mit dem Salz zum Kochen bringen, die Nudeln einstreuen und in etwa 12 Minuten nicht zu weich kochen. Die Nudeln kalt abbrausen und in einem Sieb abtropfen lassen. Die Salamischeiben in 1 cm breite Streifen schneiden. Den Käse würfeln. Die Paprikaschoten halbieren, von Rippen und Kernen befreien, waschen, abtrocknen und mit den Salzgurken ebenfalls würfeln. Die Mayonnaise mit der Sahne verrühren. Den Zitronensaft mit dem Salz, dem Zucker, dem Pfeffer und dem Paprikapulver verrühren und unter die Mayonnaisesauce mischen. Nach Bedarf die Sauce mit etwas Milch verdünnen. Alle Salatzutaten mit der Salatsauce und den Nudeln mischen. Den Nudelsalat etwa 20 Minuten bei Raumtemperatur durchziehen lassen.

Salate als Dessert

Salate für viele Anlässe

Gefüllte Melone

Saft von 1 Zitrone
2 Eßl. flüssiger Honig
1 kg Honigmelone
2 kernlose Mandarinen
1 Apfel
1 Banane
250 g Weintrauben
1/16 l Sahne
1 Päckchen Vanillinzucker

Pro Portion etwa 1240 Joule/ 295 Kalorien

Den Zitronensaft mit dem Honig verrühren. Von der Melone das obere Drittel abschneiden – nach Belieben gleichmäßig gezackt – und die Melonenkerne entfernen. Das Fruchtfleisch mit einem Kugelausstecher auslösen. Die Mandarinen schälen und filetieren. Den Apfel ebenfalls schälen, in Viertel schneiden, das Kerngehäuse entfernen und die Apfelviertel in Scheiben schneiden. Die Banane schälen, längs halbieren und in Scheiben schneiden. Die Trauben halbieren und die Kerne auslösen. Alle Fruchtstücke mit dem Honigsaft mischen. Die Sahne mit dem Vanillinzucker verrühren, unter den Salat heben und diesen in die ausgehöhlte Melone füllen.

Gemischter Fruchtsalat
(im Bild hinter der Melone)
Beliebiges Obst gleich groß würfeln oder in Scheiben schneiden, je nach Säure mit Puderzucker bestäuben und mit Orangen- oder Apfelsaft und einer dazu passenden Spirituose anmachen.

Himbeerbecher
(im Bild oben rechts)
Leicht gezuckerte Himbeeren mit 1 Teil Schlagsahne und 1 Teil Magerjoghurt mischen und in Gläsern anrichten.

Erdbeerspeise
(im Bild vorne rechts)
Frische Erdbeeren waschen, abtrocknen, zuckern und mit körnigem Frischkäse locker mischen.

Salate für viele Anlässe

Salate als Dessert

Obstsalat mit Sahne

2 säuerliche Äpfel
2 große Orangen
200 g blaue Weintrauben
20 g Walnußkerne
⅛ l Sahne
1 Päckchen Vanillinzucker
2 Eßl. Orangensaft
1 Schnapsglas Cointreau
  (Orangenlikör, 2 cl)

Pro Portion etwa 1 155 Joule/ 275 Kalorien

Die Äpfel waschen, abtrocknen, vierteln, vom Kerngehäuse befreien und die Apfelviertel in Scheiben schneiden. Die Orangen sorgfältig schälen, in runde Scheiben schneiden, die weiße Unterhaut von den Scheiben entfernen und die Orangenscheiben vierteln. Die Weintrauben waschen, abtrocknen und nach Belieben halbieren und entkernen. Die Walnußkerne grobhacken. Alle Salatfrüchte in einer Schüssel locker miteinander mischen. Die Sahne mit dem Vanillinzucker steif schlagen, den Orangensaft und den Likör untermischen und die Sahne auf den Salat füllen.

> **Unser Tip**
> Für Obstsalate brauchen Sie sich nicht genau an das gegebene Rezept zu halten. Man kann alle Fruchtsorten der jeweiligen Saison gefällig kleinschneiden und mit einer passenden Spirituose mischen.

Salat mit exotischen Früchten

300 g frische Ananas
1 Mango
1 Kiwi
500 g Netzmelone
je 1 Schnapsglas
  Grenadinesirup und
  Cointreau (Orangenlikör)
Saft von ½ Zitrone
½ Vanilleschote
⅛ l Sahne
½ Eßl. Puderzucker

Pro Portion etwa 1010 Joule/ 240 Kalorien

Die Ananas schälen, den harten Strunk in der Mitte entfernen und das Fruchtfleisch in gleich große Stücke schneiden. Die Mangofrucht schälen, halbieren, den Kern entfernen und das Fruchtfleisch in Scheiben schneiden. Die Kiwi ebenfalls schälen und in dünne Scheiben schneiden. Die Melone halbieren, entkernen und das Fruchtfleisch mit einem Kugelausstecher auslösen. Den Grenadinesirup mit dem Cointreau und dem Zitronensaft mischen und unter die Früchte heben. Die Früchte etwa 30 Minuten im Kühlschrank durchziehen lassen. Die Vanilleschote mit einem spitzen Messer längs aufschlitzen und das Mark herausschaben. Die Sahne mit dem Vanillemark halbsteif schlagen, den Puderzucker untermischen und noch etwas weiterschlagen. Den Obstsalat in einer Glasschale anrichten und die Sahne darübergeben.

Scampi und Garnelen

Fische und Krustentiere

Spargelomelette mit Garnelen

200 g tiefgefrorene Garnelen
500 g Spargel
6 Eier
4 Eßl. Sahne
1 Teel. Salz
1 Messerspitze weißer Pfeffer
3 Eßl. Butter

Pro Portion etwa 1385 Joule/ 330 Kalorien

Die Garnelen aus der Verpackung nehmen und zugedeckt antauen lassen. Den Spargel putzen, bündeln und in kochendem Salzwasser je nach Dicke der Stangen 20–30 Minuten kochen lassen. Die Eier mit der Sahne, dem Salz und dem Pfeffer verquirlen. Den Backofen auf 100° vorheizen. Knapp ein Viertel der Butter in einer Pfanne erhitzen, ein Viertel der Eimasse hineingießen und die Pfanne leicht schütteln. Die Eimasse fest werden lassen, die Oberfläche soll jedoch noch glänzen. Jede Omelette auf einen vorgewärmten Teller geben und im Backofen warm halten, bis alle Omelettes gebraten sind. In der restlichen heißen Butter die Garnelen unter Umwenden bei schwacher Hitze erwärmen. Die Spargelstangen aus dem Sud heben (den Sud für eine Gemüsesuppe verwenden), abtropfen lassen und auf die Omelettes verteilen. Die Omelettes zusammenklappen und mit den Garnelen bestreuen.

Das paßt dazu: ein frischer grüner Salat.

> **Unser Tip**
> Wenn es keinen frischen Spargel gibt, kann man ihn durch junge Perlerbsen oder Broccoliröschen ersetzen.

Fische und Krustentiere / *Scampi und Garnelen*

Scampi auf chinesische Art

600 g tiefgefrorene Scampi
½ Teel. Salz
300 g tiefgefrorene Erbsen
100 g Lauch/Porree
4 Eßl. Öl
1 Messerspitze Cayennepfeffer
1 Teel. Selleriesalz
½ Teel. Ingwerpulver
1 Teel. Zucker

Pro Portion etwa 1 220 Joule/ 290 Kalorien

Die Scampi aus der Verpakkung nehmen und zugedeckt bei Raumtemperatur auftauen lassen. Die Scampi danach kalt abbrausen und gut trokkentupfen. Etwa 1 Tasse Wasser mit dem Salz zum Kochen bringen, die tiefgefrorenen Erbsen hineinschütten und zugedeckt 6 Minuten dünsten. Die Erbsen dann abtropfen lassen. Die Lauchstangen der Länge nach halbieren, putzen, gründlich waschen, trockentupfen und in dünne Scheibchen schneiden. Das Öl in einer großen Pfanne erhitzen und den Lauch darin glasig braten. Die Scampi zugeben und von allen Seiten hellbraun anbraten. Die Erbsen untermischen und erhitzen. Das gut heiße Gericht mit dem Cayennepfeffer, dem Selleriesalz, dem Ingwerpulver und dem Zucker würzen und sofort servieren.

Das paßt dazu: frisches Stangenweißbrot oder gegarte Glasnudeln.

Garnelenbeignets

500 g tiefgefrorene Garnelen
2 Scheiben Toastbrot
4 Eßl. kalte Geflügelbrühe (Instant)
6 Wasserkastanien aus der Dose
2 Eier, 1 Teel. Salz
½ Teel. geschälte feingehackte Ingwerknolle
2 Eßl. Mehl
Zum Fritieren: 1 l Öl

Pro Portion etwa 1 135 Joule/ 270 Kalorien

Die Garnelen aus der Verpakkung nehmen, zugedeckt auftauen lassen, danach kalt abbrausen und gut trockentupfen. Vom Brot die Rinde abschneiden, das Brot in kleine Stücke zerreißen und in der Geflügelbrühe einweichen. Die Wasserkastanien feinhacken. Die Eier in Eigelbe und Eiweiße trennen. Das eingeweichte Brot leicht ausdrücken, mit den Garnelen, den gehackten Kastanien, dem Salz, dem Ingwer, dem Mehl und den Eigelben vermengen. Das Eiweiß zu steifem Schnee schlagen, unter die Garnelenmasse heben und daraus walnußgroße Kugeln formen. Das Öl in einem Topf oder in der Friteuse auf 180° erhitzen. Jeweils 6 Beignets gleichzeitig ins heiße Fett geben, darauf achten, daß sie sich nicht berühren und unter Umwenden in 4–5 Minuten goldbraun fritieren. Die Bällchen kurz auf saugfähigem Papier abtropfen lassen und heiß halten, bis alle fertig sind.

Das paßt dazu: Möhrensalat mit Orangen oder Champignonsalat, Rezepte Seite 51 und 53.

Scampi und Garnelen

Fische und Krustentiere

Reis mit Meeresfrüchten

500 g Miesmuscheln
1 Zwiebel, 1 Knoblauchzehe
je 100 g Lauch und Möhren
2 Eßl. Öl, 1 Teel. Salz
200 g Reis
1 Messerspitze Safranfäden
½ l Fleischbrühe, ⅛ l Weißwein
1 Lorbeerblatt
400 g tiefgefrorene Scampi
100 g Tintenfisch aus der Dose
1 Zweig Thymian

Pro Portion etwa 1680 Joule/ 400 Kalorien

Einen Tontopf 20 Minuten in kaltes Wasser legen. Die Muscheln unter fließendem kaltem Wasser abbürsten und den »Bart« abschneiden, in 1 l sprudelnd kochendes Wasser schütten und kochen, bis sie sich geöffnet haben; dann herausheben. Die Zwiebel und die Knoblauchzehe schälen und feinhacken. Den Lauch waschen, putzen und in Ringe schneiden. Die Möhren schaben und in Streifen schneiden. Das Gemüse in dem Öl 4 Minuten dünsten, dann mit dem Salz und dem Reis in den Tontopf geben. Die Safranfäden in wenig kaltem Wasser einweichen und mit der Fleischbrühe und dem Wein zum Reis gießen. Das Lorbeerblatt darauflegen. Den Tontopf schließen und auf der untersten Schiene in den kalten Backofen stellen. Den Backofen auf 200° schalten und den Reis in 50 Minuten darin garen. Dann die Scampi, die Tintenfischstücke, den Thymianzweig und die Muscheln auf den Reis legen und in weiteren 20 Minuten garen; alles locker mischen.

Garnelenfrikassee

800 g tiefgefrorene Garnelen
300 g Möhren, 1 kleine Zwiebel
1 Eßl. Butter, 1 Teel. Zucker
1 Eßl. Mehl
⅛ l heiße Gemüsebrühe
½ Teel. Salz
1 Messerspitze weißer Pfeffer
3 mittelgroße Tomaten
1 Bund Dill, ⅛ l Sahne

Pro Portion etwa 1680 Joule/ 400 Kalorien

Die Garnelen aus der Verpakkung nehmen und zugedeckt antauen lassen. Die Möhren schaben, waschen und in dünne Stifte schneiden. Die Zwiebel kleinwürfeln. Die Butter in einem Topf zerlassen, den Zucker unter Rühren hineinstreuen und karamelisieren lassen. Die Möhrenstifte und die Zwiebelwürfel in der Karamelmasse einige Minuten wenden, das Mehl darüberstäuben und hellgelb anbraten. Nach und nach mit der heißen Gemüsebrühe auffüllen und mit dem Salz und dem Pfeffer würzen. Das Gemüse zugedeckt 20 Minuten köcheln lassen. Die Tomaten häuten und würfeln; dabei die Stielansätze und die Kerne entfernen. Das Tomatenfleisch mit dem Tomatensaft, der sich dabei bildet, zum Gemüse geben. Den Dill waschen, trockenschleudern und kleinschneiden. Die Sahne unter das Gemüse rühren, die Garnelen zufügen und alles 10 Minuten ziehen, nicht kochen lassen. Das Frikassee mit dem Dill mischen.

Das paßt dazu: in Butter geschwenkte neue Kartoffeln oder Kartoffelkroketten, Rezept Seite 9.

Fische und Krustentiere

Scampi und Garnelen

Garnelen mit Rührei

500 g tiefgefrorene Garnelen
50 g durchwachsener Speck
1 Zwiebel
200 g gekochte Kartoffeln
2 Eßl. Öl
3 Eier
3 Eßl. Sahne
1 Teel. Salz
1 Messerspitze weißer Pfeffer
2 Eßl. gehackter Dill
2 Scheiben Toastbrot
1 Eßl. Butter

Pro Portion etwa 1870 Joule/ 445 Kalorien

Die Garnelen aus der Verpackung nehmen und zugedeckt antauen lassen; danach kalt abbrausen und gut trockentupfen. Den Speck in kleine Würfel schneiden. Die Zwiebel schälen und würfeln. Die Kartoffeln schälen und ebenfalls würfeln. Das Öl in einer großen Pfanne erhitzen, die Speckwürfel darin ausbraten, die Zwiebelwürfel zugeben, glasig braten und die Kartoffelwürfel sowie die Garnelen untermischen. Alles unter öfterem Umwenden braten. Die Eier mit der Sahne, dem Salz, dem Pfeffer und dem Dill verquirlen. Das Toastbrot in Würfel schneiden und in einer kleinen Pfanne in der Butter goldbraun rösten. Die verquirlten Eier zu den Garnelen in die Pfanne gießen und unter leichtem Rühren stocken lassen. Das Gericht vor dem Servieren mit den Brotwürfeln bestreuen.

Das paßt dazu: ein frischer grüner Salat.

Scampi auf provenzalische Art

600 g tiefgefrorene Scampi
1 Bund Petersilie
Saft von ½ Zitrone
1 Schnapsglas Cognac (2 cl)
einige Spritzer Worcestershiresauce
1 Prise Pfeffer, 1 große Zwiebel
4 Knoblauchzehen
1 rote Peperoni
2 Eßl. gehackte gemischte Kräuter wie Petersilie, Kerbel und Liebstöckel
1 Eßl. Öl, ½ Teel. Salz
3 Eßl. Butter

Pro Portion etwa 1090 Joule/ 260 Kalorien

Die Scampi aus der Verpackung nehmen und zugedeckt antauen lassen. 1 l Salzwasser mit der Petersilie zum Kochen bringen, die Scampi hineinschütten und 1 Minute ziehen lassen, dann mit einem Schaumlöffel herausheben, abtropfen lassen und mit dem Zitronensaft, dem Cognac, der Worcestershiresauce und dem Pfeffer mischen. Die Scampi zugedeckt 30 Minuten durchziehen lassen. Die Zwiebel und die Knoblauchzehen schälen und feinhacken. Die Peperoni waschen, abtrocknen, halbieren, von Kernen und weißen Rippen befreien und ebenfalls feinhacken. Die Zwiebel-, Peperoni- und Knoblauchstückchen mit den Kräutern mischen und in dem Öl unter Umwenden 2 Minuten dünsten. Die Kräutermischung salzen. Die Scampi trockentupfen, in der erhitzten Butter goldbraun braten und mit der Kräutermischung überzogen servieren.

Fisch im Ganzen serviert

Fische und Krustentiere

Schellfisch aus dem Ofen

1 kg Schwanzstück vom Schellfisch
1 Eßl. Zitronensaft
1 Teel. Salz
1 großen Zweig Dill
100 g durchwachsener Speck
1 grüne Paprikaschote
800 g kleine Kartoffeln
½ Teel. Salz
½ Teel. Paprikapulver, edelsüß
1 Prise weißer Pfeffer
⅛ l trockener Weißwein
4 mittelgroße Tomaten
1 Eßl. Butter

Pro Portion etwa 2730 Joule/ 650 Kalorien

Den Fisch abbrausen, von den Flossen befreien, trockentupfen und mit dem Zitronensaft beträufeln. Den Fisch innen und außen mit Salz bestreuen und den Dillzweig in die Bauchhöhle legen. Den Backofen auf 200° vorheizen. Den Speck würfeln und in der Bratreine, in der der Fisch gegart werden soll, ausbraten. Die Paprikaschote halbieren, putzen, waschen und in Streifen schneiden. Die Kartoffeln schälen. Den Fisch auf eine Seite der Bratreine legen, die Kartoffeln und die Paprikastreifen auf die andere Seite geben. Das Gemüse mit dem Salz, dem Paprikapulver und dem Pfeffer bestreuen. Den Wein zugießen und alles im Backofen auf der zweiten Schiene von unten in etwa 45 Minuten garen. Die Tomaten waschen, kreuzweise einschneiden, leicht salzen, mit Butterflöckchen bedecken und in den letzten 10 Minuten in der Bratreine mitgaren.

Speckschollen

4 bratfertige Schollen zu je 250 g
4 Teel. Zitronensaft
50 g durchwachsener Speck
4 kleine Zwiebeln
100 g Champignons
2 Eßl. gehackte Petersilie
1 gute Prise weißer Pfeffer
1 Teel. Salz, 4 Eßl. Mehl
100 g Butter

Pro Portion etwa 2390 Joule/ 570 Kalorien

Die Schollen unter fließendem kaltem Wasser gründlich abbrausen, trockentupfen und mit dem Zitronensaft beträufeln. Den Backofen auf 100° vorheizen. Den Speck in feine Würfel schneiden. Die Zwiebeln schälen und ebenfalls würfeln. Die Champignons putzen, waschen, abtropfen lassen und kleinwürfeln. Den Speck in einer kleinen Pfanne ausbraten, die Zwiebelwürfel zugeben, darin hellbraun braten, die Champignons und die Petersilie untermischen, pfeffern und alles bei schwacher Hitze gut durchbraten und heiß halten. Die Schollen mit dem Salz bestreuen, in dem Mehl wenden, überflüssiges Mehl leicht abklopfen. Jeweils 25 g Butter in einer großen Pfanne zerlassen und die Schollen darin nacheinander von jeder Seite 4–5 Minuten braten. Jede fertige Scholle auf einer vorgewärmten Platte anrichten, mit Speckmischung bestreuen und im Backofen warm halten.

Das paßt dazu: Kartoffelsalat, gemischt mit Salatgurke, Mais, Zwiebelwürfeln und Dill.

Fische und Krustentiere

Fisch im Ganzen serviert

Kräutermakrelen mit Apfelsauce

etwa 2 Bund gemischte Kräuter wie Petersilie, Schnittlauch, Thymian, Rosmarin, Salbei
1 Eßl. weiche Butter
je 1 Messerspitze Salz und weißer Pfeffer
4 kleine Tomaten
2 geräucherte Makrelen zu je 250 g
150 g Crème fraîche
1–2 Teel. Zitronensaft
1 gehäufter Eßl. frisch geriebener Meerrettich
1 großer Apfel

Pro Portion etwa 2 080 Joule/ 495 Kalorien

Den Backofen auf 200° vorheizen. Die Kräuter waschen, trockenschleudern und nicht zu fein schneiden. 1 Teelöffel von den Kräutern mit der Butter, dem Salz und dem Pfeffer verrühren. Die Tomaten waschen, abtrocknen und an der Stielseite möglichst tief kreuzweise einschneiden und die Kräuterbutter in die Einschnitte stecken. Die Makrelen auf ein großes Stück Alufolie legen und die restlichen Kräuter darübergeben. Die Tomaten neben die Makrelen legen, die Folie locker über den Fischen zusammenschlagen und diese im vorgeheizten Backofen 15–20 Minuten erhitzen. Für die Sauce die Crème fraîche mit dem Zitronensaft und dem Meerrettich verrühren. Den Apfel schälen und reiben und die Apfelraspel mit der Crème fraîche mischen.

Das paßt dazu: frisches Stangenweißbrot.

Hecht aus dem Sud

1 kg küchenfertiger Hecht
5 Eßl. Weinessig, 1 Zwiebel
1 Stange Staudensellerie
½ Bund Dill, 1 Lorbeerblatt
1 Teel. Senfkörner
½ Teel. weiße Pfefferkörner
2 Teel. Salz, 100 g Butter
1 Teel. Limettensaft
2 Eßl. gehackte Petersilie
½ Zitrone
1 Sträußchen Petersilie

Pro Portion etwa 1 760 Joule/ 420 Kalorien

Den Hecht gründlich kalt waschen. 3 l Wasser mit dem Essig zum Kochen bringen. Die Zwiebel schälen und vierteln. Den Sellerie zerkleinern und mit dem Dill, den Zwiebelvierteln, dem Lorbeerblatt, den Senfkörnern, den Pfefferkörnern und dem Salz ins kochende Wasser geben und zugedeckt 15 Minuten kochen lassen. Den Hecht dann im ganzen ins kochende Wasser legen und in 40–45 Minuten gar ziehen, nicht kochen lassen. Die Butter in einem kleinen Topf zerlassen, mit dem Limettensaft und der Petersilie verrühren. Den Fisch auf einer vorgewärmten Platte anrichten, mit ein paar Tropfen heißer Butter beträufeln, den Rest gesondert dazu reichen. Die Zitrone in Scheiben schneiden. Den Hecht mit dem Petersiliensträußchen und den Zitronenscheiben garnieren.

Das paßt dazu: Béchamelkartoffeln, Rezept Seite 149 und gedünstete Frühlingszwiebeln.

Fisch im Ganzen serviert

Fische und Krustentiere

Speckforellen

4 küchenfertige Forellen zu je 200 g
Saft von 1 Zitrone
1 Teel. Salz, 1 Knoblauchzehe
4 Teel. Dillspitzen
4 Teel. gehackte Petersilie
62,5 g Doppelrahm-Frischkäse
2 Eßl. Milch
100 g durchwachsener Speck in sehr dünnen Scheiben
2 Schalotten, 1 Eßl. Butter
⅛ l Geflügelbrühe (Instant)
3 Nadeln Rosmarin

Pro Portion etwa 2055 Joule/ 490 Kalorien

Den Backofen auf 220° vorheizen. Die Forellen unter fließendem kaltem Wasser waschen. Den Zitronensaft und das Salz mischen und die Fische von allen Seiten damit einreiben. Die Fische zugedeckt in den Kühlschrank stellen. Die Knoblauchzehe schälen und sehr fein hacken. Den Knoblauch mit dem Dill, der Petersilie, dem Frischkäse und der Milch verrühren und in die Bauchhöhlen der Fische streichen. Jede Forelle mit etwa 3 Scheiben Speck umwickeln. Die Fische nebeneinander in eine entsprechend große feuerfeste Form legen und auf der mittleren Schiene im Backofen in etwa 30 Minuten garen. Die Schalotten schälen, feinhacken und in der Butter glasig braten. Die Geflügelbrühe und den kleingeschnittenen Rosmarin zugeben, 5 Minuten leicht kochen lassen und diesen Sud 10 Minuten vor Ende der Garzeit auf die Forellen gießen.

Das paßt dazu: Bouillonkartoffeln und ein frischer Salat.

Kabeljau aus der Folie

800 g Schwanzstück vom Kabeljau
Saft von 1 Zitrone
1 Teel. Salz
1 Prise weißer Pfeffer
1 Teel. mittelscharfer Senf
100 g Frühlingszwiebeln
100 g Lauch/Porree
100 g Möhren, 1 Bund Petersilie
50 g durchwachsener Speck in sehr dünnen Scheiben
2 Eßl. Butter

Pro Portion etwa 1405 Joule/ 335 Kalorien

Den Backofen auf 220° vorheizen. Den Fisch kalt abbrausen, trockentupfen und mit dem Zitronensaft innen und außen beträufeln. Das Salz und den Pfeffer mischen und den Fisch damit einreiben. Die Haut des Fisches mit dem Senf bestreichen. Die Zwiebeln schälen, den Lauch putzen, waschen und in Ringe schneiden. Die Möhren schaben und in Stifte schneiden. Die Petersilie waschen, trockentupfen und grobhacken. Ein genügend großes Stück Alufolie mit wenig Fett bestreichen und den Fisch in die Mitte legen. Die Hälfte des Gemüses in die Bauchhöhle des Fisches geben und den Rest mit der Petersilie auf dem Fisch verteilen. Die Speckscheiben obenauf und die Butter in Flöckchen auf das Gemüse legen. Die Folie locker über dem Fisch zusammenschlagen und diesen in einer feuerfesten Form im Backofen in 40 Minuten garen.

Das paßt dazu: Petersilienkartoffeln und ein frischer Salat.

Fische und Krustentiere

Fisch im Ganzen serviert

Chinesischer Karpfen

1 kg küchenfertiger Leder- oder Spiegelkarpfen
1 Teel. Salz
1 Eßl. ostasiatische Sojasauce
2 Eßl. trockener Sherry
2 Eßl. Öl
1 Teel. Zucker
1 Eßl. feine Streifen von frischer Ingwerknolle
2 Frühlingszwiebeln mit dem Grün

Pro Portion etwa 1890 Joule/ 450 Kalorien

Den Karpfen innen und außen gründlich kalt waschen; vom Spiegelkarpfen die großen Schuppen entfernen. Den Fisch trockentupfen und mit einem scharfen Messer auf beiden Seiten im Abstand von etwa 1 cm schräge, ½ cm tiefe Einschnitte anbringen. Den Fisch außen und innen salzen und auf eine feuerfeste Platte legen. Die Sojasauce, den Sherry, das Öl und den Zucker mischen, den Fisch damit beträufeln und die Ingwerstreifen darüberstreuen. Die Zwiebeln putzen, waschen, in 5 cm lange Stücke schneiden und auf den Karpfen legen. Im Fischkessel so viel Wasser zum Kochen bringen, daß das Wasser gerade den Locheinsatz erreicht. Die feuerfeste Form mit dem Fisch auf den Locheinsatz stellen, den Topf schließen und den Fisch 15–20 Minuten dämpfen. Eventuell Wasser nachgießen.

Das paßt dazu: Fadennudeln oder Glasnudeln und ein frischer Salat.

Forellen blau

4 Forellen zu je 200 g
1 Zwiebel
1 Stange Lauch/Porree
1 Stange Staudensellerie
je 2 Zweige Dill und Petersilie
⅛ l trockener Weißwein
4 Eßl. Weinessig
100 g Butter, 1 Limette
½ Bund Petersilie

Pro Portion etwa 1870 Joule/ 445 Kalorien

Die Forellen außen und innen kalt abbrausen, dabei aber die Schleimschicht nicht verletzen, da diese die Blaufärbung verursacht. Die Zwiebel schälen und in Ringe schneiden. Vom Lauch die grünen Enden abschneiden, das Weiße und den Sellerie waschen, putzen und in Scheiben schneiden. Die Kräuter kalt abbrausen und mit dem Gemüse in 3 l Salzwasser 10 Minuten sprudelnd kochen lassen. Den Weißwein und den Essig zugießen, die Forellen ins sprudelnd kochende Wasser legen; die Hitze sofort reduzieren. Die Forellen in 12 Minuten gar ziehen lassen. Die Butter schmelzen und leicht bräunen lassen und in einer Sauciere warm halten. Die Limette warm waschen, abtrocknen und in dünne Scheiben schneiden. Die Petersilie waschen, trockentupfen und in Sträußchen teilen. Die Forellen abtropfen lassen, auf einer vorgewärmten Platte anrichten und mit den Limettenscheiben und der Petersilie garnieren.

Das paßt dazu: Petersilienkartoffeln und Radicchiosalat mit Orange, Rezept Seite 44.

Fischfilets, Fischkoteletts

Fische und Krustentiere

Rotbarsch mit Tomaten

*800 g Rotbarschfilets
1 Teel. Zitronensaft
1 Teel. Salz, 6 Tomaten
100 g durchwachsener Speck
1 Zwiebel
1/16 l trockener Weißwein
1 hartgekochtes Ei
2 Schalotten
100 g Salatmayonnaise
3 Eßl. Magerjoghurt
4 Teel. mittelscharfer Senf
Salz und Pfeffer
Für die feuerfeste Form: Öl*

Pro Portion etwa 2 520 Joule/ 600 Kalorien

Die Fischfilets kalt abbrausen, trockentupfen, mit Zitronensaft beträufeln und mit dem Salz bestreuen. Die Tomaten waschen, abtrocknen und 4 davon am stiellosen Ende kreuzweise einschneiden, leicht salzen. 2 Tomaten häuten, würfeln und dabei die Kerne und den Stengelansatz entfernen. Den Speck und die Zwiebel ebenfalls in kleine Würfel schneiden. Den Backofen auf 200° vorheizen. Die feuerfeste Form mit Öl ausstreichen. Die Fischfilets in die Form legen und dazwischen die 4 Tomaten setzen. Den Speck in einer Pfanne ausbraten, die Zwiebelwürfel darin goldgelb braten, die Tomatenwürfel zugeben, alles kräftig durchrühren, mit dem Weißwein aufgießen und über die Fischfilets geben. Die Filets im Backofen in 10–15 Minuten garen. Das Ei und die Schalotten feinhacken und mit der Mayonnaise, dem Joghurt und dem Senf verrühren, würzen und dazu reichen.

Kabeljau in Senfsauce

*800 g Kabeljaufilets
Saft von 1 Zitrone
1 Eßl. Mehl, 1 Eßl. Butter
1/4 l Milch, 2 Eßl. milder Senf
1/2 Teel. Salz
1 gute Prise schwarzer Pfeffer
1 Messerspitze geriebene
   Muskatnuß
1 Eßl. gehackte Petersilie
1 Teel. Paprikapulver
1 Eßl. Butter
Für die Form: Butter*

Pro Portion etwa 1 175 Joule/ 280 Kalorien

Den Backofen auf 220° vorheizen. Die Kabeljaufilets kalt abbrausen, trockentupfen und mit dem Zitronensaft beträufeln. Eine feuerfeste Form mit Butter ausfetten. Das Mehl in der zerlassenen Butter hellgelb anbraten, unter Rühren nach und nach mit der Milch auffüllen und einige Minuten unter Umrühren kochen lassen. Die Sauce mit dem Senf, dem Salz, dem Pfeffer und dem Muskat abschmecken und mit der Petersilie verrühren. Die Fischfilets von beiden Seiten salzen, in die feuerfeste Form legen und das Paprikapulver darüberstreuen. Die Sauce über die Fischfilets gießen und die Fische mit der Butter in Flöckchen belegen. Die Fischfilets im Backofen auf der mittleren Schiene in etwa 15 Minuten garen. Nach Belieben mit Zitronenscheiben und Petersilie garniert servieren.

Das paßt dazu: Kartoffelpüree, Rezept Seite 9, mit gerösteten Semmelbröseln und ein gemischter Salat.

Fische und Krustentiere

Fischfilets, Fischkoteletts

Schellfisch mit Champignons

800 g Schellfischfilets
Saft von 1 Zitrone
1 Teel. Salz
50 g durchwachsener Speck
250 g Champignons
⅛ l Weißwein
100 g Crème fraîche
½ Teel. Zwiebelsalz
1 Prise weißer Pfeffer
1 Eßl. Sojasauce
1 Zitrone, 1 Tomate
½ Bund Petersilie
1 Eßl. Schnittlauchröllchen
Für die Form: Butter

Pro Portion etwa 1785 Joule/ 425 Kalorien

Den Backofen auf 220° vorheizen. Die Fischfilets kalt abbrausen, trockentupfen, mit dem Zitronensaft beträufeln, salzen und in eine gebutterte feuerfeste Form legen. Den Speck würfeln und in einer Pfanne ausbraten. Die Champignons putzen, waschen, große Pilze vierteln oder halbieren und über die Fischfilets geben. Die Speckwürfel darauf verteilen und den Weißwein zugießen. Die Filets im Backofen auf der mittleren Schiene in 15–20 Minuten garen; dann auf einer vorgewärmten Platte warm halten. Den Bratenfond mit der Crème fraîche verrühren, mit dem Zwiebelsalz, dem Pfeffer und der Sojasauce würzen und über den Fisch geben. Die Platte mit Zitronenachteln, Tomatenscheiben und Petersiliensträußchen garnieren. Den Schnittlauch über den Fisch streuen.

Das paßt dazu: Petersilienkartoffeln und Kopfsalat.

Seelachskoteletts auf Leipziger Allerlei

4 Seelachskoteletts zu je 250 g
Saft von 1 Zitrone
1 Zwiebel, ½ Zitrone
⅛ l Weinessig, 1 Teel. Salz
1 Lorbeerblatt
3 Pfefferkörner, 1 Tomate
450 g Leipziger Allerlei aus der Dose oder tiefgefroren
1 Eßl. Speisestärke
4 Eßl. Sahne
je 1 Eßl. Dillspitzen und gehackte Petersilie
¼ Teel. Zucker, Salz

Pro Portion etwa 1995 Joule/ 475 Kalorien

Die Fischkoteletts abbrausen und mit dem Zitronensaft beträufeln. Die Zwiebel in Ringe und die Zitrone in Scheiben schneiden. ½ l Wasser mit dem Essig, dem Salz, den Zwiebelringen, den Zitronenscheiben, dem Lorbeerblatt und den Pfefferkörnern 10 Minuten kochen lassen. Die Fischkoteletts hineinlegen, die Hitze reduzieren und die Koteletts in etwa 10 Minuten im Sud gar ziehen, nicht kochen lassen. Die Tomate häuten und in Würfel schneiden; die Kerne dabei entfernen. Das Leipziger Allerlei erwärmen und in eine vorgewärmte Schüssel geben. Die Fischkoteletts darauflegen und im Backofen bei etwa 100° warm halten. ¼ l vom durchgesiebten Fischsud mit der angerührten Speisestärke verquirlen; einmal aufkochen lassen. Die Tomatenwürfel, die Sahne, die Kräuter und nach Geschmack etwas Zucker und Salz in die Sauce rühren.

Matjes und Hering

Fische und Krustentiere

Eingelegte Heringe

4 küchenfertige grüne Heringe
Saft von 1–1½ Zitronen
1 gehäufter Teel. Salz
etwa 4 Eßl. Mehl zum Wenden
6 Eßl. Öl,
½ l milder Weinessig
½ l Wasser
3 Lorbeerblätter
8 Pfefferkörner
2 Pimentkörner
250 g Zwiebeln

Pro Portion etwa 1320 Joule/ 315 Kalorien

Die Heringe innen und außen gründlich kalt abspülen und etwas trockentupfen. Die Bauchhöhlen mit Zitronensaft beträufeln und die Heringe innen und außen salzen. Die Heringe dann etwas antrocknen lassen. Die Heringe in dem Mehl wenden. Das Öl erhitzen und die Heringe nacheinander von jeder Seite 3 Minuten braten. Beim Wenden sehr vorsichtig sein, da die Heringe leicht brechen. Die Heringe dann in eine genügend große Schale legen und abkühlen lassen. Den Essig mit dem Wasser, den Lorbeerblättern und den Pfefferkörnern sowie den Pimentkörnern zum Kochen bringen. Die Zwiebeln schälen, in Ringe schneiden, in den Topf geben und etwa 5 Minuten kochen lassen. Den Sud dann kalt werden lassen und über die Heringe gießen. Die Heringe zugedeckt 24 Stunden im Kühlschrank stehen lassen.

Das paßt dazu: Bratkartoffeln und Bier.

Panharing

Gebratene Heringe auf holländische Art

4 küchenfertige junge grüne Heringe
1 Teel. Salz
4 Messerspitzen weißer Pfeffer
4 Eßl. Mehl, 4 Eßl. Öl

Pro Portion etwa 1175 Joule/ 280 Kalorien

Die Heringe innen und außen gründlich kalt abspülen und gut trockentupfen. Das Salz mit dem Pfeffer mischen und die Heringe innen und außen damit einreiben. Das Mehl auf einen flachen Teller schütten, die Heringe darin wenden und anschließend vorsichtig schütteln, damit nicht festhaftendes Mehl wieder abfällt. Das Öl in einer großen Pfanne erhitzen und die Heringe von jeder Seite darin etwa 6 Minuten braten, bis sie rundherum knusprig braun sind.

Das paßt dazu: die ersten Frühkartoffeln mit frisch gehackter Petersilie, Blumenkohl mit abgebräunten Semmelbröseln und ein zarter Salat aus dem ersten Grün.

Unser Tip
Junge grüne Heringe sind im Mai auch auf den Speisekarten der besten niederländischen Restaurants zu finden. Sie sind unvergleichlich im Geschmack und bedürfen keiner raffinierten Zubereitungsart.

Fische und Krustentiere

Matjes und Hering

Matjesfilets nach Hausfrauenart

*4 Matjesfilets
1 große Zwiebel
1 säuerlicher Apfel
200 g Gewürzgurken
⅛ l saure Sahne
150 g Magerjoghurt
4 Eßl. Crème fraîche
½ Teel. Senfkörner
1 Teel. mittelscharfer Senf
1 Teel. Zucker
1–2 Teel. Zitronensaft
1 Eßl. gehackte gemischte Kräuter wie Petersilie, Dill und Rosmarin*

Pro Portion etwa 1 680 Joule/ 400 Kalorien

Die Matjesfilets je nach Salzgehalt ½–1 Stunde wässern, dann trockentupfen und in etwa 2 cm breite Streifen schneiden. Die Zwiebel schälen, in Ringe schneiden, die Ringe in ein Sieb geben und etwa 2 Minuten in sprudelnd kochendes Wasser halten. Die Zwiebelringe dann kalt abbrausen und gut abtropfen lassen. Den Apfel heiß waschen, abtrocknen, achteln, vom Kerngehäuse befreien und mit den Gurken in Scheibchen schneiden. Die saure Sahne mit dem Joghurt, der Crème fraîche, den Senfkörnern, dem Senf und dem Zucker verrühren und mit dem Zitronensaft kräftig süß-sauer abschmecken. Die Marinade mit den vorbereiteten Zutaten mischen und zugedeckt 2–3 Tage im Kühlschrank durchziehen lassen. Vor dem Servieren mit den Kräutern bestreuen.

Das paßt dazu: frisches Bauernbrot mit Butter.

Matjes in Joghurtsauce

*100 g tiefgefrorene Garnelen
6 Matjesfilets
200 g Gewürzgurken
1 säuerlicher Apfel
10 paprikagefüllte Oliven
⅛ l Sahne, 150 g Magerjoghurt
1 Eßl. Weinessig
1 Teel. Zucker
1 Messerspitze weißer Pfeffer
2 Eßl. gehackter Dill*

Pro Portion etwa 2 290 Joule/ 545 Kalorien

Die Garnelen antauen lassen. Die Matjesfilets ½–1 Stunde wässern. Die Gurken in Streifen schneiden. Den Apfel heiß waschen, abtrocknen, achteln, vom Kerngehäuse befreien und mit den Oliven in Scheibchen schneiden. Die Sahne mit dem Joghurt verrühren und mit dem Essig, dem Zucker und dem Pfeffer kräftig süßsauer abschmecken. Die Matjesfilets trockentupfen, in 2 cm große Quadrate schneiden und mit den Gurkenstreifen, den Oliven- und Apfelscheibchen und der Sauce locker mischen; die Garnelen unterheben. Den Matjestopf 24 Stunden kühl stellen; vor dem Servieren mit dem Dill bestreuen.

> **Unser Tip**
> Wenn Sie die Oliven weglassen, können Sie ½–1 Banane, in Scheibchen geschnitten und gut mit Zitronensaft beträufelt, kurz vor dem Servieren unter den Matjestopf mischen.

Kurzgebratenes

Rindfleischgerichte

Klassische Steaks

4 Filet- oder Lendensteaks von je 200 g, 2 cm dick
4 Eßl. Öl
je Steak 1 Messerspitze Salz und 1 Prise frisch gemahlener weißer Pfeffer

Pro Portion etwa 1405 Joule/ 335 Kalorien ohne Beilagen

Die Steaks kalt abbrausen, gut trockentupfen und alle feinen Häutchen entfernen. Einen vorhandenen Fettrand in Abständen von etwa 2 cm bis zum Beginn des Fleisches einschneiden, damit sich das Steak beim Braten nicht wölbt. Die Pfanne leer erhitzen, für jedes Steak 1 Eßlöffel Öl eingießen und heiß werden lassen. Die Hitze dann reduzieren, die Steaks von jeder Seite 1 Minute, bei reduzierter Hitze pro Seite weitere 3 Minuten braten, dann salzen und pfeffern. Innen ganz blutig sind sie bei nur 1–2 Minuten Bratzeit, durchgebraten in 5 Minuten pro Seite.

Das paßt dazu: Champignons, gebratene Zwiebelringe oder Perlerbsen, Prinzeßbohnen, zarte Maiskolben, gedünstete Tomaten oder Broccoli und Sauce hollandaise oder Sauce béarnaise, Rezepte Seite 14 und 15.

Varianten:

Tournedos
(im Bild links unten)
Sie werden aus dem spitzen Teil des Filets geschnitten und sind bei 3 cm Dicke nur 125 g schwer. Die Tournedos vor dem Braten rund binden, damit sie gleichmäßig garen. Bei mittlerer Hitze je Seite 5–6 Minuten braten und mit Kräuterbutter anrichten.

Porterhouse Steak
(im Bild links ganz oben)
Ein Stück vom Roastbeef mit dem Knochen und vom Filet von etwa 800 g. Es wird eingeölt und je Seite bei mittlerer Hitze 9–12 Minuten gebraten.

Rindfleischgerichte

Kurzgebratenes

Entrecôte Cavour

Zwischenrippenstück auf italienische Art

*2 Zwiebeln, 3 Tomaten
100 g Knochenmark
4 Eßl. Öl
4 Entrecôtes zu je 200 g
je Steak 1 Messerspitze Salz
 und
1 Prise frisch gemahlener
 schwarzer Pfeffer
10 Perlzwiebeln aus dem Glas
2 Eßl. Butter
3 Eßl. gehackte Petersilie*

Pro Portion etwa 3 190 Joule/ 760 Kalorien

Die Zwiebeln schälen und in dünne Ringe schneiden. Die Tomaten häuten, vom Stielansatz und den Kernen befreien und würfeln. In einem kleinen Topf etwas Salzwasser zum Kochen bringen. Das Knochenmark in 4 gleich große Scheiben schneiden, in ein Sieb legen und 3 Minuten ins sprudelnd kochende Wasser geben, danach abkühlen lassen. 1 Eßlöffel Öl erhitzen und die Zwiebelringe darin goldgelb braten. Die Tomatenstücke 5 Minuten mitdünsten. Die Steaks im restlichen Öl von jeder Seite 3 Minuten braten, auf vorgewärmte Teller legen; salzen und pfeffern. Im verbliebenen Bratfett die Perlzwiebeln erhitzen. Das Knochenmark und die Perlzwiebeln auf die Steaks legen und die Zwiebel-Tomaten-Masse daraufgeben. Die Butter in der Pfanne erhitzen und mit der Petersilie über die Steaks verteilen.

Das paßt dazu: Bandnudeln oder Petersilienkartoffeln und ein grüner Salat.

Flambiertes Pfeffersteak

*4 Filetsteaks zu je 200 g
1 kleine Zwiebel
1 Eßl. schwarze Pfefferkörner
3 Eßl. Öl
je Steak 1 Messerspitze Salz
2 Schnapsgläser Cognac (4 cl)
2 Eßl. Butter*

Pro Portion etwa 1 680 Joule/ 400 Kalorien

Die Steaks kalt abbrausen, gut trockentupfen, von allen Häutchen befreien und eventuelle Fettränder abschneiden. Die Steaks mit Küchengarn rund binden, so daß sie ihre Form behalten. Die Zwiebel schälen und in sehr kleine Würfel schneiden. Die Pfefferkörner im Mörser grob zerdrücken oder zwischen Pergamentpapier mit dem Wellholz schroten. Die Steaks leicht von beiden Seiten einölen und das restliche Öl in einer Pfanne sehr heiß werden lassen. Die Steaks mit dem Pfeffer bestreuen, dann 2 Minuten braten, umwenden und die Zwiebelwürfel zufügen. Diese unter öfterem Umwenden glasig braten. Die Steaks salzen. Den Cognac in einem Schöpflöffel über einer Kerzenflamme etwas erwärmen, über die Steaks gießen, den Cognac anzünden und ausbrennen lassen. Die Butter über die Steaks und in die Pfanne geben und schmelzen lassen. Die Steaks einmal darin wenden und sofort auf einer heißen Platte mit der Bratflüssigkeit anrichten.

Das paßt dazu: Pommes frites, Rezept Seite 10, und ein beliebiger Salat.

Gesotten und geschmort

Rindfleischgerichte

Wiener Tafelspitz

Zutaten für 6 Personen:
1 kg Rindfleisch aus der Unterschale
3 l Wasser
1 Teel. Salz
5 Pfefferkörner
1 große Zwiebel
1 Lorbeerblatt
2 Gewürznelken
2 große Möhren
½ Knollensellerie
1 Petersilienwurzel
2 Stangen Lauch/Porree

Pro Portion etwa 1 175 Joule/ 280 Kalorien

Das Fleisch kalt abbrausen. Das Wasser mit dem Salz und den Pfefferkörnern zum Kochen bringen. Die Zwiebel ungeschält waschen, halbieren und eine Hälfte mit dem Lorbeerblatt und den Gewürznelken bestecken. Die Zwiebelhälften mit dem Fleisch ins kochende Wasser geben und während der ersten 20 Minuten den sich bildenden Schaum immer wieder abschöpfen. Das Fleisch dann bei schwacher Hitze 2 Stunden im offenen Topf kochen lassen. Das Gemüse putzen, schälen oder schaben und waschen. Die Möhren längs vierteln und die Viertel quer durchschneiden. Den Sellerie in Würfel schneiden, die gelben Lauchstücke in breite Ringe. Das Gemüse 30 Minuten vor Ende der Garzeit in die Brühe geben und darin mitgaren. Den Tafelspitz in dicke Scheiben schneiden, auf einer vorgewärmten Platte anrichten, mit etwas Brühe umgießen und mit dem mitgegarten Gemüse umlegen.

Das paßt dazu: Bratkartoffeln, Sahnemeerrettich und grüne Bohnen, Rezept Seite 121.

Rindfleischgerichte

Gesotten und geschmort

Riesenroulade mit Pilzfüllung

Zutaten für 6 Personen:
1 große dünne Scheibe
 Rindernacken (1 kg)
200 g Champignons
100 g durchwachsener Speck
3 Eßl. Öl, 1 Zwiebel
½ Teel. getrockneter Thymian
1 Teel. Salz, 1 Teel. Senf
¼ Teel. schwarzer Pfeffer
¼ l heiße Fleischbrühe (Instant)
⅛ l Sahne, 1 Teel. Speisestärke

Pro Portion etwa 1975 Joule/
470 Kalorien

Das Fleisch flachdrücken. Die Champignons putzen und feinblättrig schneiden. Den Speck würfeln und in 1 Teelöffel Öl ausbraten, die Champignons zugeben, 3 Minuten mitbraten; dann beiseite stellen. Die Zwiebel schälen, feinhacken, mit dem Thymian, dem Salz, dem Senf, dem Pfeffer und 1 Teelöffel Öl verrühren und auf das Fleisch streichen. Drei Viertel der Pilzmischung daraufgeben, das Fleisch aufrollen und mit Küchengarn binden. Die Roulade im restlichen Öl von allen Seiten scharf anbraten. Etwa die Hälfte der Brühe zugießen. Das Fleisch zugedeckt 1–1¼ Stunden schmoren lassen; gelegentlich etwas heiße Fleischbrühe zugießen und die Roulade dabei wenden. Während der letzten 5 Minuten die restliche Pilzmischung und die Sahne zufügen. Die Sauce mit kalt angerührter Speisestärke binden.

Das paßt dazu: Spätzle, Rezept Seite 12, oder breite Nudeln und ein Salat.

Rouladen mit Schinken

4 Scheiben Rindfleisch vom
 dicken Bug zu je 150 g
1 Zwiebel, 1 Knoblauchzehe
½ Stange Lauch/Porree
1 Bund Suppengrün
4 dünne Scheiben roher
 Schinken ohne Fettrand
 zu je 25 g
je ¼ Teel. getrockneter Majoran
 und Liebstöckel
¼ Teel. schwarzer Pfeffer
1 Teel. Salz, 2 Eßl. Öl
⅜ l heiße Fleischbrühe (Instant)

Pro Portion etwa 1615 Joule/
385 Kalorien

Das Fleisch mit dem Handballen flachdrücken. Die Zwiebel und die Knoblauchzehe schälen und beides feinhacken. Den Lauch putzen, waschen und in dünne Scheibchen schneiden. Das Suppengrün ebenfalls putzen, waschen und feinwürfeln. Auf jede Roulade eine Schinkenscheibe legen. Die Zwiebel, den Knoblauch, den Lauch mit dem Majoran, dem Liebstöckel, dem Pfeffer und dem Salz mischen, auf den Schinken streuen, die Rouladen aufrollen und mit Küchengarn binden oder mit Rouladenklammern feststecken. Das Öl in einem Schmortopf erhitzen, das Suppengrün kurz darin anbraten, die Rouladen ebenfalls anbraten und mit der Hälfte der heißen Fleischbrühe umgießen. Die Rouladen zugedeckt 50–60 Minuten schmoren lassen. Nach und nach die restliche Fleischbrühe zufügen.

Das paßt dazu: Kartoffelpüree, Rezept Seite 9, und Rotkohl.

75

Gesotten und geschmort

Rindfleischgerichte

Boeuf Stroganoff

Rinderfilet auf russische Art

800 g Rinderfilet
2 Zwiebeln
100 g Gewürzgurke
50 g Champignons
4 Eßl. marinierte Rote Bete aus dem Glas
3 Eßl. Öl, 1 Teel. Salz
1 Messerspitze schwarzer Pfeffer
2 Eßl. Kapern, 1 Teel. Zucker
4 Eßl. saure Sahne

Pro Portion etwa 1 550 Joule/ 370 Kalorien

Das Fleisch in Pommes-frites-Größe in Streifen schneiden. Die Zwiebeln schälen und in Ringe schneiden. Die Gewürzgurke schälen und in streichholzdünne Streifen schneiden. Die Champignons putzen und feinblättrig schneiden. Die Roten Beten würfeln. Das Öl in einer Pfanne stark erhitzen, die Zwiebelringe unter Umwenden darin goldgelb braten. Die Fleischstreifen nach und nach zufügen und unter ständigem Wenden von allen Seiten braun anbraten. Es ist wichtig, daß die erste Portion der Fleischstreifen bereits gut braun angebraten ist, ehe die nächste zugegeben wird. Wenn alle Fleischstreifen gut angebraten sind, das Fleisch salzen und pfeffern, die Gurkenstreifen, die Kapern, die Rote-Bete-Würfel, die Pilze und den Zucker zufügen, alles mischen und bei schwacher Hitze zugedeckt noch weitere 10 Minuten dünsten. Die saure Sahne vor dem Servieren unterheben.

Das paßt dazu: frisches Weißbrot oder körnig gekochter Reis.

Norddeutscher Pepperpot

2 Zwiebeln
600 g Rindfleisch aus der Unterschale
150 g gekochter Schinken ohne Fettrand im Stück
3 Eßl. Öl
1 Eßl. Paprikapulver, edelsüß
1 Teel. Salz
¼ Teel. schwarzer Pfeffer
1 rote Peperoni
¼ l roter Landwein
250 g Kartoffeln
1–1½ Teel. Zucker

Pro Portion etwa 2 120 Joule/ 505 Kalorien

Die Zwiebeln schälen und in Ringe schneiden. Das Fleisch waschen, abtrocknen und mit dem Schinken in 2 cm große Würfel schneiden. Das Öl in einem Schmortopf erhitzen, die Zwiebelringe, die Schinken- und die Fleischwürfel hineingeben und unter Umwenden 5 Minuten von allen Seiten stark anbraten. Das Paprikapulver, das Salz, den Pfeffer, die Peperoni und den Rotwein zufügen und das Gericht zugedeckt bei mittlerer Hitze 40 Minuten schmoren lassen. Inzwischen die Kartoffeln schälen und ebenfalls in 2 cm große Würfel schneiden. Die Kartoffelwürfel nach 40 Minuten unter das Fleisch mischen und im offenen Topf bei schwacher Hitze in weiteren 20 Minuten garen. Zuletzt das Gericht mit dem Zucker abschmecken.

Das paßt dazu: Gurkensalat oder Weißkohlsalat.

Rindfleischgerichte

Gesotten und geschmort

Gulaschtopf mit Mais

100 g Beinfleisch vom Rind
600 g Rinderkamm
3 Zwiebeln, 1 Knoblauchzehe
je 1 grüne und rote
*   Paprikaschote*
3 Eßl. Öl, 1 Teel. Salz
1 Lorbeerblatt
1 Messerspitze schwarzer
*   Pfeffer*
1 Prise Cayennepfeffer
⅛ l heiße Fleischbrühe (Instant)
200 g Maiskörner aus der Dose
200 g Gewürzgurke, ⅛ l Sahne

Pro Portion etwa 2 245 Joule/ 535 Kalorien

Das Fleisch waschen, abtrocknen und in 3 cm große Würfel schneiden. Die Zwiebeln und den Knoblauch schälen und würfeln. Die Paprikaschoten halbieren, putzen, waschen, abtrocknen und in Streifen schneiden. Das Öl in einem Schmortopf erhitzen und die Zwiebel- und Knoblauchwürfel darin glasig braten. Die Fleischwürfel zugeben und scharf anbraten. Die Paprikastreifen, das Salz, das Lorbeerblatt, den Pfeffer und den Cayennepfeffer untermischen und alles mit der Fleischbrühe aufgießen. Das Gulasch zugedeckt bei schwacher Hitze 70–80 Minuten schmoren lassen. Nach Bedarf noch etwas heißes Wasser zufügen. Die Gurken würfeln und mit den abgetropften Maiskörnern 10 Minuten vor Ende der Garzeit unter das Gulasch mischen. Vor dem Servieren mit der Sahne abrunden und noch einmal abschmecken.

Das paßt dazu: Reis.

Ochsenschwanzragout

1 kg Ochsenschwanz, in 5 cm
*   lange Stücke gehackt*
1 Zwiebel, 1 Knoblauchzehe
50 g fetter Speck
2 Eßl. Olivenöl
¼ l trockener Weißwein
1 Teel. Salz
⅛–½ l heiße Fleischbrühe
*   (Instant)*
2 Stangen Staudensellerie
4 Tomaten
1 Eßl. gehackte Petersilie

Pro Portion etwa 2 100 Joule/ 500 Kalorien

Die Ochsenschwanzstücke waschen und abtrocknen. Die Zwiebel und die Knoblauchzehe schälen und beides kleinwürfeln. Den Speck ebenfalls würfeln. Das Öl mit den Speckwürfeln erhitzen, die Zwiebel- und die Knoblauchwürfel darin glasig braten, die Ochsenschwanzstücke zugeben, von allen Seiten braun anbraten, mit dem Weißwein übergießen, das Salz zufügen und zugedeckt bei schwacher Hitze insgesamt 2 Stunden schmoren lassen. Den Topf hin und wieder schütteln und bei Bedarf heiße Fleischbrühe nachgießen. Die Selleriestangen waschen, putzen und in 3 cm lange Stücke schneiden. 30 Minuten vor Ende der Garzeit den Sellerie ins Ragout geben. Die Tomaten häuten, von den Stengelansätzen befreien und in den letzten 10 Minuten im Ragout garen. Das Ragout vor dem Servieren mit der Petersilie bestreuen.

Das paßt dazu: Risi-Pisi, Rezept Seite 11.

Festliche Braten

Rindfleischgerichte

Roastbeef

Zutaten für 6 Personen:
1 kg Roastbeef
½ Teel. weißer Pfeffer
2 Eßl. Worcestershiresauce
4 Eßl. Öl
2 Eßl. Cognac
½ Teel. Cayennepfeffer
1 Teel. Salz

Pro Portion etwa 2015 Joule/ 480 Kalorien

Das Fleisch waschen, abtrocknen und die Fettschicht auf dem Roastbeef gitterartig einschneiden. Den Pfeffer, die Worcestershiresauce, 3 Eßlöffel Öl, den Cognac und den Cayennepfeffer miteinander verrühren, über das Fleisch träufeln und dieses zugedeckt 1 Stunde marinieren; das Fleisch dabei mehrmals wenden. Den Backofen auf 250° vorheizen. Den Bratenrost mit Öl bestreichen. Das Roastbeef aus der Marinade nehmen, trockentupfen und mit dem Salz einreiben. Das Fleisch auf dem geölten Rost über die kalt ausgespülte Bratenpfanne auf die zweite Schiene von unten in den Backofen schieben und 25 Minuten braten. Gibt das Fleisch auf Fingerdruck nach, ist es innen noch blutig; reagiert es nur noch leicht auf Fingerdruck, ist es innen nur noch rosa. Das Roastbeef in dünne Scheiben schneiden, mit dem Bratensaft aus der Bratenpfanne beträufeln und servieren.

Das paßt dazu: Yorkshire Pudding, Rezept Seite 13, und feines Gemüse der Saison, in Butter geschwenkt.

Senfbraten

Zutaten für 6 Personen:
1 kg Rindfleisch aus der Oberschale
1 Teel. Salz, ¼ Teel. Pfeffer
4 Eßl. Orangenkonfitüre
4 Eßl. Apfelmus, 4 Eßl. Senf
2–3 Eßl. Obstessig
1 Teel. feingehackter Thymian
1 Eßl. gehackte Petersilie
2 Zwiebeln, 1 kleine Möhre
100 g Knollensellerie
⅛ l trockener Weißwein
¼ l heiße Fleischbrühe (Instant)
4 Eßl. Crème fraîche
Salz und Pfeffer

Pro Portion etwa 1510 Joule/ 360 Kalorien

Das Fleisch waschen, abtrocknen und mit dem Salz und dem Pfeffer einreiben. Den Backofen auf 200° vorheizen. Die Konfitüre mit dem Apfelmus, dem Senf, dem Essig, dem Thymian und der Petersilie verrühren und die Oberseite des Bratens dick damit bestreichen. Den Braten im Backofen in einer Bratpfanne auf der mittleren Schiene in 1¼ Stunden garen. Die Zwiebeln und den Sellerie schälen, die Möhre schaben und alles würfeln. Nach 20 Minuten Bratzeit je die Hälfte des Weins und der Fleischbrühe um den Braten gießen. Nach 40 Minuten Bratzeit Fleischbrühe zugießen, das Gemüse in die Bratpfanne legen und mitgaren. Den Braten anrichten. Den Bratenfond mit wenig heißem Wasser lösen, durchseihen und mit restlichem Weißwein und der Crème fraîche verrühren.

Das paßt dazu: breite Nudeln oder Spätzle, Rezept Seite 12.

Rindfleischgerichte

Sauerbraten mit Rotweinsauce

*800 g Unterschale vom Rind
1 Möhre
1 Petersilienwurzel
¼ Knollensellerie
1 Lorbeerblatt
je 4 Piment- und Pfefferkörner
1 Zweig frischer Thymian
⅜ l Burgunder Rotwein
⅛ l roter Weinessig
¼ l Wasser, 1 Teel. Salz
2 Messerspitzen schwarzer Pfeffer
50 g fetter Speck, 4 Eßl. Öl
2 Eßl. Tomatenmark*

Pro Portion etwa 2 855 Joule/ 680 Kalorien

Das Fleisch waschen und abtrocknen. Das Gemüse schaben oder schälen und grob zerschneiden; dann mit dem Lorbeerblatt, den Gewürzkörnern, dem Thymian und dem Rotwein über das Fleisch geben. Den Essig mit dem Wasser aufkochen, abkühlen lassen und ebenfalls über das Fleisch gießen. Das Fleisch zugedeckt 1–2 Tage im Kühlschrank marinieren; ab und zu wenden. Den Backofen auf 220° vorheizen. Das Fleisch abtrocknen und mit dem Salz und dem Pfeffer einreiben. Die Marinade durchseihen. Den Speck würfeln und in einer Bratreine ausbraten. Das Öl zugeben, erhitzen und das Fleisch von allen Seiten kräftig braun anbraten. Das Gemüse und die Gewürze aus der Marinade zum Fleisch geben, das Tomatenmark unterrühren und nach und nach mit der Marinade auffüllen. Die Bratreine zudecken und das Fleisch auf der untersten Schiene im Backofen 2 Stunden schmoren lassen. Den fertigen Braten auf einer vorgewärmten Platte im abgeschalteten Backofen 10 Minuten ruhen lassen. Die Sauce durchpassieren, süß-sauer abschmecken und dazu reichen.

Das paßt dazu: Kartoffelklöße aus gekochten Kartoffeln, Krautsalat und Gemüse.

Festliche Braten

Kurzgebratenes

Kalbfleischgerichte

Wiener Schnitzel

*4 Kalbsschnitzel zu je 150 g
1 Teel. Salz
4 Prisen frisch gemahlener
   weißer Pfeffer
2 Eßl. Mehl, 2 Eier
1 Tasse Semmelbrösel
50 g Butter, 1 Zitrone*

Pro Portion etwa 1660 Joule/ 395 Kalorien

Die Schnitzel waschen, abtrocknen, von allen Häutchen befreien und mit dem Handballen gleichmäßig flachdrükken. Dann von jeder Seite mit dem Salz und dem Pfeffer einreiben und in dem Mehl wenden; überflüssiges Mehl wieder abschütteln. Die Eier mit 1 Eßlöffel Wasser verquirlen und die Schnitzel nacheinander darin wenden. Die Semmelbrösel in einen Suppenteller schütten. Die Schnitzel leicht in die Semmelbrösel drücken, aber danach ebenfalls wieder schütteln, damit nicht festhaftende Semmelbrösel abfallen. Die Hälfte der Butter in einer großen Pfanne erhitzen, die Schnitzel hineinlegen, die Hitze zurückstellen und die Schnitzel von jeder Seite in 3–4 Minuten knusprig braun braten. Vor dem Wenden die restliche Butter zufügen. Die Zitrone heiß waschen und aus der Mitte 4 Scheiben schneiden. Etwas Zitronensaft in die Bratbutter in der Pfanne geben. Jedes Schnitzel mit etwas Bratfett beträufeln und mit den Zitronenscheiben garnieren.

Das paßt dazu: mit Mayonnaise angemachter Kartoffelsalat und Kopfsalat.

Kalbsmedaillons mit Sauerampfer

*4 Kalbsmedaillons zu je 100 g
1 Tasse zarte junge
   Sauerampferblätter
50 g Butter
1 Teel. Salz
4 Prisen frisch gemahlener
   weißer Pfeffer
150 g Magerjoghurt
2 Teel. Zitronensaft
knapp 1 Teel. Zucker, Salz*

Pro Portion etwa 965 Joule/ 230 Kalorien

Das Fleisch kalt abwaschen, abtrocknen und mit Küchengarn rund binden. Den Sauerampfer gründlich lauwarm waschen, in einem Tuch trockenschleudern und die Blätter in Streifen schneiden. Die Butter in einer Pfanne erhitzen und die Medaillons von jeder Seite 4 Minuten darin goldbraun braten, dann mit Salz und Pfeffer würzen. Die Medaillons auf einer gut vorgewärmten Platte heiß halten. Den Joghurt mit dem Bratensaft verrühren, die Sauerampferblätter hineingeben und unter Rühren etwa 2 Minuten erhitzen. Die Sauce mit dem Zitronensaft, dem Zucker und eventuell Salz abschmecken. Die Medaillons in der Sauce nochmals erwärmen, aber nicht mehr kochen lassen.

Unser Tip
Die jungen Sauerampferblätter nicht in der Nähe sehr befahrener Autostraßen pflücken!

Kalbfleischgerichte

Kurzgebratenes

Kalbsrahmschnitzel

4 Kalbsschnitzel zu je 150 g
3 Eßl. Butter, 2 Teel. Salz
4 Messerspitzen frisch gemahlener weißer Pfeffer
⅛ l heiße Bouillon
5 Eßl. Crème fraîche
1 gute Prise getrocknetes Liebstöckel
Salz nach Geschmack

Pro Portion etwa 1385 Joule/ 330 Kalorien

Die Schnitzel von allen Häutchen befreien, mit dem Handballen gleichmäßig flachdrükken. Die Butter in einer Pfanne erhitzen und die Schnitzel von jeder Seite 3–4 Minuten braten, bis sie knusprig braun sind, nach dem Wenden jeweils mit Salz und Pfeffer würzen. Die fertigen Schnitzel auf einer vorgewärmten Platte heiß halten. Den Bratenfond in der Pfanne mit der heißen Bouillon lösen, die Crème fraîche unterrühren und alles einmal aufkochen lassen. Das Liebstöckel rebeln und die Rahmsauce damit würzen. Die Sauce mit Salz und weißem Pfeffer abschmecken.

Das paßt dazu: Reistimbale und Broccoli oder Spätzle, Rezept Seite 12, und Radicchiosalat.

Unser Tip
Statt der Crème fraîche können Sie für die Rahmsauce auch je zur Hälfte Sahne und Magerjoghurt verwenden.

Saltimbocca
Kalbsschnitzel mit Salbei

8 Kalbsschnitzel zu je 60 g
8 frische Salbeiblätter
100 g Parmaschinken in 8 dünnen Scheiben
4 Eßl. Öl
je Schnitzel 1 Prise Salz und weißer Pfeffer
4 Eßl. trockener Weißwein
2 Eßl. Butter

Pro Portion etwa 1510 Joule/ 360 Kalorien

Die Schnitzel waschen, abtrocknen, von Häutchen und Sehnen befreien und mit dem Handballen gleichmäßig flachdrücken. Die Salbeiblätter waschen und abtrocknen. Auf jedes Schnitzel 1 Scheibe Schinken und darauf 1 Salbeiblatt legen. Den Schinken und die Salbeiblätter mit Holzspießchen feststecken. Das Öl erhitzen und die Schnitzel bei mittlerer Hitze von jeder Seite 2–3 Minuten darin braten. Die nicht mit Schinken belegte Seite der Schnitzel mit dem Salz und dem Pfeffer würzen. Etwa 1 Eßlöffel Weißwein über die Schnitzel träufeln und diese auf einer vorgewärmten Platte heiß halten. Den Bratensatz in der Pfanne mit dem restlichen Weißwein lösen, die Butter darin schmelzen lassen und die Sauce über die Schnitzel gießen.

Das paßt dazu: Spaghetti oder körnig gekochter Reis und ein frischer gemischter Salat.

81

Geschmortes Kalbfleisch

Kalbfleischgerichte

Kalbsvögerl

4 Scheiben Kalbsfilet zu je 100 g
1 Teel. milder Senf
je Fleischscheibe 1 Prise weißer Pfeffer
1 Teel. Salz
200 g Kalbsbrät, 1 Ei
1 Eßl. gehackte Petersilie
je 100 g Lauch und Möhren
1 Zwiebel, 3 Eßl. Öl
¼ l heiße Fleischbrühe
1 Lorbeerblatt
2 Gewürznelken
3 Pfefferkörner
1 Teel. Kapern
⅛ l Weißwein
50 g durchwachsener Speck in dünnen Scheiben

Pro Portion etwa 1720 Joule/ 410 Kalorien

Die Filetscheiben mit Senf bestreichen, pfeffern und salzen. Das Kalbsbrät mit dem Ei und der Petersilie mischen und auf die Fleischscheiben streichen, diese aufrollen, mit Küchengarn binden. Das Gemüse putzen oder schälen und kleinwürfeln. Die Rouladen in dem Öl scharf anbraten, dann herausnehmen, das Gemüse anbraten, das Fleisch wieder zugeben, mit der Brühe umgießen und alle Gewürze zufügen. Die Rouladen zugedeckt etwa 30 Minuten schmoren lassen, nach und nach den Wein zugießen. Den Speck in einer Pfanne ausbraten. Die Schmorflüssigkeit durchpassieren und über die Kalbsvögerl gießen, mit dem Speck anrichten.

Das paßt dazu: Spätzle, Rezept Seite 12, und Feldsalat mit Orangenfilets.

Ossobuco

Geschmorte Kalbshaxe

1 Zwiebel, 1 Knoblauchzehe
1 Eßl. Mehl
½ Teel. Salz
¼ Teel. weißer Pfeffer
1 Prise getrockneter Majoran
1 große oder 2 kleine Kalbshaxen, insgesamt 1 kg, in 4 bis 8 Scheiben gesägt
50 g Butter
1/16 l trockener Weißwein
je 1 kleines Stück Orangen- und Zitronenschale
½ Tasse heiße Fleischbrühe
1 Prise geriebene Muskatnuß

Pro Portion etwa 1680 Joule/ 400 Kalorien

Die Zwiebel und die Knoblauchzehe schälen, die Zwiebel in Ringe schneiden, die Knoblauchzehe feinwürfeln. Das Mehl mit dem Salz, dem Pfeffer und dem Majoran mischen, die Haxenscheiben darin wenden und in der Hälfte der zerlassenen Butter mit den Zwiebelringen und den Knoblauchstückchen von beiden Seiten hellbraun anbraten. Den Wein, die Orangen- und Zitronenschale hinzufügen und alles zugedeckt bei schwacher Hitze etwa 1 Stunde schmoren lassen. Während der Garzeit hin und wieder einige Eßlöffel von der heißen Fleischbrühe zugießen. Die Fleischscheiben einmal wenden. Die fertigen Haxenscheiben warm stellen, die Sauce durch ein Sieb passieren, mit der restlichen Butter mischen und mit dem Muskat und nach Geschmack mit Salz würzen.

Das paßt dazu: breite Nudeln und ein gemischter Salat.

Kalbfleischgerichte

Zürcher Kalbsgeschnetzeltes

1 Zwiebel
300 g Champignons
1 Eßl. Butter
1 Eßl. Mehl
4 Eßl. Öl
600 g geschnetzeltes Kalbfleisch aus dem Frikandeau
⅛ l trockener Weißwein
200 g Sahne (1 Becher)
1 Teel. Salz
2 Messerspitzen weißer Pfeffer
1 Eßl. frische gehackte Kräuter

Pro Portion etwa 2015 Joule/ 480 Kalorien

Die Zwiebel schälen und kleinwürfeln. Die Champignons putzen, gründlich kalt waschen, abtropfen lassen und blättrig schneiden. Die Butter mit dem Mehl verkneten. Das Öl erhitzen und das Kalbfleisch darin in kleinen Portionen anbraten und in ein Sieb über einer Schüssel geben. Die Zwiebelwürfel in der Pfanne glasig braten. Die Champignonscheibchen hinzufügen und mitbraten. Den Weißwein und die Sahne zugeben und den Mehl-Butter-Kloß in der Champignonmischung unter Rühren auflösen. Alles einige Minuten durchkochen lassen und mit Salz und Pfeffer abschmecken. Das Fleisch mit dem Fleischsaft unter die Champignons mischen; alles noch einmal erwärmen und mit den Kräutern bestreut servieren.

Das paßt dazu: Zürcher Rösti, Rezept Seite 146, und ein frischer grüner Salat.

Unser Tip
Für Zürcher Geschnetzeltes gibt es verschiedene Rezepte. Nicht in allen werden Champignons verwendet. Wenn Sie keine frischen Pilze haben, sollten Sie sie lieber weglassen.

Geschmortes Kalbfleisch

Festliche Braten

Kalbfleischgerichte

Gebratene Kalbshaxe

1 Bund Suppengrün
3 Zwiebeln, 1 Lorbeerblatt
je 3 Wacholderbeeren und
   weiße Pfefferkörner
1 kg Kalbshaxe, 1 Teel. Salz
¼ Teel. weißer Pfeffer
½ Teel. Paprikapulver, scharf
2 Eßl. Öl, 200 g Champignons
500 g Zucchini
4 Tomaten, 2 Eßl. Butter
je ¼ Teel. Salz und Pfeffer
je 1 Messerspitze getrocknetes
   Basilikum und Thymian
100 g Crème fraîche

Pro Portion etwa 2 205 Joule/
525 Kalorien

Das Suppengrün putzen, 1 Zwiebel ungeschält waschen und halbieren. Das Suppengrün mit der Zwiebel, dem Lorbeerblatt, den Gewürzkörnern und 3 l Salzwasser zum Kochen bringen. Die Haxe im offenen Topf 30 Minuten kochen lassen. Den Backofen auf 220° vorheizen. Die Haxe abtrocknen, mit den Gewürzen einreiben. Das Öl in einer Bratpfanne erhitzen, die Haxe darin anbraten, dann im Backofen auf der untersten Schiene 45 Minuten braten. Nach und nach ½ l vom Fleischsud um die Haxe gießen. Die restlichen Zwiebeln schälen und hacken. Die Champignons putzen und in Scheibchen schneiden. Die Zucchini würfeln, die Tomaten vierteln. Das Gemüse in der Butter dünsten, mit Salz, Pfeffer, Basilikum und Thymian würzen. Die Haxe mit dem Gemüse anrichten. Den Bratenfond durchseihen, mit der Crème fraîche verrühren.

Gefüllte Kalbsbrust

Zutaten für 6 Personen:
1 altbackenes Brötchen
¼ l Milch
1 große Zwiebel
400 g gemischtes Hackfleisch
2 Eier, 1 Teel. Salz
¼ Teel. weißer Pfeffer
2 Eßl. gehackte Petersilie
1 kg Kalbsbrust ohne Knochen,
   mit eingeschnittener Tasche
4 Eßl. Öl
2 Möhren
1 Stück Knollensellerie
1 Zwiebel
½ l heiße Fleischbrühe (Instant)
4 Eßl. Sahne

Pro Portion etwa 2 330 Joule/
555 Kalorien

Das Brötchen in der Milch einweichen. Die Zwiebel schälen und würfeln. Das Hackfleisch mit den Eiern, den Zwiebelwürfeln, dem ausgedrückten Brötchen, dem Salz, dem Pfeffer und der Petersilie vermengen. Die Kalbsbrust salzen und pfeffern, mit dem Hackfleisch füllen, dann mit Küchengarn zunähen. Den Backofen auf 220° vorheizen. Das Öl in einer Bratpfanne erhitzen, das Fleisch darin anbraten, dann im Backofen auf der untersten Schiene etwa 1½ Stunden braten. Die Möhren und den Sellerie schälen und kleinschneiden. Die Zwiebel schälen und achteln. Das Gemüse nach 30 Minuten um das Fleisch legen, die Hitze auf 200° zurückschalten, gelegentlich heiße Brühe zugießen. Den Bratenfond mit Fleischbrühe lösen, durchpassieren, mit der Sahne verquirlen und zur Kalbsbrust reichen.

Kalbfleischgerichte

Festliche Braten

Kalbsnierenbraten

Zutaten für 6 Personen:
1½ kg Kalbsnierenbraten
1 Teel. Salz
¼ Teel. weißer Pfeffer
2 Bund Suppengrün
1 Zwiebel, 1 Tomate
4 Eßl. Öl, 1 Lorbeerblatt
½ l heiße Fleischbrühe (Instant)
1 Teel. Paprikapulver, edelsüß
4 Eßl. Sahne

Pro Portion etwa 2 055 Joule/ 490 Kalorien

Das Fleisch gründlich kalt waschen, abtrocknen und mit dem Salz und dem Pfeffer einreiben. Das Suppengrün putzen und grob zerkleinern. Die Zwiebel schälen und achteln. Die Tomate waschen und vierteln. Den Backofen auf 220° vorheizen. Das Öl in einer großen Bratpfanne erhitzen und das Fleisch auf dem Herd von allen Seiten darin anbraten, dann im Backofen auf der untersten Schiene 1½ Stunden braten. Nach 30 Minuten das kleingeschnittene Gemüse und das Lorbeerblatt hinzufügen. Den Braten nach und nach mit der heißen Fleischbrühe umgießen und beschöpfen. Nach 1 Stunde Bratzeit den Backofen auf 200° zurückschalten. Den fertigen Braten auf einer vorgewärmten Platte anrichten, den Bratenfond mit Fleischbrühe lösen, durch ein Sieb passieren, mit der Sahne verrühren und abschmecken.

Das paßt dazu: mit Maiskörnern und Erbsen gefüllte Tomaten, Kartoffelkroketten, Rezept Seite 9, und Stangenspargel.

Kalbsnuß mit Kräutern

1 kg Kalbsnuß, 1 Teel. Salz
¼ Teel. weißer Pfeffer
je 1 Eßl. gehackte Petersilie,
 Pimpinelle und Schnittlauch
½ l heiße Fleischbrühe
1 Kopf Blumenkohl
2 große Tomaten
1 Teel. Salz, 50 g Butter
1 Prise geriebene Muskatnuß
⅛ l Sahne

Pro Portion etwa 2 265 Joule/ 540 Kalorien

Die Kalbsnuß mit dem Salz und dem Pfeffer einreiben. Die Hälfte der Kräuter über das Fleisch streuen und etwas andrücken. Den Backofen auf 200° vorheizen. Das Fleisch auf der untersten Schiene im Backofen in 20 Minuten goldgelb braten. Nach und nach die heiße Fleischbrühe zugießen und das Fleisch dann mit Alufolie abdecken. Inzwischen den Blumenkohl putzen, sehr weich kochen, abtropfen lassen und die Röschen mit einer Gabel zerdrücken. Die Tomaten waschen, halbieren und aushöhlen. Den zerdrückten Blumenkohl mit dem Salz, der Butter und dem Muskat mischen und in die Tomaten füllen. Nach 50 Minuten Bratzeit die Folie entfernen, die restlichen Kräuter auf das Fleisch streuen, restliche Fleischbrühe zugießen. Die gefüllten Tomaten auf einer feuerfesten Platte neben das Fleisch stellen und 10 Minuten im Backofen mitgaren. Den Bratenfond mit der Sahne verfeinern; dazu reichen.

Das paßt dazu: in Butter geschwenkte Erbsen und Salat.

85

Kurzgebratenes

Schweinefleischgerichte

Schweinekoteletts auf flämische Art

4 Koteletts zu je 150 g
1 großer säuerlicher Apfel
3 Eßl. Butter, 1 Teel. Salz
4 Messerspitzen weißer Pfeffer
2 Eßl. Crème fraîche
2 Eßl. frische gehackte Pfefferminze

Pro Portion etwa 2 730 Joule/ 650 Kalorien

Die Koteletts waschen, abtrocknen und die Fettränder im Abstand von 2 cm bis zum Fleischbeginn einschneiden, damit sich die Koteletts beim Braten nicht wölben. Mit einem spitzen Messer das Fleisch entlang der Knochen leicht lösen. Den Apfel schälen, vierteln, vom Kerngehäuse befreien und längs in dünne Scheiben schneiden. Den Backofen auf 200° vorheizen. 2 Eßlöffel Butter in einer großen Pfanne erhitzen und die Koteletts von jeder Seite kräftig braun anbraten; jeweils nach dem Wenden salzen und pfeffern. Die Koteletts dann in eine feuerfeste Form legen. In der Pfanne die Apfelspalten von jeder Seite kurz anbraten und auf die Koteletts legen. Die restliche Butter in Flöckchen auf den Apfelspalten verteilen und die Koteletts auf der mittleren Schiene im Backofen in weiteren 15 Minuten garen. Die Crème fraîche mit der Minze verrühren. Die Koteletts mit Crème fraîche garniert anrichten.

Das paßt dazu: beliebiges Brot und junger Kopfsalat.

Schweinekoteletts aux fines herbes

Mit Kräutern gefüllte Koteletts

4 Koteletts zu je 150 g
1 Zwiebel, 2 Knoblauchzehen
4 Eßl. frische Rosmarinnadeln
je 1 Eßl. gehackte Petersilie, Liebstöckel und Schnittlauchröllchen
2 Eßl. Roquefortkäse
2 Eßl. Öl, ½ Teel. Salz

Pro Portion etwa 2 560 Joule/ 610 Kalorien

Die Koteletts waschen, abtrocknen und die Fettränder im Abstand von 2 cm bis zum Fleischbeginn einschneiden. Mit einem spitzen Messer das Fleisch entlang der Knochen einschneiden, damit die Koteletts gleichmäßig garen. Die Zwiebel und die Knoblauchzehen schälen und sehr fein hacken. Die Rosmarinnadeln ebenfalls hacken. Die Zwiebel- und die Knoblauchwürfel und die gehackten Kräuter mit dem zerdrückten Roquefortkäse mischen. In die dickste Stelle der Koteletts eine Tasche schneiden, die Koteletts mit der Kräutermasse füllen und die Öffnungen mit Holzspießchen zustecken. Das Öl in einer großen Pfanne erhitzen und die Koteletts von jeder Seite kräftig braun anbraten, nach dem Wenden jeweils salzen. Die Hitze dann zurückschalten und die Koteletts je Seite noch 6 Minuten braten.

Das paßt dazu: gegrillte oder gebratene Tomaten und in Butter geschwenkte neue Kartoffeln.

Schweinefleischgerichte

Kurzgebratenes

Böhmische Schnitzel

4 Schweineschnitzel aus dem Nacken ohne Knochen zu je 150 g
2 Teel. Senf
1 Eßl. Paprikapulver, edelsüß
1 Eßl. Mehl
50 g durchwachsener Speck
2 Zwiebeln
1 Eßl. Öl

Pro Portion etwa 2 875 Joule/ 685 Kalorien

Die Fleischscheiben waschen, abtrocknen und mit dem Handballen gleichmäßig flachdrücken. Eventuell Häutchen und Fettränder abschneiden. Die Schnitzel dünn mit dem Senf bestreichen. Das Paprikapulver mit dem Mehl mischen. Die Schnitzel darin wenden, dann auf ein Kuchengitter legen und die Mehlschicht etwas antrocknen lassen. Den Speck in kleine Würfel schneiden. Die Zwiebeln schälen und ebenfalls würfeln. Das Öl in einer Pfanne erhitzen, die Speck- und die Zwiebelwürfel darin anbraten, dann aus der Pfanne nehmen und beiseite stellen. Die Schnitzel im verbliebenen Fett von jeder Seite 2–3 Minuten kräftig braun anbraten, dann bei schwacher Hitze von jeder Seite 4 Minuten weiterbraten. Die Speck- und Zwiebelwürfel nochmals in die Pfanne geben und kurz erhitzen.

Das paßt dazu: Rotkohl und Bratkartoffeln.

Gefüllte Filetscheiben

4 möglichst dicke Scheiben Schweinefilet zu je 200 g
2 Scheiben Toastbrot
2 Knoblauchzehen
je 1 Eßl. gehackte Petersilie, gehackter Kerbel und Schnittlauchröllchen
½ Teel. Salz, 1 Eßl. Sahne
2 Messerspitzen weißer Pfeffer
3 Eßl. Öl

Pro Portion etwa 1975 Joule/ 470 Kalorien

Die Filetscheiben waagerecht so einschneiden, daß sie auf einer Seite noch zusammenhängen. Das Toastbrot in kleine Stücke brechen und in kaltem Wasser einweichen. Die Knoblauchzehen schälen und kleinwürfeln. Das Toastbrot ausdrücken und mit den Knoblauchstückchen, den gehackten Kräutern, dem Salz, der Sahne und dem Pfeffer mischen. Jede Filetscheibe mit Kräutermasse bestreichen, zusammenklappen und gut aufeinanderdrücken. Eine Grillpfanne mit dem Öl bestreichen und die Filetscheiben unter öfterem Wenden insgesamt 20 Minuten bei mittlerer Hitze grillen; nach jedem Wenden erneut mit Öl bestreichen.

Unser Tip
Wie das Schweinefilet können Sie auch ein Entrecôte vom Rind oder Lammfleisch aus der Keule zubereiten.

87

Geschmort und gekocht

Schweinefleischgerichte

Schweinefilet in Joghurtsauce

*2 kleine Schweinefilets oder
-lendchen zu je etwa 400 g
½ Teel. Salz
1 Teel. Paprikapulver, edelsüß
100 g Emmentaler oder
    mittelalter Goudakäse im
    Stück
1 Eßl. Mehl, 1 Zwiebel
2 Eßl. Butter
2 Becher Sahnejoghurt
2 Teel. gekörnte Brühe
2 Eßl. gehackte Petersilie*

Pro Portion etwa 2585 Joule/
615 Kalorien

Die Filets oder Lendchen kalt waschen, abtrocknen und alles anhängende Fett abschneiden, mit einem spitzen Messer die Haut ablösen. Das Fleisch mit dem Salz und dem Paprikapulver einreiben. Den Käse in etwa 4 cm lange Stifte schneiden. Mit einem Messer kleine Löcher in die Filets bohren und die Käsestifte zu drei Vierteln ihrer Länge hineinstecken. Die Filets dann in dem Mehl wenden. Die Zwiebel schälen und würfeln. Die Butter in einem genügend großen Schmortopf zerlassen und die Filets von allen Seiten darin hellbraun anbraten. Die Käsestifte schmelzen dabei ab. Die Zwiebelwürfel zugeben, ebenfalls kurz mit anbraten, den Joghurt mit der gekörnten Brühe verrühren und zu den Filets geben. Alles zugedeckt bei schwacher Hitze 40 Minuten schmoren lassen. Vor dem Servieren die Petersilie unter die Joghurtsauce mischen.

Das paßt dazu: Petersilienkartoffeln und Rosenkohl.

Süß-saures Schweinefleisch

*600 g Schweinefilet
3 Eßl. ostasiatische Sojasauce
1 Teel. Salz
1 Messersp. schwarzer Pfeffer
3 Teel. Speisestärke, ½ l Öl
5 Eßl. Weinessig, 2 Eßl. Zucker
4 Eßl. Ananassaft aus der Dose
4 Scheiben Ananas*

Pro Portion etwa 2100 Joule/
500 Kalorien

Das Filet von Fett befreien, häuten und in etwa 3 cm große Würfel schneiden. 2 Eßlöffel Sojasauce mit dem Salz und dem Pfeffer mischen. Die Fleischwürfel erst in der Sojasauce, dann in 2 Teelöffeln Speisestärke wenden. Vom Öl 2 Eßlöffel abnehmen und in einem Topf erhitzen. Den Essig, den Zucker, die restliche Sojasauce und den Ananassaft einrühren. Die Ananasscheiben in Stücke schneiden, in die Sauce geben und 1 Minute dünsten. Die restliche Speisestärke kalt anrühren; die Sauce damit binden. Das Öl in einer Friteuse auf 180° erhitzen. Die Fleischwürfel portionsweise in 6 Minuten knusprig braun fritieren, abtropfen lassen und heiß halten. Die Ananassauce mit den Fleischwürfeln mischen; sofort servieren.

Das paßt dazu: Reis.

Unser Tip
Statt Schweinefilet können Sie auch Schweinekeule oder Geflügelfleisch verwenden.

Schweinefleischgerichte

Geschmort und gekocht

Gulasch mit Reis

600 g Schweineschulter
1 Zwiebel, 2 Knoblauchzehen
2 Eßl. Öl, ½ Teel. Salz
1 Eßl. Paprikapulver, edelsüß
¾ l heiße Fleischbrühe (Instant)
100 g Langkornreis
4 Fleischtomaten
¼ Teel. Kümmel
⅛ l saure Sahne

Pro Portion etwa 3 340 Joule/
795 Kalorien

Das Fleisch waschen, abtrocknen und in etwa 3 cm große Würfel schneiden. Die Zwiebel und die Knoblauchzehen schälen und würfeln. Das Öl in einem großen Topf erhitzen, die Zwiebel- und die Knoblauchwürfel darin leicht anbraten, die Fleischwürfel zugeben und mitbraten. Das Salz und das Paprikapulver unterrühren und die Hälfte der Fleischbrühe zugießen. Alles zugedeckt 30 Minuten schmoren lassen. Den Reis unter fließendem kaltem Wasser so lange waschen, bis das abtropfende Wasser klar abfließt, dann abtropfen lassen und nach 30 Minuten zum Fleisch geben. Die restliche Fleischbrühe zugießen und vorsichtig umrühren. Den Reis in weiteren 20 Minuten mit dem Fleisch garen. Die Tomaten überbrühen, häuten, in Achtel schneiden und dabei die Stengelansätze und die Kerne entfernen. Die Tomatenachtel mit dem Kümmel in das Gulasch geben und 10 Minuten darin ziehen lassen. Das Gulasch vor dem Servieren mit der sauren Sahne mischen.

Das paßt dazu: ein beliebiger frischer Salat.

Schlesisches Himmelreich

250 g gemischtes Backobst
1 l Wasser
½ Teel. Salz
400 g magerer geräucherter Schweinebauch
1 Eßl. Zucker
½ Stange Zimt
1 Eßl. Zitronensaft
1 Eßl. Speisestärke

Pro Portion etwa 2 770 Joule/
660 Kalorien

Das Backobst mit ½ l Wasser begießen und zugedeckt 12 Stunden quellen lassen. Das restliche Wasser mit dem Salz zum Kochen bringen, den Schweinebauch hineinlegen und bei mittlerer Hitze 45 Minuten kochen lassen; den Topf dabei bis auf einen Spaltbreit zudecken. Das Backobst abtropfen lassen und mit dem Zucker, der Zimtstange und dem Zitronensaft zum Schweinebauch geben. Alles weitere 30 Minuten kochen lassen. Das Fleisch dann aus dem Sud heben, in dicke Scheiben schneiden und warm halten. Die Speisestärke mit wenig kaltem Wasser anrühren und die Sauce damit binden. Die Sauce noch einmal kräftig süßsauer abschmecken. Das Backobst in eine Schüssel geben und die Fleischscheiben darauf anrichten.

Das paßt dazu: Hefeklöße, Rezept Seite 12.

Festliche Braten

Schweinefleischgerichte

Schweineschulter mit Backpflaumen

Zutaten für 6 Personen:
6 Backpflaumen ohne Steine
1 kg Schweineschulter mit Schwarte
1 Teel. Salz, 1 Zwiebel
2 Gewürznelken, 2 Eßl. Öl
⅛ l Sahne

Pro Portion etwa 2855 Joule/ 680 Kalorien

Den Backofen auf 240° vorheizen. Die Backpflaumen in ⅛ l Wasser zugedeckt quellen lassen. Die Schwarte des Fleisches rautenförmig einschneiden. Den Braten mit Salz einreiben. Die Zwiebel schälen, halbieren und mit den Gewürznelken spicken. Das Öl in einer Bratreine erhitzen, und die Schweineschulter mit der Schwartenseite nach unten ins heiße Öl legen. ¼ l heißes Wasser zugeben, und das Fleisch auf der untersten Schiene im Backofen 20 Minuten braten. Den Braten danach umdrehen, die gespickte Zwiebel in die Bratreine geben und die Temperatur auf 250° hochschalten. Die Schweineschulter 1 Stunde braten; nach und nach ⅛ l heißes Wasser zugießen und das Fleisch beschöpfen. Den Braten im abgeschalteten Backofen noch 10 Minuten ruhen lassen. Den Bratenfond mit etwas heißem Wasser lösen, in ein Töpfchen gießen, die Sahne unterrühren und einige Minuten köcheln lassen. Die Backpflaumen vierteln und zufügen.

Das paßt dazu: Semmelknödel, Rezept Seite 12, und Staudensellerie-Tomaten-Salat.

Gefüllter Rollbraten

Zutaten für 6 Personen:
200 g Staudensellerie
½ rote Paprikaschote
1 Knoblauchzehe
1 kg Schweinelende, zum Rollen geschnitten
1 Teel. Senf, 1 Teel Salz
je ½ Teel. getrockneter Thymian, Rosmarin und Paprikapulver, edelsüß
3 Eßl. Öl, ¼ l heiße Fleischbrühe
⅛ l saure Sahne
1 Teel. Speisestärke

Pro Portion etwa 1595 Joule/ 380 Kalorien

Den Backofen auf 240° vorheizen. Den Sellerie putzen und in Stücke schneiden. Die Paprikaschote streifig schneiden, den Knoblauch hacken. Das Fleisch mit dem Senf bestreichen, mit dem Salz, den Kräutern und dem Paprikapulver bestreuen, der Länge nach den Sellerie auf das Fleisch legen, die Schotenstreifen und den Knoblauch darüberstreuen. Das Fleisch aufrollen und mit Küchengarn binden. Das Öl in einer Bratreine erhitzen und das Fleisch darin scharf anbraten. ⅛ l Fleischbrühe zugießen, und das Fleisch im Backofen auf der untersten Schiene 60–70 Minuten braten. Nach 20 Minuten Bratzeit den Ofen auf 200° zurückschalten, restliche Fleischbrühe zugießen. Den Rollbraten auf einer Platte im abgeschalteten Backofen 10 Minuten ruhen lassen. Den Bratenfond lösen und mit der sauren Sahne verrühren. Die Sauce mit der kalt angerührten Speisestärke binden.

Schweinefleischgerichte

Festliche Braten

Kasseler in Blätterteig

Zutaten für 6 Personen:
300 g tiefgefrorener Blätterteig
1 kg bereits gekochtes mageres Kasseler ohne Knochen
1 Ei

Pro Portion etwa 2665 Joule/ 635 Kalorien

Den Blätterteig auftauen lassen. Vom Fleisch möglichst alle Fettreste abschneiden, das Fleisch kurz kalt waschen und abtrocknen. Den Backofen auf 210° vorheizen. Die aufgetauten Blätterteigscheiben in einem Rechteck zusammenlegen und auf die doppelte Größe ausrollen. Von den Rändern des Teiges mit einem Teigrädchen etwa 1 cm breite Streifen abrädeln und beiseite legen. Das Fleisch auf den Teig legen. Das Ei in Eigelb und Eiweiß trennen und die Teigränder mit etwas verquirltem Eiweiß bepinseln. Die Ränder übereinanderdrücken und das Fleisch mit der »Naht« nach unten auf ein kalt abgespültes Backblech legen. Das restliche Eiweiß mit dem Eigelb verquirlen, den Blätterteig damit bestreichen und die Teigstreifen gitterartig über die Rolle legen. Die Streifen ebenfalls mit verquirltem Eigelb bestreichen. Den Braten auf der zweiten Schiene von unten in etwa 30 Minuten goldbraun backen. Nach Belieben 15 Minuten vor Ende der Garzeit halbierte gewürzte Tomaten zu dem Braten auf das Blech legen und mitgaren.

Das paßt dazu: ein frischer gemischter Salat der Saison.

Gefüllter Schweinebauch

Zutaten für 8 Personen:
3 mittelgroße säuerliche Äpfel
200 g Backpflaumen ohne Steine
2 Eßl. Semmelbrösel
je 1 Messersp. Salz und Zucker
1 Teel. kleingehackter frischer Rosmarin
1 kg ausgelöster Schweinebauch, zum Füllen eingeschnitten
⅛ l Sahne, 1 Prise Salz
1 Prise weißer Pfeffer

Pro Portion etwa 2940 Joule/ 700 Kalorien

Den Backofen auf 220° vorheizen. Die Äpfel schälen, vierteln, vom Kerngehäuse befreien und in Scheibchen, die Backpflaumen in Stücke schneiden. Beides mit den Semmelbröseln, dem Salz, dem Zucker und dem Rosmarin mischen, die Masse in die Fleischtasche füllen und die Öffnung mit Küchengarn zunähen. Die Schwarte rautenförmig einschneiden. Den Braten mit der Schwarte nach oben auf den Rost des Backofens legen und die kalt ausgespülte Fettpfanne darunterschieben. Den Braten in 1½ Stunden garen. Etwas heißes Wasser zum abgetropften Bratensaft gießen und das Fleisch mehrmals damit beschöpfen. Das gare Fleisch im abgeschalteten Backofen 10 Minuten ruhen lassen. Den Bratenfond aus der Fettpfanne mit heißem Wasser lösen, in einen Topf gießen, mit der Sahne verrühren; abschmecken.

Das paßt dazu: Weißkohlsalat.

91

Kurzgebratenes

Lamm- und Hammelfleischgerichte

Lammkoteletts mit Tomatenpaprika

8 Lammkoteletts zu je 80 g
1 Knoblauchzehe
3 Eßl. Olivenöl
¼ Teel. schwarzer Pfeffer
je 1 Prise getrockneter
  Rosmarin und Salbei
500 g Tomaten
250 g rote Paprikaschoten
1 Zwiebel
1 Teel. Salz
1 Messerspitze weißer Pfeffer
½ Teel. getrocknetes Basilikum
⅛ l Gemüsebrühe (Instant)
2 Eßl. Tomatenmark

Pro Portion etwa 2 225 Joule/
530 Kalorien

Die Fettränder der Koteletts einschneiden. Die Knoblauchzehe schälen und halbieren. 2 Eßlöffel Öl mit dem Pfeffer, dem Rosmarin und dem Salbei mischen. ½ Knoblauchzehe durch die Presse zum Öl drücken. Die Koteletts damit bestreichen und zugedeckt 3 Stunden marinieren. Die Tomaten häuten und würfeln. Die Paprikaschoten halbieren, putzen und in dünne Streifen schneiden. Die Zwiebel und den restlichen Knoblauch schälen und würfeln und in dem übrigen Öl hellgelb anbraten. Die Paprikastreifen zugeben und kurz mitdünsten, die Tomaten zufügen, das Salz, den Pfeffer und das Basilikum unterrühren. Die Gemüsebrühe mit dem Tomatenmark verrühren und untermischen. Das Gemüse 25 Minuten köcheln lassen. Die Koteletts in einer sehr heißen Pfanne pro Seite 3–4 Minuten braten.

Stielkoteletts

4 Stielkoteletts vom Lamm zu je
  150 g
½ Teel. getrocknete gerebelte
  Pfefferminzblättchen
1 Teel. Salz
¼ Teel. weißer Pfeffer
3 Eßl. Öl

Pro Portion etwa 1 425 Joule/
340 Kalorien

Das Fleisch waschen, abtrocknen und mit einem spitzen scharfen Messer das Fleisch entlang der Kotelettknochen abschneiden, so daß die Enden der Knochen blank erscheinen. Die Fleischreste für eine Sauce verwenden. Die Fettränder der Koteletts im Abstand von 2 cm einschneiden, damit sich die Koteletts beim Braten nicht wölben. Die Minze mit dem Salz, dem Pfeffer und 2 Eßlöffeln Öl mischen. Die Koteletts von allen Seiten gut damit bestreichen. Das restliche Öl in einer großen Pfanne erhitzen. Die Koteletts von jeder Seite darin braun anbraten, die Hitze dann reduzieren und die Koteletts von jeder Seite weitere 3 Minuten braten.

Das paßt dazu: Gemüsesalat aus gekochtem Blumenkohl, grünen Bohnen, gehäuteten Tomaten, gedünsteten Paprikaschoten und Oliven.

> **Unser Tip**
> Stielkoteletts vom Hammel oder vom Lamm eignen sich ausgezeichnet zum Grillen.

Lamm- und Hammelfleischgerichte

Kurzgebratenes

Schaschlik

500 g Hammelkeule
4 Zwiebeln
2 Teel. getrockneter Rosmarin
100 g durchwachsener Speck
½ Teel. schwarzer Pfeffer
1 Knoblauchzehe, ½ Teel. Salz
2 Eßl. Öl

Pro Portion etwa 2205 Joule/
525 Kalorien

Das Fleisch in 3 cm große Würfel schneiden. Die Zwiebeln schälen und achteln. Den Rosmarin im Mörser zerdrücken und die Zwiebelachtel im Rosmarin wenden. Den Speck in nicht zu kleine Würfel schneiden und in dem Pfeffer wenden. Die Knoblauchzehe schälen, kleinschneiden und mit dem Salz zerdrücken. Die Fleischwürfel, die Zwiebelachtel und die Speckwürfel auf vier Schaschlikspieße verteilen. Das Knoblauchsalz mit dem Öl mischen. Die Spieße damit bepinseln und 3 Stunden zugedeckt ziehen lassen. Eine gußeiserne Grillpfanne stark erhitzen. Die Spieße kräftig anbraten und bei schwacher Hitze unter Umwenden in 10–15 Minuten garen.

Das paßt dazu: Curryreis und Paprikasalat.

Unser Tip
Wenn Sie Lammkeule verwenden, genügt die halbe Garzeit. Die Fleischwürfel dann mit hauchdünnen Speckscheiben umwickeln.

Šiš Čevab

Hammelspieß

1 kg magere Hammelkeule
je 3 Zwiebeln und
*   Paprikaschoten*
4 Peperoni
4 Tomaten, 1 Teel. Salz
1 Teel. weißer Pfeffer
1 Eßl. Paprikapulver, edelsüß
3 Eßl. Öl

Pro Portion etwa 2600 Joule/
620 Kalorien

Der original jugoslawische Hammelspieß wird über Holzkohle gegart. Sie können den großen Spieß aber auch im Elektrogrill bereiten.
Das Fleisch waschen, abtrocknen, von Häutchen und Sehnen befreien und in 6 cm große Würfel schneiden. Die Zwiebeln schälen und in dicke Scheiben schneiden. Die Paprikaschoten und die Peperoni vierteln, von Rippen und Kernen befreien, waschen, abtrocknen und noch einmal quer halbieren. Die Tomaten waschen und in Achtel schneiden. Die Fleischwürfel salzen und pfeffern und mit dem Paprikapulver bestreuen. Alle Zutaten abwechselnd auf den großen Grillspieß stecken und rundherum gut mit Öl bestreichen. Den Hammelspieß auf dem Rost über dem gut vorgeheizten Holzkohlengrill in etwa 25 Minuten garen; dabei mehrmals drehen und öfter mit Öl beträufeln; im Elektrogrill beträgt die Grillzeit etwa 15 Minuten. Das Fleisch und das Gemüse vom Spieß in eine große Schüssel streifen.

Das paßt dazu: reichlich feingehackte Zwiebeln, Peperoni.

93

Festliche Braten

Lamm- und Hammelfleischgerichte

Gegrillter Lammrücken mit Kokosbirnen

Zutaten für 8 Personen:
1½ kg Lammrücken
5 Eßl. Honig
1 Teel. Currypulver
2 Eßl. Zitronensaft
2 Eßl. Öl
4 mittelgroße Birnen
2 Eßl. Butter
100 g Kokosraspel
1 Teel. Zucker

Pro Portion etwa 1890 Joule/ 450 Kalorien

Den Lammrücken gründlich kalt waschen und gut trockentupfen. Die Seite über den Rippenknochen rautenförmig etwa 2 cm tief einschneiden. Den Honig mit dem Currypulver, dem Zitronensaft und dem Öl mischen, den Lammrücken von allen Seiten gut damit einstreichen, in eine Schüssel legen und zugedeckt etwa 4 Stunden im Kühlschrank marinieren lassen.
Etwa 30 Minuten vor Grillbeginn den Holzkohlengrill anheizen und die Holzkohle rotglühend werden lassen. Den Grillrost im Abstand von etwa 10 cm über die Holzkohle legen und gut durchglühen lassen. Den Backofen auf 200° vorheizen. Die Birnen dünn schälen, halbieren und die Kerngehäuse herausschneiden. Die Birnenhälften nebeneinander in eine feuerfeste Form legen. Die Butter in einer Pfanne zerlassen, die Kokosraspel unter Rühren in der Butter hellbraun anbraten und über die Birnen streuen. Den Zucker über die Kokosraspel streuen und die Birnen im Backofen auf der mittleren Schiene in etwa 20 Minuten goldbraun braten.
Inzwischen den Lammrücken auf den heißen Grillrost legen und unter öfterem Umwenden 25–30 Minuten grillen. Den Braten während des Grillens wiederholt mit der Marinade bepinseln und dabei besonders die Zwischenräume der Rauten bestreichen. Die Kokosbirnen in der Form im abgeschalteten Backofen auf dem Boden warm halten. Den garen Lammrücken 15 Minuten im abgeschalteten aber noch heißen Backofen auf dem Rost ruhen lassen, damit sich der Fleischsaft im Inneren gleichmäßig verteilt und der Braten nach dem Aufschneiden saftig bleibt.
Das paßt dazu: frisches Weißbrot und nach Belieben gegrillte Rosmarin-Tomaten.

Unser Tip
Sie können den Lammrücken auch im Elektrogrill garen oder in einer Bratreine im Backofen. Den Backofen für den Lammrücken auf 240° vorheizen und nach 10 Minuten Bratzeit auf 200° zurückschalten.

Lamm- und Hammelfleischgerichte

Festliche Braten

Gebratene Lammkeule

Zutaten für 6 Personen:
1½ kg Lammkeule
3 Knoblauchzehen
2 Eßl. Tomatenmark
1 Eßl. Mehl, 1 Teel. Salz
2 Eßl. Zitronensaft
1 Messerspitze gemahlener Kümmel
4 schwarze Pfefferkörner
3 kleine Zwiebeln, 3 Eßl. Öl
¼ l heiße Fleischbrühe (Instant)
⅛ l trockener Weißwein
1 Teel. Speisestärke

Pro Portion etwa 1765 Joule/ 420 Kalorien

Die Lammkeule rautenförmig einschneiden. Den Knoblauch in Stifte schneiden und die Keule damit spicken. Das Tomatenmark mit dem Mehl, dem Salz, dem Zitronensaft, dem Kümmel und den zerdrückten Pfefferkörnern mischen. Die Lammkeule damit bestreichen und 12 Stunden kühl stellen. Den Backofen auf 250° vorheizen. Die Zwiebeln schälen und vierteln. Das Öl in einer Bratreine erhitzen, die Lammkeule darin scharf anbraten, die Zwiebeln und Brühe zugeben. Die Lammkeule im Backofen auf der untersten Schiene 15 Minuten braten, dann bei 200° weitere 40 Minuten. Das Fleisch wiederholt mit dem Bratensaft beschöpfen, den Wein und die restliche Fleischbrühe nach und nach zugießen. Die Lammkeule auf einer Platte im abgeschalteten Backofen etwa 10 Minuten ruhen lassen. Den Bratenfond mit heißem Wasser lösen und mit der kalt angerührten Speisestärke binden.

Gerollte Lammschulter

Zutaten für 6 Personen:
1 kg Lammschulter, zum Rollen geschnitten
je 1 Prise getrockneter Majoran, Oregano und Thymian
2 Knoblauchzehen
4 Eßl. Olivenöl
1 Teel. Salz, ¼ Teel. Pfeffer
⅛ l heiße Fleischbrühe (Instant)
⅛ l trockener Weißwein
4 Eßl. saure Sahne

Pro Portion etwa 2035 Joule/ 485 Kalorien

Das Fleisch waschen und gut abtrocknen. Den Backofen auf 220° vorheizen. Die Kräuter zerrebeln und mischen. Die Knoblauchzehen schälen, kleinhacken und mit den Kräutern und dem Öl verrühren. Das Fleisch damit einreiben, dann salzen und pfeffern, aufrollen, mit Küchengarn festbinden und in eine Bratreine legen, mit restlichem Öl beträufeln. Die Lammschulter im Backofen auf der zweiten Schiene von unten etwa 40 Minuten braten. Während der Bratzeit nach und nach die heiße Fleischbrühe um das Fleisch gießen und den Braten gelegentlich damit beschöpfen. 10 Minuten vor Ende der Bratzeit den Weißwein über die Lammschulter gießen. Den Braten auf eine Platte legen und 10 Minuten im abgeschalteten Backofen ruhen lassen. Den Bratenfond mit der sauren Sahne mischen und abschmecken.

Das paßt dazu: neue Kartoffeln, Tomatenscheiben und Bohnen in Speckbanderolen.

95

Gerichte aus Leber und Nieren

Innereien, köstlich zubereitet

Kalbsleber Mailänder Art

2½ l Wasser, 3 Teel. Salz
200 g Makkaroni
50 g Butter
50 g geriebener Parmesankäse
4 Scheiben Kalbsleber zu je 150 g, 1 Tasse Milch
¼ Teel. weißer Pfeffer
1 Prise getrockneter Majoran
2 Eßl. Mehl, 3 Eßl. Öl

Pro Portion etwa 2685 Joule/ 640 Kalorien

Das Wasser mit 2 Teelöffeln Salz zum Kochen bringen, die Makkaroni ins kochende Wasser geben und in etwa 20 Minuten weich kochen lassen. Die Nudeln in einem Sieb abtropfen lassen. Die Butter zerlassen. Die noch heißen Makkaroni mit dem Käse und der Butter mischen; auf einer vorgewärmten Platte heiß halten. Die Leberscheiben kalt waschen, abtrocknen, die Leber häuten und dabei alle harten Stränge aus der Leber schneiden, dann von beiden Seiten in die Milch tauchen und abtropfen lassen. Das restliche Salz, den Pfeffer, den gerebelten Majoran und das Mehl mischen und die Leberscheiben darin wenden. Die Leber dann schütteln, damit nicht festhaftendes Mehl wieder abfällt. Die Leberscheiben auf einem Kuchengitter kurz antrocknen lassen. Das Öl in einer Pfanne erhitzen und die Leberscheiben von jeder Seite 3 Minuten braten. Die gebratene Leber auf den Makkaroni anrichten.

Das paßt dazu: Tomatensauce mit Champignons und ein frischer grüner Salat.

Kalbsleber Berliner Art

4 Scheiben Kalbsleber zu je 150 g
2 Zwiebeln
2 Äpfel
2 Eßl. Mehl
50 g Butter
1 Teel. Salz
2 Messerspitzen weißer Pfeffer

Pro Portion etwa 1660 Joule/ 395 Kalorien

Die Leberscheiben waschen, abtrocknen und von allen Häutchen und harten Strängen befreien. Die Zwiebeln schälen und in Ringe schneiden. Die Äpfel ebenfalls schälen, das Kerngehäuse mit einem Apfelausstecher ausstechen und die Äpfel in 8 gleich dünne Scheiben schneiden. Die Leberscheiben in dem Mehl wenden, nicht festhaftendes Mehl wieder abschütteln und das Mehl etwas antrocknen lassen. Die Hälfte der Butter in einer Pfanne zerlassen, die Apfelscheiben von beiden Seiten darin hellbraun braten und aus der Pfanne nehmen. Die Zwiebelringe in der verbliebenen Butter knusprig braun braten und mit den Apfelscheiben warm stellen. Die restliche Butter in einer anderen Pfanne zerlassen und die Leberscheiben darin von beiden Seiten 3–4 Minuten braten. Die Leberscheiben nach dem Braten mit dem Salz und dem Pfeffer würzen, auf einer vorgewärmten Platte anrichten und mit den Apfelscheiben und den Zwiebelringen belegen.

Das paßt dazu: Kartoffelpüree und ein beliebiger Salat.

Innereien, köstlich zubereitet

Gerichte aus Leber und Nieren

Kalbsnieren auf normannische Art

600 g kleine Kalbsnieren ohne Fett oder Schweinenieren
1 Eßl. Salz
1 säuerlicher Apfel
1 Zwiebel, 3 Eßl. Öl
1 Eßl. Butter
1 Schnapsglas Calvados (2 cl)
½ Teel. Salz
¼ Teel. schwarzer Pfeffer
5 Eßl. Sahne, ½ Teel. Zucker

Pro Portion etwa 1615 Joule/ 385 Kalorien

Die Nieren waschen, abtrocknen und in dicke Scheiben schneiden. Die Nierenscheiben mit dem Salz einreiben und 30 Minuten zugedeckt stehen lassen. Den Apfel schälen, das Kerngehäuse mit einem Apfelausstecher ausstechen und den Apfel in dicke Scheiben schneiden. Die Zwiebel schälen und würfeln. Die Nierenscheiben lauwarm abwaschen und abtrocknen. Das Öl in einer großen Pfanne erhitzen, die Zwiebelwürfel darin glasig braten, die Nierenscheiben zugeben, die Butter und den Calvados zufügen und den Alkohol mit einem Streichholz anzünden und ausbrennen lassen. Das Salz und den Pfeffer mit der Sahne verrühren und zu den Nieren geben. Die Apfelscheiben mit dem Zucker bestreuen und ebenfalls in die Pfanne geben. Alles bei schwacher Hitze 5 Minuten schmoren lassen und noch einmal abschmekken. Nach Belieben mit gehackter Petersilie bestreuen.

Das paßt dazu: Kartoffelpüree und Chicoréesalat.

Flambierte Kalbsnieren

600 g Kalbsnieren ohne Fett
1 Eßl. Salz
1 Zwiebel, 1 Knoblauchzehe
3 Eßl. Öl, ½ Teel. Pfeffer
1 Eßl. Mehl
2 Schnapsgläser Cognac (4 cl)
4 Eßl. Sahne, ½ Teel. Salz
1 Eßl. Butter, 1 Teel. Zucker
2 Teel. scharfer Senf

Pro Portion etwa 1845 Joule/ 440 Kalorien

Die Nieren waschen, abtrocknen, halbieren, die weißen Stränge abschneiden und die Nieren in Scheiben schneiden. Dann mit dem Salz einreiben und 30 Minuten stehen lassen. Die Nieren lauwarm abbrausen und abtrocknen. Die Zwiebel und die Knoblauchzehe schälen und kleinwürfeln. Das Öl in einer Pfanne erhitzen und die Zwiebel- und Knoblauchwürfel darin glasig braten. Die Nierenscheiben mit dem Pfeffer würzen, in dem Mehl wenden, das Mehl wieder abschütteln und die Nieren 5 Minuten von allen Seiten anbraten. Den Cognac über die Nieren gießen, anzünden und ausbrennen lassen. Die Sahne mit dem Salz mischen und unterrühren. Die Butter mit dem Zucker und dem Senf in die Sauce rühren. Alles noch 8 Minuten ziehen, aber nicht mehr kochen lassen.

Das paßt dazu: gedünstete Zucchini, frisches Stangenweißbrot und Waldorfsalat.

97

Lüngerl, Herz und Zunge

Innereien, köstlich zubereitet

Saures Lüngerl

800 g Kalbslunge
1 Bund Suppengrün
1 Zwiebel, 1 Teel. Salz
5 Pfefferkörner
3 Lorbeerblätter
4 Eßl. Weinessig
2 Eßl. Butter, 1 Eßl. Mehl
1 Teel. Zitronensaft
3 Eßl. Weißwein
2 Messerspitzen weißer Pfeffer
½–1 Teel. Salz
⅛ l saure Sahne

Pro Portion etwa 1 430 Joule/
340 Kalorien

Die Lunge gründlich waschen. Das Suppengrün waschen, putzen und grob kleinschneiden. Die Zwiebel schälen und achteln. 1½ l Salzwasser mit den Pfefferkörnern, den Lorbeerblättern, dem Essig, dem Suppengrün und der Zwiebel zum Kochen bringen. Die Lunge einlegen und 1 Stunde leicht kochen lassen, anfangs mehrmals abschäumen. Die Lunge dann abtropfen lassen, zwischen zwei Küchenbretter legen, mit einem Gewicht beschweren und 12 Stunden lang pressen. ⅜ l vom Kochsud durchseihen. Die Lunge in nicht zu dicke Streifen schneiden. Die Butter zerlassen, das Mehl unter Rühren hellgelb anbraten; nach und nach den Kochsud zugießen. Die Sauce unter Rühren 10 Minuten kochen lassen und mit dem Zitronensaft, dem Wein, dem Pfeffer und dem Salz abschmecken. Die Lunge zufügen und 15 Minuten köcheln lassen. Die saure Sahne unterrühren.

Das paßt dazu: Semmelknödel, Rezept Seite 12.

Geschmortes Rinderherz

Zutaten für 8 Personen:
1½ kg Rinderherz
75 g durchwachsener Speck
1 Zwiebel, 2 Eßl. Öl
½ l Fleischbrühe (Instant)
knapp 1 Teel. Salz
1 Messerspitze schwarzer Pfeffer
1 Eßl. Paprikapulver, edelsüß
1 gute Prise Cayennepfeffer
1 Lorbeerblatt
je 200 g Möhren, Lauch, Stauden- und Knollensellerie
4 Tomaten
1 Eßl. Tomatenmark
1 Eßl. Speisestärke, ⅛ l Sahne

Pro Portion etwa 1 890 Joule/
450 Kalorien

Das Herz von Fett befreien und in kaltes Wasser legen, bis sich alle Blutreste gelöst haben. Dann halbieren und von Sehnen und Fett befreien. Den Speck in ½ cm breite Streifen schneiden und das Herz damit spicken. Die Zwiebel würfeln und in dem Öl mit den Herzhälften anbraten. Die Fleischbrühe und die Gewürze zufügen. Das Herz zugedeckt 1½ Stunden schmoren lassen. Die Möhren schaben und längs vierteln. Den Lauch und den Staudensellerie in Stücke schneiden. Den Knollensellerie schälen und grobwürfeln. Das Gemüse 25 Minuten vor Ende der Garzeit zum Herz geben. Die Tomaten waschen, achteln und 10 Minuten mitgaren. Die Sauce mit dem Tomatenmark und der kalt angerührten Speisestärke verrühren, einmal aufkochen lassen und mit der Sahne verfeinern.

Innereien, köstlich zubereitet

Lüngerl, Herz und Zunge

Pökelzunge in Madeirasauce

Zutaten für 8 Personen:
1 gepökelte Rinderzunge von 1½ kg
2 Bund Suppengrün
1 Zwiebel
1 kleine Stange Lauch/Porree
500 g Staudensellerie
2 Eßl. Butter
2 Teel. Zucker, 2 Eßl. Mehl
1 Lorbeerblatt
1 Gewürznelke
4 Eßl. Sahne, ⅛ l Madeirawein
1–2 Teel. Zitronensaft
Salz, schwarzer Pfeffer
Paprikapulver, scharf

Pro Portion etwa 2 685 Joule/ 640 Kalorien

Die Zunge unter fließendem kaltem Wasser waschen und die Oberseite gut abbürsten. Die Zunge dann in kaltes Wasser legen und 8–12 Stunden ziehen lassen. Das Suppengrün putzen, waschen und etwas kleinschneiden. Die Zwiebel schälen und vierteln. Vom Lauch nur das Gelbe verwenden, waschen und in Stücke schneiden. Das vorbereitete Gemüse mit 3 l Wasser zum Kochen bringen. Die Zunge ins kochende Wasser legen und etwa 20 Minuten im offenen Topf sprudelnd kochen lassen. Den Schaum mehrmals abschöpfen, bis die Schaumbildung nachläßt. Den Topf dann bis auf einen Spaltbreit zudecken, die Hitze reduzieren und die Zunge weitere 3 Stunden leicht kochen lassen. Den Staudensellerie putzen, waschen, in etwa 5 cm lange Stücke schneiden und 30 Minuten vor Ende der Garzeit der Zunge in den Sud geben und mitgaren. Die Zunge ist gar, wenn sich die Zungenspitze leicht mit einer Gabel durchstechen läßt. Die Zunge dann aus dem Kochsud heben, kalt abschrecken, die Haut abziehen und dabei das Zungenbein und den Schlund entfernen. Den Kochsud durchseihen und ½ l davon abmessen. Die Selleriestücke beiseite stellen und warm halten. Die Zunge im restlichen Kochsud ebenfalls warm halten. Die Butter in einem Topf zerlassen, den Zucker und das Mehl hineinstäuben und unter Umrühren kräftig goldgelb anbraten; die Einbrenne aber nicht zu dunkel werden lassen. Nach und nach den Kochsud zugießen, das Lorbeerblatt und die Gewürznelke zugeben und alles zugedeckt bei schwacher Hitze 20 Minuten kochen lassen. Die Sauce vom Herd nehmen und die Sahne mit dem Madeirawein unterrühren; mit dem Zitronensaft, Salz, Pfeffer und Paprika kräftig abschmecken. Die Zunge in dünne schräge Scheiben schneiden, auf einer vorgewärmten Platte anrichten, die Staudenselleriestücke auf die Platte legen und die Zunge mit Sauce übergießen; restliche Sauce gesondert dazu reichen.

Das paßt dazu: Perlerbsen und Kartoffelpüree, Rezept Seite 9.

Unser Tip
Bei der schon recht salzigen Pökelzunge verzichtet man beim Garen auf Salz; nur wenn Sie eine frische Zunge zubereiten, geben Sie zum Kochwasser 2 Teelöffel.

Frikadellen international

Hackfleisch-Variationen

Frikadellen auf spanische Art

1 altbackenes Brötchen
1 Zwiebel
10 gefüllte grüne Oliven
2 Eier
500 g gemischtes Hackfleisch
je 1 Messerspitze weißer Pfeffer und Knoblauchpulver
1 Teel. Salz
2 Eßl. Öl, 1 Tomate
4 Sardellenringe, mit Kapern gefüllt
⅛ l trockener Rotwein
2 Eßl. Tomatenmark
1 Tasse Curryketchup
½ Teel. getrockneter Oregano

Pro Portion etwa 1 260 Joule/ 300 Kalorien

Das Brötchen in kleine Stücke brechen, mit kaltem Wasser übergießen und etwa 15 Minuten einweichen. Die Zwiebel schälen und mit den Oliven kleinwürfeln. Das Brötchen ausdrücken und mit den Zwiebelwürfeln, den Oliven, den Eiern, dem Hackfleisch und den Gewürzen vermengen. Das Öl in einer großen Pfanne erhitzen. Aus dem Fleischteig 4 gleich große Frikadellen formen und von beiden Seiten braun anbraten, die Hitze zurückschalten und bei schwacher Hitze in insgesamt 15 Minuten gar braten. Die Tomate waschen, abtrocknen und in 4 dicke Scheiben schneiden. Die Frikadellen auf einer vorgewärmten Platte warm halten. Die Tomatenscheiben in der Pfanne von beiden Seiten anbraten und mit den Sardellenringen auf die Frikadellen legen. Den Bratenfond in der Pfanne mit dem Rotwein lösen. Das Tomatenmark mit dem Ketchup und dem Oregano verrühren, unter die Rotweinsauce mischen, alles einmal aufkochen lassen und noch einmal kräftig mit Salz und weißem Pfeffer abschmekken. Die Frikadellen mit der Sauce umgießen.

Das paßt dazu: Kartoffelpüree, Rezept Seite 9, und ein frischer gemischter Salat.

Hackfleisch-Variationen

Frikadellen international

Hacksteaks Maryland

50 g Edamer Käse im Stück
400 g Schweinemett
50 g Kalbsleberwurst
100 g Schweinsbratwürste
4 Eßl. gehackte Petersilie
2 Eier, 2 Eßl. Öl
300 g Maiskörner aus der Dose
1 Eßl. Butter
1 Tomate, 2 Zweige Petersilie

Pro Portion etwa 3 190 Joule/
760 Kalorien

Den Käse in kleine Würfel schneiden und mit dem Hackfleisch, der Leberwurst, dem Inneren der Bratwürste, der Petersilie und den Eiern vermengen. Mit nassen Händen aus dem Fleischteig 8 gleich große flache Steaks formen. Das Öl in einer großen Pfanne erhitzen, die Steaks darin von jeder Seite braun anbraten, die Hitze dann zurückschalten und die Steaks unter mehrmaligem Wenden in etwa 10 Minuten fertig braten. Die Maiskörner in einem Sieb abtropfen lassen. Die Butter in einem Topf zerlassen und die Maiskörner unter Umwenden darin zugedeckt erhitzen. Dann in einer Schale anrichten und mit den Steaks Maryland belegen; mit Tomatenvierteln und Petersilie garnieren.

Variante:
Hacksteaks Albani
Statt der Maiskörner servieren Sie zu den Hacksteaks weiße Bohnen aus der Dose. Die Bohnen in geschmolzener Butter erhitzen, mit Tomatenmark und Tomatenketchup mischen und mit Petersilie bestreuen.

Frikadellen mit Kräuterbutter

500 g Hackfleisch aus dem
  Rindernacken
1 Teel. Salz
1 Messerspitze weißer Pfeffer
2 Teel. Paprikapulver, edelsüß
50 g weiche Butter
je 1 Eßl. gehackte Petersilie und
  gehackter Dill
1 Eßl. Zitronensaft
½ Teel. Selleriesalz
1 altbackenes Brötchen
2 Eigelbe
2 Eßl. Öl
1 Tomate
1 Zweig Dill

Pro Portion etwa 1 680 Joule/
400 Kalorien

Das Rinderhackfleisch mit dem Salz, dem Pfeffer und dem Paprika mischen. Den Fleischteig 15 Minuten in den Kühlschrank stellen. Die Butter schaumig rühren, mit den gehackten Kräutern, dem Zitronensaft und dem Selleriesalz mischen und im Kühlschrank fest werden lassen. Das Brötchen 10 Minuten in kaltem Wasser weichen lassen, dann ausdrücken und mit den Eigelben unter den Fleischteig kneten. Mit nassen Händen 8 gleich große Frikadellen aus dem Teig formen. Die Frikadellen im erhitzten Öl von jeder Seite braun anbraten, dann bei reduzierter Hitze in weiteren 10 Minuten gar braten. Die Frikadellen auf einer vorgewärmten Platte anrichten, leicht aufreißen und mit Kräuterbutter füllen. Mit Tomatenvierteln und Dill garnieren.

Das paßt dazu: Kartoffelsalat mit Gurken, Paprikaschoten.

101

Hackklößchen, Hackbraten

Hackfleisch-Variationen

Gefüllte Hackklöße

500 g Hackfleisch aus dem Rindernacken
150 g Schweinehackfleisch
3 Eßl. Semmelbrösel
4 Eßl. Sahne
1 Teel. Salz
1 Prise Knoblauchpulver
1 Messerspitze weißer Pfeffer
2 Eßl. Butter
4 Eßl. Schnittlauchröllchen
1 Teel. Paprikapulver, edelsüß
3 Eßl. Öl

Pro Portion etwa 2 100 Joule/ 500 Kalorien

Das Rinder- und das Schweinehackfleisch mit den Semmelbröseln, der Sahne, dem Salz, dem Knoblauchpulver und dem Pfeffer mischen. Die Butter mit dem Schnittlauch und dem Paprikapulver mischen und in 4 gleich große Stücke schneiden. Den Fleischteig ebenfalls in 4 gleich große Portionen teilen. Mit nassen Händen 4 Fleischklöße formen und in die Mitte jeweils 1 Butterstück geben. Die Höhlung gut verschließen und die Klöße rundherum mit Öl bestreichen. Die Hackklöße 30 Minuten im Kühlschrank ruhen lassen. Den Elektrogrill vorheizen oder eine Grillpfanne erhitzen, mit Öl bestreichen und die Hackklöße bei mittlerer Hitze unter ständigem Wenden in etwa 30 Minuten garen. Während der Garzeit die Klöße wiederholt mit dem restlichen Öl bestreichen.

Das paßt dazu: frisch aufgebackenes Knoblauchbrot und ein frischer grüner Salat.

Ćevapčići

Hackfleischröllchen

500 g Rinderhackfleisch
200 g Kalbsbratwurst
½ Teel. Salz
1 Messerspitze grobgemahlener schwarzer Pfeffer
4 Zwiebeln
2 Knoblauchzehen
4 Eßl. Öl
1 Teel. Mehl
4 Eßl. gehackte Petersilie

Pro Portion etwa 1 720 Joule/ 410 Kalorien

Das Rinderhackfleisch mit dem Inneren der Bratwürste, dem Salz und dem Pfeffer mischen. Die Zwiebeln schälen und feinhacken. Die Knoblauchzehen ebenfalls schälen und feinhacken. Ein Viertel der Zwiebelmasse und den Knoblauch mit 2 Eßlöffeln Öl, dem Mehl und der Petersilie unter den Fleischteig mischen. Die restlichen Zwiebelwürfel in einem kleinen Schälchen beiseite stellen und gesondert zu den Ćevapčići servieren. Das restliche Öl in einer Grillpfanne erhitzen. Aus dem Fleischteig jeweils 1 gehäuften Eßlöffel abstechen und daraus mit nassen Händen kleine Rollen formen. Die Enden der Rollen abstumpfen. Die Röllchen in die Grillpfanne geben und unter öfterem Wenden von allen Seiten 10 Minuten grillen. Die Grillzeit richtet sich danach, wie dick man die Röllchen formt; das Fleisch darf innen noch leicht rosa sein.

Das paßt dazu: Stangenweißbrot und Tomatensalat.

Hackfleisch-Variationen

Hackklößchen, Hackbraten

Hackfleischrolle in Blätterteig

Zutaten für 6 Personen:
300 g tiefgefrorener Blätterteig
2 Zwiebeln
1 kleine Stange Lauch/Porree
300 g Weißkohl
150 g Champignons
400 g gemischtes Hackfleisch
1 Eßl. Butter
2 Eigelbe, 1 Teel. Salz
1 Messerspitze weißer Pfeffer
1 Teel. Sojasauce
100 g Goudakäse
1 Eiweiß, 1 Eigelb

Pro Portion etwa 1825 Joule/ 435 Kalorien

Den Blätterteig auftauen lassen. Die Zwiebeln würfeln, den Lauch in Ringe und den Weißkohl in feine Streifen schneiden. Die Champignons putzen, waschen und blättrig schneiden. Die Zwiebelwürfel und das Hackfleisch in der Butter anbraten. Das Gemüse zugeben und unter häufigem Umwenden 10 Minuten dünsten. Den Backofen auf 210° vorheizen. Die Hackfleischmasse vom Herd nehmen und mit den Eigelben, dem Salz, dem Pfeffer und der Sojasauce verrühren. Den Käse kleinwürfeln. Den Blätterteig zu einem großen Rechteck ausrollen und die Hackfleischmasse darauf verteilen, die Ränder 2 cm breit frei lassen. Den Käse darüberstreuen. Die Teigränder mit verquirltem Eiweiß bestreichen und den Teig aufrollen, die Ränder leicht andrücken. Die Fleischrolle auf ein nasses Backblech legen und mit dem Eigelb bestreichen. Im Backofen 35 Minuten backen und heiß servieren.

Falscher Hase

1 altbackenes Brötchen
1 Zwiebel
je 250 g gehacktes Schweine-, Kalb- und Rindfleisch
1 Teel. Salz
2 Messerspitzen weißer Pfeffer
je ¼ Teel. getrockneter Thymian und Oregano
2 Eßl. gehackte Petersilie
2–3 Eßl. Milch
2 hartgekochte Eier
1 Eßl. Mehl
1 Bund Suppengrün
⅜ l heiße Fleischbrühe (Instant)
100 g Champignons
4 Eßl. saure Sahne, 1 Teel. Senf
2 Eßl. Tomatenketchup

Pro Portion etwa 2560 Joule/ 610 Kalorien

Das Brötchen in kaltem Wasser weichen lassen. Die Zwiebel schälen und würfeln. Das Hackfleisch mit dem ausgedrückten Brötchen, der Zwiebel, dem Salz, dem Pfeffer, den Kräutern und der Milch mischen. Den Backofen auf 220° vorheizen. Die geschälten hartgekochten Eier mit dem Fleischteig umhüllen und einen länglichen Laib formen; mit Mehl bestäuben. Den Hackbraten auf der untersten Schiene 1 Stunde braten. Das Suppengrün putzen, waschen, grob kleinschneiden und nach 5 Minuten zufügen. Die Fleischbrühe nach und nach zugießen. Die Champignons putzen und in Scheibchen schneiden. Den Hackbraten anrichten, den Bratenfond in einen kleinen Topf gießen. Die Champignons darin in 5 Minuten garen. Die Sauce mit der sauren Sahne, dem Senf und dem Ketchup verrühren.

103

Hackbraten, Hackpastete

Hackfleisch-Variationen

Hackfleischring in Kraut

etwa 600 g Wirsingkohl
2 Zwiebeln
1 altbackenes Brötchen
600 g gemischtes Hackfleisch
2 Eier, 1 Teel. Salz
1 Messerspitze weißer Pfeffer
½ Teel. gemahlener Kümmel
1 Eßl. Öl

Pro Portion etwa 2 100 Joule/ 500 Kalorien

Den Strunk vom Wirsing abschneiden, die schlechten Blätter entfernen und den Wirsing 10 Minuten in kochendem Salzwasser dünsten. Den Wirsing dann abkühlen lassen, in einzelne Blätter zerlegen, die groben Rippen aus den äußeren Blättern schneiden und die inneren Wirsingblätter kleinhacken. Die Zwiebeln schälen und würfeln. Das Brötchen in kaltem Wasser einweichen. Das Hackfleisch mit dem kleingehackten Wirsing, den Eiern, den Zwiebelwürfeln, dem Salz, dem Pfeffer, dem Kümmelpulver und dem ausgedrückten Brötchen zu einem geschmeidigen Fleischteig vermengen. Eine Ringform mit dem Öl ausstreichen und mit den großen Wirsingblättern auslegen. Die Hackfleischmasse in der Ringform verteilen und mit den restlichen Wirsingblättern abdecken. Die Form mit Alufolie gut verschließen und ins kochende Wasserbad stellen. In leicht siedendem Wasser in 1½ Stunden garen; auf eine vorgewärmte Platte stürzen.

Das paßt dazu: Tomatensauce und Petersilienkartoffeln.

Wiener Hackbraten

1 altbackenes Brötchen
2 Zwiebeln
2 Knoblauchzehen
500 g gemischtes Hackfleisch
150 g gehackte Schweineleber
2 Eier, 1 Teel. Salz
2 Messersp. schwarzer Pfeffer
1 Teel. Paprikapulver, edelsüß
1 Teel. mittelscharfer Senf
100 g durchwachsener Speck in dünnen Scheiben
¼ l heiße Fleischbrühe (Instant)
1 Teel. Speisestärke
⅛ l saure Sahne

Pro Portion etwa 2 625 Joule/ 625 Kalorien

Das Brötchen in kaltem Wasser einweichen. Die Zwiebeln und die Knoblauchzehen schälen und feinhacken. Das Hackfleisch mit dem ausgedrückten Brötchen, den Zwiebel- und den Knoblauchwürfeln, der Leber, den Eiern, dem Salz, dem Pfeffer, dem Paprika und dem Senf verkneten. Einen länglichen Laib aus dem Fleischteig formen. Eine Bratreine mit der Hälfte der Speckscheiben auslegen, den Hackbraten daraufgeben und mit den restlichen Speckscheiben bedecken. Den Backofen auf 220° vorheizen. Den Hackbraten auf der zweiten Schiene von unten 45 Minuten braten, nach und nach mit der Fleischbrühe umgießen und beschöpfen. Den Hackbraten warm stellen. Den Bratenfond mit der restlichen Fleischbrühe und etwas heißem Wasser lösen und in einem Topf erhitzen. Die Speisestärke mit der sauren Sahne verrühren und die Sauce damit binden.

Hackfleisch-Variationen

Hackbraten, Hackpastete

Feine Hackfleischpastete

Zutaten für 12 Personen:
Für den Teig:
500 g Mehl, 250 g Butter
½ Teel. Salz
2–3 Eßl. kaltes Wasser
1 Ei
Für die Füllung:
1 kg Hackfleisch, halb und halb
3 Eier, 1½ Teel. Salz
2 Teel. Paprikapulver, edelsüß
½ Teel. weißer Pfeffer
½ Teel. getrockneter Majoran
3 Eßl. gehackte Petersilie
150 g Putenleber
1 Eßl. Butter
100 g Champignons
Zum Bestreichen: 2 Eigelbe

Pro Portion etwa 1890 Joule/
450 Kalorien

Das Mehl auf ein Backbrett sieben. In die Mitte eine Mulde drücken. Die Butter in Flöckchen auf dem Mehlrand verteilen. Das Salz, das Wasser und das Ei in die Mulde geben und alles mit einem Messer krümelig hacken. Den Teig dann rasch mit kühlen Händen zusammenkneten, zu einer Kugel formen und eingewickelt im Kühlschrank 2 Stunden ruhen lassen. Für die Füllung das Hackfleisch, die Eier, das Salz, den Paprika, den Pfeffer, den gerebelten Majoran und die Petersilie in einer Schüssel mischen. Die Putenleber von allem anhängenden Fett und Häutchen befreien, waschen, abtrocknen und in 2 cm große Würfel schneiden. Die Butter in einer Pfanne erhitzen. Die Putenleber unter Umwenden von allen Seiten hellbraun anbraten und erkalten lassen. Die Champignons putzen, die Stiele etwas kürzen, die Pilze waschen, gut abtropfen lassen; große Pilze vierteln oder halbieren. Den Mürbeteig halbieren und auf einer leicht bemehlten Arbeitsfläche zu 1 Teigplatte von 30 × 30 cm und 1 Teigplatte von 35 × 35 cm ausrollen. Den Backofen auf 200° vorheizen. Die kleinere Teigplatte auf ein Backblech legen. Die Hackfleischmasse darauf verteilen, die Ränder 2 cm breit frei lassen. Die Leberwürfel und die Pilze abwechselnd leicht in die Hackfleischmasse drücken. Die Oberfläche glattstreichen und die größere Teigplatte darüberlegen. Überstehenden Teig abschneiden und die Ränder mit einer Gabel gut zusammendrücken. Die Teigreste noch einmal ausrollen, runde Plätzchen davon ausstechen. Die Pastete mit verquirltem Eigelb bestreichen, die Ornamente daraufsetzen und ebenfalls mit Eigelb bestreichen. Das Innere der aufgesetzten Plätzchen ausschneiden, so daß kleine Löcher entstehen, aus denen während des Backens der Dampf entweichen kann. Die Pastete im Backofen auf der zweiten Schiene von unten in 1 Stunde und 20 Minuten garen.

Das paßt dazu: würzig angemachter Feldsalat/Nisslsalat.

Unser Tip
Sie können die Hackfleischmasse noch mit sehr kleinen, knusprig ausgebratenen Speckwürfeln bestreuen.

105

Hähnchen und Poularde

Von Hähnchen bis Puter

Rotweinhähnchen

1 küchenfertiges Hähnchen von etwa 1 200 g, ½ Teel. Salz
½ Teel. Rosenpaprikapulver
1 Messerspitze Cayennepfeffer
½ Knoblauchzehe
1 Eßl. Butter, 3 Eßl. Öl
⅛ l heiße Gemüsebrühe
¼ l trockener Rotwein
3 Tomaten
½ Teel. getrockneter Thymian
100 g Crème fraîche

Pro Portion etwa 2855 Joule/ 680 Kalorien

Das Hähnchen kalt waschen und abtrocknen, in 8 Portionsteile zerlegen und dabei alles sichtbare Fett abschneiden. Die Hähnchenteile mit dem Salz, dem Paprika und dem Cayennepfeffer einreiben. Eine große Pfanne mit der geschälten Knoblauchzehe gründlich ausreiben, dann die Butter und das Öl darin erhitzen. Die Hähnchenteile von allen Seiten braun anbraten, dann in einen großen Schmortopf legen, das Bratfett darüberträufeln, die heiße Gemüsebrühe und die Hälfte des Weins zufügen und zugedeckt 35 Minuten schmoren lassen. Die Tomaten häuten, vierteln und dabei die Stielansätze und die Kerne entfernen. Die Tomatenviertel, den gerebelten Thymian und den restlichen Rotwein während der letzten 10 Minuten zu dem Hähnchen geben. Die Crème fraîche bis auf 1 Eßlöffel unter die Sauce rühren und das Hähnchen mit der restlichen Crème fraîche garnieren.

Das paßt dazu: ein gemischter Salat und Weißbrot.

Poularde mit Mandeln

1 küchenfertige Poularde von 1 200 g, 1 Teel. Salz
1 Apfel, 1 Zwiebel
50 g weiche Butter
1 Messerspitze gemahlene Gewürznelken
1 Messerspitze Ingwerpulver
1 Eßl. Honig
¼ l Geflügelbrühe (Instant)
1 Eßl. Mandelblättchen

Pro Portion etwa 2455 Joule/ 585 Kalorien

Den Backofen auf 200° vorheizen. Die Poularde innen und außen waschen und gut abtrocknen, innen mit dem Salz ausreiben. Den Apfel in Spalten schneiden, das Kerngehäuse entfernen. Die Zwiebel schälen und achteln. Die Apfelspalten und die Zwiebelachtel in die Poularde füllen; die Öffnungen mit Holzspießchen zustecken. Die möglichst weiche Butter mit dem Nelkenpulver, dem Ingwerpulver und dem Honig mischen. Die Poularde damit bestreichen und in einer Bratreine im Backofen auf der untersten Schiene 1 Stunde braten. Nach 30 Minuten gelegentlich mit heißer Brühe umgießen und mit dem Bratenfond beschöpfen. In den letzten 10 Bratminuten die Mandeln darüberstreuen. Die fertig gebratene Poularde im abgeschalteten Backofen noch 10 Minuten ruhen lassen.

Das paßt dazu: körnig gekochter Reis, unter den man 1 Eßlöffel in feine Stifte geschnittenen eingelegten Ingwer und 1 Eßlöffel Ingwersaft mischt.

Von Hähnchen bis Puter

Hähnchen und Poularde

Gegrilltes Kräuterhähnchen

*1 küchenfertiges Hähnchen von
   etwa 1 200 g
1 Teel. Salz
je ½ Bund Schnittlauch,
   Petersilie und Liebstöckel
je 1 Zweig frisches Basilikum
   und frischer Rosmarin
1 Teel. Paprikapulver, edelsüß
4 Eßl. saure Sahne
1 Eßl. Mehl
2 Eßl. Öl*

Pro Portion etwa 2 245 Joule/
535 Kalorien

Das Hähnchen innen und außen gründlich kalt waschen und außen gut abtrocknen; innen mit Salz einreiben, restliches Salz aufbewahren. Die Kräuter waschen, trockenschleudern und zu einem Sträußchen zusammenbinden. Die Kräuter in die Bauchhöhle des Hähnchens geben und die Öffnungen mit Holzspießchen zustecken. Den Paprika, das restliche Salz, die saure Sahne, das Mehl und das Öl zu einer Paste verrühren und das Hähnchen von allen Seiten damit bestreichen; die Keulen und Flügel mit Küchengarn festbinden. Das Hähnchen auf den Drehspieß des Grills stecken und gut befestigen; unter ständigem Drehen etwa 1 Stunde grillen. Sollte die Haut zu schnell bräunen, muß die Hitze reduziert oder der Drehspieß von der Hitzequelle weiter entfernt werden.

Das paßt dazu: Kartoffelsalat und Gurkensalat mit Joghurtsauce, Rezept Seite 45.

Gefülltes Hähnchen

*Zutaten für 6 Personen:
1 küchenfertiges Hähnchen
   von 1 200 g, 1 Teel. Salz
1 Messersp. weißer Pfeffer
½ Teel. Paprikapulver, edelsüß
100 g Champignons
240 g Gänseleberpastete
50 g Pistazien
½ Teel. getrockneter Thymian
1 Ei, 3 Eßl. Semmelbrösel
2 Eßl. flüssige Butter*

Pro Portion etwa 3 150 Joule/
750 Kalorien

Den Backofen auf 220° vorheizen. Das Hähnchen innen und außen gründlich kalt waschen und außen abtrocknen. Das Salz, den Pfeffer und den Paprika mischen und das Hähnchen innen damit ausreiben. Die Champignons putzen, waschen und mit der Gänseleberpastete und den Pistazien hacken; alles mit dem Thymian, dem Ei und den Semmelbröseln mischen. Das Hähnchen mit der Farce füllen und die Öffnungen mit Küchengarn zunähen. Die Flügel und die Schenkel des Hähnchens fest an den Körper binden. Das Hähnchen von allen Seiten mit flüssiger Butter bestreichen, mit dem Rücken nach oben in eine Bratreine legen und im Backofen auf der zweiten Schiene von unten 50 Minuten braten. Nach 20 Minuten das Hähnchen wenden und wiederholt mit Butter bestreichen.

Das paßt dazu: Kartoffel-Mandel-Bällchen, Rezept Seite 10, Fenchelgemüse und Feldsalat mit Zwiebelringen.

Gebratene Enten

Von Hähnchen bis Puter

Ente auf Rotkohl

Zutaten für 8 Personen:
1 junge Ente von etwa 2 kg
1 Teel. Salz
¼ Teel. weißer Pfeffer
2 große Äpfel
150 g frische Feigen
1 Teel. Currypulver
1 Eßl. Butter
3 Eßl. Öl

Pro Portion etwa 2900 Joule/ 690 Kalorien

Die Ente innen und außen gut kalt waschen und außen abtrocknen. Das Salz und den Pfeffer mischen und die Ente innen damit einreiben. Die Äpfel und die Feigen gründlich waschen und trockenreiben. Die Äpfel schälen, vierteln, vom Kerngehäuse befreien und die Apfelviertel in dünne Spalten schneiden. Von den Feigen den Stielansatz abschneiden und die Feigen in kleine Würfel schneiden. Die Apfelspalten und die Feigenwürfel mit dem Currypulver, dem restlichen Salz und dem Pfeffer mischen und mit der Butter in Flöckchen in die Ente füllen. Die Öffnung der Ente mit Küchengarn zunähen und die Keulen und die Flügel mit Küchengarn festbinden, so daß sie am Körper anliegen. Den Backofen auf 220° vorheizen. Das Öl in einer großen Bratpfanne auf der Herdplatte erhitzen und die Ente von allen Seiten darin braun anbraten; das dauert etwa 15 Minuten. Die Ente dann mit der Brust nach unten in den Backofen schieben und etwa 40 Minuten braten. Das Geflügel dann umwenden, 1 Tasse heißes Wasser um die Ente gießen, und die Ente in 1 weiteren Stunde gar braten. Während der ganzen Garzeit die Ente wiederholt mit dem Bratenfond beschöpfen; eventuell heißes Wasser zugießen.

Das paßt dazu: geschmorter Rotkohl, Salzkartoffeln und mit wenig Weißwein und Zitronensaft abgeschmecktes Apfelmus.

Von Hähnchen bis Puter

Gebratene Enten

Ingwer-Ente

Zutaten für 6 Personen:
1 küchenfertige junge Ente von 1½ kg
1 Teel. Salz, 3 Eßl. Öl
100 g Lauch/Porree
50 g frische Ingwerknolle
¼ l trockener Weißwein
4 Eßl. ostasiatische Sojasauce
1 Messerspitze Cayennepfeffer
1 Teel. Speisestärke
5 Eßl Ananassaft aus der Dose
2 Scheiben Ananas

Pro Portion etwa 3 025 Joule/ 720 Kalorien

Die Ente kalt waschen, in 8 gleich große Stücke teilen, abtrocknen und mit Salz einreiben. 2 Eßlöffel Öl in einer Pfanne erhitzen. Die Entenstücke in etwa 10 Minuten braun anbraten, dann warm stellen. Den Lauch gründlich putzen, waschen und in feine Scheiben schneiden. Den Ingwer schälen, halbieren; die Hälfte davon in feine Stifte schneiden, den Rest reiben. Den Lauch und die Ingwerstifte in der Pfanne im restlichen Öl glasig dünsten. Den Wein, die Sojasauce und den Cayennepfeffer zugeben, alles 5 Minuten köcheln lassen. Die Entenstücke zufügen und zugedeckt in 10 Minuten garen. Die Sauce durchpassieren und mit der mit dem Ananassaft angerührten Speisestärke binden, nochmals aufkochen lassen. Die Ananasscheiben in Stücke schneiden und mit dem geriebenen Ingwer in die Sauce rühren. Die Entenstücke nochmals in der Sauce erhitzen.

Das paßt dazu: körnig gekochter Reis oder Weißbrot.

Peking-Ente

Zutaten für 8 Personen:
1 bratfertige Ente von 2 kg
2 Eßl. Zucker, 2 Schalotten
1½ Teel. Salz
100 g Mehl, 2 Eßl. Öl
400 g Lauch/Porree
3 Eßl. ostasiatische Sojasauce

Pro Portion etwa 2 875 Joule/ 685 Kalorien

Die Ente innen und außen kalt waschen und abtrocknen. Den Zucker in wenig Wasser auflösen. Die Haut damit bestreichen, mit kleinen Einschnitten versehen und etwas lösen; mit einem Strohhalm Luft unter die Haut blasen. Die Schalotten schälen, würfeln und in die Ente füllen. Die Öffnungen zunähen und die Ente dressieren. Die Ente dann etwa 12 Stunden luftig aufhängen, bis die Haut trocknet. Den Backofen auf 180° vorheizen. Die Ente mit der Brust nach oben auf den Rost über die Fettpfanne des Backofens legen und etwa 1 Stunde braten; nach 30 Minuten wenden. Nach 45 Minuten die Temperatur auf 220° schalten und die Ente in weiteren 10–20 Minuten kräftig bräunen. Das Salz mit dem Mehl und ½ Tasse heißem Wasser verkneten, den Teig ½ cm dick ausrollen, große Plätzchen daraus ausstechen, im Öl und mit 2 Eßlöffeln Wasser zugedeckt in 20 Minuten gar dämpfen. Die gare Ente in kleine Stücke schneiden. Das Fleisch und die knusprige Haut auf einer Platte anrichten. Den Lauch in dünnen Streifen mit den Pfannkuchen und der Sojasauce zur Peking-Ente reichen.

Gans und Puter

Von Hähnchen bis Puter

Putenrollbraten

Zutaten für 6 Personen:
200 g Backpflaumen
1 kg Putenbrust, als Rollbraten vorbereitet, 1 Teel. Salz
¼ Teel. weißer Pfeffer
1 Teel. Senf
einige Spritzer Obstessig
2 Zwiebeln, 1 Knoblauchzehe
1 Eßl. gehackte Zitronenmelisse
4 Eßl. Semmelbrösel
1 Ei, 3 Eßl. Öl
⅛ l trockener Rotwein
150 g Crème fraîche

Pro Portion etwa 2 145 Joule/ 510 Kalorien

Die Backpflaumen mit warmem Wasser bedeckt etwa 4 Stunden quellen lassen. Die Putenbrust einseitig mit dem Salz und dem Pfeffer einreiben, mit dem Senf bestreichen und mit etwas Essig beträufeln. Die Pflaumen abtropfen lassen, entsteinen und würfeln. Die Zwiebeln und die Knoblauchzehe ebenfalls kleinwürfeln und alles mit der Zitronenmelisse, den Semmelbröseln und dem Ei mischen. Die Farce auf dem Fleisch verteilen. Den Backofen auf 220° vorheizen. Das Fleisch aufrollen und mit Küchengarn binden. Das Öl in einer Bratreine auf dem Herd erhitzen und den Rollbraten darin anbraten, dann im Backofen in 30 Minuten garen. Nach 10 Minuten 2 Tassen kochendheißes Wasser um den Rollbraten gießen und diesen wiederholt mit dem Bratenfond beschöpfen. Den garen Braten im abgeschalteten Backofen auf einer Platte 10 Minuten ruhen lassen. Den Fond mit dem Wein und der Crème fraîche verrühren.

Mandel-Putenschnitzel

4 Putenschnitzel zu je 175 g
¼ Teel. weißer Pfeffer
1 Teel. Salz
2 Eßl. Mehl
1 Teel. Paprikapulver, edelsüß
50 g Butter
100 g Mandelblättchen
2 Pfirsichhälften aus der Dose

Pro Portion etwa 2 395 Joule/ 570 Kalorien

Die Putenschnitzel waschen, abtrocknen und von allen Häutchen befreien. Den Pfeffer von beiden Seiten in die Putenschnitzel massieren. Das Salz mit dem Mehl und dem Paprikapulver mischen und die Schnitzel darin wenden. Überschüssiges Mehl wieder abklopfen. Die Hälfte der Butter in einer großen Pfanne erhitzen und die Schnitzel von beiden Seiten je 1 Minute darin braten. Die Schnitzel herausnehmen und in den Mandelblättchen wenden. Die Mandelblättchen gut andrücken. Die restliche Butter in die Pfanne geben, die Schnitzel zurücklegen und von jeder Seite weitere 3–4 Minuten braten. Das Fleisch dann auf einer vorgewärmten Platte warm halten. Die abgetropften Pfirsichhälften in Spalten schneiden und in der Pfanne kurz erhitzen. Die Putenschnitzel anrichten und die Pfirsichspalten darauf verteilen.

Das paßt dazu: frisches Stangenweißbrot und junger Kopfsalat.

Von Hähnchen bis Puter

Gans und Puter

Gebratene Gans mit Maronenfüllung

Zutaten für 12 Personen:
400 g Maronen/Eßkastanien
1 bratfertige Gans von etwa 3 kg
2 große säuerliche Äpfel
Herz und Leber der Gans
1 Brötchen
1 Eßl. Butter, 1 Eigelb
1 Teel. Salz
2 Messerspitzen weißer Pfeffer
je 1 Prise getrockneter Majoran und Beifuß
2 Teel. Salz, ⅛ l Bier
⅛ l trockener Rotwein

Pro Portion etwa 4410 Joule/ 1050 Kalorien

Die Maronen über der runden Seite mit einem spitzen Messer quer einschneiden, in kochendes Salzwasser legen und zugedeckt 30 Minuten kochen lassen. Die Maronen dann abtropfen und kalt werden lassen. Die Gans innen und außen gründlich kalt waschen, außen gut abtrocknen und die Bürzeldrüse abschneiden. Die Äpfel schälen, vierteln, vom Kerngehäuse befreien und in kleine Würfel schneiden. Das Herz und die Leber der Gans von allen anhängenden Fettteilen befreien, waschen, abtrocknen und kleinwürfeln. Das Brötchen in kaltem Wasser einweichen. Die Butter erhitzen und die Herz- und Leberwürfel darin hellbraun anbraten. Das Brötchen ausdrükken. Die Maronen schälen und in Achtel schneiden. Die Apfelwürfel, die Innereien, das ausgedrückte Brötchen, die Maronenstücke, das Eigelb und das Salz miteinander vermengen. Den Backofen auf 200° vorheizen. Die Füllung mit dem Pfeffer, dem gerebelten Majoran und dem gerebelten Beifuß würzen. Die Gans mit der Farce füllen und die Körperöffnungen mit Küchengarn zunähen. Die Keulen und die Flügel der Gans mit Küchengarn fest an den Körper binden (dressieren). Das restliche Salz in 1 Tasse Wasser auflösen. Die Gans mit dem Rücken nach oben auf dem Rost über die kalt ausgespülte Fettpfanne auf der untersten Schiene in den Backofen geben und insgesamt 3–3½ Stunden braten. Nach 1½ Stunden Bratzeit die Gans auf eine Seite legen und etwa 2 Tassen heißes Wasser in die Fettpfanne des Backofens schütten. Von nun an die Gans wiederholt mit dem Salzwasser bestreichen und nach 30 Minuten auf die andere Seite legen. Nach 2 Stunden Bratzeit die Gans auf den Rücken legen und mehrmals mit einer dicken Stopfnadel in die dicksten Stellen der Schenkel stechen, damit überflüssiges Fett austropft. Während der letzten 30 Bratminuten die Gans mehrmals mit dem Bier beträufeln. Die Gans dann auf dem Rost im abgeschalteten Backofen 20 Minuten ruhen lassen. Den Bratenfond in der Fettpfanne mit heißem Wasser lösen, in einen Topf gießen und sorgfältig entfetten. (Das Gänsefett erstarren lassen und als Brotaufstrich verwenden.) Die Sauce noch einmal mit Salz und etwas Pfeffer abschmecken und mit dem Rotwein abrunden.

Das paßt dazu: Rotkohl, Kartoffelklöße, Rezept Seite 145.

Kleine Wildgerichte

Wild und Wildgeflügel

Hirschrouladen

4 Hirschsteaks aus der Keule
  zu je 150 g
1 Zwiebel, 4 Eßl. Öl
2 Eßl. Rotweinessig
½ grüne Paprikaschote
1 kleine Gewürzgurke
1 Teel. Salz
½ Teel. Paprikapulver, scharf
1 Teel. grüne Pfefferkörner
70 g fetter Speck in dünnen
  Scheiben
¼ l Wildkraftbrühe
1 Eßl. Öl, 100 g Crème fraîche
1 Eßl. gehackte Petersilie

Pro Portion etwa 2 060 Joule/
490 Kalorien

Die Hirschsteaks waschen und alle Häutchen abschneiden. Die Zwiebel reiben, mit dem Öl und dem Essig mischen und die Steaks darin zugedeckt 24 Stunden im Kühlschrank marinieren. Die Paprikaschote und die Gurke in Streifen schneiden. Die Hirschsteaks trockentupfen und einseitig mit dem Salz, dem Paprikapulver und dem zerdrückten grünen Pfeffer bestreuen. Die Schoten- und Gurkenstreifen quer darauflegen. 2 Scheiben Speck würfeln und auf die Steaks verteilen, diese aufrollen, mit Speck umwickeln und mit Rouladenklammern befestigen. Die Wildbrühe zum Kochen bringen. Die Rouladen im Öl anbraten, mit der Wildbrühe umgießen und zugedeckt 40 Minuten schmoren lassen. Die Sauce mit der Crème fraîche und mit der Petersilie verrühren; über die Rouladen gießen.

Das paßt dazu: Kartoffelkroketten und Broccoli.

Gebratene Hirschsteaks

4 Hirschsteaks aus der Keule
  zu je 150 g
3 Eßl. Öl
6 Eßl. trockener Rotwein
2 Eßl. Apfelessig
3 Wacholderbeeren
1 Teel. scharfer Senf
2 Eßl. Öl, 1 Teel. Salz
2 Messerspitzen weißer Pfeffer
100 g frische gewürfelte Ananas
½ Banane
½ Tasse Sauerkirschen aus dem
  Glas

Pro Portion etwa 1 240 Joule/
295 Kalorien

Die Steaks kalt waschen, trockentupfen und von allen Häutchen befreien. Das Öl mit dem Rotwein, dem Essig, den Wacholderbeeren und dem Senf mischen, über die Steaks gießen und diese zugedeckt 24 Stunden im Kühlschrank marinieren lassen; öfter wenden. Die Steaks dann abtrocknen. Das Öl in einer großen Pfanne erhitzen. Die Steaks von jeder Seite 5–6 Minuten braten; jeweils nach dem Braten einer Seite salzen und pfeffern. Die fertig gebratenen Hirschsteaks im Backofen warm halten. Die Ananaswürfel ins verbliebene Bratfett geben und kurz darin anbraten. Die Banane schälen, in Scheiben schneiden und mit den Sauerkirschen zu den Ananaswürfeln geben. 1 Eßlöffel Sauerkirschsaft und 1–2 Eßlöffel von der Marinade zu dem Obst geben, alles bei schwacher Hitze erwärmen und über die Steaks verteilen.

Das paßt dazu: Butterreis.

Wild und Wildgeflügel

Kleine Wildgerichte

Rehkoteletts

4 Rehkoteletts zu je 150 g
2 Eßl. Olivenöl
2 Eßl. Zitronensaft
½ Teel. Nelkenpfeffer
2 kleine reife Birnen
1 Teel. Honig
0,2 l trockener Weißwein
1 Teel. gemahlener Zimt
2 Eßl. Butter, 1 Teel. Salz
⅛ l Wildkraftbrühe
schwarzer Pfeffer

Pro Portion etwa 1 430 Joule/ 340 Kalorien

Die Rehkoteletts waschen und von allen Häutchen befreien. Das Öl mit 1 Eßlöffel Zitronensaft und dem Nelkenpfeffer mischen, die Koteletts damit einreiben und 30 Minuten bei Raumtemperatur stehen lassen. Die Birnen schälen, achteln und mit dem übrigen Zitronensaft, dem Honig, 4 Eßlöffeln vom Wein und dem Zimt zugedeckt 15 Minuten dünsten. Die Birnen herausnehmen und warm halten; die Dünstflüssigkeit aufbewahren. Die Rehkoteletts abreiben, mit dem Handballen etwas flachdrücken und in der Butter bei mittlerer Hitze von jeder Seite 4 Minuten braten. Die Koteletts nach dem Braten salzen und warm halten. Den Bratensatz mit dem restlichen Wein ablöschen, mit der Wildbrühe und der Dünstflüssigkeit der Birnen aufkochen lassen. Mit Pfeffer kräftig abschmecken. Die Koteletts 5 Minuten in der Sauce ziehen, aber nicht mehr kochen lassen; mit den Birnen anrichten.

Das paßt dazu: Kartoffelkroketten und Preiselbeeren.

Rehschnitzel in Wacholdersauce

4 Rehschnitzel zu je 150 g
3 Eßl. Olivenöl
5 Eßl. trockener Rotwein
2 Eßl. Obstessig
5 Wacholderbeeren
4 Scheiben Weißbrot zu je 50 g
4 Eßl. Butter, 1 Teel. Salz
2 Schnapsgläser Genever (Wacholderbranntwein, 4 cl)
⅛ l Sahne
einige Tropfen Zitronensaft
1 Messersp. schwarzer Pfeffer

Pro Portion etwa 2 050 Joule/ 490 Kalorien

Die Rehschnitzel waschen, trockentupfen und von Häutchen befreien. Das Öl mit dem Rotwein, dem Essig und der Hälfte der zerdrückten Wacholderbeeren mischen. Die Rehschnitzel darin wenden und 2–3 Stunden marinieren. Vom Weißbrot die Rinde abschneiden. 2 Eßlöffel Butter in einer Pfanne erhitzen, die Brotscheiben darin goldbraun braten, warm stellen.
Die Rehschnitzel abreiben und in der restlichen Butter von jeder Seite 4–5 Minuten braten, nach dem Wenden salzen. Dann auf den Brotscheiben anrichten. Den Bratensatz mit dem Genever ablöschen. 2 Eßlöffel von der Sahne steif schlagen. 2 Eßlöffel von der Marinade, die restliche Sahne, die restlichen zerdrückten Wacholderbeeren, den Zitronensaft und den Pfeffer mit der Sauce verrühren, einmal kurz aufkochen lassen und mit der Schlagsahne mischen.

Das paßt dazu: warmes Apfelmus.

Klassische Wildbraten

Wild und Wildgeflügel

Rehrücken mit Kirschsauce

*Zutaten für 8 Personen:
1½ kg Rehrücken von einem
   jungen Tier
3 Wacholderbeeren
½ Teel. getrockneter Thymian
½ Teel. Salz
3 Eßl. Butterschmalz
100 g fetter Speck in dünnen
   Scheiben
3/8 l heiße Wildkraftbrühe
500 g Sauerkirschen aus dem
   Glas, 1 Eßl. Speisestärke
1 Schnapsglas Kirschwasser
1 ungespritzte Orange*

Pro Portion etwa 2060 Joule/ 490 Kalorien

Den Rehrücken waschen, trockentupfen, häuten und mit dem zerdrückten Wacholder und dem gerebelten Thymian einreiben; 30 Minuten ruhen lassen. Das Gewürz entfernen, das Fleisch salzen. Den Backofen auf 220° vorheizen. Das Schmalz in einer Bratreine auf dem Herd zerlassen, den Rehrücken kräftig anbraten; dann rundherum mit dem Speck belegen und im Backofen auf der zweiten Schiene von unten 35–45 Minuten braten. 1 Tasse Wildbrühe nach 10 Minuten um den Rehrücken gießen. Den Bratensatz damit lösen und das Fleisch alle 8 Minuten damit beschöpfen. Gelegentlich heiße Brühe zugießen. Den Speck nach 30 Bratminuten entfernen und durch Fingerdruck prüfen, ob das Fleisch elastisch nachgibt; es ist dann durchgebraten, aber innen noch leicht rosa. Inzwischen die Kirschen abtropfen lassen, den Saft mit der Speisestärke verrühren, aufkochen lassen. Die Kirschen mit dem Schnaps in die Kirschsauce rühren, mit dem Bratenfond mischen. Den Rehrücken 15 Minuten im abgeschalteten Backofen ruhen lassen, dann tranchieren und mit der Orange in Scheiben und der Kirschsauce anrichten.

Das paßt dazu: Kartoffelnokken, Rezept Seite 144.

Wild und Wildgeflügel

Klassische Wildbraten

Hasenrücken mit Ingwersauce

2 bereits gespickte Hasenrücken von je 400 g, ½ Teel. Salz
1 Messerspitze weißer Pfeffer
5 Wacholderbeeren
4 schwarze Pfefferkörner
1 Möhre, 2 kleine Zwiebeln
1 Petersilienwurzel
100 g Sellerieknolle
2 Eßl. Öl, ½ Teel. Ingwerpulver
1 Messerspitze geriebene Muskatnuß
¼ l trockener Rotwein
2 Teel. Zitronensaft
200 g blaue Weintrauben
2 Eßl. Preiselbeerkonfitüre
150 g Crème fraîche

Pro Portion etwa 2730 Joule/ 650 Kalorien

Die Hasenrücken abbrausen, trockentupfen und mit dem Salz, dem Pfeffer und den zerstoßenen Gewürzkörnern einreiben. Das Gemüse putzen, waschen und würfeln. Den Backofen auf 220° vorheizen. Das Öl in einer Bratreine erhitzen und die Hasenrücken mit dem Gemüse braun anbraten, mit dem Ingwer und dem Muskat bestreuen und mit dem Rotwein und dem Zitronensaft begießen. Das Fleisch im Backofen in 20 Minuten garen, dann im abgeschalteten Backofen 10 Minuten ruhen lassen. Die Bratensauce durchpassieren und erhitzen. Die Trauben halbieren, entkernen und mit der Preiselbeerkonfitüre und der Crème fraîche in die Sauce rühren.

Das paßt dazu: Kartoffel-Mandel-Bällchen, Rezept Seite 10, und Broccoli.

Wildschweinrücken

Zutaten für 6 Personen:
10 Wacholderbeeren
1½ kg Wildschweinrücken
1 Teel. Salz
2 Teel. Paprikapulver, edelsüß
2 Eßl. Öl
100 g fetter Speck in dünnen Scheiben
8 Gewürznelken, 1 Eßl. Mehl
¼ l naturtrüber Apfelsaft
¼ l Fleisch- oder Wildbrühe
4 Eßl. Preiselbeerkonfitüre
Salz, schwarzer Pfeffer

Pro Portion etwa 1220 Joule/ 290 Kalorien

Die Wacholderbeeren mit Wasser bedeckt 5 Minuten quellen lassen. Das Fleisch waschen, abtrocknen und von Sehnen und Häuten befreien. Den Wildschweinrücken mit dem Salz und dem Paprika einreiben. Den Backofen auf 200° vorheizen. Den Wildschweinrücken im Öl auf dem Herd kräftig anbraten, mit den Speckscheiben belegen; diese mit den Gewürznelken feststecken. Die Wacholderbeeren mit dem Quellwasser zugießen. Den Braten im Backofen auf der zweiten Schiene von unten 1 Stunde braten. Das Mehl mit dem Apfelsaft glattrühren. Den garen Braten von den Speckscheiben befreien und im abgeschalteten Backofen 15 Minuten auf einer Platte ruhen lassen. Den Bratensatz mit der Brühe lösen, in einem Topf mit dem Apfelsaft unter Rühren zum Kochen bringen. Die Preiselbeeren einrühren. Die Sauce mit Salz und Pfeffer abschmecken und 5 Minuten kochen lassen.

115

Feine Schmorgerichte

Wild und Wildgeflügel

Kaninchen mit Thymian

1½ kg Kaninchen
4 Zweige frischer Thymian
⅛ l heiße Fleischbrühe (Instant)
⅜ l trockener Weißwein
2 Lorbeerblätter
4 schwarze Pfefferkörner
1 Knoblauchzehe
1 Stückchen Zitronenschale
3 Eßl. Öl
1 Teel. Salz, ½ Teel. Zucker
2 Messersp. schwarzer Pfeffer

Pro Portion etwa 1765 Joule/ 420 Kalorien

Das Kaninchenfleisch waschen, abtrocknen, in Portionsstücke schneiden und mit dem gewaschenen Thymian in einen Topf legen. Die Fleischbrühe, den Wein, die Lorbeerblätter, die zerdrückten Pfefferkörner, die geschälte und gehackte Knoblauchzehe und die Zitronenschale in einem Topf aufkochen lassen, die Marinade heiß über die Kaninchenstücke gießen und zugedeckt 24–48 Stunden im Kühlschrank stehen lassen. Die Fleischstücke während dieser Zeit öfter wenden. Das Fleisch dann abtrocknen. Das Öl in einem großen Schmortopf erhitzen und die Fleischstücke von allen Seiten darin anbraten. Die Marinade durchsieben, erhitzen und einen Teil davon mit dem Salz, dem Zucker und dem Pfeffer um das Kaninchen gießen, 50 Minuten schmoren lassen. Immer wieder heiße Marinade nachgießen und das Fleisch wenden. Das Kaninchen auf einer vorgewärmten Platte anrichten. Den Schmorfond mit etwas heißem Wasser lösen.

Hasenpfeffer

Zutaten für 6 Personen:
1½ kg Hase
1 Teel. Salz
2 Messersp. schwarzer Pfeffer
1 Teel. Paprikapulver, scharf
2 Zwiebeln
3 Eßl. Öl
6 weiße Pfefferkörner
⅛ l trockener Rotwein
1 Eßl. Mehl

Pro Portion etwa 1365 Joule/ 325 Kalorien

Die Knochen aus dem Fleisch lösen, grob zerschlagen und mit der gleichen Menge Wasser 2 Stunden lang bei schwacher Hitze kochen lassen. Das Fleisch gründlich kalt waschen, abtrocknen und in etwa 4 cm große Stücke schneiden. Die Fleischwürfel mit dem Salz, dem Pfeffer und dem Paprikapulver würzen. Die Zwiebeln schälen und in Würfel schneiden. Das Öl in einem großen Schmortopf erhitzen und das Hasenfleisch unter Umwenden darin kräftig braun anbraten. Die Zwiebelwürfel und die Pfefferkörner zugeben. Die Knochenbrühe durchsieben und ⅛ l davon zu dem Hasenfleisch geben. Den Hasenpfeffer etwa 40 Minuten bei schwacher Hitze schmoren lassen, nach und nach den Rotwein zugießen und das Fleisch in der Schmorflüssigkeit wenden. Zuletzt das Mehl mit etwas Wasser anrühren, die Sauce damit binden und noch einige Minuten kochen lassen.

Das paßt dazu: gegrillte Tomaten und Kartoffelpüree, Rezept Seite 9.

Wild und Wildgeflügel

Feine Schmorgerichte

Geschmorte Hasenkeulen

4 Hasenkeulen, 2 Möhren
2 Stangen Staudensellerie
2 Tomaten
6–8 kleine Zwiebeln
2 schwarze Pfefferkörner
4 Wacholderbeeren
1 Prise getrockneter Thymian
½ Lorbeerblatt
⅛ l Rotweinessig, 2 Eßl. Öl
⅛ l heiße Wildkraftbrühe
4 Eßl. trockener Rotwein
⅛ l saure Sahne

Pro Portion etwa 2560 Joule/ 610 Kalorien

Die Hasenkeulen waschen, abtrocknen und häuten. Die Möhren, den Sellerie und die Tomaten putzen, waschen und in Scheiben schneiden. Die Zwiebeln schälen. Die Gewürzkörner mit dem Thymian zerreiben und mit dem Lorbeerblatt, dem Gemüse, dem Essig und ¼ l Wasser zum Kochen bringen. Die Marinade abkühlen lassen, über die Hasenkeulen gießen und diese zugedeckt im Kühlschrank 12–24 Stunden marinieren lassen. Die Hasenkeulen abtrocknen, die Marinade durchsieben; das Gemüse beiseite stellen. Die Keulen in dem Öl braun anbraten, ⅛ l erhitzte Marinade zugießen; 1 Stunde schmoren lassen. Die Brühe und heiße Marinade nach und nach zugießen. Während der letzten 10 Minuten das Gemüse mitgaren. Die Sauce vor dem Servieren mit dem Rotwein, der sauren Sahne und mit Salz und Pfeffer abschmecken.

Das paßt dazu: Spätzle.

Kaninchen Burgunder Art

4 Kaninchenkeulen von
  insgesamt 1 kg
2 Schalotten
2 Stengel Petersilie
2 Zweige frischer Thymian
1 Lorbeerblatt, 4 Eßl. Öl
¼ l heiße Wildkraftbrühe
100 g Champignons
⅛ l trockener roter Burgunder
2 Eßl. Butter, 1 Eßl. Mehl
1 Prise Salz, 1 Prise Zucker
1 Prise Cayennepfeffer

Pro Portion etwa 2015 Joule/ 480 Kalorien

Die Kaninchenkeulen waschen, abtrocknen und häuten. Die Schalotten kleinwürfeln, die Petersilie und den Thymian hacken, das Lorbeerblatt zerdrücken. Die Kräuter und die Schalotten mit dem Öl mischen, die Kaninchenkeulen damit bestreichen und zugedeckt 12 Stunden im Kühlschrank marinieren lassen. Das Öl von der Marinade in einem Schmortopf erhitzen. Die Kaninchenkeulen darin anbraten, mit der Brühe umgießen und zugedeckt in 25–30 Minuten gar schmoren, währenddessen gelegentlich heiße Wildbrühe zugießen. Die Champignons putzen, waschen und in Scheiben schneiden. Die Kaninchenkeulen warm halten. Die Sauce durch ein Sieb passieren, etwas einkochen lassen, die Champignons und den Rotwein unterrühren. Die Butter mit dem Mehl zu einem Kloß verkneten und in der Sauce auflösen. Die Sauce 10 Minuten kochen lassen und mit den Gewürzen abschmecken.

Spezialitäten von Wildgeflügel

Wild und Wildgeflügel

Gebratene Wildente

Zutaten für 6 Personen:
1 küchenfertige Wildente von 1½ kg
2 säuerliche Äpfel
2 Zwiebeln, 1 Teel. Salz
2 Messerspitzen weißer Pfeffer
3 Eßl. Öl
100 g durchwachsener Speck in dünnen Scheiben
4 zerdrückte Wacholderbeeren
¼ l heiße Fleisch- oder Wildkraftbrühe
⅛ l trockener Rotwein
1 Teel. Speisestärke
2 Eßl. Sahne

Pro Portion etwa 2 205 Joule/ 525 Kalorien

Die Ente innen und außen gut waschen und trockentupfen. Die Äpfel schälen, achteln, vom Kerngehäuse befreien und noch einmal halbieren. Die Zwiebeln schälen und achteln. Den Backofen auf 220° vorheizen. Die Ente innen mit dem Salz und dem Pfeffer einreiben. Das Öl in einer Bratreine auf dem Herd erhitzen, die Ente braun anbraten, mit dem Speck belegen. Die Apfel- und Zwiebelstücke und den Wacholder zugeben, mit ⅛ l Brühe umgießen und im Backofen auf der untersten Schiene 1 Stunde braten. Die Ente wiederholt mit dem Bratenfond beschöpfen und gelegentlich heiße Brühe zufügen. Die gare Ente auf einer Platte im Backofen ruhen lassen. Den Bratenfond mit etwas heißem Wasser lösen, in einen Topf seihen und mit dem Wein mischen. Die Speisestärke mit der Sahne verrühren und die Sauce damit binden.

Gefüllte Rebhühner

2 bratfertige Rebhühner zu je 500 g, 50 g Rosinen
2 altbackene Brötchen
2 Zwiebeln, 1 Teel. Salz
4 Messerspitzen weißer Pfeffer
100 g fetter Speck in 8 dünnen Scheiben
⅛ l heiße Wildkraftbrühe

Pro Portion etwa 2 645 Joule/ 630 Kalorien

Die Rebhühner kalt waschen und außen abtrocknen. Die Rosinen heiß abspülen und in klarem heißem Wasser quellen lassen. Den Backofen auf 230° vorheizen. Die Brötchen einweichen. Die Zwiebeln schälen und würfeln. Die Rebhühner innen mit dem Salz und dem Pfeffer einreiben. Die Brötchenmasse ausdrücken und mit den Zwiebelwürfeln und den abgetropften Rosinen mischen. Die Rebhühner damit füllen, zunähen und dressieren. Je 1 Speckscheibe auf den Rücken, den Bauch und beide Schenkel der Hühner legen und festbinden. Die Rebhühner in einer Bratreine im Backofen 30–35 Minuten braten (nach 30 Bratminuten ist das Fleisch an den Knochen noch rosa, nach 35 Minuten ist es durchgegart). Nach 15 Bratminuten die Hühner wenden und die Brühe zugießen. Die Rebhühner vom Speck befreien und auf einer Platte im abgeschalteten Backofen ruhen lassen. Den Bratenfond mit etwas heißem Wasser lösen.

Das paßt dazu: Sauerkraut, mit gedünsteten Birnen und Speckwürfeln gemischt.

Wild und Wildgeflügel

Spezialitäten von Wildgeflügel

Gebratener Fasan

2 bratfertige Fasane zu je 800 g
200 g Möhren
100 g Lauch/Porree
1 Teel. Salz
2 Messerspitzen weißer Pfeffer
Saft von 1 Zitrone
125 g durchwachsener Speck in 8 dünnen Scheiben
⅛ l Wildkraftbrühe
⅛ l saure Sahne
⅛ l trockener Weißwein
5 Eßl. Preiselbeerkonfitüre

Pro Portion etwa 2 220 Joule/ 530 Kalorien

Die Fasane innen und außen kalt waschen und abtrocknen. Den Backofen auf 210° vorheizen. Das Gemüse putzen oder schaben, waschen und in dünne Scheiben schneiden. Die Fasane innen mit dem Salz und dem Pfeffer einreiben und außen mit dem Zitronensaft beträufeln. Die Fasane dressieren: Küchengarn mit einer dicken Stopfnadel durch beide Flügel ziehen, dann durch die beiden Keulen stechen und das Küchengarn festbinden, so daß Keulen und Flügel dicht am Körper anliegen. Jeweils Rücken, Brust und beide Schenkel mit 1 Speckscheibe belegen und den Speck mit Küchengarn festbinden. Die Fasane in seitlicher Bauchlage in eine Bratreine legen und – falls vorhanden – auch die Herzen und die Hälse dazugeben; die Leber waschen und aufbewahren. Die Fasane im Backofen auf der zweiten Schiene von unten 40–50 Minuten braten. Die Wildkraftbrühe erhitzen und nach 10 Minuten Bratzeit mit dem Gemüse zu den Fasanen geben. Die Fasane mit dem Bratenfond beschöpfen. Diesen Vorgang etwa alle 10 Minuten wiederholen und immer etwas heißes Wasser zufügen. Die Fasane nach jeweils 10 Minuten auf die andere Schenkelseite und zuletzt auf den Rücken legen. Etwa 10 Minuten vor Ende der Bratzeit die Speckscheiben von den Fasanen abnehmen und in der Bratreine weiter ausbraten. Die Fasane mit der sauren Sahne bestreichen (1 Eßlöffel saure Sahne zurückbehalten) und gut bräunen lassen. Nach 40 Minuten Bratzeit die Garprobe machen: Die Fasane sind gar, wenn das Fleisch auf Fingerdruck elastisch nachgibt; es ist dann innen noch rosa und saftig. Die Fasane auf einer vorgewärmten Platte im abgeschalteten Backofen bei leicht geöffneter Türe 15 Minuten ruhen lassen. Die Speckscheiben auf die Platte zu den Fasanen geben. Den Bratenfond mit wenig heißem Wasser aus der Bratreine lösen, in einen kleinen Topf geben und mit dem Weißwein verrühren. Die Leber der Fasane – falls vorhanden – kleinhacken, mit einer Gabel pürieren und mit der restlichen sauren Sahne unter die Sauce rühren. Die Sauce noch einmal gut mit Salz und Pfeffer abschmecken und gesondert zu den Fasanen reichen. Die Dressierfäden entfernen. Die Preiselbeerkonfitüre zu den Fasanen reichen.

Das paßt dazu: Kartoffelkroketten, Rezepte Seite 9, oder Kartoffeln à la dauphinoise, Rezept Seite 146.

Gemüse als Beilage

Gemüse und Kartoffeln

Möhrengemüse

*1 kg Möhren
2 Eßl. Butter, 1 Eßl. Zucker
¼ l heiße Gemüsebrühe
⅛ l Sahne, Salz, weißer Pfeffer
2 Eßl. kleingehackte Petersilie*

Pro Portion etwa 1030 Joule/ 245 Kalorien

Die Möhren unter fließendem kaltem Wasser gründlich bürsten, schälen oder schaben, waschen, abtrocknen und in etwa 1 cm dicke Stifte schneiden. Die Butter in einem großen Topf zerlassen und den Zucker darin unter Rühren karamelisieren lassen. Die Möhrenstifte in den Topf geben und unter ständigem Umwenden mit dem Karamel überziehen. Die heiße Brühe über die Möhren gießen und die Möhren zugedeckt in 25–30 Minuten gar dünsten. Nach etwa 15 Minuten den Topf öffnen, damit Flüssigkeit verdampft. Die garen Möhren mit der Sahne verrühren, abschmekken und mit der Petersilie bestreuen.

Paßt gut zu: Frikadellen, Bratwürsten oder Koteletts und Kartoffelpüree, Rezept Seite 9.

Unser Tip
Wenn Sie den süßlichen Geschmack nicht mögen, lassen Sie den Zucker weg und braten dafür Zwiebelwürfel in der Butter an. Statt Sahne fügen Sie ½ Teelöffel getrocknete gemahlene Pilze zu.

Dillgurken

*1 kg Gemüsegurken
1 Teel. Salz
Saft von ½ Zitrone
½ Würfel Gemüsebrühe
1 Becher Vollmilchjoghurt
½ Teel. Zucker
3 Eßl. Butter
2 Bund Dill
1 Teel. Speisestärke*

Pro Portion etwa 630 Joule/ 150 Kalorien

Die Gurken schälen, längs halbieren und mit einem Löffel die Kerne herausschaben. Die Gurkenhälften kalt abbrausen, abtrocknen und in etwa 2 cm dicke Stücke schneiden. Die Gurken mit dem Salz, dem Zitronensaft, der Gemüsebrühe, dem Joghurt und dem Zucker in einen Topf geben und bei schwacher Hitze zugedeckt 10 Minuten dünsten. Dann die Butter unter die Gurken mischen und das Gemüse weitere 10 Minuten dünsten. Den Dill waschen, trockenschleudern und kleinschneiden. Die Speisestärke mit wenig kaltem Wasser anrühren, unter die Gurken mischen und einmal aufkochen lassen. Das Gemüse noch einmal mit Zucker, Zitronensaft und Salz kräftig süß-sauer abschmecken und mit dem Dill bestreut servieren.

Passen gut zu: Wiener Hackbraten, Rezept Seite 104, oder Schnitzeln und gebratenen Kartoffelnudeln, Rezept Seite 144.

Gemüse und Kartoffeln

Gemüse als Beilage

Grüne Bohnen

750 g grüne Bohnen
2 Teel. Salz
etwas Bohnenkraut
1 große Zwiebel
2 Eßl. Butter
150 g Crème fraîche
Salz, weißer Pfeffer
je 2 Eßl. gehackter Dill und gehackte Petersilie

Pro Portion etwa 755 Joule/ 180 Kalorien

Von den Bohnen die Stielenden und die Spitzenenden abschneiden und wenn nötig die Fäden abziehen. Die Bohnen kalt waschen, abtropfen lassen und große Bohnen halbieren. Das Salz mit so viel Wasser zum Kochen bringen, daß die Bohnen davon bedeckt sind. Die Bohnen mit dem Bohnenkraut ins kochende Salzwasser geben und zugedeckt 20–25 Minuten kochen lassen. Die Zwiebel schälen und kleinwürfeln. Die Butter in einem großen Topf zerlassen und die Zwiebelwürfel darin glasig braten. Die Bohnen in einem Sieb abtropfen lassen, zu den Zwiebeln geben und unterrühren. Die Crème fraîche zu den Bohnen geben, alles bei schwacher Hitze noch einmal gut heiß werden lassen und die Bohnen mit Salz und Pfeffer abschmecken; vor dem Servieren mit den gehackten Kräutern bestreuen.

Paßt gut zu: Hammelbraten, Lammkoteletts oder Wiener Tafelspitz, Rezept Seite 74, und Bratkartoffeln.

Blumenkohl mit Kräutersauce

1 Kopf Blumenkohl von etwa 800 g
Saft von 1 Zitrone
¼ Würfel Gemüsebrühe
2 Eßl. Butter
2 Eßl. Mehl
4 Eßl. Sahne
etwa ½ Teel. Salz
4 Eßl. gehackte Petersilie
1 Eßl. gehacktes Basilikum
je 1 Teel. gehackter Borretsch und Zitronenmelisse

Pro Portion etwa 840 Joule/ 200 Kalorien

Vom Blumenkohl den dicken Strunk abschneiden und dabei die äußeren Blätter vom Kohl entfernen. Den Blumenkohl mit den Röschen nach unten etwa 30 Minuten in kaltes Salzwasser legen, damit eventuell im Blumenkohl hausendes Ungeziefer herausschwimmt. 1 l Wasser mit dem Zitronensaft zum Kochen bringen und den Blumenkohl darin 25–30 Minuten kochen lassen. Den Blumenkohl dann aus dem Wasser heben und warm stellen. ⅜ l vom Kochwasser abmessen und die Gemüsebrühe darin auflösen. Die Butter in einem Topf zerlassen, das Mehl hineinstäuben, unter Rühren hellgelb anbraten und nach und nach mit der heißen Gemüsebrühe ablöschen. Die Sahne unterrühren und die Sauce mit Salz abschmecken. Die Kräuter unter die Sauce mischen, über den Blumenkohl gießen.

Paßt gut zu: gekochtem oder rohem Schinken oder Putenschnitzeln und Salzkartoffeln.

Gemüse als Beilage

Gemüse und Kartoffeln

Blattspinat mit Pistazien

2 Eßl. Rosinen
4 Eßl. Apfelschnaps oder naturtrüber Apfelsaft
1 kg Spinat, 1 kleine Zwiebel
2 Eßl. Butter, 1 Teel. Salz
1 Messerspitze weißer Pfeffer
1 Prise geriebene Muskatnuß
2 Eßl. Pistazienkerne oder Mandelblättchen
1 Teel. Butter

Pro Portion etwa 800 Joule/ 190 Kalorien

Die Rosinen gründlich in lauwarmem Wasser waschen, abtropfen lassen, in einer kleinen Schüssel mit dem Apfelschnaps oder -saft übergießen und quellen lassen. Den Spinat verlesen, mehrmals in lauwarmem Wasser waschen und in etwa 3 l kochendes Salzwasser geben. Den Spinat 3 Minuten kochen lassen, in ein Sieb schütten, gut abtropfen lassen und dabei etwas ausdrücken. Die Zwiebel schälen und in kleine Würfel schneiden. Die Butter in einem großen Topf zerlassen, die Zwiebelwürfel unter Umwenden darin glasig braten, den Spinat hineingeben, mit zwei Gabeln lockern, die Rosinen mit der Flüssigkeit zugeben, alles umwenden und mit dem Salz, dem Pfeffer und dem Muskat würzen. Den Spinat 5 Minuten dünsten. Die Pistazienkerne grob zerkleinern. Die Butter erhitzen, die Pistazien oder die Mandelblättchen darin schwenken und über den Spinat streuen.

Paßt gut zu: Schweinekoteletts oder panierten Fischfilets und Salzkartoffeln.

Blattspinat mit Knoblauchsahne

1 kg Spinat, 1 Zwiebel
2 Eßl. Öl, 1 Eßl. Butter
1 Teel. Salz
1 Messerspitze weißer Pfeffer
1 Prise Knoblauchpulver
150 g Crème fraîche
3 Knoblauchzehen
1 Teel. Butter
1 Eßl. Mandelstifte

Pro Portion etwa 1300 Joule/ 310 Kalorien

Den Spinat gründlich verlesen, mehrmals in lauwarmem Wasser waschen und in etwa 3 l kochendes Salzwasser geben. Den Spinat etwa 3 Minuten darin blanchieren, in ein Sieb schütten, gründlich abtropfen lassen und etwas ausdrücken. Den Spinat dann auf einem Arbeitsbrett grobhacken. Die Zwiebel schälen und kleinwürfeln. Das Öl und die Butter in einem großen Topf erhitzen, die Zwiebelwürfel unter ständigem Umwenden darin hellgelb anbraten, den Spinat zugeben und zugedeckt bei äußerst schwacher Hitze 10 Minuten kochen lassen. Den Spinat dann mit dem Salz, dem Pfeffer und dem Knoblauchpulver verrühren. Die Crème fraîche verquirlen. Die Knoblauchzehen schälen und durch die Knoblauchpresse in die Crème fraîche drücken. Die Butter in einer kleinen Pfanne zerlassen und die Mandelstifte darin hellbraun rösten. Den Spinat mit der Knoblauchsahne begießen und die Mandelstifte darüberstreuen.

Paßt gut zu: gebratenen Scampi und frischem Weißbrot.

Gemüse und Kartoffeln

Gemüse als Beilage

Rote-Bete-Gemüse

*800 g Rote Bete
1 mittelgroße Zwiebel
3 Eßl. Öl
¼ l Fleischbrühe (Instant)
1 Teel. Salz
3 Gewürznelken
1 Teel. Zucker
½ Teel. Speisestärke
1 Eßl. Weinessig
4 Eßl. trockener Rotwein
3 kleine Gewürzgurken*

Pro Portion etwa 800 Joule/ 190 Kalorien

Die Roten Beten unter fließendem kaltem Wasser gründlich bürsten, abtrocknen und schälen. Die Knollen dann in etwa ½ cm dicke Scheiben und diese in etwa 1 cm breite Streifen schneiden. Die Zwiebel schälen und würfeln. Das Öl in einem Schmortopf erhitzen und die Zwiebelwürfel unter Umwenden darin hellgelb braten. Die Rote-Bete-Streifen zugeben, unter ständigem Umrühren etwa 10 Minuten andünsten. Inzwischen die Fleischbrühe erhitzen, zu den Roten Beten gießen und das Salz, die Gewürznelken und den Zucker zufügen. Das Gemüse bei schwacher Hitze weitere 25–30 Minuten leicht kochen lassen. Die Speisestärke mit dem Essig und dem Rotwein verrühren und das Gemüse damit binden. Die Gewürzgurken in dünne Streifen schneiden, unter das Gemüse mischen und das Gemüse bei äußerst schwacher Hitze noch 3 Minuten ziehen lassen. Vor dem Servieren eventuell nochmals kräftig süß-sauer abschmecken.

Paßt gut zu: gefüllten Hackklößen, Rezept Seite 102, Kapernsauce, Rezept Seite 14, und Petersilienkartoffeln.

Gemüse als Beilage

Gemüse und Kartoffeln

Broccoli mit Haselnußbutter

1 kg Broccoli, 1 Teel. Salz
2 Eßl. Zitronensaft
50 g Haselnüsse
50 g Butter

Pro Portion etwa 1 110 Joule/ 265 Kalorien

Die Stiele der Broccolistauden etwas kürzen und vom Ende bis zu den Blattansätzen schälen. Die Strünke kreuzweise einschneiden. Den Broccoli mehrmals in kaltem Wasser waschen. 1 l Wasser mit dem Salz zum Kochen bringen, den Zitronensaft und den Broccoli ins kochende Wasser geben und zugedeckt 15 Minuten kochen lassen. Die Haselnüsse in Blättchen schneiden. Die Butter in einer Pfanne leicht bräunen lassen, die Haselnußblättchen darin hellgelb anbraten und beiseite stellen. Den Broccoli abtropfen lassen, auf eine vorgewärmte Platte legen und mit der Haselnußbutter beträufeln.

Paßt gut zu: zartem Braten, kurz gebratenem Fleisch und Salzkartoffeln oder als vegetarische Mahlzeit zu einem delikaten Kartoffelauflauf.

Variante:
Broccoli mit Mandelsauce
150 g Frischkäse mit ½ Tasse Milch schaumig rühren.
60 g gemahlene Mandeln sowie 1 Eigelb, je 1 Prise Salz und Pfeffer, 1 Eßlöffel feingehackte Petersilie und ⅛ l halbsteif geschlagene Sahne untermischen. Den Broccoli wie beschrieben zubereiten und die Mandelsauce dazu reichen.

Gratinierter Fenchel

750 g kleine Fenchelknollen
3 Eßl. Butter, 1 Eßl. Zucker
1 Teel. Salz
⅛ l trockener Weißwein
1 Teel. Zitronensaft
62,5 g Schmelzkäse (60% i. T.)

Pro Portion etwa 1 135 Joule/ 270 Kalorien

Von den Fenchelknollen die Stiele und die Wurzelenden abschneiden. Das zarte Fenchelgrün waschen, trockentupfen, kleinschneiden und zugedeckt aufbewahren.
Die geputzten Knollen waschen und halbieren. Die Butter zerlassen, den Zucker unter ständigem Rühren darin hellbraun karamelisieren lassen. Die Fenchelknollen zufügen, mit dem Salz bestreuen und die Fenchelstücke so lange in der Karamelmischung wenden, bis sie völlig davon überzogen sind. Das Gemüse bei mittlerer Hitze leicht bräunen lassen, den Wein hinzufügen und den Fenchel bei schwacher Hitze zugedeckt in 25 Minuten weich dünsten. Den Backofen auf 220° vorheizen. Die Fenchelknollen in einem Sieb abtropfen lassen. Die Dünstflüssigkeit mit dem Zitronensaft mischen und den Schmelzkäse in kleinen Stücken zufügen. Die Fenchelknollen in eine feuerfeste Form legen, mit der Käsemischung begießen und im Backofen 10 Minuten überbacken. Den Fenchel vor dem Servieren mit dem Fenchelgrün bestreuen.

Paßt gut zu: Kalbsschnitzeln naturell und Kartoffelkroketten.

Gemüse und Kartoffeln   *Gemüse als Beilage*

Blumenkohl mit Käsesauce

1 Kopf Blumenkohl, etwa 800 g
1 Eßl. Zitronensaft
100 g mittelalter Goudakäse
je 1 Eßl. Butter und Mehl
⅛ l Gemüsebrühe (Instant)
⅛ l Milch, ½ Teel. Salz
1 Messerspitze geriebene Muskatnuß
1 Eigelb, 1 Eßl. Butter
2 Eßl. Semmelbrösel
1 Eßl. gehackte Petersilie

Pro Portion etwa 1 220 Joule/ 290 Kalorien

Den Blumenkohl in Röschen teilen und gründlich waschen. 2 l Wasser mit dem Zitronensaft zum Kochen bringen, die Röschen einlegen und zugedeckt etwa 15 Minuten kochen, dann in einem Sieb abtropfen lassen und über dem kochenden Sud warm halten. Den Käse reiben. Die Butter zerlassen, das Mehl hineinstäuben und unter Rühren hellgelb anbraten. Nach und nach mit der Gemüsebrühe auffüllen und aufkochen lassen. Die Milch mit dem Schneebesen einrühren, das Salz, den Muskat und den Käse zufügen und die Sauce unter Rühren 8 Minuten köcheln lassen. Das Eigelb verquirlen, mit 2–3 Eßlöffeln heißer Sauce verrühren und in die Sauce mischen. Die Butter zerlassen, die Semmelbrösel darin hellbraun anrösten. Den Blumenkohl mit den Semmelbröseln und der Petersilie bestreuen. Die Käsesauce dazu reichen.

Paßt gut zu: Frikadellen und Kartoffelpüree, Rezept Seite 9.

Ratatouille

je 1 rote, grüne und gelbe Paprikaschote
1 Zucchini, 2 Zwiebeln
3 Knoblauchzehen
400 g Auberginen
6 Eßl. Olivenöl, 1 Teel. Salz
½ Teel. frische Rosmarinnadeln
1 Kräutersträußchen, bestehend aus frischem Thymian und Basilikum
2 Fleischtomaten
1 Eßl. gehackte Petersilie

Pro Portion etwa 1 090 Joule/ 260 Kalorien

Die Schoten halbieren, von Rippen und Kernen befreien, waschen und in Streifen schneiden. Die gewaschene Zucchini und die geschälten Zwiebeln in Scheiben schneiden. Den Knoblauch schälen und feinwürfeln. Die Auberginen waschen, abtrocknen und in Würfel schneiden. Das Öl in einem großen Schmortopf erhitzen und die Zwiebeln darin glasig braten. Die Paprikastreifen zugeben, kurz mitbraten, die Auberginenwürfel darauflegen und mit etwas Salz bestreuen. Darauf die Zucchinischeiben legen, ebenfalls salzen und mit dem Knoblauch bestreuen. Die Rosmarinnadeln, das Kräutersträußchen und ⅛ l Wasser zufügen; alles 25 Minuten dünsten. Inzwischen die Tomaten brühen, häuten, achteln, von Stengelansätzen und Kernen befreien und 10 Minuten vor Ende der Garzeit auf das Gemüse legen. Vor dem Servieren mit der Petersilie bestreuen.

Paßt gut zu: kurz gebratenem Fleisch und Weißbrot.

Gemüse als Beilage

Gemüse und Kartoffeln

Gemischtes Paprikagemüse

*800 g gelbe, grüne und rote
  Paprikaschoten
2 Zwiebeln
1 Knoblauchzehe, 2 Eßl. Öl
⅛ l Gemüsebrühe, 1 Teel. Salz
1 Eßl. Paprikapulver, edelsüß
2 Eßl. gehackte Petersilie*

Pro Portion etwa 505 Joule/
120 Kalorien

Den Backofen auf 250° vorheizen. Die Paprikaschoten auf ein Backblech legen und etwa 8–10 Minuten im Backofen rösten. Wenn die Haut der Schoten beginnt dunkel zu werden, die Paprikaschoten aus dem Ofen nehmen und 5 Minuten in ein feuchtes Tuch einschlagen. Die feine Außenhaut dann abziehen und die Stiele abschneiden. Die Schoten längs halbieren, von Kernen und weißen Rippen befreien. Die Schotenhälften kalt abspülen und trockentupfen, dann quer in breite Streifen schneiden. Die Zwiebeln schälen und würfeln. Die Knoblauchzehe schälen und sehr fein würfeln. Das Öl in einem großen Topf erhitzen und die Zwiebel- und Knoblauchwürfel darin glasig braten. Die Paprikastreifen zugeben, unter Umwenden anbraten, mit der Gemüsebrühe auffüllen, salzen und zugedeckt bei schwacher Hitze 5–10 Minuten dünsten lassen. Das Gemüse noch einmal abschmecken, mit dem Paprikapulver mischen und mit der Petersilie bestreuen.

Paßt gut zu: Bratwürsten oder gebratenen Hähnchenkeulen und Kartoffelpüree oder Reis.

Kohlrabi in Kräuter-Sahnesauce

*1 kg Freiland-Kohlrabi
1 Eßl. Zitronensaft
2 Eßl. Butter, 1 Teel. Salz
1 Messerspitze Zucker
knapp ⅛ l Gemüsebrühe
je 1 Teel. kleingeschnittene
  Petersilie, Pimpinelle und
  Liebstöckel
5 Eßl. Crème fraîche*

Pro Portion etwa 715 Joule/
170 Kalorien

Die Kohlrabi unter fließendem lauwarmem Wasser waschen, die zarten inneren Blätter abschneiden und aufbewahren. Die Kohlrabi schälen, alle holzigen Teile abschneiden, die Knollen vierteln und in nicht zu dünne Stifte schneiden. Etwa 2 l Wasser mit dem Zitronensaft zum Kochen bringen, die Kohlrabistifte in ein Sieb schütten und ins kochende Zitronenwasser hängen. Die Kohlrabi darin 5 Minuten blanchieren, kalt abbrausen und gut abtropfen lassen. Die Butter in einem genügend großen Schmortopf zerlassen, die Kohlrabistifte unter Umwenden darin andünsten. Das Salz, den Zucker und die Gemüsebrühe zugeben und die Kohlrabi 15–20 Minuten dünsten. Die zurückbehaltenen Kohlrabiblättchen feinhacken und mit den Kräutern mischen. Die Crème fraîche und die Kräuter unter das Gemüse rühren.

Paßt gut zu: Frikadellen und Salzkartoffeln.

Gemüse und Kartoffeln

Gemüse als Beilage

Überbackene Weißkohlachtel

1 kg Weißkohl
1 Teel. Salz
1 Eßl. Schweine- oder Butterschmalz
2 Teel. Kümmel
½ Teel. Salz
4 Eßl. Gemüse- oder Fleischbrühe
5 Eßl. saure Sahne
1 Eßl. Butterflöckchen

Pro Portion etwa 690 Joule/ 165 Kalorien

Vom Weißkohl die äußeren schlechten Blätter entfernen, den Strunk kürzen und den Kohl in Achtel schneiden. In einem großen Topf reichlich Wasser mit dem Salz zum Kochen bringen, die Kohlachtel ins kochende Wasser legen und zugedeckt 5 Minuten kochen lassen. Die Kohlstücke dann kalt abbrausen und gut abtropfen lassen. In einem feuerfesten Geschirr mit Deckel das Schmalz zerlassen und die Kohlviertel von allen Seiten darin kurz anbraten. Den Kümmel, das Salz und die Gemüse- oder Fleischbrühe über die Kohlviertel geben und diese zugedeckt bei schwacher Hitze 15 Minuten dünsten. Den Backofen auf 220° vorheizen. Die Kohlviertel mit der sauren Sahne übergießen, mit den Butterflöckchen belegen und im Backofen noch 5–8 Minuten überbacken, bis die Oberfläche des Weißkohls leicht gebräunt ist.

Paßt gut zu: Schweinekoteletts oder gekochtem Rindfleisch und Petersilienkartoffeln.

Leipziger Allerlei

500 g junge grüne Erbsen
300 g junge Möhren
500 g Spargel, 100 g Morcheln
3 Eßl. Butter
1 Teel. Salz, ½ Teel. Zucker
1 Eigelb, 2 Eßl. Sahne
1 Eßl. gehackte Petersilie

Pro Portion etwa 585 Joule/ 140 Kalorien

Die Erbsen aus den Schoten lösen. Die Möhren bürsten oder schaben, waschen und in kleine Würfel schneiden. Den Spargel schälen und die holzigen Enden abschneiden. Von den Morcheln die Stielenden abschneiden und die Pilze gründlich unter fließendem kaltem Wasser spülen. Große Pilze halbieren oder vierteln. Den Spargel in Salzwasser 25–30 Minuten kochen lassen. Die Butter in einem großen Topf zerlassen. Die Erbsen und die Möhrenwürfel darin kurz anbraten, 2–3 Eßlöffel Wasser, das Salz und den Zucker zufügen und das Gemüse bei schwacher Hitze zugedeckt 20 Minuten dünsten lassen. Nach 5 Minuten die Morcheln zugeben. Die Spargelstangen abtropfen lassen und halbieren. Die Spargelspitzen zugedeckt beiseite stellen; die unteren Hälften anderweitig verwenden. Das Eigelb mit der Sahne verquirlen, mit den Spargelspitzen unter das Gemüse mischen und dieses noch einmal erhitzen, aber nicht mehr kochen lassen; mit der Petersilie bestreut servieren.

Paßt gut zu: Kalbsmedaillons oder Cordon bleu und Pommes duchesse, Rezept Seite 10.

Gemüse als Beilage

Gemüse und Kartoffeln

Gemischtes Wildgemüse

500 g gemischte Wildkräuter, bestehend aus jungen Brennesselspitzen, Löwenzahnblättern, Gänseblümchenblättern, Gänseblümchenknospen, Blättern von weißer Melde, Pimpinelle, kriechendem Günzel, wenigen Huflattichblättern, Hirtentäschel, Sauerampfer und Spitzwegerich
1 Handvoll gemischte Erdbeer- und Himbeerblätter
5 Schalotten
3 Eßl. Butter, 1 Eßl. Mehl
¼ l kräftige heiße Gemüsebrühe
⅛ l Sahne, 2 Eigelbe
je ½ Teel. Salz und Pfeffer

Pro Portion etwa 1090 Joule/ 260 Kalorien

Alle Kräuter gründlich kalt waschen, welke Blätter entfernen. Das Gemüse in 1 Tasse kochendes Salzwasser geben und zugedeckt 3 Minuten leicht kochen, dann abtropfen lassen und grobhacken. Die Schalotten schälen und würfeln. Die Butter in einem Topf zerlassen, die Schalotten darin glasig braten, das Mehl darüberstäuben und nach und nach mit der Brühe auffüllen. Die Sauce 5 Minuten köcheln lassen. Die Sahne mit den Eigelben und 2 Eßlöffeln der Sauce verrühren, den Topf vom Herd nehmen und die Sauce mit der Eigelb-Sahne legieren. Das Gemüse unter die Sauce rühren; mit dem Salz und dem Pfeffer abschmecken.

Paßt gut zu: Kalbsschnitzeln naturell und Kartoffeln oder Pfannkuchen.

Stielmangold mit Butterbröseln

1 Teel. Salz
1 kg Stielmangold
2 Eßl. Butter, ½ Teel. Salz
1 gute Prise weißer Pfeffer
100 g Crème fraîche
1 Eßl. Butter
4 Eßl. Semmelbrösel

Pro Portion etwa 1510 Joule/ 360 Kalorien

2 l Wasser mit dem Salz zum Kochen bringen. Den Mangold gründlich waschen, abtropfen lassen, die Blätter von den Rippen streifen und die Fasern von den Rippen von oben nach unten abziehen (ähnlich wie bei Rhabarber). Den Mangold in etwa 4 cm lange Stücke schneiden, ins kochende Salzwasser geben und zugedeckt 20 Minuten kochen, dann in einem Sieb abtropfen lassen. Die Butter zerlassen, den Mangold darin wenden, salzen und pfeffern und die Crème fraîche unterrühren. Den Mangold bei schwacher Hitze im offenen Topf etwas ziehen lassen. In einer kleinen Pfanne die restliche Butter zerlassen, die Semmelbrösel unter Umwenden darin anbräunen und über dem angerichteten Mangold verteilen.

Paßt gut zu: Kalbsrahmschnitzeln, Rezept Seite 81, mit Spätzle, Rezept Seite 12, oder Poularde mit Mandeln, Rezept Seite 106.

Gemüse und Kartoffeln

Gemüse als Beilage

Tomaten auf französische Art

Zutaten für 6 Personen:
1½ kg Fleischtomaten
1 Teel. Salz, 2 Knoblauchzehen
1 kleine Zwiebel
1 Eßl. gehackte Petersilie
je 1 gehäufter Teel. gehackter Kerbel und Estragon
6 Eßl. Semmelbrösel
3 Eßl. Butter

Pro Portion etwa 670 Joule/ 160 Kalorien

6 Tomaten waschen, abtrocknen und Deckel abschneiden. Die restlichen Tomaten häuten und das Tomatenfleisch würfeln. Von den 6 Tomaten das Innere vorsichtig aushöhlen und ebenfalls würfeln. Dabei die Tomatenkerne und die festen Strünke entfernen. Die 6 ausgehöhlten Tomaten mit Salz ausstreuen. Die Knoblauchzehen und die Zwiebel schälen und feinwürfeln. Das Tomatenfleisch mit restlichem Salz, dem Knoblauch und den Zwiebelwürfeln mischen und in einem Topf zugedeckt bei schwacher Hitze 5 Minuten dünsten. Den Backofen auf 200° vorheizen. Eine feuerfeste Form leicht ausfetten. Das geschmolzene Tomatenfleisch mit der Petersilie, dem Kerbel und dem Estragon mischen und in die 6 ausgehöhlten Tomaten füllen. Jede Tomate mit 1 Eßlöffel Semmelbrösel bestreuen und die Butter in Flöckchen darauf verteilen. Die Tomaten in die feuerfeste Form setzen und im Backofen etwa 10 Minuten überbacken.

Paßt gut zu: Filetsteaks und Pommes frites, Rezept Seite 10.

Erbsen auf holländische Art

1 Teel. Salz
600 g junge ausgehülste Erbsen
je 1 Zweig Dill, Kerbel und Estragon
100 g Butter, 2 Eigelbe
1 Teel. Zitronensaft
1 Prise weißer Pfeffer
½ Teel. Salz

Pro Portion etwa 1510 Joule/ 360 Kalorien

1 l Wasser mit dem Salz zum Kochen bringen. Die Erbsen ins kochende Wasser schütten. Die Kräuter kurz kalt abbrausen, zusammenbinden und zu den Erbsen geben. Alles zugedeckt 15–20 Minuten kochen lassen. Die Erbsen dann in einem Sieb abtropfen lassen und heiß halten; das Kräutersträußchen entfernen. Die Butter bei schwacher Hitze zerlassen. Die Eigelbe mit 1 Eßlöffel Wasser, dem Zitronensaft, dem Pfeffer und dem Salz in einem kleinen Topf verquirlen. Den Topf ins heiße Wasserbad stellen und das Eigelb mit dem Schneebesen rühren, bis es cremig wird. Das Wasser im Wasserbad darf während dieser Zeit nicht zum Kochen kommen. Die cremig geschlagenen Eigelbe aus dem Wasserbad nehmen und die zerlassene aber nicht erhitzte Butter unter ständigem Rühren tropfenweise unter die Eigelbmasse rühren. Die Erbsen in eine vorgewärmte Schüssel geben, mit der Sauce hollandaise mischen.

Paßt gut zu: gebratenem Fischfilet, Lammbraten oder Kalbsmedaillons und Kartoffelkroketten, Rezept Seite 9.

Gemüse als Mahlzeit

Gemüse und Kartoffeln

Gefüllte Kohlrabi

4 mittelgroße Kohlrabi
1 Teel. Salz
1 altbackenes Brötchen
1 Zwiebel
375 g Hackfleisch, halb und halb, ½ Teel. Salz
1 Messerspitze weißer Pfeffer
½ Teel. Paprikapulver, edelsüß
1 Eßl. gehackte Petersilie, 1 Ei
80 g durchwachsener Speck in dünnen Scheiben
Für die Form: 1 Eßl. Butter

Pro Portion etwa 1910 Joule/ 455 Kalorien

Die Kohlrabi schälen, die zarten grünen Blättchen waschen, kleinschneiden und zugedeckt aufbewahren. Die Kohlrabi in kochendes Salzwasser legen und 20 Minuten kochen, dann abtropfen und abkühlen lassen. Von der Kohlrabibrühe etwa ½ Tasse aufbewahren. Von jeder Kohlrabiknolle einen Deckel abschneiden und die Kohlrabi aushöhlen. Das Kohlrabifleisch kleinwürfeln. Den Backofen auf 200° vorheizen. Das Brötchen in kaltem Wasser einweichen. Die Zwiebel schälen und kleinwürfeln. Das Hackfleisch mit den Kohlrabistückchen, der Zwiebel, dem ausgedrückten Brötchen, dem Salz, dem Pfeffer, dem Paprikapulver, den kleingeschnittenen Kohlrabiblättchen, der Petersilie und dem Ei verkneten. Die Kohlrabi in eine feuerfeste gebutterte Form setzen, mit der Hackfleischmasse füllen und die Deckel auflegen. Jeden Kohlrabi mit 2 Speckscheiben belegen. Die Brühe zugießen und die Kohlrabi im Backofen in 25 Minuten garen.

Chicorée mit Schinken

4 Stauden Chicorée
1 Teel. Salz, 2 Eßl. Butter
4 Scheiben gekochter Schinken ohne Fettrand zu je 100 g
1 Eßl. Mehl
⅛ l trockener Weißwein
⅛ l Sahne, ½ Teel. Salz
1 Prise weißer Pfeffer
2 Eßl. Semmelbrösel
1 Eßl. gehackte Petersilie

Pro Portion etwa 1765 Joule/ 420 Kalorien

Von den Chicoréestauden die äußeren welken Blätter entfernen und den Strunk etwas kürzen. Etwa 2 l Wasser mit dem Salz zum Kochen bringen und die Chicoréestauden darin 10 Minuten ziehen lassen. Die Stauden dann abtropfen und kalt werden lassen. Eine feuerfeste Form mit 1 Eßlöffel Butter ausstreichen. Die Chicoréestauden mit je 1 Schinkenscheibe umwickeln und in die Form legen. Den Backofen auf 200° vorheizen. Die restliche Butter in einem kleinen Topf zerlassen, das Mehl darin hellgelb anbraten, mit dem Weißwein aufgießen und unter Rühren kurz kochen lassen. Die Sahne unter die Sauce rühren, die Sauce mit dem Salz und dem Pfeffer abschmecken und über die Chicoréestauden gießen. Die Semmelbrösel darüberstreuen und den Chicorée im Backofen auf der mittleren Schiene etwa 15 Minuten überbacken. Den Chicorée vor dem Servieren mit der gehackten Petersilie bestreuen.

Das paßt dazu: Stangenweißbrot oder Petersilienkartoffeln.

Gemüse und Kartoffeln

Gemüse als Mahlzeit

Stangenspargel mit zerlassener Butter

*1 kg Spargel, 2 Teel. Salz
1 Stück Würfelzucker
2 Eßl. Zitronensaft
150 g Butter*

Pro Portion etwa 1535 Joule/ 365 Kalorien

Die Spargelstangen mit einem spitzen Küchenmesser oder mit einem Spargelschälmesser von oben nach unten gleichmäßig schälen, so daß die etwas harte Haut in Fäden von den Spargelstangen gelöst wird. Die holzigen Enden abschneiden. (Die Spargelabfälle aufbewahren, auskochen und als Sud für eine Suppe oder eine Sauce verwenden.) Die geschälten Spargelstangen kurz kalt abbrausen und in 4 Portionen mit Küchengarn zusammenbinden, so läßt sich der gegarte Spargel leichter aus dem Kochsud heben. 5 l Wasser mit dem Salz, dem Zucker und dem Zitronensaft zum Kochen bringen. Dann die Spargelbündel einlegen und in 25–35 Minuten garen. Inzwischen die Butter in einem Butterpfännchen zerlassen und möglichst auf einem Rechaud heiß zu Tisch bringen. Die Spargelbündel aus dem kochenden Wasser heben, auf doppelt gefalteten Küchentüchern kurz abtropfen lassen und dann auf einer gut vorgewärmten Platte anrichten. Das Küchengarn entfernen. Die zerlassene Butter träufelt sich jeder Teilnehmer der Tafelrunde selbst über die einzelne Spargelportion.

Das paßt dazu: gekochter und roher Schinken in dünnen Scheiben und Petersilienkartoffeln oder kleine Eierpfannkuchen.

Varianten:

Spargel mit Sauce hollandaise
1 kg Stangenspargel wie nebenstehend beschrieben zubereiten. Statt der zerlassenen Butter eine Sauce hollandaise, Rezept Seite 15, zum gegarten Stangenspargel reichen.

Überbackener Spargel in Buttersauce
2 kg Stangenspargel wie in nebenstehendem Rezept beschrieben in kochendem Salzwasser in 25 Minuten garen, abtropfen lassen und die Spargelstangen in etwa 4 cm lange Stücke schneiden. Den Backofen auf 220° vorheizen. 2 Eßlöffel Butter in einem Topf zerlassen, 2 Eßlöffel Mehl hineinstäuben und unter Rühren anbraten, aber nicht bräunen lassen. Nach und nach ¼ l Milch unter Rühren zugießen und einige Minuten bei schwacher Hitze kochen lassen. ⅛ l Sahne zur Sauce geben. Die Sauce mit Salz, Pfeffer, Muskat und Zitronensaft abschmecken und vom Herd nehmen. ⅛ l Sahne steif schlagen. Die Sauce mit der Schlagsahne mischen. Eine feuerfeste Form mit Butter ausstreichen. Die Spargelstücke in die Form legen, mit der Sahnesauce übergießen und Butterflöckchen daraufsetzen. Den Spargel in der Buttersauce im Backofen auf der mittleren Schiene 10–15 Minuten überbacken und mit Petersilie garniert servieren.

Gemüse als Mahlzeit

Gemüse und Kartoffeln

Gefüllte Zwiebeln

2 große Gemüsezwiebeln (700 g)
100 g Langkornreis
1 Eßl. Butter
¼ l heiße Fleischbrühe (Instant)
3 mittelgroße Tomaten
150 g gekochter Schinken ohne Fettrand, 1 Eßl. Öl
1 Eßl. gehackte Petersilie
je ½ Teel. Salz und weißer Pfeffer
1 Messerspitze Paprikapulver
125 g Schmelzkäse (40% i. T.)
3 Eßl. Milch, ⅛ l saure Sahne
½ Teel. Paprikapulver, edelsüß
1 Eßl. gemischte frische gehackte Kräuter

Pro Portion etwa 2015 Joule/ 480 Kalorien

Die Zwiebeln schälen, knapp das obere Drittel abschneiden. Die Zwiebeln aushöhlen und in 1½ l kochendem Salzwasser in 20 Minuten garen. Den Reis waschen, trockenreiben und in der Butter andünsten, mit der Brühe in 20 Minuten garen. Die Deckel und das Zwiebelinnere feinhacken. Die Tomaten brühen, häuten und in Streifen schneiden. Den Schinken würfeln. Die feingehackten Zwiebeln in dem Öl glasig braten. Den Schinken, die Tomatenstreifen und den Reis zugeben. Alles mit der Petersilie, dem Salz, dem Pfeffer und dem Paprika mischen. Die Zwiebeln damit füllen und in eine feuerfeste gebutterte Form setzen. Den Backofen auf 220° vorheizen. Den Käse mit der Milch und der sauren Sahne verrühren und schmelzen lassen; mit dem Paprika und den Kräutern mischen und um die Zwiebeln gießen. 15 Minuten überbacken.

Mit Schafkäse gefüllte Tomaten

1 kg mittelgroße Tomaten
1 Teel. Salz
je Tomate 1 Prise weißer Pfeffer
2 Knoblauchzehen
400 g Schafkäse
6 Eßl. Semmelbrösel
1 Eßl. gehackte Petersilie
1 Eßl. gehacktes Basilikum
1 Eßl. Olivenöl
Für die Form: Butter

Pro Portion etwa 2080 Joule/ 495 Kalorien

Den Backofen auf 200° vorheizen. Die Tomaten waschen, abtrocknen und einen Deckel abschneiden. Die Tomaten mit einem kleinen Löffel aushöhlen und mit dem Salz und dem Pfeffer ausstreuen. Die abgeschnittenen Deckelchen in kleine Würfel schneiden, dabei die Stengelansätze entfernen. Die Knoblauchzehen schälen und kleinhacken. Den Schafkäse in eine Schüssel bröckeln, mit den Knoblauchstückchen, den Semmelbröseln, dem kleingeschnittenen Tomatenfleisch und den gehackten Kräutern mischen, in die Tomaten füllen und die Tomaten mit dem Öl beträufeln. Eine feuerfeste Form mit Butter ausstreichen und die Tomaten hineinsetzen. Die Tomaten im Backofen auf der mittleren Schiene 20 Minuten überbacken.

Das paßt dazu: getoastetes Brot und ein frischer grüner Salat.

Gemüse und Kartoffeln

Gemüse als Mahlzeit

Gefüllte Paprikaschoten mit Pfeffersauce

4 mittelgroße grüne Paprikaschoten
1 altbackenes Brötchen
1 Zwiebel
350 g Hackfleisch, halb und halb
1 Teel. Salz
2 Messerspitzen weißer Pfeffer
1 Teel. Paprikapulver, edelsüß
2 Eier
300 g Maiskörner aus der Dose
2 Eßl. Butter
⅜ l Fleischbrühe (Instant)
⅛ l Sahne
1 Eßl. eingelegte grüne Pfefferkörner
1 Teel. Speisestärke

Pro Portion etwa 2060 Joule/ 490 Kalorien

Die Schoten halbieren, von Rippen und Kernen befreien, waschen und abtrocknen. Das Brötchen in kaltem Wasser einweichen. Die Zwiebel schälen und feinhacken. Das Hackfleisch mit dem Salz, dem Pfeffer, dem Paprikapulver, den Eiern, den abgetropften Maiskörnern, den Zwiebelwürfeln und dem ausgedrückten Brötchen verkneten und in die Schotenhälften füllen. Die Butter in einem Schmortopf zerlassen und die Schoten darin zugedeckt 5 Minuten anschmoren. Die Brühe erhitzen, um die Schoten gießen und diese in etwa 30 Minuten gar schmoren. Die Schmorflüssigkeit mit der Sahne, den Pfefferkörnern und der kalt angerührten Speisestärke verrühren.

Das paßt dazu: körnig gekochter Reis.

Chinakohlrouladen

1 Staude Chinakohl
250 g deutsches Corned beef
1 Zwiebel, 1 Gewürzgurke
½ rote Paprikaschote
1 Ei, 3 Eßl. Semmelbrösel
½ Teel. Salz
je 1 Messersp. schwarzer Pfeffer und Cayennepfeffer
50 g durchwachsener Speck
1 Zwiebel, 1 Knoblauchzehe
¼ l Fleischbrühe (Instant)
2 Eßl. Öl, 1 Teel. Mehl
2 Eßl. Sahne
3 Eßl. Tomatenmark

Pro Portion etwa 1470 Joule/ 350 Kalorien

Vom Chinakohl 8 große Blätter abtrennen, diese waschen und 3 Minuten in 1 l kochendem Salzwasser blanchieren, abtropfen lassen und je 2 aufeinanderlegen. Das Corned beef, die Zwiebel, die Gurke und die Paprikaschote würfeln, mit dem Ei, den Bröseln, dem Salz, dem Pfeffer und dem Cayennepfeffer mischen und auf den Kohlblättern verteilen. Den Kohl zu Rouladen formen und mit Küchengarn festbinden. Den Speck, die geschälte Zwiebel und Knoblauchzehe kleinwürfeln. Die Fleischbrühe erhitzen. Das Öl in einem Schmortopf erhitzen, den Speck darin ausbraten, die Zwiebel- und Knoblauchwürfel glasig braten und die Rouladen leicht anbraten. Die Brühe zugießen und alles zugedeckt in 20 Minuten gar schmoren. Das Mehl mit der Sahne und dem Tomatenmark verrühren, die Sauce damit binden und noch einmal abschmecken.

133

Gemüse als Mahlzeit

Gemüse und Kartoffeln

Überbackener Staudensellerie

500 g Staudensellerie
1 Teel. Salz
¼ Teel. schwarzer Pfeffer
750 g Markknochen
1 Eßl. Mehl
10 Eßl. Madeirawein
4 Eßl. Milch
2 Eßl. Butter
3 Eßl. frisch geriebener Käse
Für die Form: Butter

Pro Portion etwa 1 450 Joule/ 345 Kalorien

Die Selleriestauden in Stangen zerteilen, die Stielenden der Stangen etwas kürzen, die Blätter entfernen, waschen, abtrocknen, kleinschneiden und zugedeckt beiseite stellen. Die Selleriestangen waschen und dicke Fäden wie beim Rhabarber abziehen. Die Stangen halbieren und in eine feuerfeste gebutterte Form legen. Den Backofen auf 200° vorheizen. Die Selleriestangen mit dem Salz und dem Pfeffer bestreuen. Die Markknochen mit kochendem Wasser übergießen. Das Mark mit einem dicken Kochlöffelstiel aus den Knochen drücken und in etwa 1 cm dicke Scheiben schneiden; auf den Sellerie legen. Das Mehl mit dem Madeirawein und der Milch verrühren und über den Sellerie gießen. Das Selleriegrün, die Butter in Flöckchen und den Käse darüber verteilen. Das Gemüse im Backofen auf der mittleren Schiene in 40 Minuten garen.

Das paßt dazu: frisches Roggenbrot und roher Schinken.

Überbackener Lauch

1 kg Lauch/Porree
1 Messerspitze geriebene Muskatnuß
50 g Butter, 2 Eßl. Mehl
¼ l Milch, 3 Eßl. Sahne
½ Teel. Salz
1 Messerspitze weißer Pfeffer
1 Eßl. gehackte Petersilie
100 g frisch geriebener Emmentaler Käse
Für die Form: Butter

Pro Portion etwa 1 640 Joule/ 390 Kalorien

Vom Lauch nur die hellgelben Stücke verwenden, etwa 600 g. (Die grünen Abschnitte für eine Suppe aufheben.) Die gelben Stücke am Wurzelende kürzen, dicke Stangen halbieren. Die Stangen gründlich waschen und in 2 l kochendem Salzwasser mit dem Muskat 20 Minuten kochen lassen. Eine feuerfeste Form mit Butter ausstreichen. Den Lauch dann aus dem Salzwasser heben, gut abtropfen lassen und in die Form legen. Für die Sauce die Butter zerlassen, das Mehl unter ständigem Rühren hineinstäuben und hellgelb anbraten. Nach und nach mit der Milch aufgießen und unter Rühren einige Male aufkochen lassen. Zuletzt die Sahne unterrühren, salzen und pfeffern. Den Backofen auf 220° vorheizen. Die Sauce über den Lauch gießen, die Petersilie und den Käse darüberstreuen. Den Lauch im Backofen so lange überbacken, bis der Käse zu bräunen beginnt.

Paßt gut zu: Hackbraten und Petersilienkartoffeln.

Gemüse und Kartoffeln

Gemüse als Mahlzeit

Rosenkohl auf westfälische Art

1 kg Rosenkohl
200 g kleine geräucherte
 Mettwürste
2 Eßl. Butter
1 Eßl. Mehl
⅛ l Milch
je 1 Prise Zucker und geriebene
 Muskatnuß
½ Teel. Salz, 1 Ei
1 Eßl. gehackte Petersilie
50 g frisch geriebener
 Emmentaler Käse
Für die Form: Butter

Pro Portion etwa 2310 Joule/
550 Kalorien

Vom Rosenkohl die schlechten Blättchen entfernen, die Strünke kürzen, kreuzweise einschneiden und die Röschen waschen. Den Rosenkohl in 1 l kochendes Salzwasser legen und zugedeckt 15 Minuten leicht kochen lassen. Die Mettwürste in gleich dicke Scheiben schneiden. Den Rosenkohl abgießen und ⅛ l der Brühe aufbewahren. Den Backofen auf 220° vorheizen. 1 Eßlöffel Butter erhitzen und das Mehl darin hellgelb anbraten. Nach und nach mit der heißen Brühe aufgießen, die Milch zufügen und alles unter Rühren 5 Minuten kochen lassen. Die Sauce vom Herd nehmen, den Zucker, den Muskat, das Salz und das Ei einrühren. Den Rosenkohl und die Wurstscheiben in eine feuerfeste gebutterte Form füllen, die Sauce darübergießen, die Petersilie und den Käse daraufgeben und zuletzt die restliche Butter in Flöckchen. Den Auflauf im Backofen etwa 15 Minuten überbacken.

Paprika-Schinkenrollen

1 kg grüne Paprikaschoten
2 Eßl. Öl
je ½ Teel. getrockneter Thymian
 und Oregano und
 getrocknetes Basilikum
1 Teel. Salz
1 Messerspitze weißer Pfeffer
300 g gekochter Schinken ohne
 Fettrand, in Scheiben
2 Grillscheibletten
1 Eßl. Schnittlauchröllchen

Pro Portion etwa 1260 Joule/
300 Kalorien

Die Schoten halbieren, putzen, waschen, abtrocknen und in etwa 2 cm breite Streifen schneiden. Das Öl mit den gerebelten Kräutern, dem Salz und dem Pfeffer mischen, über die Paprikastreifen träufeln und diese zugedeckt 1 Stunde marinieren lassen. Den Schinken in etwa 5 cm breite Streifen schneiden. Den Backofen auf 220° vorheizen. Eine feuerfeste Form mit gewürztem Öl ausstreichen. Die Paprikastreifen mit dem Schinken umwickeln, in die Form legen und mit dem restlichen Öl beträufeln. Knapp 1 Tasse heißes Wasser um die Rollen gießen, die Form mit Alufolie abdecken. Die Schinkenrollen im Backofen auf der zweiten Schiene von unten 30 Minuten schmoren lassen. 5 Minuten vor Ende der Garzeit die Scheibletten in Streifen schneiden, gitterartig über die Schinkenrollen legen und im Backofen schmelzen lassen; mit dem Schnittlauch bestreuen.

Das paßt dazu: Folienkartoffeln mit saurer Sahne.

Gemüse als Mahlzeit

Gemüse und Kartoffeln

Gefüllte weiße Rübchen

*8 möglichst runde weiße
  Rübchen (800 g)
1 Teel. Salz
300 g Schweinsbratwürste
2 Eßl. Sahne
2 Eßl. frisch geriebener alter
  Goudakäse
2 Eßl. Butter
⅛ l saure Sahne
1 Teel. Paprikapulver, edelsüß
Für die Form: Butter*

Pro Portion etwa 2035 Joule/
485 Kalorien

Die Rübchen vom Blattgrün befreien; die zarten grünen Innenblättchen waschen und aufbewahren. Die Rübchen dünn schälen, gründlich waschen und in 2 l kochendes Salzwasser einlegen; 40 Minuten kochen lassen. Den Backofen auf 220° vorheizen. Eine feuerfeste Form mit Butter ausstreichen.
Die Füllung der Würste in einer Schüssel mit der Sahne verrühren. Die Rübchen abtropfen und etwas auskühlen lassen, dann zu zwei Drittel mit einem spitzen Messer aushöhlen; das Ausgehöhlte feinhacken und mit der Wurstmasse mischen. Die Rübchen in die Form setzen, mit der Wurstmasse füllen, mit dem Käse und mit der Butter in Flöckchen belegen und mit der sauren Sahne umgießen; den Paprika darüberstreuen. Die Rübchen im Backofen 10–12 Minuten überbacken. Die zurückbehaltenen Blättchen feinhacken und über die Rübchen streuen.

Das paßt dazu: Kartoffelpüree.

Bohnen auf Burgunder Art

*300 g rote Bohnenkerne
200 g durchwachsener Speck
2 Zwiebeln
200 g Möhren
⅛ l trockener Rotwein
1 Teel. Salz
1 Prise Paprikapulver, scharf
1 Eßl. Mehl
1 Eßl. Butter
2 Zweige Thymian*

Pro Portion etwa 2855 Joule/
680 Kalorien

Die Bohnen von Wasser bedeckt 12 Stunden einweichen. Dann im Einweichwasser 1½ Stunden kochen und abtropfen lassen. Den Speck würfeln. Die Zwiebeln schälen und in Würfel schneiden. Die Möhren schaben, waschen und in Scheibchen schneiden. Die Speckwürfel in einem großen Topf ausbraten. Die Zwiebelwürfel und die Möhrenscheibchen im Speckfett unter Umwenden etwa 3 Minuten anbraten. Die abgetropften Bohnen, den Rotwein, das Salz und das Paprikapulver untermischen und alles zugedeckt bei schwacher Hitze 20 Minuten kochen lassen. Das Mehl mit der Butter verkneten, unter Rühren in der Flüssigkeit der Bohnen auflösen und das Gemüse weitere 10 Minuten kochen lassen. Den Thymian hacken und vor dem Servieren über die Bohnen streuen.

Paßt gut zu: gebratener Lammkeule, Rezept Seite 95, oder Frikadellen mit Kräuterbutter, Rezept Seite 101.

Gemüse und Kartoffeln

Auberginen auf Lyoner Art

4 mittelgroße Auberginen
1 Eßl. Salz
3 Eßl. Olivenöl
2 Teel. scharfer Senf
3 Zwiebeln
2 Knoblauchzehen
1 Teel. Salz
8 Eßl. Semmelbrösel
2 Eßl. Butter
1 Zweig frischer Rosmarin

Pro Portion etwa 1090 Joule/ 260 Kalorien

Die Auberginen waschen, längs halbieren, mit dem Salz bestreuen und 15 Minuten ziehen lassen. 2 Eßlöffel Olivenöl in einer feuerfesten Form erhitzen. Das Salz von den Auberginen wieder abreiben und zwei Drittel des Fruchtfleisches aus den Auberginen aushöhlen. Die Auberginen von allen Seiten in dem Öl anbraten und abkühlen lassen; mit dem Senf ausstreichen. Die Zwiebeln und die Knoblauchzehen schälen und mit dem ausgehöhlten Auberginenfleisch feinhacken. Alles in dem restlichen Öl anbraten, salzen und in die Auberginen füllen. Den Backofen auf 200° vorheizen. Jede Auberginenhälfte mit 1 Eßlöffel Semmelbrösel bestreuen, mit der Butter in Flöckchen belegen und mit einigen Rosmarinnadeln bestreuen. Den übrigen Kräuterzweig zwischen die Auberginen in die Form legen. Die Auberginen im Backofen auf der mittleren Schiene etwa 15 Minuten überkrusten.

Das paßt dazu: Reis mit Tomatensauce, Rezept Seite 15.

Unser Tip
Wer fleischlose Mahlzeiten nicht schätzt, kann mit den Zwiebeln und dem Inneren der Auberginen noch 400 g Hackfleisch für die Füllung anbraten.

Gemüse als Mahlzeit

Gemüse als Mahlzeit

Gemüse und Kartoffeln

Grünkohl mit Pinkel

1 kg Grünkohl, 1 Zwiebel
3 Eßl. Schweineschmalz
1 Teel. Salz
2 Messerspitzen weißer Pfeffer
1 Prise geriebene Muskatnuß
1 Prise Zucker
¼ l heiße Fleischbrühe (Instant)
500 g Pinkelwurst
 (norddeutsche Spezialität)
 oder andere Kochwurst

Pro Portion etwa 2395 Joule/ 570 Kalorien

Den Grünkohl mehrmals in lauwarmem Wasser waschen, die Blätter von den Stielen streifen, noch tropfnaß in einen Topf geben und zugedeckt so lange kochen lassen, bis er in sich zusammenfällt. Den Grünkohl dann in einem Sieb abtropfen lassen und grobhakken. Die Zwiebel schälen, würfeln und in dem Schmalz hellgelb anbraten; den Grünkohl unter Umwenden andünsten. Das Salz, den Pfeffer, den Muskat und den Zucker mit der heißen Fleischbrühe über den Grünkohl geben und das Gemüse zugedeckt 45 Minuten dünsten. Die Pinkel- oder die Kochwürste heiß waschen, auf den Grünkohl legen und in weiteren 15 Minuten erhitzen.

Das paßt dazu: Petersilienkartoffeln.

Gefüllte Zucchini in Ausbackteig

4 Eßl. Mehl
½ Tasse helles Bier
1 Ei
½ Teel. Zucker
½ Teel. Knoblauchsalz
1 Eßl. Öl
800 g mittelgroße Zucchini
1 Teel. Salz
¼ Teel. weißer Pfeffer
100 g feine Kalbsleberwurst
2 Eßl. gehackte Petersilie
3 Eßl. frisch geriebener
 Hartkäse
3 Eßl. Butter

Pro Portion etwa 1575 Joule/ 375 Kalorien

Aus dem Mehl, dem Bier, dem Ei, dem Zucker, dem Knoblauchsalz und dem Öl einen Teig rühren und diesen zugedeckt 15 Minuten quellen lassen. Die Zucchini waschen, abtrocknen und ungeschält in ½ cm dicke Scheiben schneiden, auf eine Platte legen, mit dem Salz und dem Pfeffer bestreuen und zugedeckt 5 Minuten ziehen lassen. Die Leberwurst mit der Petersilie und dem Käse verkneten. Die Zucchinischeiben abtrocknen, jeweils 1 Scheibe mit Wurstmasse bestreichen und 1 Scheibe darauflegen. Die Butter nach und nach in einer Pfanne erhitzen. Die Zucchinitaler in den Ausbackteig tauchen und sofort in der Butter von beiden Seiten goldbraun braten. Die fertigen Zucchini warm stellen.

Das paßt dazu: beliebiges Brot oder Bratkartoffeln.

Gemüse und Kartoffeln

Gemüse als Mahlzeit

Gefüllte Artischocken

300 g tiefgefrorene Garnelen
4 Artischocken
2 Zwiebeln, 1 Knoblauchzehe
2 Eßl. Butter
4 Eßl. Semmelbrösel
1 Teel. Salz
1 Eßl. gehackter Dill
5 Eßl. Crème fraîche
2 Eßl. geriebener Parmesankäse
1 Eßl. Öl
⅛ l trockener Weißwein
Für die Form: Butter

Pro Portion etwa 1510 Joule/ 360 Kalorien

Die Garnelen aus der Verpackung nehmen und zugedeckt antauen lassen. Von den Artischocken die Stiele abschneiden und die Blattspitzen um etwa ein Drittel kürzen. 2 l Salzwasser zum Kochen bringen, die Artischocken hineinlegen und zugedeckt 20 Minuten kochen, dann abtropfen lassen. Die Blütenblätter auseinanderbiegen und von den Böden das »Heu« entfernen. Den Backofen auf 200° vorheizen. Die Zwiebeln und die Knoblauchzehe schälen, feinwürfeln und in der erhitzten Butter glasig braten. Die Garnelen, die Semmelbrösel, das Salz und den Dill zugeben und alles unter Umwenden leicht anbraten. Die Garnelenmischung mit der Crème fraîche und dem Käse vermengen und in die Artischocken füllen. Eine feuerfeste Form mit Butter ausstreichen. Die Artischocken in die Form stellen, mit dem Öl beträufeln, mit dem Weißwein umgießen; im Backofen in 20 Minuten garen.

Gebratene Maiskolben mit Speck

4 frische Maiskolben
4 l Salzwasser
4 Eßl. Butter
100 g durchwachsener Speck in dünnen Scheiben
1 Teel. Salz

Pro Portion etwa 1510 Joule/ 360 Kalorien

Von den Maiskolben die äußeren grünen Blätter und die dichten Fasern entfernen und die Enden der Maiskolben wenn nötig kürzen. Das Salzwasser zum Kochen bringen. Die Maiskolben hineingeben und zugedeckt je nach Dicke der Kolben 15–20 Minuten kochen lassen. Die gekochten Maiskolben abtropfen lassen. Die Butter in einer großen Pfanne zerlassen und die Maiskolben darin nebeneinander unter öfterem Umwenden braten. Dabei mit Salz bestreuen. In einer zweiten Pfanne die Speckscheiben knusprig braun ausbraten und zu den Maiskolben servieren.

Das paßt dazu: beliebiges Brot.

Unser Tip
Junge Maiskolben brauchen nicht gekocht zu werden. Man kann sie sofort in Öl bei schwacher Hitze von allen Seiten in etwa 10 Minuten leicht braun braten; sie sind dann gar.

Aromatische Pilzgerichte

Gemüse und Kartoffeln

Steinpilze in Sahnesauce

800 g–1 kg Steinpilze
2 mittelgroße Zwiebeln
2 Eßl. Butter
⅛ l heiße Gemüsebrühe
½ Teel. Salz
1 Messerspitze weißer Pfeffer
3 Eigelbe, ¼ l Sahne
2 Eßl. gehackte Petersilie

Pro Portion etwa 1615 Joule/ 385 Kalorien

Die Steinpilze sorgfältig putzen, das heißt alle schlechten und wurmigen Stellen abschneiden. Die Hüte, vor allem wenn sie leicht schleimig sind, mit einem spitzen Messer abschaben, die Röhrenschicht an der Unterseite entfernen. Die Stiele ebenfalls leicht abschaben und die Stielenden glattschneiden. Die Pilze in kaltem Wasser waschen, gut abtropfen lassen. Große Pilze halbieren oder vierteln, kleine ganz lassen. Die Zwiebeln schälen und in Würfel schneiden. Die Butter zerlassen, die Zwiebelwürfel darin hellgelb braten. Die Pilze zugeben und unter Umwenden in der Butter andünsten. Nach und nach die heiße Gemüsebrühe zu den Pilzen gießen und diese zugedeckt 10–15 Minuten dünsten, mit dem Salz und dem Pfeffer abschmecken. Die Eigelbe mit der Sahne verquirlen. Die Pilze vom Herd nehmen und die Eigelb-Sahne untermischen. Die Pilze noch einige Minuten erwärmen, aber nicht mehr kochen lassen; mit der Petersilie bestreut servieren.

Das paßt dazu: Semmelknödel, Rezept Seite 12.

Pfifferlinge in Croûtons

400 g Weißbrot
4 Eßl. Butter
800 g Pfifferlinge
2 Schalotten
½ Teel. Salz
1 Eßl. gehackte Petersilie

Pro Portion etwa 2205 Joule/ 525 Kalorien

Das Weißbrot in 8 etwa 3 cm dicke Scheiben und diese in etwa 4 cm große Quadrate schneiden. Jedes Quadrat von einer Seite leicht aushöhlen. 3 Eßlöffel Butter in einer Pfanne erhitzen. Die Croûtons darin von allen Seiten knusprig braun anbraten, dann aus der Pfanne nehmen und im Backofen heiß halten. Die Pfifferlinge putzen, das heißt alle schlechten Stellen von den Pilzen abschneiden, die Hüte und die Stiele leicht schaben und die Stielenden glattschneiden. Die Pilze mehrmals in kaltem Wasser waschen, abtropfen lassen; große Pfifferlinge halbieren oder vierteln, kleine ganz lassen. Die Schalotten schälen und kleinwürfeln. Die restliche Butter zerlassen, die Schalottenwürfel darin glasig braten. Die Pilze zugeben und unter häufigem Umwenden 10 Minuten dünsten, dann salzen und mit der Petersilie bestreuen. Die Pfifferlinge in die Croûtons füllen und den Rest der Pilze rundherum anrichten.

Paßt gut zu: gebratenen Hirschsteaks oder Rehkoteletts, Rezepte auf den Seiten 112 und 113.

Gemüse und Kartoffeln

Aromatische Pilzgerichte

Pilzragout

800 g möglichst kleine Hallimaschpilze
2 mittelgroße Zwiebeln
100 g durchwachsener Speck
5 Eßl. Gemüsebrühe (Instant)
je ½ Teel. Salz und Pfeffer
1 Messersp. Knoblauchpulver
2 Fleischtomaten
1 Teel. Mehl, 2 Eßl. Butter
⅛ l Sahne
2 Teel. gehackter Thymian

Pro Portion etwa 1 635 Joule/ 390 Kalorien

Von den Pilzen faule Stellen abschneiden, die Hüte wenn nötig schaben und die Stielenden kürzen. Die Pilze mehrmals in lauwarmem Wasser waschen und abtropfen lassen. Große Pilze vierteln, kleine im ganzen verwenden. Die Zwiebeln schälen und mit dem Speck kleinwürfeln. Den Speck ausbraten und die Zwiebelwürfel im Speckfett glasig braten. Die Pilze hinzufügen, kurz unter Umwenden mitbraten und mit der Gemüsebrühe auffüllen. Das Salz, den Pfeffer und das Knoblauchpulver untermischen und alles zugedeckt bei schwacher Hitze 8 Minuten kochen lassen. Die Tomaten brühen, häuten, würfeln, dabei die Kerne entfernen, zu den Pilzen geben und alles weitere 5 Minuten kochen lassen. Das Mehl mit der Butter verkneten, in dem Pilzragout auflösen und einige Minuten kochen lassen. Die Sahne untermischen. Das Ragout mit dem Thymian bestreuen.

Das paßt dazu: Zürcher Rösti, Rezept Seite 146, oder Semmelknödel, Rezept Seite 12.

Pilzrisotto

500 g Pfifferlinge, Egerlinge oder Butterpilze
⅛ l Gemüsebrühe (Instant)
200 g Rundkornreis
1 große Zwiebel
1 Eßl. Öl
1 Teel. Salz
4 Eßl. frisch geriebener Greyerzer Käse

Pro Portion etwa 1 280 Joule/ 305 Kalorien

Von den Pilzen alle schlechten Stellen und die großen Lamellen entfernen, die Hüte und die Stiele schaben und die Stielenden kürzen. Die Pilze mehrmals in lauwarmem Wasser waschen, abtropfen lassen und blättrig schneiden. Die Gemüsebrühe in einem genügend großen Topf zum Kochen bringen. Die Pilze zugeben und zugedeckt bei schwacher Hitze 10 Minuten kochen lassen. Den Reis gründlich kalt waschen und abtropfen lassen. Die Zwiebel schälen und in Würfel schneiden. Das Öl in einem großen Topf erhitzen und die Zwiebelwürfel darin hellgelb braten. Den Reis unter Rühren 5 Minuten mit den Zwiebelwürfeln braten, mit ½ l Wasser auffüllen, salzen und den Reis zugedeckt bei schwacher Hitze 20–25 Minuten quellen lassen. Den gut ausgequollenen trockenen Reis mit den Pilzen, der Pilzflüssigkeit und mit dem geriebenen Käse mischen.

Das paßt dazu: frischer grüner Blattsalat mit Tomatenachteln oder gebratene, leicht gewürzte Zucchinischeiben.

Aromatische Pilzgerichte

Gemüse und Kartoffeln

Egerlinge mit gedünsteten Zwiebeln und Tomaten

800 g Egerlinge
2 große Zwiebeln
4 Fleischtomaten
10 schwarze Oliven
3 Eßl. Olivenöl
1 Teel. Salz
1 Messerspitze weißer Pfeffer
1 Teel. gehackte
 Rosmarinblättchen
1 Eßl. gehackte gemischte
 Kräuter wie Petersilie, Kerbel
 und Estragon

Pro Portion etwa 1 220 Joule/
290 Kalorien

Die Pilze von allen schlechten Stellen befreien, wenn nötig die Hüte und die Stiele schaben und die Stielenden kürzen. Die Pilze in lauwarmem Wasser mehrmals waschen und gründlich abtropfen lassen, dann halbieren oder in dicke Scheiben schneiden. Die Zwiebeln schälen und achteln. Die Tomaten brühen, häuten und ebenfalls achteln. Die Oliven lauwarm abbrausen und abtropfen lassen. Das Öl in einer großen Pfanne erhitzen und die Zwiebelachtel darin glasig braten. Die Pilze zugeben, von allen Seiten anbraten, die Oliven und die Tomatenachtel hinzufügen, alles salzen und pfeffern und zugedeckt bei schwacher Hitze etwa 10 Minuten dünsten lassen. Die Egerlinge auf einer vorgewärmten Platte anrichten und mit den Kräutern bestreuen.

Das paßt dazu: körnig gekochter Reis oder frisches Brot.

Überbackene Champignons

500 g Champignons
2 Eßl. Butter, ½ Teel. Salz
Saft von 1 Zitrone
1 Paket Kartoffelpüree oder
 selbstbereitetes Püree, Rezept
 Seite 9
⅛ l Milch, ⅜ l Wasser
½ Teel. Salz
1 Prise geriebene Muskatnuß
⅛ l saure Sahne
4 Eßl. frisch geriebener
 Emmentaler Käse
2 Eßl. Semmelbrösel
Für die Form: Butter

Pro Portion etwa 1 890 Joule/
450 Kalorien

Die Champignons putzen, die Stielenden etwas kürzen, die Pilze gründlich waschen und abtropfen lassen. 1 Eßlöffel Butter in einer Pfanne zerlassen und die Champignons darin von allen Seiten anbraten. Die Pilze salzen und mit dem Zitronensaft beträufeln. Den Backofen auf 220° vorheizen. Eine feuerfeste Form mit Butter ausstreichen. Das Kartoffelpüree nach Vorschrift auf der Packung mit der Milch, dem Wasser, dem Salz und dem Muskat zubereiten und die Form mit zwei Drittel des Pürees ausstreichen. Die Pilze in die Mitte füllen. Das restliche Kartoffelpüree mit dem Spritzbeutel um die Pilze spritzen. Die saure Sahne mit dem Käse verquirlen und über die Pilze gießen. Die Semmelbrösel darüberstreuen, die restliche Butter in Flöckchen daraufsetzen und alles im Backofen etwa 20 Minuten überbacken, bis die Oberfläche leicht gebräunt ist.

Gemüse und Kartoffeln

Fritierte Austernpilze

Achten Sie beim Sammeln oder Kaufen von Austern- oder Parasolpilzen darauf, daß es sich um möglichst junge Pilze handelt, deren Lamellen trocken und leuchtend weiß sind.

8 Austern- oder Parasolpilze
½ Teel. Salz
100 g Mehl
2 Eier
2 Eßl. Sahne
je 1 Prise Salz und weißer Pfeffer
1 Tasse Semmelbrösel
2 Eßl. frisch geriebener alter Goudakäse
Zum Fritieren: 1 l geschmacksneutrales Öl

Pro Portion etwa 1595 Joule/ 380 Kalorien

Die harten Stiele der Pilze kurz vor dem Hut abschneiden. Die Hüte von anhaftenden Teilchen und Schmutz befreien aber nicht waschen! Die Pilze salzen und in dem Mehl wenden. Die Eier mit der Sahne, dem Salz und dem Pfeffer verquirlen und die Pilze darin wenden. Die Semmelbrösel mit dem geriebenen Käse mischen und in einen Suppenteller schütten. Die Pilzhüte darin wenden, dabei die Semmelbrösel sanft an den Hüten festdrücken. Das Öl in einem großen Topf oder in der Friteuse auf 175° erhitzen. Die Hüte nacheinander von jeder Seite 2–3 Minuten knusprig braun fritieren, auf saugfähigem Papier etwas abtropfen lassen und heiß halten.

Das paßt dazu: Kartoffelsalat.

Aromatische Pilzgerichte

Kartoffeln als Beilage

Gemüse und Kartoffeln

Kartoffelnocken mit Majoran

1½ kg mehlig kochende Kartoffeln
3 Teel. Salz
1 Teel. getrockneter Majoran
1–2 Eßl. Mehl

Pro Portion etwa 1 535 Joule/ 365 Kalorien

Die Kartoffeln schälen, waschen, 500 g davon abwiegen, vierteln und in kochendem Salzwasser zugedeckt in 25–30 Minuten weich kochen. Die rohen Kartoffeln in eine Schüssel mit kaltem Wasser reiben. Die geriebenen Kartoffeln in einem Küchentuch kräftig auspressen, das dabei sich sammelnde Wasser in einer Schüssel stehen lassen, bis sich das Kartoffelmehl am Boden abgesetzt hat. Die gekochten Kartoffeln abgießen, ausdämpfen lassen und durch eine Kartoffelpresse zu der rohen Kartoffelmasse drücken. Das Kartoffelwasser abgießen. Das Kartoffelmehl mit 1½ Teelöffel Salz und dem gerebelten Majoran über die Kartoffelmasse geben; alles zu einem leicht formbaren Teig verarbeiten; nach Bedarf 1–2 Eßlöffel Mehl untermischen oder etwas vom Kartoffelwasser. 3 l Wasser mit dem restlichen Salz zum Kochen bringen. Mit nassen Händen gleich große Nokken aus dem Kartoffelteig formen. Diese ins kochende Salzwasser legen, die Hitze sofort reduzieren. Die Nocken in 20 Minuten im offenen Topf gar ziehen lassen.

Das paßt dazu: Tomatensauce und Endivien- oder Feldsalat.

Gebratene Kartoffelnudeln

800 g mehlig kochende Kartoffeln
50 g Butter, 2 Eigelbe
1 Eßl. Mehl, 1 Teel. Salz
2 Messerspitzen geriebene Muskatnuß
4 Eßl. Öl

Pro Portion etwa 1 720 Joule/ 410 Kalorien

Die Kartoffeln gründlich kalt bürsten, in kochendes Wasser legen und zugedeckt in etwa 30 Minuten gut weich kochen lassen. Die Kartoffeln dann abkühlen lassen, schälen und durch die Kartoffelpresse in eine Schüssel drücken. Die Butter zerlassen, aber dabei kaum erhitzen und mit den Eigelben, dem Mehl, dem Salz und dem Muskat über die Kartoffeln geben; alles zu einem geschmeidigen Teig verkneten. Mit bemehlten Händen eine daumendicke Rolle formen und davon 5 cm lange Nudeln abschneiden. Das Öl nach und nach in einer großen Pfanne erhitzen. Die Nudeln darin portionsweise unter ständigem Umwenden knusprig braun braten und auf einer vorgewärmten Platte warm stellen, bis alle Nudeln gebraten sind.

Paßt gut zu: Stielkoteletts vom Lamm, Rezept Seite 92, und Leipziger Allerlei, Rezept Seite 127.

Gemüse und Kartoffeln

Kartoffeln als Beilage

Kartoffel-Speck-Klöße

Zutaten für 6 Personen:
1½ kg mehlig kochende
  Kartoffeln
3 Teel. Salz
100 g durchwachsener Speck
2 Zwiebeln
1–2 Eßl. Mehl
1 Ei
1 Prise geriebene Muskatnuß
je 1 Eßl. gehackte Petersilie,
  Schnittlauch und Dill

Pro Portion etwa 1575 Joule/ 375 Kalorien

Die Kartoffeln dünn schälen, kalt waschen und 500 g davon abwiegen und vierteln. Etwa 1 l Wasser mit 1 Teelöffel Salz zum Kochen bringen, die Kartoffelviertel einlegen und zugedeckt in etwa 30 Minuten sehr weich kochen. Die rohen Kartoffeln in eine Schüssel mit kaltem Wasser reiben, dann in einem Küchentuch kräftig auspressen, das Kartoffelwasser in der Schüssel stehen lassen, bis sich das Kartoffelmehl am Boden abgesetzt hat. Die gekochten Kartoffeln gut ausdämpfen lassen und durch eine Kartoffelpresse zu der rohen Kartoffelmasse drücken. Das Wasser von den geriebenen Kartoffeln vorsichtig abgießen, aber aufbewahren, und das Kartoffelmehl zur Kartoffelmasse geben. Den Speck und die geschälten Zwiebeln kleinwürfeln. Den Speck in einer Pfanne knusprig braun ausbraten und die Zwiebelwürfel darin hellgelb anbraten. Die Pfanne dann beiseite stellen. Die Kartoffelmasse mit dem Mehl, dem Ei, 1 Teelöffel Salz und dem Muskat zu einem geschmeidigen Teig verkneten, eventuell etwas Kartoffelwasser zugeben. Zuletzt die Speck-Zwiebel-Mischung und die Kräuter untermischen. Etwa 4 l Wasser mit dem restlichen Salz zum Kochen bringen. Aus dem Kartoffelteig 1 Probekloß formen und ins kochende Salzwasser legen, die Hitze zurückschalten. Den Kloß in etwa 25 Minuten gar ziehen lassen. Löst sich Teig ab und sieht der Kloß zerfranst aus, gibt man noch 1 Eßlöffel Mehl unter die Kartoffelmasse. Aus dem Teig mit nassen Händen faustgroße Klöße formen, ins kochende Salzwasser geben, einmal aufwallen und in 25–30 Minuten im offenen Topf gar ziehen lassen.

Das paßt dazu: Sauerkraut, Kümmelweißkohl oder Rotkohl mit Maroni/Eßkastanien.

Variante:
Klöße aus gekochten Kartoffeln
Für 4 Personen etwa 1 kg mehlig kochende Kartoffeln weich kochen, ausdämpfen lassen, schälen und noch heiß durch die Kartoffelpresse drücken. Die Kartoffelmasse dann auf einer Arbeitsplatte ausbreiten und abkühlen lassen. 4–5 Eßlöffel Mehl über die Kartoffelmasse streuen. Die Kartoffelmasse zu Streuseln zerreiben. 2 Eier mit 1 Teelöffel Salz verquirlen und unter die Kartoffelmasse mischen. Es soll ein lockerer trockener Teig entstehen. Die Klöße dann in kochendem Salzwasser einmal aufwallen und in 15–20 Minuten gar ziehen lassen.

Kartoffeln als Beilage

Gemüse und Kartoffeln

Zürcher Rösti

750 g gekochte Pellkartoffeln vom Vortag
1 Zwiebel, 1 Teel. Salz
¼ Teel. weißer Pfeffer
80 g Butter

Pro Portion etwa 1365 Joule/ 325 Kalorien

Die Kartoffeln schälen und grobraspeln. Die Zwiebel schälen, reiben und mit dem Salz und dem Pfeffer locker unter die Kartoffeln mischen. Die Hälfte der Butter in der Pfanne zerlassen, die Kartoffeln in der Pfanne verteilen und glattstreichen. Die Kartoffelmasse so lange braten, bis eine knusprige braune Kruste entstanden ist. Den Kartoffelkuchen dann vorsichtig mit Hilfe eines großen Tellers oder Topfdeckels wenden. Die restliche Butter zerlassen und den Kartoffelkuchen wieder in die Pfanne gleiten lassen. Das Rösti noch so lange braten, bis auch die untere Seite knusprig braun ist.

Paßt gut zu: Zürcher Kalbsgeschnetzeltem, Rezept Seite 83, oder Pilzgerichten in Sahnesauce, Rezepte Seite 140 f.

Unser Tip
Ein Rösti aus 1 kg Pellkartoffeln, angereichert mit knusprig ausgebratenen Speckwürfeln, mit frischem gemischtem Salat serviert, ergibt ein sättigendes Hauptgericht.

Kartoffeln à la dauphinoise

Zutaten für 6 Personen:
500 g mehlig kochende Kartoffeln
1 Teel. Salz
1 Messerspitze geriebene Muskatnuß
2 Eßl. Butter
Für den Brandteig:
¼ l Wasser, 50 g Butter
1 Prise Salz, 150 g Mehl
4 Eier
Zum Fritieren: 1 l Öl

Pro Portion etwa 2665 Joule/ 635 Kalorien

Die Kartoffeln schälen, waschen und in kochendem Salzwasser in 30 Minuten gut weich kochen. Dann ausdämpfen lassen, durch die Kartoffelpresse drücken und mit dem Salz, dem Muskat und der Butter mischen. Das Wasser in einem kleinen Topf zum Kochen bringen, die Butter und das Salz darin auflösen und den Topf vom Herd nehmen. Das Mehl auf einmal ins kochend heiße Wasser schütten und zu einem glatten Teig verrühren. Den Topf wieder auf den Herd stellen und die Masse so lange rühren, bis sich ein Kloß bildet. Den Topf vom Herd nehmen und die Eier nacheinander in den Teig rühren. Die Kartoffelmasse mit dem Brandteig mischen und mit bemehlten Händen walnußgroße Kugeln formen. Das Öl in einer Friteuse oder in einem Topf auf 180° erhitzen und die Klößchen darin portionsweise goldgelb ausbacken.

Paßt gut zu: festlichen Braten oder Wildgeflügel.

146

Gemüse und Kartoffeln

Kartoffeln als Mahlzeit

Wiener Kartoffeln

750 g gekochte Pellkartoffeln vom Vortag
100 g Lauch/Porree
250 g Kalbsschnitzel
2 Eßl. Butter
1 Teel. Salz
1 Messerspitze weißer Pfeffer
1 Teel. getrockneter Majoran
⅛ l Milch
⅛ l Fleischbrühe (Instant)

Pro Portion etwa 1300 Joule/ 310 Kalorien

Die Pellkartoffeln schälen und in Würfel schneiden. Den Lauch putzen, waschen und in ganz dünne Streifen schneiden. Die Kalbsschnitzel waschen und abtrocknen. 1 Eßlöffel Butter in einer Pfanne erhitzen und die Kalbsschnitzel darin von jeder Seite hellbraun anbraten, dann aus der Pfanne nehmen, etwas abkühlen lassen und in kleine Würfel schneiden. Den Backofen auf 220° vorheizen. Die restliche Butter in einer feuerfesten Form zerlassen, die Lauchstreifen unter Umwenden darin anbraten. Die Kartoffeln mit den Fleischwürfeln, dem Salz und dem Pfeffer mischen, auf den Lauch geben und mit dem gerebelten Majoran bestreuen. Die Milch und die Fleischbrühe erhitzen und über die Kartoffeln gießen. Die Kartoffeln im Backofen auf der zweiten Schiene von unten in 15 Minuten gut durchziehen lassen.

Das paßt dazu: in Butter gedünstetes Gemüse je nach Saison.

Lappenpickert

1 kg mehlig kochende Kartoffeln
5 Eier, ½ Teel. Salz
175 g Mehl, ⅛ l saure Sahne
1 Stück Speckschwarte

Pro Portion etwa 2205 Joule/ 525 Kalorien

Die Kartoffeln schälen, waschen, in eine Schüssel mit Wasser raspeln, in ein Sieb schütten und leicht ausdrücken. Das Kartoffelwasser aufbewahren, bis sich das Kartoffelmehl abgesetzt hat. Das Wasser abgießen und das Kartoffelmehl zur Kartoffelmasse in eine Schüssel geben. Die Eier mit dem Salz verquirlen und mit dem Mehl und der sauren Sahne über die Kartoffelmasse geben; alles zu einem geschmeidigen Teig verarbeiten. Eine große schwere Bratpfanne mit der Speckschwarte ausreiben und erhitzen. Den Kartoffelteig einfüllen, glattstreichen und so lange braten, bis die Unterseite knusprig braun fest zusammenhängt. Den Lappenpickert auf einen großen Topfdeckel gleiten lassen, wenden und die zweite Seite ebenfalls goldbraun braten; wie eine Torte in Stücke schneiden.

Das paßt dazu: ein gemischter Salat oder eine Gemüseplatte.

147

Kartoffeln als Mahlzeit

Gemüse und Kartoffeln

Kartoffelomelette

800 g Kartoffeln
2 Zwiebeln, 1 Knoblauchzehe
3 Eßl. Öl, 4 Eier
1 Teel. Salz
1 Messerspitze weißer Pfeffer
1 Prise geriebene Muskatnuß
1–2 Eßl. gehackte gemischte Kräuter

Pro Portion etwa 1430 Joule/ 340 Kalorien

Die Kartoffeln waschen, in kochendes Salzwasser geben und in 25–30 Minuten gar kochen. Die Kartoffeln dann kalt abbrausen, schälen und in Scheiben schneiden. Die Zwiebeln schälen und würfeln. Die Knoblauchzehe ebenfalls schälen und sehr fein hacken. Das Öl in einer großen Pfanne erhitzen und die Zwiebelwürfel mit dem Knoblauch darin goldgelb braten. Die Kartoffelscheiben zugeben und unter öfterem Umwenden knusprig braun braten. Die Eier mit dem Salz, dem Pfeffer und dem Muskat verquirlen, über die Kartoffeln geben und die Eimasse stocken lassen. Die Omelette mit den gehackten Kräutern bestreut servieren.

Das paßt dazu: ein gemischter frischer Salat.

Unser Tip
Die Mahlzeit wird noch aufgewertet, wenn Sie Bratenreste, Wurst- oder Schinkenwürfel oder gegartes Hähnchenfleisch untermischen.

Kartoffelpuffer

1 kg große halbmehlig kochende Kartoffeln
2 Eßl. Mehl, 2 Eier
1 Teel. Salz, 1 große Zwiebel
4 Eßl. Schweineschmalz

Pro Portion etwa 1870 Joule/ 445 Kalorien

Die Kartoffeln schälen, waschen und in eine Schüssel mit kaltem Wasser reiben, dann in einem Tuch gut ausdrücken. Das Wasser stehen lassen, bis sich das Kartoffelmehl am Boden der Schüssel abgesetzt hat, dann vorsichtig abgießen und das Kartoffelmehl zur Kartoffelmasse geben. Die Kartoffelmasse mit dem Mehl, den Eiern und dem Salz mischen. Die Zwiebel schälen, reiben und unter die Kartoffelmasse mengen. Den Backofen auf 100° vorheizen. Das Schmalz nach und nach in einer großen Pfanne erhitzen. Jeweils 2 Eßlöffel von der Kartoffelmasse in die Pfanne geben und die Puffer nacheinander rasch von beiden Seiten knusprig braun braten; im Backofen warm halten.

Das paßt dazu: ein gemischter frischer Salat oder Sauerkraut.

Unser Tip
In Süddeutschland bevorzugt man zu »Reiberdatschi« Zimt-Zucker oder Apfelmus. In diesem Fall würzt man nur mit 1 Prise Salz, die geriebene Zwiebel entfällt.

Gemüse und Kartoffeln

Kartoffeln als Mahlzeit

Béchamelkartoffeln

*800 g Kartoffeln
2 Eßl. Butter, 1 Eßl Mehl
3/8 l heiße Milch
1/8 l Sahne, 1 Teel Salz
1 Messerspitze weißer Pfeffer
1 Prise geriebene Muskatnuß
1 Teel. Zitronensaft
1 Prise Zucker
2 Eßl. gehackte Petersilie*

Pro Portion etwa 1615 Joule/ 385 Kalorien

Die Kartoffeln waschen, in kochendes Salzwasser legen und in 25–30 Minuten gar kochen. Die Butter in einem großen Topf zerlassen, das Mehl hineinstäuben, unter Umrühren hellbraun braten, nach und nach mit der heißen Milch aufgießen und unter Rühren 10 Minuten kochen lassen. Dann den Topf auf ein Drahtgitter setzen und die Sauce heiß halten. Inzwischen die Kartoffeln abgießen, kalt abbrausen, schälen und in nicht zu dünne Scheiben schneiden. Die Sauce mit der Sahne, dem Salz, dem Pfeffer, dem Muskat, dem Zitronensaft und dem Zucker abschmecken. Die Kartoffelscheiben einlegen und noch gut in der Sauce erhitzen, aber nicht mehr kochen lassen. Die Kartoffeln vor dem Servieren mit der Petersilie bestreuen.

Das paßt dazu: Bratwürste oder Kasseler Rippchen.

Saure Erdäpfel

*800 g Kartoffeln
100 g durchwachsener Speck
2 Zwiebeln
200 g Gewürzgurken
1 Eßl. Mehl
3/8 l heiße Fleischbrühe (Instant)
1 Eßl. kleine Kapern
knapp 1 Teel. abgeriebene
 Zitronenschale
je 1/4 Teel. getrockneter Majoran
 und Thymian
1 Lorbeerblatt, 1 Teel. Salz
2 Messersp. schwarzer Pfeffer
1 Eßl. Weinessig
3 Eßl. gehackte Petersilie*

Pro Portion etwa 1575 Joule/ 375 Kalorien

Die Kartoffeln waschen, in kochendes Salzwasser legen und in 25–30 Minuten gar kochen. Dann kalt abbrausen, schälen und in nicht zu dünne Scheiben schneiden. Den Speck, die geschälten Zwiebeln und die Gurken in kleine Würfel schneiden. Den Speck in einer tiefen Pfanne ausbraten, die Zwiebelwürfel zugeben und goldgelb braten. Das Mehl darüberstreuen, unter Rühren anbraten und nach und nach mit der heißen Fleischbrühe auffüllen; einige Minuten unter Rühren gut durchkochen lassen. Die Kapern, die Zitronenschale, die gerebelten Kräuter, das Lorbeerblatt, das Salz, den Pfeffer und den Essig zufügen. Die Gurkenwürfel und die Kartoffelscheiben in der Sauce gut erhitzen; vor dem Servieren mit der gehackten Petersilie bestreuen.

Das paßt dazu: Gurkensalat mit Joghurtsauce, Rezept Seite 45.

Kartoffeln als Mahlzeit

Gemüse und Kartoffeln

Kartoffelpfanne mit Shrimps

300 g tiefgefrorene Shrimps
600 g Kartoffeln
50 g durchwachsener Speck
1 große Zwiebel
3 Eßl. Butter, 2 Eier
2 Eßl. Selterswasser
1 Teel. Salz
1 Teel. ostasiatische Sojasauce
1 Eßl. kleingeschnittener Dill

Pro Portion etwa 1805 Joule/ 430 Kalorien

Die Shrimps aus der Verpakkung nehmen und zugedeckt bei Raumtemperatur antauen lassen. Die Kartoffeln waschen, in kochendes Salzwasser legen und zugedeckt in 25–30 Minuten gar kochen. Den Speck in kleine Würfel schneiden. Die Zwiebel schälen und ebenfalls kleinwürfeln. Die garen Kartoffeln kalt abbrausen, schälen und in etwa 1 cm dicke Scheiben schneiden. Die Shrimps kalt abbrausen und trockentupfen. Die Speckwürfel in einer großen Pfanne ausbraten, die Butter zufügen und zerlassen. Die Zwiebelwürfel darin goldgelb braten, die Shrimps und die Kartoffelscheiben zugeben und alles unter Umwenden kräftig anbraten. Die Eier mit dem Selterswasser, dem Salz und der Sojasauce verrühren, über die Kartoffeln gießen, die Hitze zurückschalten und die Eimasse langsam stocken lassen; vor dem Servieren mit dem Dill bestreuen.

Das paßt dazu: ein frischer grüner Salat.

Kartoffelpfanne mit Bratwurstklößchen

800 g Kartoffeln
50 g durchwachsener Speck
2 Zwiebeln
1 große rote Paprikaschote
¼ l Fleischbrühe (Instant)
200 g rohe Kalbsbratwürste
3 Eßl. Öl
1 Teel. Salz
2 Messerspitzen weißer Pfeffer
1 Messerspitze Paprikapulver, scharf
2 Eßl. gehackte Petersilie

Pro Portion etwa 2185 Joule/ 520 Kalorien

Die Kartoffeln waschen, in kochendes Salzwasser legen und in 25–30 Minuten weich kochen. Inzwischen den Speck und die geschälten Zwiebeln würfeln. Die Paprikaschote halbieren, von Rippen und Kernen befreien, waschen und in Streifen schneiden. Die Fleischbrühe erhitzen. Aus den Bratwürsten etwa walnußgroße Klößchen in die kochende Fleischbrühe drücken und diese bei äußerst schwacher Hitze 10 Minuten ziehen lassen. Die Kartoffeln abgießen, schälen und in Scheiben schneiden. Das Öl in einer Pfanne erhitzen, die Speckwürfel darin ausbraten, die Zwiebelwürfel und die Paprikastreifen zugeben und kräftig anbraten. Die Kartoffelscheiben mit den Gewürzen untermischen und gut anbraten. Die Hitze dann reduzieren und die Bratwurstklößchen zu den Kartoffeln geben; vor dem Servieren mit der Petersilie bestreuen.

Gemüse und Kartoffeln

Kartoffeln als Mahlzeit

Himmel und Erde

*800 g vorwiegend mehlig
   kochende Kartoffeln
1 Teel. Salz
400 g säuerliche Äpfel
2 Eßl. Zucker
125 g durchwachsener Speck
2 große Zwiebeln
je 1 Messerspitze Salz und
   weißer Pfeffer
350 g Blutwurst oder 2 Paar
   Schweinsbratwürstchen*

Pro Portion etwa 2605 Joule/
620 Kalorien

Die Kartoffeln schälen, von allen Keimansätzen und schlechten Stellen befreien und von Wasser bedeckt mit dem Salz zugedeckt bei schwacher Hitze in 20–25 Minuten gar kochen. Die Äpfel schälen, vierteln, vom Kerngehäuse befreien, in dünne Scheiben schneiden und mit knapp 1 Tasse Wasser und dem Zucker zugedeckt 15 Minuten leicht kochen lassen, bis die Äpfel zerfallen. Die Kartoffeln abgießen, ausdämpfen lassen und mit dem Kartoffelstampfer zerstampfen. Die Äpfel mit dem Kochsud mit dem Schneebesen unter die Kartoffeln rühren. Den Speck würfeln und ausbraten. Die Zwiebeln schälen, in Ringe schneiden und im Speckfett braun braten. Die Zwiebel-Speck-Mischung unter die Kartoffelmasse rühren, mit Salz und Pfeffer abschmecken. Die Blutwurst in 8 dicke Scheiben schneiden. Die Wurstscheiben oder die Würstchen im Speckfett knusprig braun braten und auf die Kartoffelmasse geben.

Kartoffelgulasch

*800 g Kartoffeln
150 g durchwachsener Speck
200 g Zwiebeln
1 Eßl. Paprikapulver, edelsüß
1 Teel. Salz
1 Messerspitze Cayennepfeffer
⅜ l Fleischbrühe (Instant)
2 Teel. Kümmel
⅛ l saure Sahne*

Pro Portion etwa 2060 Joule/
490 Kalorien

Die Kartoffeln schälen, von allen Keimen und schlechten Stellen befreien. Die Kartoffeln waschen und in gleich große Würfel schneiden. Den Speck kleinwürfeln und in einem großen Topf ausbraten. Die Zwiebeln schälen, würfeln und im Speckfett hellgelb anbraten. Die Kartoffelwürfel zugeben, mit dem Paprikapulver, dem Salz und dem Cayennepfeffer bestreuen und unter Umwenden einige Minuten anbraten. Die Fleischbrühe erhitzen und mit dem Kümmel zu den Kartoffeln geben. Alles bei schwacher Hitze in 20–25 Minuten garen. Das Kartoffelgulasch mit der sauren Sahne verrühren; kräftig abschmecken.

Das paßt dazu: Weißkohlsalat oder Sauerkraut.

Unser Tip
Kalorienärmer wird das Kartoffelgulasch, wenn Sie den Speck weglassen und statt dessen 200 g deutsches Corned beef untermengen.

151

Reisgerichte

Getreide, vielfältig verwendet

Paprikarisotto

300 g Reis
1 Zwiebel
je 1 rote und grüne
  Paprikaschote
2 Eßl. Olivenöl
½ l trockener Weißwein
½ l Gemüsebrühe (Instant)
1 Teel. Salz
2 Messerspitzen weißer Pfeffer
1 Prise geriebene Muskatnuß
100 g frisch geriebener
  Emmentaler Käse

Pro Portion etwa 2 205 Joule/
525 Kalorien

Den Reis in einem Sieb unter fließendem kaltem Wasser waschen, bis das Wasser klar abtropft. Den Reis dann abtropfen lassen und in einem Tuch trockenreiben. Die Zwiebel schälen und kleinwürfeln. Die Paprikaschoten halbieren, von Rippen und Kernen befreien, die Schotenhälften waschen, abtrocknen und in Würfel schneiden. Das Öl in einem großen Topf erhitzen, die Zwiebelwürfel und den Reis unter ständigem Umwenden darin glasig braten, die Paprikawürfel zugeben, kurz mitbraten und mit dem Wein, der Gemüsebrühe, dem Salz, dem Pfeffer und dem Muskat verrühren. Den Reis zugedeckt bei schwacher Hitze in 20–25 Minuten garen und vor dem Servieren mit dem geriebenen Käse mischen.

Das paßt dazu: Blumenkohlsalat, Rezept Seite 47.

Champignonreis

300 g Langkornreis
500 g Champignons
2 Eßl. Butter
1 Teel. Zitronensaft
½ Teel. abgeriebene Schale von
  1 unbehandelten Zitrone
1 Teel. Salz
1 Messerspitze weißer Pfeffer
4 Eßl. frisch geriebener
  Emmentaler Käse
2 Eßl. gehackte Petersilie

Pro Portion etwa 1 720 Joule/
410 Kalorien

Den Reis in einem Sieb gründlich kalt waschen, bis das abtropfende Wasser klar ist, dann abtropfen lassen und in einem Tuch trockenreiben. Die Champignons putzen, die Stielenden etwas kürzen, die Köpfe waschen, abtrocknen und blättrig schneiden. Die Butter in einem großen Topf zerlassen und die Champignons darin andünsten. Den Zitronensaft, die Zitronenschale, das Salz, den Pfeffer und den Reis zufügen und ebenfalls andünsten. 4 Tassen Wasser zugießen, alles zum Kochen bringen und den Reis in 20–25 Minuten ausquellen lassen. Den garen Reis mit dem Käse mischen und die Petersilie darüberstreuen.

Das paßt dazu: ein gemischter frischer Salat.

Unser Tip
Statt der Champignons können Sie im Sommer auch gemischte frische Pilze verwenden.

152

Getreide, vielfältig verwendet

Reisgerichte

Gemüsereis mit Schinken

1 kg Lauch/Porree
175 g Reis
1 Eßl. Butter
⅜ l Fleischbrühe, 1 Teel. Salz
1 Messerspitze weißer Pfeffer
1 Prise getrockneter Thymian
200 g gekochter Schinken ohne Fettrand
250 g Tomaten
2 Eßl. gehackte Petersilie

Pro Portion etwa 1850 Joule/ 440 Kalorien

Vom Lauch alle schlechten Stellen, die Wurzelenden und die dunkelgrünen Stücke abschneiden, dicke Lauchstangen halbieren, gründlich waschen, abtropfen lassen und in Scheibchen schneiden. Den Reis unter fließendem kaltem Wasser in einem Sieb waschen, bis das abtropfende Wasser klar ist, dann in einem Tuch trockenreiben. Die Butter in einem großen Topf erhitzen und den Reis unter Umrühren darin glasig braten. Den Lauch zugeben, kurz mitbraten und die Fleischbrühe zugießen. Den Reis mit dem Salz, dem Pfeffer und dem gerebelten Thymian würzen, zum Kochen bringen und anschließend bei schwacher Hitze in 20–25 Minuten garen. Nach Bedarf noch etwas heißes Wasser zugießen. Den Schinken würfeln. Die Tomaten brühen, häuten, in kleine Stücke schneiden, dabei von Stengelansätzen und Kernen befreien und 10 Minuten vor Ende der Garzeit mit den Schinkenwürfeln locker unter den Reis mischen. Den Reis mit der gehackten Petersilie bestreut servieren.

Curryreis mit Schinkenbananen

200 g Langkornreis
¼ l Gemüsebrühe (Instant)
1–2 Eßl. Currypulver
50 g Rosinen
½ Tasse Orangensaft
2 Bananen, 1 Eßl. Butter
200 g gekochter Schinken ohne Fettrand in 4 Scheiben
Salz und weißer Pfeffer
1 Eßl. gehackte Petersilie

Pro Portion etwa 1805 Joule/ 430 Kalorien

Den Reis unter fließendem kaltem Wasser in einem Sieb waschen, bis das abtropfende Wasser klar ist. Die Gemüsebrühe zum Kochen bringen. Den Reis mit 1 Eßlöffel Currypulver in die Gemüsebrühe geben, einmal aufkochen lassen und bei schwacher Hitze in 20–25 Minuten garen. Die Rosinen in heißem Wasser gründlich waschen, abtropfen lassen, mit dem Orangensaft begießen und darin quellen lassen. Die Bananen schälen und längs halbieren. Die Butter in einer Pfanne zerlassen. Die Bananen zunächst von jeder Seite darin anbraten, dann jede Hälfte in 1 Schinkenscheibe rollen und diese mit Holzspießchen feststecken. Die Schinkenbananen in der Pfanne bei schwacher Hitze unter öfterem Wenden noch einmal 5 Minuten braten. Die Rosinen mit dem Orangensaft unter den Curryreis mischen. Den Reis abschmecken, mit den Schinkenbananen belegen und mit der gehackten Petersilie bestreut servieren.

Das paßt dazu: Chicoréesalat.

Reisgerichte

Getreide, vielfältig verwendet

Sub gum

Holländisches Reisgericht

300 g Schweinenacken
50 g Sellerieknolle
1 Stange Lauch/Porree
100 g Weißkohl
4 Eßl. Olivenöl
¼ l Fleischbrühe
200 g Langkornreis
1 Eßl. Speisestärke
½ Eßl. Farinzucker
½ Teel. Ingwerpulver
1 Teel. Salz
1 Schuß Weinessig
50 g Mandelblättchen

Pro Portion etwa 2875 Joule/ 685 Kalorien

Das Fleisch waschen, abtrocknen und in Würfel schneiden. Den Sellerie schälen und würfeln. Die Lauchstange halbieren, das Wurzelende abschneiden und den Lauch unter fließendem Wasser gründlich waschen und in Scheiben schneiden. Den Kohl in Streifen hobeln. Das Öl erhitzen, das Fleisch von allen Seiten darin anbraten, das Gemüse mit der Fleischbrühe zum Fleisch geben und alles bei schwacher Hitze zugedeckt 30 Minuten kochen lassen. Inzwischen den gewaschenen Reis in reichlich Salzwasser körnig kochen lassen. Die Speisestärke mit dem Farinzucker, dem Ingwerpulver, dem Salz, dem Essig und etwas Wasser anrühren. Die Fleischsauce damit binden und aufkochen lassen; die Mandelblättchen unterrühren. Den Reis in eine Schüssel füllen und mit der Fleischsauce bedeckt servieren.

Unser Tip

Nach Belieben noch gehäutete gewürfelte Tomaten etwa 10 Minuten in der Fleischsauce mitgaren.

Getreide, vielfältig verwendet

Reisgerichte

Naturreis mit Geflügel

200 g Naturreis, 1 Teel. Salz
600 g gegartes Hähnchen ohne Haut und Knochen
1 kleine Fenchelknolle
2 Eßl. Öl
300 g tiefgefrorene Erbsen
⅛ l Geflügelbrühe
½ Teel. Salz
1 Prise weißer Pfeffer
1 Eßl. Dillspitzen

Pro Portion etwa 2225 Joule/ 530 Kalorien

Den Reis gründlich waschen und in 2 l Salzwasser 40 Minuten sprudelnd kochen lassen. Das Hähnchenfleisch in gleich große Stücke schneiden. Den Fenchel schälen, in Rippen zerlegen und diese in kleine Stücke schneiden; das Fenchelgrün hacken und aufbewahren. Den garen Reis kalt abbrausen und abtropfen lassen. Das Öl in einem großen Topf erhitzen und die Geflügelwürfel mit dem Fenchel unter Umwenden darin anbraten. Die Erbsen zugeben, mit der Brühe auffüllen und zum Kochen bringen. Den Reis mit dem Salz und dem Pfeffer unter das Geflügelfleisch mischen und bei schwacher Hitze zugedeckt 10 Minuten erhitzen; mit dem Dill und dem Fenchelgrün bestreuen.

Unser Tip
Statt mit Hähnchenfleisch können Sie den Reis mit jedem Bratenrest mischen oder mit Fleischwurst-Würfeln.

Tomatenreis mit Knoblauch

200 g Naturreis
1 Teel. Salz
2 Zwiebeln
2 Knoblauchzehen
1 kleine Stange Lauch/Porree
4 Fleischtomaten
2 Eßl. Öl
1 kleine Dose Tomatenmark
⅛ l Gemüsebrühe (Instant)
½ Teel. Salz
1 Teel. Delikateß-Paprikapulver
2 Eßl. gehackte Petersilie

Pro Portion etwa 1220 Joule/ 290 Kalorien

Den Reis waschen, mit 2 l Wasser und dem Salz 40 Minuten sprudelnd kochen lassen, kalt abbrausen und abtropfen lassen. Die Zwiebeln und den Knoblauch schälen und kleinhacken. Den Lauch waschen und in Scheibchen schneiden. Die Tomaten brühen, häuten, halbieren, die Kerne und die harten Strünke entfernen und die Tomaten würfeln. Das Öl in einem großen Topf erhitzen, die Zwiebeln und den Knoblauch darin unter Umwenden anbraten, den Lauch zugeben, kurz mitbraten und das Tomatenmark unterrühren. Die Gemüsebrühe und die Tomatenstückchen zugeben und mit dem Reis, dem Salz und dem Paprikapulver mischen. Alles zugedeckt bei schwacher Hitze 10 Minuten leicht kochen lassen. Den Reis vor dem Servieren mit der gehackten Petersilie bestreuen.

Das paßt dazu: grüner Salat oder Endiviensalat.

Nudelspezialitäten

Getreide, vielfältig verwendet

Spaghetti al funghetto

Spaghetti mit Gemüsesauce

100 g Frühlingszwiebeln
1 Knoblauchzehe
200 g Möhren
2 Eßl. Olivenöl
¼ l Fleischbrühe (Instant)
1 Teel. Salz
250 g Spaghetti
400 g Champignons
4 Tomaten, ½ Teel. Salz
1 Messerspitze weißer Pfeffer
2 Eßl. gehackte Petersilie

Pro Portion etwa 1 490 Joule/ 355 Kalorien

Die Frühlingszwiebeln, den Knoblauch und die Möhren putzen oder schaben, waschen und in Würfel schneiden. Das Öl in einer genügend großen Pfanne erhitzen und zunächst die Zwiebel- und Knoblauchwürfel darin anbraten. Die Möhrenwürfel einige Minuten mitbraten, die Fleischbrühe zugießen und das Gemüse zugedeckt bei schwacher Hitze 10 Minuten leicht kochen lassen. 4 l Wasser mit dem Salz zum Kochen bringen, die Spaghetti zugeben, einmal umrühren und im offenen Topf in 12–13 Minuten garen. Die Champignons putzen, waschen, abtropfen lassen und in Scheibchen schneiden. Die Tomaten brühen, häuten und würfeln, dabei die Kerne und die Stielansätze entfernen. Die Pilze und die Tomaten in die Gemüsesauce geben und 5 Minuten darin mitköcheln lassen; mit Salz und Pfeffer abschmecken. Die Spaghetti mit der Gemüsesauce übergießen; die Petersilie darüberstreuen.

Nudeln mit Bologneser Sauce

4 l Wasser, 2 Teel. Salz
200 g Fusillinudeln
1 große Zwiebel
2 Knoblauchzehen, 2 Eßl. Öl
400 g Hackfleisch, halb und halb
400 g geschälte Tomaten aus der Dose
2 Eßl. Tomatenmark
2 Lorbeerblätter
4 Nadeln getrockneter Rosmarin
je ½ Teel. getrocknetes Basilikum, getrockneter Oregano, Thymian und Salz
1 Messerspitze weißer Pfeffer
50 g geriebener Parmesankäse
2 Eßl. Butter
1 Eßl. gehackte Petersilie

Pro Portion etwa 2 500 Joule/ 595 Kalorien

Die Nudeln in dem kochenden Salzwasser in 12–16 Minuten garen, dann abtropfen lassen. Die Zwiebel und den Knoblauch schälen und kleinwürfeln und in dem Öl glasig braten. Das Hackfleisch unter Umwenden mitbraten, bis es grau ist. Die Tomaten abtropfen lassen und mit dem Tomatenmark, den zerbrochenen Lorbeerblättern, den gerebelten Kräutern, dem Salz und dem Pfeffer unter das Hackfleisch mischen; zugedeckt 15 Minuten köcheln lassen. Den Backofen auf 220° vorheizen. Die Nudeln abwechselnd mit der Sauce in eine feuerfeste Form schichten, den größten Teil der Sauce obenauf geben, mit dem geriebenen Käse und der Butter in Flöckchen überbacken, bis der Käse zu schmelzen beginnt. Mit der gehackten Petersilie bestreuen.

Getreide, vielfältig verwendet

Nudelspezialitäten

Maccheroni al pesto

Makkaroni mit Basilikumpaste

1 Eßl. Pinienkerne
1 Knoblauchzehe
1 großer Bund frisches Basilikum
3 Teel. Salz
100 g Pecorino (Schafkäse)
1 Messerspitze Cayennepfeffer
6 Eßl. Olivenöl
300 g Makkaroni
4 Eßl. Fleischbrühe (Instant)

Pro Portion etwa 2015 Joule/ 480 Kalorien

Die Pinienkerne kleinhacken. Die Knoblauchzehe schälen und ebenfalls kleinhacken. Das Basilikum waschen, trockenschleudern, kleinschneiden und mit 1 Teelöffel Salz, den Knoblauchstückchen, den Pinienkernen, dem Schafkäse, dem Cayennepfeffer und dem Olivenöl im Mörser zerreiben oder im Elektromixer pürieren. 4 l Wasser mit dem restlichen Salz zum Kochen bringen, die Makkaroni ins sprudelnd kochende Wasser geben und in etwa 16 Minuten »al dente«, das heißt bißfest kochen, abschrecken und in einer vorgewärmten Schüssel anrichten. Die Fleischbrühe erhitzen, mit der Basilikumpaste verrühren und über die Makkaroni gießen.

Das paßt dazu: Kopfsalat oder Römischer Salat und nach Belieben dünne Scheiben von Parmaschinken.

Salsa pizzaiola

Italienische Tomaten-Knoblauchsauce

2 Zwiebeln, 2 Knoblauchzehen
600 g geschälte Tomaten aus der Dose
3 Eßl. Olivenöl
10 Eßl. Tomatenmark
1 Teel. getrockneter Oregano
1 Eßl. frisches gehacktes Basilikum
1 Lorbeerblatt
2 Teel. Zucker, 1 Teel. Salz
2 Messersp. schwarzer Pfeffer

Pro Portion etwa 565 Joule/ 135 Kalorien

Die Zwiebeln und den Knoblauch schälen und feinwürfeln. Die Tomaten abtropfen lassen, den Saft aufbewahren und die Tomaten hacken. Das Öl erhitzen und die Zwiebelwürfel unter ständigem Umwenden darin glasig braten; dann den Knoblauch 2 Minuten mitbraten. Die gehackten Tomaten mit dem Saft und die übrigen Zutaten untermischen. Die Sauce aufkochen und anschließend unter häufigem Umrühren im offenen Topf 1 Stunde köcheln lassen; sie soll dann pastenartig sein. Das Lorbeerblatt entfernen. Die Sauce noch abschmecken.

Das paßt dazu: alle italienischen Nudelarten.

Unser Tip
Die Sauce können Sie bis zu 4 Monate im Gefriergerät aufbewahren.

Vollkornmahlzeiten

Getreide, vielfältig verwendet

Vollkornhörnchen mit Käsesauce

*3½ l Wasser, 2 Teel. Salz
350 g Vollkornhörnchen
300 g Lauch/Porree
3 Eßl. Distelöl
250 g Magerquark
100 g Hartkäse
⅛ l Sahne
je 1 Messerspitze Ingwerpulver, weißer Pfeffer und Salz
1 Eßl. frische Salbeiblättchen; ersatzweise Dill oder Petersilie*

Pro Portion etwa 2645 Joule/ 630 Kalorien

Das Wasser mit dem Salz und 2 Tropfen Öl zum Kochen bringen. Die Nudeln ins kochende Wasser schütten, in 15 Minuten garen und in einem Sieb abtropfen lassen. Vom Lauch nur die gelben Abschnitte verwenden. Die Lauchstangen halbieren, gründlich waschen, in Scheibchen schneiden und in 1 Eßlöffel Öl und etwas Wasser zugedeckt 10 Minuten dünsten. Den Quark in einen kleinen Topf geben. Den Hartkäse dazureiben und beides mit der Sahne, dem Ingwerpulver, dem Pfeffer und dem Salz mischen, bei schwacher Hitze gut erwärmen und mit dem Lauch mischen. Die abgetropften Nudeln in einer großen Pfanne in dem restlichen Öl unter Umwenden erhitzen, in einer vorgewärmten Schüssel anrichten und mit der Käsesauce übergießen. Die Salbeiblättchen kleinschneiden und über die Sauce streuen.

Das paßt dazu: ein gemischter frischer Salat.

Vollkornmakkaroni mit Tomatensauce

*3½ l Wasser, 2 Teel. Salz
350 g Vollkornmakkaroni
1 kg Tomaten, 2 Zwiebeln
1 Knoblauchzehe, 2 Eßl. Öl
1 Teel. Salz
1 Messerspitze weißer Pfeffer
einige Tropfen Ahornsirup
4 Eßl. Crème fraîche
1 Eßl. gehacktes frisches Basilikum*

Pro Portion etwa 2060 Joule/ 490 Kalorien

Das Wasser mit dem Salz zum Kochen bringen, die Makkaroni hineinschütten, 15 Minuten kochen und in einem Sieb abtropfen lassen. Die Tomaten waschen, in Stücke schneiden und mit 1 Tasse Wasser im geschlossenen Topf etwa 10 Minuten dünsten. Die Zwiebeln und die Knoblauchzehe schälen und sehr fein hacken. Das Öl in einem genügend großen Topf erhitzen. Die Zwiebel- und die Knoblauchstückchen unter Rühren darin glasig braten. Die gedünsteten Tomaten mit der Dünstflüssigkeit über dem Topf in ein Sieb schütten und in das Öl passieren. Die Sauce mit dem Salz und dem Pfeffer abschmecken und unter Rühren einige Male aufkochen lassen. Die Sauce mit dem Ahornsirup und wenn nötig mit Salz abschmecken und mit der Crème fraîche verrühren. Die abgetropften Makkaroni in die Sauce mischen und bei äußerst schwacher Hitze darin erwärmen; vor dem Servieren mit dem frischen gehackten Basilikum bestreuen.

Getreide, vielfältig verwendet

Maiskrusteln mit Sahnemöhren

*1 Ei
1 Teel. Salz
1 Messerspitze Cayennepfeffer
8 Eßl. Maisgrieß
350 g Maiskörner aus der Dose
800 g junge Möhren
2 Eßl. Butter
2 Teel. Zucker
⅛ l heiße Gemüsebrühe (Instant)
½–1 Teel. Salz
⅛ l Sahne
½ l Öl
1 Eßl. gehackte Petersilie*

Pro Portion etwa 1870 Joule/ 445 Kalorien

Das Ei mit dem Salz und dem Cayennepfeffer verquirlen, mit dem Grieß mischen und diesen 30 Minuten quellen lassen. Die Maiskörner aus der Dose abtropfen lassen. Die Möhren schaben, dicke Rüben halbieren, dünne ganz lassen. Die Butter in einem Topf zerlassen, den Zucker unter Umwenden darin karamelisieren lassen, die Möhren darin wenden. Die heiße Gemüsebrühe zugießen, die Möhren 25 Minuten dünsten; danach mit Salz abschmecken, mit der Sahne mischen und zugedeckt warm halten. Die Maiskörner mit dem gequollenen Maisgrieß mischen. Das Öl in einem genügend großen Topf erhitzen. Von der Maismasse jeweils 1 Eßlöffel abstechen, ins heiße Öl geben und von jeder Seite 4–5 Minuten fritieren. Die Maiskrusteln dann auf Küchenkrepp abtropfen lassen und heiß halten. Die Sahnemöhren mit der Petersilie bestreuen und zu den Maiskrusteln servieren.

Vollkornmahlzeiten

159

Vollkornmahlzeiten

Getreide, vielfältig verwendet

Grünkernfrikadellen mit Tomatensalat

200 g mittelfeiner Grünkernschrot
⅛ l Gemüsebrühe (Instant)
4 Schalotten
2 Eier, 1 Teel. Salz
2 Eßl. gehackte Petersilie
100 g frisch geriebener Hartkäse
4 Eßl. Öl
4 Fleischtomaten
1 Zwiebel, 1 Teel. Salz
1 Messerspitze weißer Pfeffer
1 Eßl. Weinessig
3 Eßl. Schnittlauchröllchen

Pro Portion etwa 1910 Joule/ 455 Kalorien

Den Grünkernschrot unter Rühren in der Gemüsebrühe zum Kochen bringen, einmal kräftig aufkochen lassen, bei äußerst schwacher Hitze 30 Minuten im offenen Topf quellen und dann abkühlen lassen. Die Schalotten schälen, feinwürfeln und mit den Eiern, dem Salz, der Petersilie und dem geriebenen Käse unter den Grünkernschrot mischen. Aus der Schrotmasse Frikadellen formen und diese bei schwacher Hitze in 2 Eßlöffeln Öl von jeder Seite 12–15 Minuten braten. Die Tomaten waschen, abtrocknen, in gleich dicke Scheiben schneiden und auf einer Platte anrichten. Die Zwiebel schälen, würfeln und über die Tomaten streuen. Das Salz mit dem Pfeffer, dem Essig und dem restlichen Öl verrühren und über die Tomaten träufeln. Den Salat mit dem Schnittlauch bestreut zu den Frikadellen servieren.

Buchweizenplinsen mit Möhrenrohkost

300 g mehlfein gemahlener Buchweizen
2 Eier
1 Teel. Salz
½ Teel. getrockneter Majoran
2 Eßl. Schnittlauchröllchen
¼ l kohlensäurehaltiges Mineralwasser
500 g Möhren
1 großer säuerlicher Apfel
1 Teel. Ahornsirup
2 Teel. Zitronensaft
1 gute Prise Salz
3 Eßl. Crème fraîche
50 g gehackte Haselnüsse
4 Eßl. Öl

Pro Portion etwa 2560 Joule/ 610 Kalorien

Das Buchweizenmehl mit den verquirlten Eiern, dem Salz, dem gerebelten Majoran, den Schnittlauchröllchen und dem Mineralwasser mischen und 30 Minuten quellen lassen. Die Möhren schaben, waschen und auf einer Rohkostreibe raspeln. Den Apfel schälen, das Kerngehäuse entfernen, die Apfelstücke ebenfalls raspeln. Die Möhren- und die Apfelraspel mit dem Ahornsirup, dem Zitronensaft, dem Salz und der Crème fraîche mischen. Die gehackten Haselnüsse über den Salat streuen. Das Öl nach und nach in einer Pfanne erhitzen. Vom Buchweizenteig jeweils 2 Eßlöffel in die Pfanne geben, die Masse zu etwa untertellergroßen Plinsen auseinanderstreichen und von jeder Seite goldgelb bakken. Die Plinsen mit den geriebenen Möhren servieren.

Getreide, vielfältig verwendet

Vollkornmahlzeiten

Roggenschrot-Eierkuchen mit Rettich

300 g mittelfeiner Roggenschrot
½ Teel. Salz
1 Zwiebel
⅛ l kohlensäurehaltiges Mineralwasser
3 Eier
1 großer weißer Rettich
1 Eßl. Zitronensaft
2 Teel. Honig
1 gute Prise Salz
⅛ l saure Sahne
1 Eßl. gehackte frische Pfefferminze; ersatzweise Zitronenmelisse
100 g geriebener Parmesan- oder Emmentaler Käse
3 Eßl. Öl

Pro Portion etwa 2 395 Joule/ 570 Kalorien

Den Roggenschrot mit dem Salz mischen und in eine Schüssel schütten. Die Zwiebel schälen und zum Roggenschrot reiben. Den Schrot mit der geriebenen Zwiebel, dem Mineralwasser und den verquirlten Eiern mischen und 30 Minuten quellen lassen. Den Rettich waschen, schälen und auf der Rohkostreibe raspeln. Die Rettichraspel mit dem Zitronensaft, dem Honig, dem Salz und der sauren Sahne mischen. Den Salat mit der Minze bestreuen. Den geriebenen Parmesankäse unter den Teig mischen. Das Öl nach und nach erhitzen und aus dem Roggenschrotteig 4 Eierkuchen von jeder Seite goldbraun braten.

Polenta mit Speck

1 l Gemüsebrühe (Instant)
400 g Maisgrieß, Salz
150 g durchwachsener Speck in dünnen Scheiben
2 Eßl. Öl

Pro Portion etwa 2 730 Joule/ 650 Kalorien

Die Gemüsebrühe zum Kochen bringen, den Grieß einstreuen, unter Rühren 10 Minuten leicht kochen lassen, dann auf einem Drahtsieb bei äußerst schwacher Hitze in 20 Minuten ausquellen lassen. Den Maisgrieß nach Geschmack mit Salz würzen, etwa 4 cm hoch auf eine glatte Fläche streichen und erkalten lassen. Die Speckscheiben in einer Pfanne von beiden Seiten knusprig braun anbraten und auf einer vorgewärmten Platte warm stellen. Im Speckfett das Öl erhitzen. Aus der Grießmasse etwa 5 cm lange und 3 cm breite Streifen schneiden und diese von allen Seiten im heißen Fett braun braten. Die Polentaschnitten mit dem ausgebratenen Speck belegen.

Das paßt dazu: Rote-Bete- oder Gurkensalat.

Unser Tip
Die gebratenen Polentaschnitten eignen sich auch ausgezeichnet als Beilage für feine Ragouts oder zu gemischtem Gemüse aus Auberginen, Zucchini, Tomaten und Paprikaschoten.

Aus Grieß und Mehl

Getreide, vielfältig verwendet

Schwäbische Krautkrapfen

Zutaten für 6 Personen:
375 g Mehl
2 Eier
½ Teel. Salz
2 Eßl. Butterschmalz
200 g durchwachsener Speck
1 Zwiebel
1 Gewürznelke
3 Wacholderbeeren
200 g Sauerkraut
Für die Form: Butter

Pro Portion etwa 2375 Joule/ 565 Kalorien

Das Mehl mit den Eiern, dem Salz, dem Butterschmalz und 3 Eßlöffeln Wasser zu einem geschmeidigen Teig verkneten; 30 Minuten ruhen lassen. Den Speck würfeln und in einer Pfanne knusprig braun ausbraten. Die Zwiebel schälen und mit der Nelke bestecken. Die Wacholderbeeren zerdrücken. Das Sauerkraut mit der Zwiebel, dem Wacholder, dem Speck und ½ Tasse Wasser zugedeckt bei schwacher Hitze 20 Minuten kochen lassen. Den Teig auf einem Küchentuch zu einem Rechteck dünn ausrollen. Das Kraut gleichmäßig darauf verteilen und den Teig mit Hilfe des Tuches von der Längsseite her aufrollen. Aus der Roulade 12 gleich große Scheiben schneiden. Den Backofen auf 200° vorheizen. Die Teigscheiben dicht nebeneinander in eine gebutterte Bratreine setzen. Etwa 3 cm hoch Wasser zugießen und die Krautkrapfen zugedeckt im Backofen in 25 Minuten garen. Während der letzten 10 Bratminuten den Deckel abnehmen.

Gnocchi romana

Römische Grießschnitten

½ l Milch
½ l Wasser
1 Teel. Salz
250 g grober Grieß
100 g geriebener Parmesankäse
2 Eigelbe
2 Eßl. geriebener Pecorino (Schafkäse)

Pro Portion etwa 1995 Joule/ 475 Kalorien

Die Milch mit dem Wasser und dem Salz mischen und zum Kochen bringen. Den Grieß einrieseln lassen und unter ständigem Rühren zu einem dicken Brei kochen. Den Grieß dann bei schwacher Hitze über einem Drahtsieb noch einige Minuten quellen lassen. Den Grießbrei dann mit zwei Drittel des Parmesankäses und den Eigelben verrühren. Ein Backblech oder eine glatte Arbeitsfläche anfeuchten, die Grießmasse etwa 1 cm dick daraufstreichen und kalt werden lassen. Den Backofen auf 200° vorheizen. Aus der erkalteten Grießmasse mit einem Glas von etwa 6 cm Durchmesser Scheiben ausstechen. Die Grießtaler dachziegelartig in eine feuerfeste Form legen, mit dem restlichen Parmesan und dem Pecorino bestreuen und auf der mittleren Schiene im Backofen so lange überbakken, bis die Spitzen der Grießtaler zu bräunen beginnen.

Das paßt dazu: Tomatensauce, Rezept Seite 15, und Rettichsalat oder Krautsalat.

Getreide, vielfältig verwendet

Aus Grieß und Mehl

Schwäbische Maultaschen

Für den Teig:
400 g Mehl
½ Teel. Salz
⅛ l lauwarmes Wasser
1 Eßl. Weinessig
5 Eßl. Öl
Für die Füllung:
400 Spinat
1 Zwiebel
1½ altbackene Brötchen
je 200 g Hackfleisch und Bratwurstbrät
1 Eßl. gehackte Petersilie
2 Eier
¼ Teel. Salz
1 Messerspitze weißer Pfeffer
Zum Garen:
1½ l Fleischbrühe
1 Eßl. Schnittlauchröllchen

Pro Portion etwa 2855 Joule/ 680 Kalorien

Das Mehl mit dem Salz, dem Wasser, dem Essig und dem Öl zu einem glänzenden, geschmeidigen Teig kneten, dann unter einer angewärmten Schüssel 20 Minuten ruhen lassen. Inzwischen den Spinat verlesen, waschen und 3 Minuten in wenig kochendem Salzwasser blanchieren. Die Zwiebel schälen und kleinwürfeln. Die Brötchen in kaltem Wasser einweichen. Den Spinat abtropfen lassen und kleinhaken. Die Brötchen ausdrücken und mit dem Hackfleisch und der Bratwurstmasse, den Zwiebelwürfeln, der Petersilie, dem Spinat, den Eiern, dem Salz und dem Pfeffer mischen. Den Teig auf einer leicht bemehlten Arbeitsfläche etwa 3 mm dick ausrollen und 15 cm lange Quadrate daraus schneiden. Jeweils 1 Löffel der Füllung auf die Quadrate geben. Diese zu einem Dreieck zusammenklappen und die Ränder mit einer Gabel fest zusammendrücken. Die Fleischbrühe zum Kochen bringen, die Maultaschen darin im offenen Topf in etwa 10 Minuten gar ziehen lassen, bis sie an die Oberfläche steigen. Die Maultaschen in der Fleischbrühe mit dem Schnittlauch bestreut servieren.

Unser Tip
Die Maultaschen können aber auch ohne Brühe mit reichlich goldbraun gebratenen Zwiebelringen serviert werden. Die Maultaschen dafür nach dem Garen aus der Brühe heben, abtropfen lassen, in verquirltem Ei wenden und in Öl in der Pfanne goldgelb braten. Die schwäbischen Maultaschen mit Schnittlauchröllchen bestreuen und einen frischen Salat dazu reichen.

Für kalte Tage

Kräftige Eintöpfe

Französischer Bohnentopf

Zutaten für 8 Personen:
500 g weiße Bohnenkerne
100 g Lauch, 3 Zwiebeln
2 l Geflügelbrühe (Instant)
250 g durchwachsener Speck
125 g Knoblauch-Kochwurst
1 Gänsekeule, 1 Teel. Salz
½ Teel. Knoblauchsalz
2 Messersp. schwarzer Pfeffer
½ Teel. getrockneter Thymian
2 Zweige Petersilie
1 Lorbeerblatt, 400 g Tomaten
je 3 Eßl. Zwiebel- und
*   Selleriewürfel, 2 Eßl. Öl*
⅛ l trockener Weißwein

Pro Portion etwa 2690 Joule/
640 Kalorien

Die Bohnen 12 Stunden einweichen. Den Lauch putzen, die Zwiebeln schälen und beides kleinschneiden. Die Brühe mit den Bohnen, dem Speck, der Kochwurst und der Gänsekeule zum Kochen bringen, die Zwiebeln und den Lauch zugeben sowie alle Gewürze; 1¼ Stunden köcheln lassen. Die Tomaten häuten und würfeln. Nach 45 Minuten Kochzeit die Wurst, den Speck und die Gänsekeule aus den Bohnen nehmen und in Scheiben und Würfel schneiden. Die Bohnen abseihen, die Brühe aufbewahren. Den Backofen auf 220° vorheizen. Die Zwiebel-, Sellerie- und Tomatenwürfel in dem Öl kräftig anbraten, mit dem Wein ablöschen und unter die Bohnen mischen. Die Bohnen lageweise mit dem Fleisch, der Wurst und dem Speck in eine feuerfeste Form füllen, die Brühe darübergießen; in 1¼ Stunden im Backofen garen.

Feiner Jäger-Topf

500 g Wildfleisch
50 g durchwachsener Speck
200 g Zwiebeln
500 g Pfifferlinge
400 g Kartoffeln
200 g Möhren, 1 Eßl. Butter
1 Messerspitze weißer Pfeffer
1 Teel. Salz, ¼ l Fleischbrühe

Pro Portion etwa 1765 Joule/
420 Kalorien

Das Fleisch von allen anhängenden Häutchen und Sehnen befreien und in nicht zu kleine Würfel schneiden. Den Speck feinwürfeln. Die Zwiebeln schälen und ebenfalls feinwürfeln. Die Pilze putzen, waschen, große Pilze halbieren, kleine im ganzen lassen. Die Kartoffeln und die Möhren schälen und in Scheiben schneiden. Die Butter in einer feuerfesten Form zerlassen. Die Speckwürfel darin ausbraten, die Fleisch- und die Zwiebelwürfel zugeben und unter Umwenden kräftig anbraten. Den Pfeffer, das Salz, die Pilze, die Kartoffeln und die Möhren mit dem Fleisch mischen, die Fleischbrühe darübergießen und alles zugedeckt in 1 Stunde garen.

Das paßt dazu: Preiselbeerkonfitüre.

Unser Tip
Wenn Pfifferlinge gerade auf dem Markt fehlen oder zu teuer angeboten werden, nehmen Sie Egerlinge oder gemischte Pilze.

Kräftige Eintöpfe *Für kalte Tage*

Polnisches Weißkohlessen

Zutaten für 6 Personen:
500 g Schweinehalsgrat
2 Eßl. Schweineschmalz
¾ l Fleischbrühe (Instant)
700 g Weißkohl, 100 g Möhren
150 g Lauch/Porree
200 g Zwiebeln
50 g Sellerieknolle
1 kleines Stück Petersilienwurzel
1½ Teel. Salz
½ Teel. weißer Pfeffer
½ Teel. Paprikapulver, mittelscharf
1 Teel. Kümmel
200 g polnische Würste

Pro Portion etwa 2 520 Joule/ 600 Kalorien

Das Fleisch waschen, abtrocknen und in nicht zu kleine Würfel schneiden. Das Schweineschmalz in einem großen, möglichst schweren Topf erhitzen und das Fleisch von allen Seiten kräftig darin anbraten. Inzwischen ¼ l der Fleischbrühe erhitzen, zum Fleisch gießen und das Fleisch zugedeckt bei schwacher Hitze 20 Minuten schmoren lassen. Den Kohl vierteln, die Strünke herausschneiden und die Viertel in nicht zu dünne Streifen schneiden. Die Möhren schaben, waschen und in Scheiben schneiden. Die Lauchstangen längs halbieren, gründlich waschen und ebenfalls in Scheiben schneiden. Die Zwiebeln schälen und in Ringe schneiden. Die Sellerieknolle schälen, gründlich waschen und würfeln. Die Petersilienwurzel waschen und in Stücke schneiden. Die restliche Fleischbrühe erhitzen. Das gesamte Gemüse mit dem Salz, dem Pfeffer, dem Paprikapulver, dem Kümmel und der restlichen Fleischbrühe unter das Fleisch mischen und alles zugedeckt bei mittlerer Hitze in weiteren 40 Minuten gar schmoren. Während der Garzeit jedoch ab und zu prüfen, ob noch genügend Flüssigkeit in dem Topf ist und gegebenenfalls noch etwas Fleischbrühe oder auch Wasser zufügen. Die polnischen Würste kalt waschen, abtrocknen und in nicht zu dünne Scheiben schneiden. 10 Minuten vor Ende der Garzeit die Wurstscheiben in den Topf geben und darin erhitzen.

Unser Tip
Ein derartiges Essen eignet sich hervorragend zur Bewirtung eines größeren Personenkreises. Alle Zutaten dann verdoppeln oder entsprechend der Personenzahl berechnen. Das Fleisch in einem großen, möglichst gußeisernen Topf anbraten, alle übrigen Zutaten mit der Fleischbrühe und dem Fleisch mischen und das Gericht im Backofen bei etwa 160° langsam in 2–3 Stunden – je nach Menge – garen. Durch das langsame Garen mischen sich die verschiedenen Aromen auf das köstlichste.

Für kalte Tage

Kräftige Eintöpfe

Linsentopf mit Spätzle

Zutaten für 6 Personen:
400 g Linsen
1 Bund Suppengrün
1 Zwiebel, 2 Gewürznelken
4 Suppenknochen, 1 Teel. Salz
Für die Spätzle:
3/8 l Milch, 1/2 Teel. Salz
1 Prise geriebene Muskatnuß
150 g Grieß, 2 Eier
Zum Abrunden:
2 Eßl. Tomatenmark
je 1/4 Teel. Salz und Pfeffer
je 1/2 Teel. getrockneter Majoran und Thymian
200 g grobe geräucherte Schweinsbratwürste

Pro Portion etwa 2330 Joule/ 555 Kalorien

Die Linsen mit Wasser bedeckt 12 Stunden einweichen. Das Suppengrün waschen und grob kleinschneiden. Die Zwiebel schälen und mit den Gewürznelken bestecken. Die Knochen waschen. Die Linsen mit dem Einweichwasser, dem Suppengrün, der Zwiebel, den Knochen und dem Salz zugedeckt 1 Stunde köcheln lassen. Die Milch mit dem Salz, dem Muskat und dem Grieß unter Rühren so lange kochen, bis sich die Masse vom Topfboden löst, vom Herd nehmen und die Eier unterrühren. Den Teig durch einen Spätzlehobel in kochendes Salzwasser drücken. Die garen Spätzle herausheben. Die Zwiebel und die Knochen aus den Linsen nehmen. Das Tomatenmark und die Gewürze untermischen. Die Würste in Scheiben schneiden und mit den Spätzle im Linsentopf erhitzen.

Reiseintopf mit Schweinebauch

Zutaten für 6 Personen:
500 g Schweinebauch
1 Zwiebel, 3/4 l Fleischbrühe
150 g Langkornreis
2 Eßl. Öl, 1 Eßl. Mehl
1 Messersp. schwarzer Pfeffer
1 Teel. Salz
2 säuerliche Äpfel
350 g tiefgefrorene Erbsen
3 Eßl. Schnittlauchröllchen

Pro Portion etwa 2520 Joule/ 600 Kalorien

Das Fleisch in nicht zu kleine Würfel schneiden. Die Zwiebel schälen und kleinwürfeln. Die Fleischbrühe erhitzen. Den Reis waschen und gut abtropfen lassen. Das Öl in einem großen schweren Topf erhitzen. Die Fleischwürfel in dem Mehl wenden, im Öl von allen Seiten goldbraun anbraten, die Zwiebelwürfel kurz mitbraten. Den Pfeffer, das Salz, den Reis und die heiße Fleischbrühe zum Fleisch geben und alles zugedeckt 20 Minuten leicht kochen lassen. Die Äpfel schälen, vierteln, würfeln und mit den Erbsen unter den Eintopf mischen; zugedeckt bei schwacher Hitze weitere 10 Minuten köcheln lassen. Den Eintopf mit dem Schnittlauch bestreuen.

Unser Tip
Statt mit Äpfeln und Erbsen können Sie den Eintopf auch mit geschälten gewürfelten Tomaten und Paprikaschoten mischen.

Kräftige Eintöpfe

Für kalte Tage

Hühner-Gemüse-Eintopf

Zutaten für 6 Personen:
1 kg küchenfertiges
   Suppenhuhn
4 Pfefferkörner, 1½ Teel. Salz
1 Zwiebel
1 Bund Suppengrün
500 g Blumenkohl
100 g Lauch/Porree
250 g Möhren, 250 g Rosenkohl
100 g Fadennudeln
einige Tropfen Sojasauce
2 Eßl. gehackte Petersilie

Pro Portion etwa 1935 Joule/
460 Kalorien

Das Huhn gründlich waschen, die Innereien entfernen. Das Huhn mit den Pfefferkörnern in 2 l kochendes Salzwasser legen und im offenen Topf etwa 20 Minuten kochen lassen; den sich bildenden Schaum abschöpfen. Die Zwiebel schälen und vierteln. Das Suppengrün putzen, waschen und beides zum Huhn geben, zugedeckt weitere 45 Minuten leicht kochen lassen. Den Blumenkohl putzen, waschen und in Röschen zerteilen. Den Lauch längs halbieren, waschen und in Stücke schneiden. Die Möhren schaben und in Scheiben schneiden. Den Rosenkohl putzen und große Köpfchen halbieren. Das Huhn in ein Sieb geben, die Brühe auffangen. Das Gemüse in der Brühe zugedeckt in 25 Minuten garen. Die Nudeln in kochendem Salzwasser 8 Minuten kochen lassen. Das Hühnerfleisch würfeln und mit den Nudeln zum garen Gemüse geben. Den Eintopf abschmecken und mit der Petersilie bestreuen.

Gemüse-Lamm-Eintopf

Zutaten für 6 Personen:
600 g Lammkeule
2 Zwiebeln
2 Knoblauchzehen, 2 Eßl. Öl
1 Teel. Currypulver
½ l Fleischbrühe, ½ Teel. Salz
je 1 Messersp. schwarzer Pfeffer
   und gemahlener Kümmel
1 Prise Cayennepfeffer
500 g grüne Bohnen
je 1 grüne und rote
   Paprikaschote
250 g Auberginen
1–2 Zweige Bohnenkraut
400 g Tomaten
2 Eßl. gehackte Petersilie

Pro Portion etwa 1680 Joule/
400 Kalorien

Das Fleisch waschen und in nicht zu kleine Würfel schneiden. Die Zwiebeln und die Knoblauchzehen schälen und feinhacken. Das Öl erhitzen und das Fleisch, die Zwiebel- und Knoblauchwürfel darin anbraten. Den Curry und nach und nach die Fleischbrühe zufügen. Das Salz, den Pfeffer, den Kümmel und den Cayennepfeffer zum Fleisch geben und alles zugedeckt 30 Minuten schmoren lassen. Die Bohnen putzen, waschen und in Stücke brechen. Die Paprikaschoten putzen, waschen und in Streifen schneiden. Die Auberginen waschen und in Scheiben schneiden. Das Gemüse mit dem Bohnenkraut zum Fleisch geben und 30 Minuten mitschmoren lassen. Die Tomaten brühen, häuten, achteln und während der letzten 10 Minuten mitgaren. Den Eintopf mit der gehackten Petersilie bestreut servieren.

Aus fremden Küchen

Kräftige Eintöpfe

Aargauer Schnitz und Drunder

Zutaten für 6 Personen:
250 g möglichst ungeschälte getrocknete Apfelschnitze oder Apfelringe
2 Eßl. Butter
2 Eßl. Zucker
500 g durchwachsener Speck
500 g Kartoffeln
knapp 1 Teel. Salz

Pro Portion etwa 3 065 Joule/ 730 Kalorien

Die getrockneten Äpfel von Wasser bedeckt 12 Stunden einweichen. Die Butter in einem Topf oder in einer feuerfesten Form mit gut schließendem Deckel zerlassen. Den Zucker darin unter ständigem Rühren hellbraun karamelisieren lassen. Die Äpfel mit dem Einweichwasser und dem Speck in die Butter geben und alles bei schwacher Hitze zugedeckt 1 Stunde leicht kochen lassen. Ab und zu prüfen, ob noch genügend Flüssigkeit im Topf ist; gegebenenfalls wenig Wasser nachfüllen. Die Kartoffeln schälen, waschen, in gleich große Würfel schneiden und mit dem Salz und ½ Tasse Wasser zu den Äpfeln geben und in weiteren 25–30 Minuten darin garen. Den Speck aus dem Eintopf nehmen, in 6 oder 12 Scheiben schneiden und auf den Äpfeln und Kartoffeln anrichten. Schnitz und Drunder im Topf oder in der Form auftragen.

Irish Stew

500 g Hammelnacken ohne Knochen
600 g Kartoffeln
300 g Zwiebeln
200 g Möhren
1 Teel. Salz
¼ Teel. getrockneter Thymian
½ l heiße Geflügelbrühe (Instant)
2 Eßl. gehackte Petersilie

Pro Portion etwa 2 310 Joule/ 550 Kalorien

Das Fleisch von allem Fett und den Sehnen befreien, waschen und in gleich große Würfel schneiden. Die Kartoffeln schälen, waschen und in dicke Scheiben schneiden. Die Zwiebeln schälen und in Ringe schneiden. Die Möhren schaben, waschen und in Scheiben schneiden. Den Backofen auf 175° erhitzen. Den Boden eines Topfes oder einer feuerfesten Form mit Kartoffelscheiben belegen. Die Hälfte vom Hammelfleisch daraufgeben und darauf die Hälfte der Zwiebeln und der Möhren füllen. Alles mit dem Salz und dem Thymian bestreuen. Wieder Zwiebeln, Möhren, Kartoffeln und Fleisch in den Topf geben, die heiße Brühe dazugießen und den Eintopf zugedeckt im Backofen in etwa 1½ Stunden garen. Nach der Hälfte der Garzeit kontrollieren, ob noch genügend Flüssigkeit im Topf ist, nötigenfalls noch weitere heiße Geflügelbrühe oder Wasser zugießen. Die Kartoffeln dürfen bei diesem Eintopf etwas zerfallen und mit der Garflüssigkeit eine dicke Sauce bilden. Mit der Petersilie bestreut servieren.

Kräftige Eintöpfe

Aus fremden Küchen

Djuveč

200 g Zwiebeln
1 Aubergine
300 g Kürbisfleisch
2 grüne Paprikaschoten
600 g Lammkeule ohne Knochen
150 g Langkornreis
3 Eßl. Öl
1 Teel. Salz
2 Messersp. schwarzer Pfeffer
1 Eßl. Paprikapulver, edelsüß
2 Tomaten

Pro Portion etwa 1 890 Joule/ 450 Kalorien

Die Zwiebeln schälen und in Ringe schneiden. Die Aubergine waschen, abtrocknen und in Würfel schneiden. Den Kürbis schälen und das Fleisch würfeln. Die Paprikaschoten halbieren, von Rippen und Kernen befreien und in Streifen schneiden. Das Lammfleisch waschen, abtrocknen und in nicht zu große Würfel schneiden. Den Reis in einem Sieb waschen, bis das ablaufende Wasser klar ist, und gut abtropfen lassen. Das Öl in einem großen Topf erhitzen, die Zwiebelringe darin anbraten, die Fleischwürfel zugeben und unter Umwenden von allen Seiten anbraten. Den Reis und das Gemüse zum Fleisch geben, mit 3 Tassen kochendheißem Wasser auffüllen, das Salz, den Pfeffer und das Paprikapulver zufügen und alles zugedeckt bei schwacher Hitze 30 Minuten kochen lassen. Inzwischen die Tomaten brühen, häuten und in Achtel schneiden. Nach 30 Minuten die Tomatenachtel unter den Eintopf mischen und diesen noch 10 Minuten kochen lassen.

Chili con carne

Mexikanisches Pfefferfleisch

250 g rote Bohnenkerne
700 g Rinderschulter
1 Zwiebel
2 Knoblauchzehen
2 Eßl. Schweineschmalz
1 kleine rote Pfefferschote
1 Teel. Salz
1 Messersp. schwarzer Pfeffer
1 Messersp. Paprikapulver, scharf
400 g Tomaten
2 Eßl. gehackte Petersilie

Pro Portion etwa 2 310 Joule/ 550 Kalorien

Die Bohnenkerne mit Wasser bedeckt 12 Stunden weichen lassen. Das Fleisch in gleich große Würfel schneiden. Die Zwiebel und die Knoblauchzehen schälen und kleinwürfeln. Die Bohnen im Einweichwasser zum Kochen bringen und 1 Stunde zugedeckt leicht kochen lassen. Das Schweineschmalz erhitzen. Das Fleisch sowie die Zwiebel- und Knoblauchwürfel unter Umwenden darin anbraten und zu den Bohnen geben. Die Pfefferschote halbieren, von Rippen und Kernen befreien, sehr klein würfeln und mit dem Salz, dem Pfeffer und dem Paprikapulver unter den Bohnentopf mischen; alles zugedeckt noch 1 weitere Stunde köcheln lassen. Die Tomaten brühen, häuten, grobwürfeln und etwa 10 Minuten vor Ende der Garzeit unter den Pfeffertopf mischen. Das Pfefferfleisch vor dem Servieren mit der gehackten Petersilie bestreuen.

Aus fremden Küchen

Kräftige Eintöpfe

Lescó
Ungarischer Paprika-Eintopf

500 g gelbe, grüne und rote Paprikaschoten
100 g durchwachsener Speck
1 große Zwiebel
400 g Tomaten
1 Eßl. Schweineschmalz
1 Eßl. Paprikapulver, edelsüß
4 Debreziner Würste
1 Messerspitze weißer Pfeffer
Salz

Pro Portion etwa 2455 Joule/ 585 Kalorien

Die Paprikaschoten halbieren, von weißen Rippen und Kernen befreien, die Schoten waschen, abtrocknen und in Streifen schneiden. Den Speck würfeln. Die Zwiebel schälen und ebenfalls würfeln. Die Tomaten brühen, häuten und in Achtel schneiden. Das Schmalz zerlassen, die Speckwürfel darin ausbraten, die Zwiebelwürfel zugeben und hellgelb braten. Die Paprikaschoten in den Topf geben und bei schwacher Hitze 10 Minuten darin mitbraten. Dann die Tomaten und das Paprikapulver untermischen, die Würste auf den Eintopf legen und alles zugedeckt bei sehr schwacher Hitze weitere 15 Minuten köcheln lassen. Den Eintopf zuletzt mit dem Pfeffer und mit Salz abschmecken.

Das paßt dazu: körnig gekochter Reis oder Stangenweißbrot.

Bollito misto
Gemischtes Gekochtes aus Italien

Zutaten für 6 Personen:
1 Bund Suppengrün
1 Zwiebel, 1 Knoblauchzehe
1 Lorbeerblatt
2 Pimentkörner, 1 Teel. Salz
400 g Rinderbrust
300 g Schweinezunge
500 g Hähnchenkeulen
200 g Möhren
100 g Lauch/Porree

Pro Portion etwa 1700 Joule/ 405 Kalorien

Das Suppengrün putzen, waschen und kleinschneiden. Die Zwiebel und die Knoblauchzehe schälen und grob zerkleinern. 3 l Wasser zum Kochen bringen, das Suppengrün, die Zwiebel, den Knoblauch, das Lorbeerblatt, die Pimentkörner und das Salz zugeben und kräftig aufkochen lassen. Das Rindfleisch waschen, ins kochende Wasser legen, in den ersten 15 Minuten den sich bildenden Schaum abschöpfen. Das Fleisch bei schwacher Hitze 2 Stunden kochen lassen. Nach 1 Stunde Kochzeit die Zunge und nach 1½ Stunden die Hähnchenkeulen in die Brühe legen und mitgaren. Die Möhren und den Lauch putzen, waschen, die Möhren längs vierteln, das Weiße und Gelbe vom Lauch in Stücke schneiden und 25 Minuten vor Ende der Garzeit in der Brühe mitgaren. Die Zunge häuten, mit dem Rindfleisch in Scheiben schneiden und auf eine Platte legen. Die Keulen und das Gemüse zufügen. Alles warm halten. Die Brühe als Vorspeise servieren.

170

Kräftige Eintöpfe *Aus fremden Küchen*

Paella

Spanische Reispfanne

Zutaten für 8 Personen:
1 Hähnchen von etwa 800 g
1 Zwiebel, 2 Knoblauchzehen
1 Paprikaschote, 3 Tomaten
1 Messerspitze Safranfäden
1 Teel. Salz
1 Messerspitze weißer Pfeffer
4 Eßl. Olivenöl
250 g Langkornreis
¾ l heiße Geflügelbrühe
250 g Rotbarschfilet
250 g tiefgefrorene Scampi
150 g tiefgefrorene grüne Erbsen
⅛ l trockener Weißwein
10 grüne gefüllte Oliven

Pro Portion etwa 1805 Joule/ 430 Kalorien

Das Hähnchen in 8 gleich große Teile schneiden, waschen und abtrocknen. Die Zwiebel und die Knoblauchzehen schälen und feinhacken. Die Paprikaschote putzen, waschen und in Streifen schneiden. Die Tomaten häuten und achteln. Die Safranfäden in wenig Wasser einweichen. Die Hähnchenteile salzen und pfeffern. Das Öl in einem großen Topf oder in der Paellapfanne erhitzen und die Geflügelteile darin anbraten. Die Zwiebeln, den Knoblauch und den Reis zugeben und glasig braten. Die Tomatenachtel, die Schotenstreifen, die Geflügelbrühe und den Safran zugeben; alles zugedeckt 15 Minuten köcheln lassen. Das Fischfilet würfeln, salzen und mit den Scampi, den Erbsen und dem Wein untermischen; alles zugedeckt 10 Minuten ziehen lassen. Die Oliven in Scheibchen über die Paella streuen.

Bigos

Polnischer Eintopf

Zutaten für 8 Personen:
100 g durchwachsener Speck
400 g Schweineschlegel
400 g Rinderbrust
2 Zwiebeln, 400 g Weißkohl
300 g Pfifferlinge oder andere gemischte Pilze
2 Knoblauchzehen
1 Lorbeerblatt
1 Teel. Kümmel
1 Prise getrockneter Thymian
3 Eßl. Tomatenmark
¼ l trockener Weißwein
Salz, weißer Pfeffer, Zucker

Pro Portion etwa 1930 Joule/ 460 Kalorien

Den Speck und das Fleisch in kleine Würfel schneiden. Die Zwiebeln schälen und feinhakken. Den Weißkohl putzen, waschen und die Blätter in nicht zu kleine Stücke reißen. Die Pilze putzen, waschen, große Pilze halbieren. Die Knoblauchzehen schälen. Den Speck ausbraten, die Fleisch- und die Zwiebelwürfel zugeben und unter Rühren von allen Seiten kräftig anbraten. Den Weißkohl, die Pilze, das Lorbeerblatt, den Kümmel, den Thymian, das Tomatenmark und den Weißwein unter den Eintopf mischen. Den Knoblauch durch die Presse dazudrücken. Gegebenenfalls so viel Wasser hinzufügen, daß alle Zutaten knapp von Flüssigkeit bedeckt sind. Den Eintopf zugedeckt bei schwacher Hitze in etwa 1 Stunde und 10 Minuten garen, dann abschmecken.

Das paßt dazu: Salzkartoffeln oder kräftiges Landbrot.

Nudelaufläufe

Aufläufe als Hauptgericht

Lasagne

Zutaten für 4 Personen:
250 g Lasagnenudeln
2 Zwiebeln
600 g Hackfleisch, halb und halb, 2 Eßl. Olivenöl
½ Teel. getrockneter Oregano
1 Teel. Paprikapulver, edelsüß
½ Teel. Salz, 2 Eßl. Butter
2 Eßl. Mehl, ½ l Milch
¼ l trockener Weißwein
½ Teel. Salz
2 Messerspitzen weißer Pfeffer
100 g geriebener Emmentaler Käse
50 g geriebener Parmesankäse
4 Eßl. Sahne

Pro Portion etwa 4030 Joule/ 960 Kalorien

Die Lasagnenudeln in 4 l sprudelnd kochendes Salzwasser geben und darin garen, anschließend in kaltes Wasser legen. Die Zwiebeln schälen und feinhacken. Die Zwiebeln mit dem Hackfleisch in dem Öl braten, bis dieses grau geworden ist, mit dem Oregano, dem Paprika und dem Salz würzen. Die Butter zerlassen, das Mehl hineinstäuben und hellgelb anbraten. Nach und nach mit der Milch und dem Weißwein aufgießen und unter Rühren 5 Minuten kochen lassen, mit dem Salz und dem Pfeffer würzen. Den Backofen auf 200° vorheizen. Eine feuerfeste Form mit wenig Sauce ausgießen, lagenweise die Nudeln und die Fleischfüllung in die Form geben. Jede Fleischschicht mit Sauce beträufeln, restliche Sauce über den Auflauf gießen, mit dem Käse bestreuen und mit der Sahne beträufeln. Den Auflauf 40 Minuten im Backofen überbacken.

Cannelloni

Gefüllte Teigrollen

Zutaten für 4 Personen:
250 g Cannelloninudeln
100 g roher Schinken
100 g Champignons
1 Zwiebel
1 Eßl. Olivenöl
500 g Kalbsnacken, gehackt
½ Teel. Salz
400 g geschälte Tomaten aus der Dose
2 Knoblauchzehen, ⅛ l Sahne
½ Teel. getrocknetes Basilikum
je ½ Teel. Salz und Pfeffer
100 g frisch geriebener Emmentaler Käse
2 Eßl. Butter

Pro Portion etwa 3275 Joule/ 780 Kalorien

Die Cannelloni in 4 l kochendes Salzwasser geben und etwa 12 Minuten sprudelnd kochen, dann in ein Sieb schütten und abtropfen lassen. Den Schinken, die geputzten Champignons und die geschälte Zwiebel würfeln. Das Öl in einer Pfanne erhitzen und das gehackte Fleisch mit den gewürfelten Zutaten unter Umwenden anbraten und mit Salz abschmecken. Den Backofen auf 220° vorheizen. Die Tomaten mit dem Saft pürieren. Den Knoblauch schälen und feinhacken und mit den Tomaten, der Sahne, dem Basilikum, dem Salz und dem Pfeffer mischen. Die Fleischmasse in die Cannelloninudeln füllen. Eine feuerfeste Form mit Tomatensauce ausgießen, die Cannelloni einlegen und mit Tomatensauce übergießen. Den Käse und die Butter in Flöckchen daraufgeben; im Backofen 30 Minuten überbacken.

Aufläufe als Hauptgericht

Nudelauflauf mit Spinat

*500 g Spinat
250 g Bandnudeln
1 Messersp. Knoblauchpulver
100 g durchwachsener Speck
2 Eier
½ Teel. Salz
1 Messersp. schwarzer Pfeffer
1 Prise geriebene Muskatnuß
⅛ l Sahne
50 g geriebener Emmentaler Käse*

Pro Portion etwa 2 665 Joule/ 635 Kalorien

Den Spinat verlesen, waschen, mit dem Tropfwasser in einen Topf geben und so lange erhitzen, bis er in sich zusammenfällt. Den Topf dann vom Herd nehmen. Die Nudeln in 4 l sprudelnd kochendes Salzwasser geben und etwa 10 Minuten sprudelnd kochen lassen, dann kalt abschrecken und abtropfen lassen. Den Spinat grob zerschneiden und mit dem Knoblauchpulver mischen. Den Speck würfeln und in einer Pfanne auslassen. Die Eier mit dem Salz, dem Pfeffer, dem Muskat und der Sahne verquirlen. Den Backofen auf 200° vorheizen. Mit dem Speckfett aus der Pfanne eine feuerfeste Form ausfetten. Eine dünne Lage Bandnudeln in die Form geben, den Spinat und die Speckwürfel darüberfüllen, mit den restlichen Nudeln bedecken und mit der Eier-Sahne begießen. Den Auflauf 20 Minuten im Backofen auf der mittleren Schiene backen. Danach den Käse über den Auflauf streuen und noch ungefähr 10 Minuten überbacken, bis der Käse zu schmelzen beginnt.

Unser Tip
Wer keinen Speck mag, ersetzt ihn durch Wurst- oder Schinkenwürfel. Die Form dann mit Butter ausstreichen.

Nudelaufläufe

Nudelaufläufe

Aufläufe als Hauptgericht

Schinkenfleckerl

Zutaten für 4 Personen:
400 g Mehl, 3 Eier
½ Teel. Salz, 50 g Butter
250 g gekochter Schinken ohne Fettrand
2 Eier, ⅛ l saure Sahne
je 1 Messerspitze Salz und weißer Pfeffer
2 Eßl. Semmelbrösel
2 Eßl. Butter
Für die Form: Butter

Pro Portion etwa 3620 Joule/ 860 Kalorien

Aus dem Mehl, den Eiern, dem Salz und wenig Wasser einen glatten festen Tag kneten und diesen 1 Stunde ruhen lassen. Den Teig danach etwa 1 mm dick ausrollen. Die Teigplatte etwas antrocknen lassen, dann 1½ cm große Quadrate daraus schneiden. 3 l Salzwasser zum Kochen bringen und die Fleckerl darin etwa 5 Minuten nicht zu weich kochen, dann kalt abbrausen und abtropfen lassen. Die Butter in einer großen Pfanne zerlassen und die Fleckerl darin wenden. Den Backofen auf 200° vorheizen. Den Schinken in Würfel schneiden. Die Eier in Eigelbe und Eiweiße trennen. Die Eigelbe mit der sauren Sahne, dem Salz und dem Pfeffer verquirlen. Die Schinkenwürfel unterrühren. Die Eiweiße zu steifem Schnee schlagen und unter die Eimasse heben. Die Eimasse mit den Nudeln mischen. Eine feuerfeste Form mit Butter ausstreichen, die Schinkenfleckerl einfüllen, mit den Semmelbröseln bestreuen und mit Butterflöckchen belegen. Den Auflauf 30 Minuten überbacken.

Makkaroniauflauf

Zutaten für 4 Personen:
250 g Makkaroni
500 g Schweineschnitzel
1 Zwiebel, 1 Knoblauchzehe
2 Eßl. Öl
¼ l heiße Fleischbrühe
1 Eßl. gemischte gehackte Kräuter
1 Teel. Salz
4 Tomaten, 250 g Zucchini
1 Eßl. Öl, 1 Prise Salz
1 Messerspitze getrockneter Thymian
100 g geriebener Emmentaler Käse
1 Eßl. gehackte Petersilie

Pro Portion etwa 2770 Joule/ 660 Kalorien

Die Makkaroni nicht zu weich kochen, kalt abbrausen und abtropfen lassen. Das Fleisch, die Zwiebel und den Knoblauch kleinwürfeln. Das Öl erhitzen, die Zwiebel- und Knoblauchwürfel darin glasig braten, das Fleisch anbraten, die Fleischbrühe zugießen und alles 6 Minuten schmoren lassen. Die Kräuter und das Salz zufügen. Die Tomaten häuten und würfeln. Die Zucchini waschen, in Scheiben schneiden, in dem Öl von beiden Seiten leicht anbraten, salzen und mit dem Thymian bestreuen. Das Öl von den Zucchini in eine feuerfeste Form tropfen lassen. Lagenweise Makkaroni, Fleisch, Tomatenwürfel und Zucchinischeiben einfüllen, mit Nudeln abschließen. Den Käse darüberstreuen. Den Auflauf im Backofen bei 200° 20 Minuten überbacken. Mit der Petersilie bestreuen.

Aufläufe als Hauptgericht

Nudelaufläufe

Pastizio
Griechischer Hackfleischauflauf

Zutaten für 4 Personen:
Für den Auflauf:
250 g Makkaroni
1 Eßl. Butter
1 Eiweiß
2 Eßl. geriebener
   Parmesankäse
1 kleine Zwiebel
1 Eßl. Butter
500 g Hackfleisch, halb und
   halb
1 Teel. Salz
1 Messerspitze weißer Pfeffer
½ Stange Zimt
⅛ l trockener Weißwein
2 Eßl. Tomatenmark
⅛ l Fleischbrühe (Instant)
1 gehäufter Eßl. Semmelbrösel
2 Eßl. geriebener Parmesankäse
Für die Sauce:
2 Eßl. Butter, 3 Eßl. Mehl
1 Teel. Salz
1 Messerspitze weißer Pfeffer
3 Eßl. geriebener
   Parmesankäse
1 Eigelb, 1 Eßl. Sahne
Zum Bestreuen:
2 Eßl. Semmelbrösel
2 Eßl. geriebener
   Parmesankäse
1 Eßl. Butter
Für die Form: Butter und
   Semmelbrösel

Pro Portion etwa 2520 Joule/
600 Kalorien

Die Makkaroni nach Vorschrift auf der Packung kochen lassen. Die Makkaroni dann kalt abbrausen und in einem Sieb abtropfen lassen. Die Butter in einem Topf zerlassen und die Makkaroni darin schwenken. Das Eiweiß zu steifem Schnee schlagen, mit dem Käse mischen und unter die Makkaroni heben. Eine große Auflaufform mit Butter ausstreichen und mit Semmelbröseln ausstreuen. Die Hälfte der Makkaroni in die Form geben. Die Zwiebel schälen und würfeln. Die Zwiebelwürfel in der Butter hellbraun braten. Das Hackfleisch zugeben, mitbraten und dabei zerstoßen, mit dem Salz, dem Pfeffer, dem Zimt, dem Weißwein, dem Tomatenmark und der Fleischbrühe mischen und in der offenen Pfanne so lange köcheln lassen, bis eine dicke Masse entstanden ist. Die Zimtstange dann wieder entfernen. Die Semmelbrösel und den Käse unter das Hackfleisch mischen und dieses auf die Makkaroni in der Auflaufform verteilen. Die restlichen Makkaroni darübergeben. Den Backofen auf 200° vorheizen. Für die Sauce die Butter zerlassen, das Mehl unter Rühren hineinstäuben und hellgelb anbraten. Nach und nach mit ⅜ l Wasser aufgießen, die Sauce salzen und pfeffern und unter ständigem Rühren 5 Minuten kochen lassen. Den Käse in die Sauce rühren. Das Eigelb mit der Sahne verquirlen, 2 Eßlöffel von der heißen Sauce in die Eigelb-Sahne rühren, die Sauce vom Herd nehmen und die Eigelb-Sahne unter die Sauce mischen. Die Sauce danach nicht mehr kochen lassen. Die Käsesauce über den Auflauf gießen. Die Semmelbrösel mit dem geriebenen Käse mischen, über den Auflauf streuen und die Butter in Flöckchen daraufsetzen. Den Auflauf 40 Minuten im Backofen auf der mittleren Schiene überbacken.

Das paßt dazu: Tomatensalat.

Gemüseaufläufe

Aufläufe als Hauptgericht

Kartoffelauflauf

800 g Kartoffeln
200 g roher Schinken ohne Fettrand
⅛ l Milch
100 g geriebener Parmesankäse
½ Teel. Salz
1 Messersp. schwarzer Pfeffer
1 Prise geriebene Muskatnuß
⅛ l saure Sahne
2 Eier
4 Eßl. frische gemischte gehackte Kräuter
1 Eßl. Semmelbrösel
1 Eßl. Butter
Für die Form: Butter

Pro Portion etwa 2605 Joule/ 620 Kalorien

Die Kartoffeln bürsten, in kochendes Salzwasser legen und in etwa 30 Minuten gar kochen. Inzwischen den Schinken in gleich große Würfel schneiden. Die garen Kartoffeln abgießen, etwas ausdämpfen lassen, schälen und durch die Kartoffelpresse drücken. Den Backofen auf 220° vorheizen. Die durchgedrückten Kartoffeln mit der Milch, den Schinkenwürfeln, dem geriebenen Parmesan, dem Salz, dem Pfeffer und dem Muskat mischen. Eine feuerfeste Form mit Butter ausstreichen und die Kartoffelmasse hineinfüllen. Die saure Sahne mit den Eiern und den gehackten Kräutern verquirlen und über die Kartoffelmasse gießen. Den Auflauf mit den Semmelbröseln bestreuen und die Butter in Flöckchen daraufsetzen. Den Kartoffelauflauf im vorgeheizten Backofen auf der mittleren Schiene etwa 20 Minuten überbacken.

Das paßt dazu: ein frischer, gemischter Salat aus Radicchio und Feldsalat/Rapunzelsalat.

> **Unser Tip**
> Wenn Sie mehr »Biß« mögen, schneiden Sie die geschälten Kartoffeln in Scheiben.

Aufläufe als Hauptgericht

Gemüseaufläufe

Chicorée-Käseauflauf

500 g Chicorée
300 g gekochter Schinken ohne Fettrand
1 Eßl. Öl, ½ Teel. Salz
1 Messerspitze weißer Pfeffer
2 Eßl. Butter, 2 Eßl. Mehl
¼ l Milch
⅛ l trockener Weißwein
125 g Schmelzkäse (45% i. T.)
2 Eigelbe
2 Eßl. Semmelbrösel
1 Eßl. gehackte Petersilie
1 Eßl. Butter
Für die Form: Butter

Pro Portion etwa 2270 Joule/ 540 Kalorien

Die Chicoréestauden waschen, abtrocknen und die Strunkenden kürzen. Den Chicorée in etwa 1 cm breite und den Schinken in etwa ½ cm breite Streifen schneiden. Den Chicorée mit den Schinkenstreifen in dem Öl anbraten, mit dem Salz und dem Pfeffer mischen und beiseite stellen. Die Butter in einem Topf zerlassen, das Mehl darin hellgelb braten. Nach und nach mit der Milch auffüllen und 5 Minuten kochen lassen. Den Weißwein unterrühren, den Käse in die Sauce schneiden und unter Rühren schmelzen lassen. Die Sauce vom Herd nehmen und mit den verquirlten Eigelben mischen. Den Backofen auf 200° vorheizen. Eine feuerfeste Form mit Butter ausstreichen. Die Chicorée-Schinken-Mischung in die Form geben, mit der Käsesauce übergießen, die Semmelbrösel, die Petersilie und die Butter in Flöckchen daraufgeben. Den Auflauf 25 Minuten überbacken.

Moussaka

Griechischer Auberginenauflauf

Zutaten für 6 Personen:
1 kg Auberginen
2 Teel. Salz
4 Eßl. Öl
2 Zwiebeln
600 g gehackte Lammkeule
5 Eßl. trockener Wermutwein
je 1 Teel. Salz und Zucker
2 Messersp. schwarzer Pfeffer
1 Teel. getrockneter Oregano
5 Eßl. Semmelbrösel
500 g Tomaten
100 g geriebener Goudakäse
2 Eßl. Butter
2 Eßl. Mehl
¼ l Milch
3 Eier, Salz
1 Messerspitze weißer Pfeffer

Pro Portion etwa 2560 Joule/ 610 Kalorien

Die Auberginen schälen, in dicke Scheiben schneiden und mit dem Salz bestreut 1 Stunde ziehen lassen, dann abspülen, abtrocknen und in 2 Eßlöffeln Öl braten. Die Zwiebeln feinreiben und mit dem Hackfleisch im restlichen Öl anbraten. Den Wermut, ½ Tasse Wasser, alle Gewürze und die Semmelbrösel untermischen. Die Tomaten in dicke Scheiben schneiden. Den Backofen auf 200° vorheizen. Eine feuerfeste Form mit Auberginen auslegen, mit Käse bestreuen, Fleischmasse darauf verteilen und so fortfahren, bis alle Zutaten verbraucht sind. Die letzte Fleischschicht mit den Tomatenscheiben belegen. Aus den restlichen Zutaten eine Sauce kochen, über den Auflauf gießen. Den Auberginenauflauf 1 Stunde im Backofen überbacken.

Gemüseaufläufe

Aufläufe als Hauptgericht

Kartoffel-Tomaten-Auflauf

600 g Pellkartoffeln vom Vortag
2 Zwiebeln
500 g Tomaten
400 g Rinderfilet
1–2 Eßl. Öl
½ Teel. Salz
1 Messerspitze schwarzer Pfeffer
½ Teel. getrockneter Thymian
50 g geriebener Goudakäse
⅛ l saure Sahne
Für die Form: Butter

Pro Portion etwa 1680 Joule/ 400 Kalorien

Die Kartoffeln und die Zwiebeln schälen, die Tomaten waschen und alles in Scheiben schneiden. Das Fleisch waschen, abtrocknen und in 5–6 dünne Scheiben schneiden. Den Backofen auf 200° vorheizen. Die Filetscheiben im heißen Öl von jeder Seite etwa 2 Minuten scharf anbraten, aus der Pfanne nehmen, salzen und pfeffern. Eine feuerfeste Form mit Butter ausstreichen, eine Lage Kartoffelscheiben hineingeben, die Filetscheiben auf die Kartoffeln legen, das restliche Öl darüberträufeln und auf das Fleisch abwechselnd Kartoffel-, Tomaten- und Zwiebelscheiben geben. Mit Salz, Pfeffer und dem gerebelten Thymian bestreuen. Den Käse mit der sauren Sahne verrühren und über den Auflauf geben. Den Auflauf im Backofen 15 Minuten überbacken.

Das paßt dazu: ein frischer grüner Salat.

Sauerkrautauflauf

800 g Sauerkraut
⅛ l Fleischbrühe (Instant)
⅛ l naturtrüber Apfelsaft
2 Gewürznelken
2 Wacholderbeeren
1 große rote Paprikaschote
100 g durchwachsener Speck
500 g Kartoffeln
⅛ l Weißwein
2 Eßl. gehackte Petersilie
2 Eßl. Crème fraîche
1 Eßl. Butter

Pro Portion etwa 1765 Joule/ 420 Kalorien

Das Sauerkraut in einem Topf mit der Fleischbrühe und dem Apfelsaft begießen, die Gewürzkörner zugeben. Das Kraut zugedeckt etwa 40 Minuten bei schwacher Hitze dünsten. Die Paprikaschote halbieren, von Rippen und Kernen befreien, die Schotenhälften waschen, abtrocknen und in Streifen schneiden. Den Speck würfeln. Die Speckwürfel in einer Pfanne knusprig braun ausbraten und die Paprikastreifen im Speckfett unter Umwenden einige Minuten mitbraten. Den Backofen auf 220° vorheizen.
Die Kartoffeln schälen, waschen und in dünne Scheiben hobeln. Das Sauerkraut mit der Speck-Paprika-Mischung und dem Weißwein mischen und in eine feuerfeste Form füllen. Die Kartoffelscheiben auf das Sauerkraut legen und die Petersilie darüberstreuen. Die Crème fraîche auf die Kartoffelscheiben streichen und die Butter in Flöckchen daraufsetzen. Den Auflauf auf der mittleren Schiene 20 Minuten über backen.

Aufläufe als Hauptgericht

Gemüseaufläufe

Dotschwuchtele

500 g Kartoffeln
500 g Pellkartoffeln vom Vortag
2 Teel. Salz
1 Messerspitze geriebene Muskatnuß
50 g Mehl, ⅛ l Buttermilch
4 Eßl. Schweineschmalz
3 Eier, ⅛ l Sahne
Für die Form: Butter

Pro Portion etwa 2435 Joule/ 580 Kalorien

Die rohen Kartoffeln schälen, waschen und in eine Schüssel mit Wasser reiben. Die Kartoffelmasse in ein Tuch gießen, gut ausdrücken und das Kartoffelwasser stehen lassen, bis sich das Kartoffelmehl abgesetzt hat. Das Wasser dann vorsichtig abgießen und das Kartoffelmehl zu der Kartoffelmasse geben. Die Pellkartoffeln schälen und ebenfalls reiben. Die gesamte Kartoffelmasse mit dem Salz, dem Muskat, dem Mehl und so viel Buttermilch verrühren, daß eine geschmeidige Masse entsteht. Das Schmalz in einer großen Pfanne erhitzen. Mit einem in kaltes Wasser getauchten Eßlöffel Nocken (Wuchtele) abstechen, ins heiße Schmalz geben und an der Unterseite bräunen lassen. Den Backofen auf 200° vorheizen. Die Wuchtele mit der gebräunten Seite nach unten in eine feuerfeste gebutterte Form legen. Die Eier mit der Sahne verquirlen und über die Nocken gießen. Die Dotschwuchtele 20–30 Minuten überbacken.

Das paßt dazu: Löwenzahnsalat, Rezept Seite 46, oder Kressesalat.

Kartoffelauflauf mit Hering

Zutaten für 6 Personen:
1 kg Kartoffeln
400 g Salzheringe
1 Zwiebel, 3 Eßl. Butter
3 Eßl. Mehl
4 Eßl. Sahne
100 g gekochter Schinken ohne Fettrand
2 Eßl. geriebener Emmentaler Käse
2 Eßl. Butter
Für die Form: Butter

Pro Portion etwa 2245 Joule/ 535 Kalorien

Die Kartoffeln bürsten, in kochendes Salzwasser legen und in etwa 30 Minuten darin garen. Die Heringe 30 Minuten wässern; das Wasser wiederholt erneuern. Die Heringe dann häuten, entgräten und würfeln. Die Kartoffeln schälen und in nicht zu dünne Scheiben schneiden. Die Zwiebel schälen und würfeln. Die Butter zerlassen, die Zwiebelwürfel darin glasig braten, das Mehl darüberstäuben und hellgelb anbraten. Unter Rühren ⅛ l Wasser zufügen und die Sauce 5 Minuten leicht kochen lassen. Die Sahne unterrühren. Den Schinken würfeln und in die Sauce mischen. Den Backofen auf 200° vorheizen. Die Kartoffelscheiben und die Heringe in eine feuerfeste gebutterte Form schichten. Mit einer Lage Kartoffeln abschließen. Die Sauce darübergießen, den Käse und die Butter in Flöckchen darübergeben. Den Auflauf 30 Minuten überbacken.

Das paßt dazu: Rote-Bete-Salat.

179

Süße Aufläufe

Aufläufe als Hauptgericht

Sauerkirschauflauf

500 g Sauerkirschen
5 Eßl. Zucker, 5 Eßl. Rosinen
500 g Magerquark
2 Eigelbe, 2 Eßl. Zucker
1 Päckchen Vanillinzucker
1 Eßl. Speisestärke
½ Tasse Milch
4 Eiweiße, 1 Prise Salz

Pro Portion etwa 1890 Joule/ 450 Kalorien

Die Kirschen waschen und entsteinen. 1 l Wasser mit dem Zucker zum Kochen bringen, die Kirschen hineingeben, 5 Minuten darin kochen und abtropfen lassen. Die Rosinen in heißem Wasser gründlich waschen und abtropfen lassen. Den Quark mit den Eigelben, dem Zucker, dem Vanillinzucker verrühren. Die Speisestärke mit der Milch anrühren und unter die Quarkmasse mischen. Die Eiweiße mit dem Salz zu steifem Schnee schlagen und mit den Rosinen unter die Quarkmasse heben. Den Backofen auf 180° vorheizen. Den Quark mit den Kirschen in einer feuerfesten Form mischen und im Backofen 45 Minuten backen.

> **Unser Tip**
> Statt der Sauerkirschen können Sie für diesen Auflauf auch süße Kirschen, Himbeeren, Brombeeren oder Johannisbeeren verwenden; den Zucker dann der Fruchtsüße entsprechend zufügen.

Überbackene Topfenpalatschinken

Zutaten für 8 Personen:
200 g Mehl, 3 Eier
1 Prise Salz
⅜ l Mineralwasser
50 g Butter
400 g Sahnequark
3 Eßl. Zucker
50 g Rosinen
½ Vanilleschote
1 Eigelb, 1 Eßl. Rum
¹⁄₁₆ l saure Sahne
60 g geröstete Mandelblättchen
Für die Form: Butter

Pro Portion etwa 1575 Joule/ 375 Kalorien

Das Mehl in eine Schüssel sieben und mit den Eiern, dem Salz und dem Mineralwasser zu einem glatten Teig verrühren. Den Teig zugedeckt 20–30 Minuten ruhen lassen. Die feuerfeste Form mit Butter ausstreichen. Den Backofen auf 200° vorheizen. Die Butter nach und nach in einer großen Pfanne erhitzen und aus dem Teig 4 gleich große Palatschinken braten. Die fertigen Palatschinken warm stellen. Den Quark mit dem Zucker verrühren. Die Rosinen heiß waschen, trockenreiben und mit dem herausgekratzten Vanillemark, dem Eigelb und dem Rum unter den Quark mischen. Die Palatschinken mit dem Quark füllen, aufrollen und in die Form legen. Die saure Sahne über die Palatschinken gießen und diese auf der mittleren Schiene im Backofen 20 Minuten überbacken; vor dem Servieren mit den Mandelblättchen bestreuen.

Aufläufe als Hauptgericht

Süße Aufläufe

Apfel-Reisauflauf

¾ l Milch
1 Prise Salz
150 g Rundkornreis
1 Vanilleschote
2 Eier
2 Eßl. Zucker
500 g Äpfel
1 Eßl. Zitronensaft
2 Eßl. Puderzucker
Für die Form: Butter

Pro Portion etwa 1870 Joule/ 445 Kalorien

Die Milch mit dem Salz zum Kochen bringen, den Reis einstreuen und bei schwacher Hitze in etwa 30 Minuten ausquellen lassen. Den Reis dann abkühlen lassen. Den Backofen auf 200° vorheizen. Eine feuerfeste Form mit der Butter ausstreichen. Die Vanilleschote mit einem spitzen Messer längs aufschneiden und das Mark herauskratzen. Die Eier in Eigelbe und Eiweiße trennen. Die Eigelbe mit dem Zucker und dem Vanillemark verrühren und unter den Milchreis mischen. Die Eiweiße zu steifem Schnee schlagen und unter den Milchreis heben. Die Äpfel dünn schälen, das Kerngehäuse mit einem Apfelausstecher ausstechen und die Äpfel dann in gleich dicke Scheiben schneiden. Abwechselnd Reis und Apfelscheiben in die feuerfeste Form füllen; mit einer Schicht Äpfel abschließen. Die Apfelscheiben mit dem Zitronensaft beträufeln und mit dem Puderzucker besieben. Den Reisauflauf im Backofen auf der mittleren Schiene in etwa 20 Minuten goldgelb überbacken.

Kirschenmichel

Zutaten für 8 Personen:
1 kg süße Kirschen
6 altbackene Brötchen
⅜ l lauwarme Milch
4 Eier
100 g Zucker
1 Teel. Zimt
50 g gehackte Mandeln
1 Prise Salz
2 Eßl. Butter
2 Eßl. Puderzucker
Für die Form: Butter

Pro Portion etwa 1680 Joule/ 400 Kalorien

Die Kirschen waschen, abtrocknen, entstielen und entsteinen. Die Brötchen in Würfel schneiden, mit der Milch übergießen und gut weichen lassen. Den Backofen auf 200° vorheizen. Eine feuerfeste Auflaufform mit Butter ausstreichen. Die Eier in Eigelbe und Eiweiße trennen. Die Eigelbe mit dem Zucker und dem Zimt verrühren und mit den Kirschen und den gehackten Mandeln unter die Brötchenmasse mischen. Die Eiweiße mit dem Salz zu steifem Schnee schlagen, diesen unter die Brötchenmasse heben und alles in die feuerfeste Form füllen. Den Auflauf mit der Butter in Flöckchen belegen und im Backofen auf der zweiten Schiene von unten 40–50 Minuten backen. Den Kirschenmichel vor dem Servieren mit dem Puderzucker besieben.

Das paßt dazu: Vanillesauce.

Süße Mahlzeiten

Mehlspeisen und Desserts

Servietten-Pflaumenknödel

Zutaten für 6 Personen:
½ l Milch, 150 g Grieß
3 altbackene Brötchen
1 Eßl. Butter
2 Eier, 1 Prise Salz
3 Eßl. Zucker, 1 Teel. Zimt
1 Päckchen Vanillinzucker
1 Teel. abgeriebene Schale von 1 unbehandelten Zitrone
500 g Pflaumen
4 Eßl. Semmelbrösel

Pro Portion etwa 1640 Joule/ 390 Kalorien

Die Milch erhitzen, den Grieß unter Rühren einstreuen, ausquellen, dann abkühlen lassen. Die Rinde der Brötchen abreiben. Die Brötchen würfeln und in der Butter anbraten; in eine Schüssel geben. Die Eier mit dem Salz, dem Zucker, dem Zimt, dem Vanillinzucker und der Zitronenschale verrühren und über die Brötchenmasse gießen. Die Pflaumen waschen, entsteinen, würfeln und mit der Brötchenmasse und dem abgekühlten Grieß mischen. Soviel Semmelbrösel unterkneten, daß der Teig nicht mehr klebt. Reichlich Salzwasser in einem großen Topf zum Kochen bringen. Einen Knödel formen, in eine große Serviette geben und die Serviette über dem Knödel zusammenknoten. Den Knödel an einem Kochlöffelstiel ins kochende Salzwasser hängen (er darf den Topfboden nicht berühren) und in 40 Minuten im leicht kochenden Salzwasser garen.

Das paßt dazu: warme Vanillesauce.

Holländische Reistorte

400 g Aprikosenhälften aus der Dose
1 l Milch, 1 Vanilleschote
1 Teel. abgeriebene Zitronenschale
200 g Rundkornreis
100 g Butter, 4 Eigelbe
100 Zucker, 50 g Mehl
50 g gemahlene Mandeln
3 Eiweiße, 1 Prise Salz
2 Eßl. Puderzucker
⅟₁₆ l Sahne
Für die Form: Butter, Mehl

Bei 12 Stücken pro Stück etwa 1385 Joule/330 Kalorien

Die Aprikosen abtropfen lassen, 6 Hälften halbieren und beiseite stellen, die restlichen Aprikosen würfeln. Die Milch mit der aufgeschnittenen Vanilleschote, der Zitronenschale und dem Reis aufkochen, bei schwacher Hitze etwa 20 Minuten ausquellen und dann abkühlen lassen. Den Backofen auf 200° vorheizen. Die Butter mit den Eigelben, dem Zucker, dem Mehl und den Mandeln schaumig rühren. Die Eiweiße mit dem Salz steif schlagen. Die Aprikosenwürfel und die Buttermischung mit dem Reis mischen, den Eischnee unterheben. Eine Springform von 24 cm Durchmesser mit Butter ausstreichen und mit Mehl ausstäuben. Die Reismasse einfüllen und im Backofen 1 Stunde backen. Die Torte in der Form 10 Minuten abkühlen lassen, auf eine Kuchenplatte stürzen. Die kalte Torte mit dem Puderzucker besieben, mit der steifgeschlagenen Sahne und den Aprikosenspalten garnieren.

182

Mehlspeisen und Desserts

Crêpes mit Aprikosen

50 g Mehl
⅛ l Mineralwasser
je 1 Prise Salz und Zucker
2 Eier, 2 Eßl. Butter
400 g frische Aprikosen
100 g Zucker
Saft von ½ Zitrone
1 Eßl. Aprikosengeist oder Mandellikör
Puderzucker

Pro Portion etwa 1 300 Joule/ 310 Kalorien

Das Mehl in eine Schüssel sieben und mit dem Mineralwasser, dem Salz, dem Zucker und den Eiern mit dem Schneebesen zu einem glatten Teig verrühren. Den Teig 30 Minuten zugedeckt ruhen lassen. Die Butter in einem kleinen Töpfchen schmelzen lassen. Die Aprikosen in kochendheißem Wasser blanchieren, häuten, halbieren und die Steine entfernen. Den Zucker mit 1 Tasse Wasser und dem Zitronensaft etwa 3 Minuten kochen lassen. Die halbierten Aprikosen in dünne Spalten schneiden, in den heißen Zuckersirup geben und darin 10 Minuten ziehen lassen. Die Aprikosen mit dem Aprikosengeist verrühren und kalt werden lassen. Den Teig noch einmal gründlich durchrühren. Etwas flüssige Butter aus dem Töpfchen in eine kleine Pfanne gießen, die Pfanne damit überziehen und den Rest der Butter wieder zurückgießen. Einen kleinen Schöpflöffel Teig in die Pfanne gießen, durch Bewegen der Pfanne breitlaufen lassen und daraus eine hauchdünne Crêpe von beiden Seiten goldbraun backen. Die fertigen Crêpes zwischen zwei Tellern im mäßig heißen Backofen warm halten. Die Aprikosen abtropfen lassen. Die Crêpes zu kleinen Tüten falten und die Tüten mit den Aprikosen füllen. Die Crêpes nach Belieben mit Puderzucker besieben.

Das paßt dazu: heiße Schokoladensauce.

Süße Mahlzeiten

Süße Mahlzeiten

Mehlspeisen und Desserts

Marillenknödel

Zutaten für 6 Personen:
500 g kleine Aprikosen/Marillen
pro Aprikose 1 Stück Würfelzucker
30 g Butter
150 g Mehl
2 Eier
2 l Wasser, 1 Teel. Salz
100 g Semmelbrösel
3 Eßl. Puderzucker

Pro Portion etwa 1930 Joule/ 460 Kalorien

Die Aprikosen waschen, abtrocknen, halbieren, die Steine entfernen und in jede Frucht 1 Stück Würfelzucker stecken. 1½ Tassen Wasser zum Kochen bringen, 2 Eßlöffel von der Butter darin zerlassen, das Mehl auf einmal in das sprudelnd kochende Wasser schütten und kräftig rühren, bis sich am Topfboden ein Kloß bildet. Den Topf dann vom Herd nehmen, den Teig etwas abkühlen lassen und 1 Ei nach dem anderen unter den Teig rühren. Aus dem noch lauwarmen Teig eine Rolle formen und davon so viele Scheiben, wie Aprikosen vorhanden sind, abschneiden. Jede Teigscheibe etwas breitdrücken, jeweils 1 Aprikose damit einwickeln und 5 Minuten trocknen lassen. 2 l Salzwasser zum Kochen bringen, die Marillenknödel einlegen, die Hitze zurückschalten und die Knödel in etwa 10 Minuten gar ziehen lassen. Die restliche Butter in einer Pfanne zerlassen und die Semmelbrösel darin bräunen. Die Knödel gut abtropfen lassen, mit den Semmelbröseln bestreuen und mit dem Puderzucker besieben.

Wiener Kaiserschmarrn

Zutaten für 6 Personen:
8 Eier, 1 Eßl. Zucker
1 Tasse Milch, 250 g Mehl
½ Teel. Salz
100 g Rosinen
4 Eßl. Butter
3 Eßl. Puderzucker

Pro Portion etwa 1890 Joule/ 450 Kalorien

Die Eier in Eigelbe und Eiweiße trennen. Die Eigelbe mit dem Zucker, der Milch, dem Mehl und dem Salz zu einem glatten Teig verrühren. Den Teig zugedeckt 30 Minuten quellen lassen. Die Eiweiße zu steifem Schnee schlagen. Die Rosinen heiß überbrühen, gründlich abwaschen und abtropfen lassen. Den Eischnee unter den Teig heben und die Rosinen darüberschütten. 1 Eßlöffel Butter in einer Pfanne erhitzen, ein Viertel des Teiges in die Pfanne geben und etwa 3 Minuten backen, bis die Unterseite goldgelb ist. Den Eierpfannkuchen dann wenden und weitere 3 Minuten backen. Den Eierkuchen in der Pfanne mit zwei Gabeln in kleine unregelmäßige Stücke reißen, unter Umwenden noch 1 Minute weiterbraten und dann auf einer vorgewärmten Platte anrichten. Alle Eierkuchen backen, bis der ganze Teig verbraucht ist; die bereits fertigen Portionen im Backofen bei etwa 100° heiß halten. Den fertigen Kaiserschmarrn vor dem Servieren mit dem Puderzucker besieben.

Das paßt dazu: Apfelkompott oder gezuckerte Beeren.

Mehlspeisen und Desserts

Süße Mahlzeiten

Hollerkücherl

16 Holunderblütendolden
100 g Mehl
1 Ei
⅛ l helles Bier
1 Prise Salz
1 l Öl oder 750 g reines Pflanzenfett
4 Eßl. Zucker
2 Teel. Zimt

Pro Portion etwa 1050 Joule/ 250 Kalorien

Die Holunderblüten unter zartem Wasserstrahl abbrausen und auf einem Küchentuch gut abtropfen lassen. Das Mehl in eine Schüssel sieben. Das Ei in Eiweiß und Eigelb trennen. Das Eigelb mit dem Mehl verrühren und soviel vom Bier untermischen, daß ein dickflüssiger Teig entsteht. Den Teig zugedeckt 30 Minuten quellen lassen. Das Eiweiß mit dem Salz zu steifem Schnee schlagen. Das Fett in der Friteuse oder in einem großen Topf auf 180° erhitzen. Den Ausbackteig noch einmal gut durchrühren und den Eischnee unterheben. Die Blütendolden nacheinander in den Ausbackteig tauchen und sofort ins heiße Fett geben. Jede Blütendolde 4–6 Minuten ausbacken und dann auf saugfähigem Papier abtropfen lassen. Die fertigen Dolden auf einer heißen Platte im auf 100° vorgeheizten Backofen warm halten, bis alle Blütendolden fritiert sind. Den Zucker mit dem Zimt mischen und über die Hollerkücherl streuen.

Apfelkücherl

2 Eier
200 g Mehl
¼ l Milch oder Weißwein
1 Messerspitze Salz
500 g säuerliche Äpfel
2 Eßl. Puderzucker oder 2 Eßl. Zucker, 1 Teel. Zimt
Zum Fritieren: 1 l Öl

Pro Portion etwa 1720 Joule/ 410 Kalorien

Die Eier in Eigelbe und Eiweiße trennen. Die Eigelbe mit dem Mehl und der Milch oder dem Wein zu einem zähflüssigen Teig verrühren; 30 Minuten quellen lassen. Die Eiweiße mit dem Salz zu steifem Schnee schlagen. Die Äpfel schälen und das Kerngehäuse ausstechen. Die Äpfel in etwa 1 cm dicke Scheiben schneiden. Das Öl in einer Friteuse oder in einem großen Topf auf 180° erhitzen. Den Teig durchrühren und den Eischnee unterheben. Die Apfelscheiben in den Teig tauchen, ins heiße Fett legen und von jeder Seite knusprig braun ausbacken, dann auf saugfähigem Papier abtropfen lassen und im Backofen bei 100° warm halten, bis alle Kücherl gebacken sind. Die Apfelkücherl vor dem Servieren mit dem Puderzucker oder mit dem Zimt-Zucker bestreuen.

Unser Tip
Statt der Apfelkücherl, auch Apfelbeignets genannt, können Sie ebenso Ananasbeignets herstellen.

185

Süße Mahlzeiten

Mehlspeisen und Desserts

Bühler Pflaumenpudding

Zutaten für 8 Personen:
500 g reife Pflaumen oder Zwetschgen
200 g Zucker
Saft und Schale von 2 unbehandelten Zitronen
6 Blätter rote Gelatine
4 Eßl. Slibowitz
1 Messersp. gemahlener Zimt
2 Päckchen Vanillinzucker
100 g abgezogene grobgehackte Mandeln
⅛ l Sahne

Pro Portion etwa 1 220 Joule/ 290 Kalorien

Die Pflaumen waschen, halbieren, entsteinen und mit ¼ l Wasser in einem Topf bei schwacher Hitze etwa 20 Minuten ziehen lassen. Die Pflaumen dann pürieren. Das Püree wieder in den Topf geben, mit dem Zucker, dem Zitronensaft und der Zitronenschale mischen. Die Gelatine in reichlich kaltem Wasser einweichen. Das Pflaumenpüree unter Rühren langsam erhitzen und mit dem Slibowitz, dem Zimt und dem Vanillinzucker verrühren. Die gut gequollene Gelatine in ½ l heißem Wasser auflösen und durch ein Sieb zum Pflaumenpüree geben. Eine Puddingform kalt ausspülen, die Masse einmal gut durchrühren, in die Form füllen und kalt werden lassen. Den Pudding dann im Kühlschrank in etwa 4 Stunden erstarren lassen; vor dem Servieren stürzen und mit den gehackten Mandeln bestreuen. Die Sahne zu steifem Schnee schlagen und in Rosetten um den Pudding spritzen.

Mohr im Hemd

Zutaten für 6 Personen:
50 g weiche Butter
5 Eier
100 g Zucker
100 g halbbittere Schokolade
120 g abgezogene gemahlene Mandeln
Für die Puddingform: Butter

Pro Portion ohne Sahne etwa 1 745 Joule/415 Kalorien

Die Butter schaumig rühren. Die Eier in Eigelbe und Eiweiße trennen. Die Eigelbe mit dem Zucker unter die Butter rühren, bis eine cremige Masse entstanden ist. Die Schokolade bei schwacher Hitze schmelzen lassen. Die geschmolzene Schokolade mit den gemahlenen Mandeln unter die Buttermasse rühren. Die Masse soll schwer reißend vom Löffel fallen; ist sie zu dünnflüssig, 1–2 Eßlöffel Semmelbrösel unterrühren. Die Eiweiße zu steifem Schnee schlagen und langsam unter die Puddingmasse heben. Eine Puddingform mit Butter ausstreichen und die Masse einfüllen. Den Deckel schließen und die Form in leicht kochendes Wasser stellen. Die Form soll gut zu zwei Drittel von kochendem Wasser umgeben sein. Den Pudding dann im Wasserbad in 50 Minuten garen. Den Pudding auf eine Platte stürzen und heiß servieren.

Das paßt dazu: halbsteif geschlagene, kräftig mit Vanille aromatisierte Sahne.

Mehlspeisen und Desserts

Süße Mahlzeiten

Germknödel mit Mohn

Zutaten für 20 Knödel:
30 g Hefe/Germ
2 Teel. Zucker
⅛ l lauwarme Milch
500 g Mehl, 2 Eier
3 Eßl. Zucker, ½ Teel. Salz
100 g weiche Butter
abgeriebene Schale von
  ½ unbehandelten Zitrone
200 g Pflaumenmus/Powidl
2 Eßl. Rum, 2 Messersp. Zimt
200 g gemahlener Mohn
100 g Puderzucker
200 g zerlassene Butter

Pro Knödel etwa 1 430 Joule/ 340 Kalorien

Die Hefe mit dem Zucker und etwas Milch verrühren, wenig Mehl darüberstäuben und etwa 15 Minuten gehen lassen. Das Mehl in eine Schüssel sieben, mit dem Hefevorteig, den Eiern, dem Zucker, dem Salz, der Butter, der Zitronenschale und der restlichen Milch verrühren. Den Teig schlagen bis er glänzt und Blasen wirft, dann zugedeckt 1 Stunde gehen lassen. Das Pflaumenmus mit dem Rum und dem Zimt verrühren. Aus dem Hefeteig 20 Scheiben von 5 cm Durchmesser formen, jeweils 1 Teelöffel Pflaumenmus daraufgeben, Knödel formen und diese zugedeckt 20 Minuten gehen lassen. Reichlich Salzwasser zum Kochen bringen. Die Knödel 6 Minuten leicht kochen lassen, dann umdrehen und weitere 6 Minuten kochen lassen. Den Mohn mit dem Puderzucker mischen. Die Knödel mit der Butter übergießen und mit dem Mohn-Zucker bestreut heiß servieren.

Marillen-Palatschinken

150 g Mehl, 2 Eier
1 Prise Salz, ¹⁄₁₆ l Milch
⅛ l Mineralwasser
4 Eßl. Butter
100 g Marillenmarmelade/
  Aprikosenmarmelade
4 Aprikosenhälften aus der
  Dose
Zum Bestreuen:
3 Eßl. Butter
3 Eßl. Semmelbrösel
2 Eßl. Zucker
2 Eßl. gehackte Walnußkerne

Pro Portion etwa 2 435 Joule/ 580 Kalorien

Das Mehl in eine Schüssel sieben und mit den Eiern und dem Salz zu einem dicken Teig verrühren. So viel von der Milch und dem Mineralwasser zugeben, daß ein dünnflüssiger Teig entsteht. Den Teig zugedeckt 30 Minuten quellen lassen. Nach und nach etwas Butter in der Pfanne erhitzen und 4 Palatschinken (Pfannkuchen) in der heißen Butter von beiden Seiten knusprig braun braten. Die fertigen Palatschinken im Backofen bei etwa 100° heiß halten. Die Marillenmarmelade erhitzen und mit wenig heißem Wasser glattrühren. Die Palatschinken damit bestreichen, aufrollen und auf Portionstellern oder einer Platte anrichten. Die Aprikosenhälften in Spalten schneiden und die Palatschinken damit belegen. Die Butter in einer Pfanne zerlassen, die Semmelbrösel, den Zucker und die Nüsse unter Rühren darin hellbraun anbraten und über die Palatschinken streuen.

187

Süße Mahlzeiten

Mehlspeisen und Desserts

Schlesische Mohnkließla

Zutaten für 8 Personen:
6 altbackene Brötchen
50 g Rosinen, ½ l Milch
6 Eßl. Zucker, 2 Eßl. Rum
250 g gemahlener Mohn
50 g gehackte Mandeln
2 Eßl. Puderzucker

Pro Portion etwa 1890 Joule/ 450 Kalorien

Die Brötchen in Scheiben schneiden. Die Rosinen waschen und in heißem Wasser einweichen. Die Milch mit dem Zucker zum Kochen bringen und ¼ l davon über das Brot gießen. Es soll gut durchweichen, jedoch nicht zerfallen. Die restliche heiße Milch und den Rum über den Mohn gießen. Die Rosinen abtropfen lassen und mit den Mandeln zum Mohn geben. Die Mohnmasse gut durchmischen. In eine Servierschale abwechselnd Brötchenscheiben und Mohnmasse schichten. Mit Mohn abschließen. Die Mohnkließla 2 Stunden im Kühlschrank durchkühlen lassen, mit Puderzucker besieben.

Unser Tip
Hier liegt kein Irrtum vor: Mohnkließla werden nicht rund geformt, sondern geschichtet. In Schlesien gehören sie traditionell zum Abschluß eines Festabends, wie an Weihnachten oder Silvester. Sie werden zu Glühwein genossen.

Dukatennudeln

Zutaten für 20 Nudeln:
400 g Mehl, 35 g Hefe
1 Prise Zucker
³⁄₁₆–¼ l lauwarme Milch
40 g weiche Butter
1 Eigelb, 1 Ei, 1 Prise Salz
Zum Backen: ¼ l Milch
70 g Butter, 4 Eßl. Zucker
Für die Bratreine: Butter

Pro Nudel etwa 630 Joule/ 150 Kalorien

Das Mehl in eine Schüssel sieben, die Hefe in die Mitte bröckeln und mit dem Zucker, wenig Milch und etwas Mehl zu einem Hefevorteig verrühren. Etwas Mehl darüberstreuen und den Vorteig etwa 20 Minuten gehen lassen. Die Butter mit dem Eigelb und dem Ei schaumig rühren und mit der restlichen Milch und dem Salz zum Vorteig geben; mit dem gesamten Mehl schlagen, bis der Teig Blasen wirft und sich vom Schüsselrand löst. Den Teig dann zugedeckt 30–50 Minuten gehen lassen, bis er sein Volumen verdoppelt hat. Den Hefeteig auf einer leicht bemehlten Arbeitsfläche durchkneten und walnußgroße Bällchen formen. Eine Bratreine mit Butter ausstreichen. Die Teigklößchen in geringem Abstand nebeneinander in die Reine geben und zugedeckt noch einmal gehen lassen. Den Backofen auf 200° vorheizen. Die Milch mit der Butter erhitzen, über die Dukatennudeln gießen, den Zucker darüberstreuen und die Nudeln in etwa 30 Minuten goldbraun backen. Die Dukatennudeln heiß mit Vanillesauce oder abgekühlt zum Kaffee servieren.

188

Mehlspeisen und Desserts

Süße Mahlzeiten

Milchrahmstrudel

Zutaten für 6–8 Personen:
Für den Teig:
250 g Mehl, 1 Prise Salz
1 Ei, 2 Teel. Öl
einige Tropfen Weinessig
Für die Füllung:
4 altbackene Brötchen
¼ l kalte Milch
100 g Butter, 200 g Zucker
abgeriebene Schale von
* 1 unbehandelten Zitrone*
3 Eier, 150 g Sahne
80 g Rosinen
Zum Garen:
50 g Butter, ⅛ l Milch
2 Eßl. Zucker
½ Vanilleschote

Bei 6 Portionen pro Portion etwa 3 150 Joule/750 Kalorien

Das Mehl mit dem Salz, dem Ei, 1 Teelöffel Öl, dem Essig und 5–6 Eßlöffeln Wasser zu einem festen, seidig glänzenden Teig verkneten, diesen mit dem restlichen Öl bestreichen und unter einer angewärmten Schüssel 30 Minuten ruhen lassen. Die Brötchen in Würfel schneiden, mit der Milch übergießen und durchweichen lassen. Die Butter mit 100 g Zucker und der Zitronenschale schaumig rühren. Die Eier in Eigelbe und Eiweiße trennen. Die Eigelbe nach und nach unter die Buttermasse mischen. Die Brötchen ausdrücken, durch ein feines Drahtsieb passieren und mit der Buttermasse und der Sahne verrühren. Die Eiweiße steif schlagen, dabei den restlichen Zucker einrieseln lassen. Ein großes Tuch mit Mehl bestäuben, die Teigkugel darauf mit dem Wellholz zu einem 70 × 80 cm großen Rechteck ausrollen, über den Handflächen papierdünn ausziehen und auf dem Tuch ruhen lassen. Die dicken Ränder abschneiden und damit eventuell entstandene Löcher flicken. Den Eischnee unter die Brötchenmasse heben und die Füllung gleichmäßig auf der Teigfläche verstreichen, dabei einen 5–7 cm breiten Rand frei lassen. Die Rosinen heiß waschen, abtropfen lassen und über die Füllung streuen. Den Strudel der Länge nach aufrollen. Den Backofen auf 200° vorheizen. Eine Bratreine oder einen gußeisernen Topf mit zerlassener Butter ausstreichen. Den Strudel einlegen und mit Butter beträufeln; im Backofen 1 Stunde backen. Die Milch mit dem Zucker verrühren und mit der aufgeschnittenen Vanilleschote zum Kochen bringen. Sobald der Strudel zu bräunen beginnt, heiße Vanillemilch zugießen. Gegen Ende der Garzeit die restliche Milch über den Strudel gießen; heiß servieren.

Das paßt dazu: Vanillesauce.

Unser Tip

Wenn Sie aus dem gleichen Strudelteig einen Apfelstrudel zubereiten wollen, schneiden Sie für die Füllung 1 kg geschälte säuerliche Äpfel klein und bestreuen diese mit Zimt-Zucker, 5 Eßlöffeln in Butter gebräunten Semmelbröseln und je 80 g Rosinen und gehackten Haselnüssen. ⅛ l saure Sahne darüberträufeln.

Feine Obstdesserts

Mehlspeisen und Desserts

Früchte, raffiniert serviert

Rotweinpflaumen
(im Bild hinten links)

*500 g Pflaumen, 1/8 l Rotwein
100 g Zucker, 1/2 Stange Zimt
2 Gewürznelken
1/8 l Sahne, 2 Teel. Zucker
1 Eßl. geröstete
 Mandelblättchen*

Pro Portion etwa 1 385 Joule/
330 Kalorien

Die Pflaumen waschen, abtrocknen, entsteinen und halbieren. Den Rotwein mit dem Zucker, der Zimtstange und den Nelken aufkochen, die Pflaumen darin zugedeckt 10 Minuten köcheln lassen, abgekühlt mit Schlagsahne und den Mandeln verzieren.

Sauerkirschdessert
(im Bild vorne links)

*500 g Sauerkirschen
je 1/8 l Weißwein und Wasser
100 g Zucker
1 Teel. Speisestärke
1 Schnapsglas Kirschwasser
1/8 l Sahne, 2 Teel. Zucker
1 Eßl. gehackte Pistazien*

Pro Portion etwa 1 470 Joule/
350 Kalorien

Die Kirschen waschen, entsteinen und mit dem Weißwein, dem Wasser und dem Zucker 8 Minuten leicht kochen lassen, abseihen und die Flüssigkeit in den Topf zurückgießen, mit der kalt angerührten Speisestärke binden. Die Kirschen mit dem Kirschwasser untermengen, gekühlt und mit Schlagsahne und den Pistazien garniert servieren.

Weißherbst-Pfirsiche
(im Bild vorne rechts)

*2 große weißfleischige Pfirsiche
je 1/8 l Weißherbst und Wasser
2 Teel. Zitronensaft
abgeriebene Schale von
 1/2 unbehandelten Zitrone
1/2 Teel. kleingehackte
 Ingwerwurzel
50 g Zucker, 1/2 Stange Zimt
1 Teel. Speisestärke
2 Eßl. Schokoladenraspel*

Pro Portion etwa 1 090 Joule/
260 Kalorien

Die Pfirsiche blanchieren, häuten, halbieren und die Steine entfernen. Den Wein mit dem Wasser, dem Zitronensaft, der Zitronenschale, dem Ingwer, dem Zucker und dem Zimt zum Kochen bringen, die Pfirsichhälften darin 10 Minuten dünsten, herausnehmen und abkühlen lassen. Den Sud mit der kalt angerührten Speisestärke binden, über die Pfirsiche gießen, erkalten lassen. Mit Schokoladenraspel bestreuen.

Kirschkompott mit Weinschaumsauce
(im Bild hinten rechts)

*400 g Kompottkirschen
1 Ei, 2 Eigelbe, 1 Eßl. Zucker
2 Eßl. Pfefferminzlikör
5 Eßl. Marsalawein*

Pro Portion etwa 800 Joule/
190 Kalorien

Das Kompott in vier Schalen kühl stellen. Alle übrigen Zutaten mit dem Schneebesen im heißen Wasserbad cremig schlagen; in eiskaltes Wasser stellen und die Creme kaltrühren, über die Kirschen gießen.

Mehlspeisen und Desserts

Feine Obstdesserts

Flambierter Obstcocktail

*300 g Stachelbeeren
200 g Kirschen
300 g frische Ananas
1 großer reifer Pfirsich
1 Eßl. Zucker, ⅛ l Apfelsaft
2 Eßl. Butter, 1 Eßl. Zucker
je 2 Schnapsgläser Grand
  Marnier und Kirschwasser*

Pro Portion etwa 1 405 Joule/ 335 Kalorien

Die Stachelbeeren und die Kirschen waschen, von den Stachelbeeren die Stielansätze entfernen, die Kirschen halbieren und entsteinen. Die Ananas schälen, in Scheiben schneiden und die Scheiben würfeln. Den Pfirsich blanchieren, häuten und in dünne Spalten schneiden. Das Obst mit dem Zucker und dem Apfelsaft zugedeckt bei schwacher Hitze 10 Minuten dünsten, dann in einem Sieb abtropfen lassen, den Fruchtsaft auffangen und 4 Eßlöffel davon abmessen. Die Butter in einer Flambierpfanne schmelzen lassen, den Zucker hineingeben und unter Rühren leicht karamelisieren lassen. Die gut abgetropften Früchte unter Umwenden in dem karamelisierten Zucker erhitzen. Den Grand Marnier und das Kirschwasser in einem Schöpflöffel mischen, über einer Kerzenflamme etwas erwärmen, über die Früchte gießen und anzünden. Die Flamme kurz hochbrennen lassen und mit den 4 Eßlöffeln Fruchtsaft löschen.

Das paßt dazu: Vanilleeis und Schlagsahne.

Flambierte Pfirsiche auf Vanilleeis

*Zutaten für 6 Personen:
6 reife gelbfleischige Pfirsiche
⅛ l Weißwein
2 Teel. Honig
2 Eßl. Butter
1 Eßl. Zucker
3 Schnapsgläser Cointreau (6 cl)
2 Schnapsgläser Himbeergeist
  (4 cl)
6 Kugeln Vanilleeiscreme*

Pro Portion etwa 1 385 Joule/ 330 Kalorien

Die Pfirsiche blanchieren, die Haut abziehen, die Pfirsiche halbieren und die Steine auslösen. Den Weißwein mit dem Honig verrühren, die Pfirsiche hineinlegen und zugedeckt bei schwacher Hitze 10 Minuten dünsten. Die Pfirsiche dann abtropfen lassen und den Kochsud aufbewahren. Die Butter in einer Flambierpfanne zerlassen, den Zucker hineinstreuen und unter Rühren leicht karamelisieren lassen. Die Pfirsiche unter Umwenden bei schwacher Hitze in dem karamelisierten Zucker erhitzen und 6 Eßlöffel vom Pfirsichsud zugeben. Den Cointreau mit dem Himbeergeist in einem Schöpflöffel über einer Kerzenflamme leicht erwärmen und über den gut heißen Pfanneninhalt gießen. Den Alkohol dann anzünden und ausbrennen lassen. Die heißen Pfirsiche auf je 1 Kugel Vanilleeiscreme anrichten und sofort servieren.

Das paßt dazu: Eiswaffeln oder Hohlhippen.

191

Feine Obstdesserts

Mehlspeisen und Desserts

Rotweinäpfel

4 Äpfel
3 Blätter rote Gelatine
¼ l Rotwein
1 Stück Schale einer unbehandelten Zitrone
½ Stange Zimt
4 Eßl. Johannisbeergelee
1 Eßl. Zucker, ⅛ l Milch
½ Päckchen Vanille-Saucenpulver
1 Eßl. Zucker, ⅛ l Sahne
1 Eßl. gehackte Pistazien

Pro Portion etwa 1 640 Joule/ 390 Kalorien

Die Äpfel schälen und das Kerngehäuse mit einem Apfelausstecher ausstechen. Die Gelatine in reichlich kaltem Wasser einweichen. Den Rotwein mit der Zitronenschale und der Zimtstange aufkochen lassen, die Äpfel hineingeben und zugedeckt bei schwacher Hitze 10 Minuten dünsten. Die Äpfel dann herausnehmen und abkühlen lassen. Das Johannisbeergelee in die Mitte der Äpfel füllen. Die Zitronenschale und die Zimtstange aus dem Rotwein nehmen. Den Zucker und die gut ausgedrückte Gelatine in dem noch heißen Rotwein auflösen und über die Äpfel gießen. Den Rotwein im Kühlschrank erstarren lassen. Von der Milch 2 Eßlöffel abnehmen und das Saucenpulver darin anrühren. Die restliche Milch mit dem Zucker unter Rühren zum Kochen bringen, das Saucenpulver einrühren, einmal aufkochen lassen und vom Herd nehmen. Die Sahne steif schlagen, unterziehen. Die Sauce und die Pistazien über die Äpfel geben.

Honigbananen mit Schokoladensahne

2 Bananen
2 Teel. Zitronensaft
1 Eßl. Orangensaft
2 Eßl. Honig
1 Eßl. Rosinen
1 Eßl. Rum
25 g halbbittere Schokolade
⅛ l Sahne
1 Eßl. gehackte Walnüsse

Pro Portion etwa 1 115 Joule/ 265 Kalorien

Die Bananen schälen und in schräge Scheiben schneiden. Den Zitronensaft, den Orangensaft und den Honig miteinander verrühren. Die Bananenscheiben auf Portionstellern anrichten und mit dem Honigsaft beträufeln. Die Rosinen mehrmals heiß waschen, abtropfen lassen und mit dem Rum übergießen. Die Schokolade auf einem Reibeisen reiben. Die Sahne steif schlagen und mit der geriebenen Schokolade mischen. Die Rum-Rosinen und die Walnüsse über die Bananen streuen und auf jede Portion ein Viertel der Schokoladensahne geben.

Unser Tip
Noch frischer schmeckt das Dessert, wenn Sie zwischen die Bananenscheiben noch filetierte Orangenscheiben legen. Je nach Süße der Orangen eventuell 1 weiteren Eßlöffel Honig unter die Sauce mischen.

Mehlspeisen und Desserts

Rhabarbergrütze

*1 kg Rhabarber
⅜ l Weißwein
150 g Zucker
Saft und Schale von
 1 unbehandelten Zitrone
½ Stange Zimt
2 Eßl. Speisestärke
3 Eßl. Himbeersirup*

Pro Portion etwa 1260 Joule/ 300 Kalorien

Von den Rhabarberstangen beide Enden etwas kürzen und von den Stangen die äußere Schale in Fäden abziehen. Die Rhabarberstangen waschen, abtrocknen und in etwa 2 cm dicke Stücke schneiden. Den Weißwein mit dem Zucker, dem Zitronensaft, der in dünner Spirale abgeschnittenen Schale der Zitrone und mit der Zimtstange aufkochen. Die Rhabarberstückchen in den Wein schütten und 10 Minuten bei äußerst schwacher Hitze sieden lassen; der Rhabarber soll nicht sprudelnd kochen. Die gedünsteten Rhabarberstücke mit dem Schaumlöffel aus dem Sud heben, die Zimtstange und die Zitronenschale entfernen. Die Speisestärke mit dem Himbeersirup verrühren, in den Weißweinsud gießen und unter Rühren einmal aufkochen lassen. Die Rhabarberstücke wieder in die Weißweinmischung geben und die Grütze in Portionsschälchen füllen und im Kühlschrank erkalten lassen.

Das paßt dazu: leicht gesüßte Schlagsahne.

Unser Tip
Nach demselben Rezept wie für Rhabarbergrütze können Sie auch Grütze aus dünnschaligen Beeren, Kirschen oder Aprikosen herstellen. Je nach Säuregehalt der Früchte wird die Zuckermenge erhöht oder verringert.

Feine Obstdesserts

Zarte Cremes

Mehlspeisen und Desserts

Erdbeer-Charlotte

Zutaten für 1 Rehrückenform:
8 Eigelbe, 150 g Zucker
3 Eiweiße, 60 g Mehl
150 g Erdbeermarmelade
200 g Erdbeeren
1 Schnapsglas Cognac (2 cl)
4 Blätter weiße Gelatine
¼ l Milch, ½ Vanilleschote
¼ l Sahne, 1 Eßl. Puderzucker

Bei 8 Scheiben pro Scheibe etwa 1 520 Joule/375 Kalorien

Den Backofen auf 240° vorheizen. Das Backblech mit Backtrennpapier auslegen. 4 Eigelbe mit 3 Eßlöffeln Zucker schaumig rühren. Die Eiweiße mit 1 Eßlöffel Zucker steif schlagen und mit dem Mehl unter die Eigelbmasse heben. Die Biskuitmasse auf das Backblech streichen und in 5–7 Minuten goldgelb bakken. Dann auf ein Tuch stürzen, das Backtrennpapier abziehen und noch warm mit der Marmelade bestreichen, aufrollen, in Folie wickeln und 12 Stunden ruhen lassen. Die Erdbeeren vierteln, mit 1 Eßlöffel Zucker und dem Cognac mischen; 2 Stunden marinieren. Die Gelatine in reichlich kaltem Wasser einweichen. Die restlichen Eigelbe mit dem restlichen Zucker schaumig rühren. Die Milch mit der aufgeschnittenen Vanilleschote aufkochen lassen, die Schote entfernen und die Milch in die Eigelbmasse rühren. Die Gelatine ausdrücken, in der warmen Milch auflösen, die Creme durch ein Sieb passieren. Die Sahne mit dem Puderzucker steif schlagen und mit der leicht erstarrten Creme mischen. Eine Rehrückenform mit Klarsichtfolie auslegen. Die Biskuitroulade in 16 Scheiben schneiden, die Form mit der Hälfte davon auslegen, zwei Drittel der Creme daraufstreichen, die restliche Creme mit den Erdbeeren mischen, die Form damit füllen, mit Biskuitscheiben abdecken, erstarren lassen und vor dem Servieren stürzen.

Mehlspeisen und Desserts

Zarte Cremes

Zitronenspeise

Zutaten für 8 Personen:
6 Blätter weiße Gelatine
6 Eigelbe, 200 g Zucker
1 Schnapsglas Cognac (2 cl)
¼ l Sahne
abgeriebene Schale von
*   2 unbehandelten Zitronen*
¼ l frisch gepreßter Zitronensaft
6 Eiweiße
⅛ l Sahne
50 g Kokosraspel
1 Eßl. Butter

Pro Portion etwa 1 595 Joule/
380 Kalorien

Die Gelatine in reichlich kaltem Wasser einweichen. Die Eigelbe mit dem Zucker schaumig rühren. Den Cognac, die Sahne und die Zitronenschale unter die Eigelbmasse rühren und diese in leicht siedendem Wasserbad so lange schlagen, bis die Creme beginnt dick zu werden. Den Zitronensaft erhitzen. Die Gelatine gut ausdrücken, durch ein Haarsieb in den Zitronensaft streichen und darin unter Rühren völlig auflösen. Den Zitronensaft unter die Eigelb-Sahnecreme rühren. Die Eiweiße zu steifem Schnee schlagen und unter die Creme ziehen. Die Creme in eine kalt ausgespülte Puddingform füllen und im Kühlschrank erstarren lassen. Die Sahne steif schlagen und in einen Spritzbeutel mit Sterntülle füllen. Die Kokosraspel in der zerlassenen Butter unter Umwenden hellbraun braten und kalt werden lassen. Die Zitronenspeise auf eine Platte stürzen, den oberen Rand mit Sahnerosetten garnieren und die Kokosraspel darüberstreuen.

Orangen-Weincreme

6 Blätter weiße Gelatine
4 Eigelbe, 100 g Zucker
¼ l trockener Weißwein
Saft von 1 Zitrone und
*   1 Orange*
abgeriebene Schale von
*   ½ unbehandelten Orange*
2 Eiweiße, ¼ l Sahne
1 Eßl. Julienne von Orangenschale
50 g kandierte Früchte

Pro Portion etwa 1 950 Joule/
465 Kalorien

Die Gelatine in reichlich kaltem Wasser einweichen. Die Eigelbe mit dem Zucker in einem Topf schaumig rühren. Den Weißwein, den Zitronensaft, den Orangensaft und die abgeriebene Orangenschale unter die Eigelbmasse rühren. Den Topf in leicht siedendes Wasserbad stellen und so lange schlagen, bis die Eigelbmasse cremig wird. Die Creme dann aus dem Wasserbad nehmen. Die Gelatine gut ausdrücken, durch ein Haarsieb in die Weincreme streichen und rühren, bis sie sich völlig aufgelöst hat. Die Creme im Kühlschrank erstarren lassen. Die Eiweiße zu steifem Schnee schlagen. Sobald die Weincreme beginnt zu gelieren, zuerst den Eischnee und dann die Sahne unterheben. Die Creme in Portionsgläser füllen und im Kühlschrank restlos erstarren lassen. Die Creme vor dem Servieren mit den Orangenstreifchen und mit den kandierten Früchten garnieren.

Das paßt dazu: zartes Buttergebäck.

Zarte Cremes

Mehlspeisen und Desserts

Karamelpudding

Zutaten für 6 Personen:
2 Eier
150 g Zucker
je 1 unbehandelte Zitrone und Orange
4 Stücke Würfelzucker
3/8 l Sahne
1 Teel. Puderzucker
2 Eßl. Schokoladenspäne

Pro Portion etwa 1 740 Joule/ 415 Kalorien

Die Eier mit 50 g Zucker schaumig rühren. Die Zitronen- und die Orangenschale mit den Zuckerwürfeln abreiben und Schale und Zuckerwürfel in die Eimasse rühren. ¼ l Sahne unter die Eicreme mischen. Den restlichen Zucker in einem kleinen Topf karamelisieren lassen. Eine verschließbare Puddingform mit der Karamelmasse ausgießen. Die Sahnecreme in die Puddingform füllen, den Deckel aufsetzen und die Puddingform in kochendes Wasserbad stellen, so daß die Form zu zwei Drittel von Wasser umgeben ist. Den Pudding 1¼ Stunden leicht kochen lassen. Während dieser Zeit wenn nötig heißes Wasser zum Wasserbad gießen. Den Pudding dann kalt werden lassen und auf eine Platte stürzen. Die restliche Sahne mit dem Puderzucker steif schlagen, in einen Spritzbeutel füllen. Um den Pudding und auf die Oberfläche Sahnerosetten spritzen, mit den Schokoladenspänen verzieren.

Zitronen-Weingelee

2 sehr reife, kleine Zitronen
250 g Zucker, 2 Eßl. Butter
8 Blätter weiße Gelatine
je ¼ l Weißwein und Orangensaft
2 Eßl. Julienne von 1 unbehandelten Zitrone

Pro Portion etwa 1745 Joule/ 415 Kalorien

Die Zitronen dick abschälen, so daß nur die Früchte ohne das Weiße übrig bleiben. Die Zitronen in messerrückendicke Scheiben schneiden. 200 g Zucker mit der Butter in einer Pfanne zergehen lassen, die Hitze zurückschalten, die Zitronenscheiben in dem Butter-Zucker-Gemisch wenden, bis sie sich völlig mit Zucker vollgesogen haben; dann abkühlen lassen. Die Gelatine in etwa ½ l kalten Wasser einweichen. Den Orangensaft zu den Zitronenscheiben gießen und alles bei schwacher Hitze erwärmen. Die Zitronenscheiben dann in vier Kelchgläser verteilen und den restlichen Zucker im heißen Orangensaft auflösen. Die Gelatine gut ausdrücken, durch ein Haarsieb in den warmen Orangensaft streichen und unterrühren. Nach und nach den Weißwein hinzufügen und solange rühren, bis die Flüssigkeit beginnt zu gelieren; dann über die Zitronenscheiben verteilen und die Zitronenjulienne leicht unter das Weingelee rühren. Das Gelee im Kühlschrank in etwa zwei Stunden erstarren lassen.

Das paßt dazu: mit Schlagsahne gemischte Vanillesauce.

Mehlspeisen und Desserts

Zarte Cremes

Feigendessert

Zutaten für 6 Personen:
500 g getrocknete Feigen
6 Blätter weiße Gelatine
½ l trockener Weißwein
4 Eßl. Zucker
Saft von 2 Zitronen
2 Schnapsgläser Cognac (4 cl)
1 Becher Sahne (0,2 l)
2 Eßl. Schokoladenspäne

Pro Portion etwa 1930 Joule/460 Kalorien

Die Feigen gut von Wasser bedeckt 12 Stunden weichen lassen. Die Feigen dann im Einweichwasser so lange kochen, bis sie wirklich weich sind; das dauert etwa 40 Minuten. Die Gelatine in reichlich kaltem Wasser einweichen. Die Feigen abkühlen lassen und in Würfel schneiden. Den Weißwein mit dem Zucker, dem Zitronensaft und dem Cognac unter Rühren erhitzen, bis der Zucker völlig aufgelöst ist. Die Gelatine ausdrücken und in der heißen Weinflüssigkeit unter Rühren auflösen. Die Flüssigkeit kalt werden lassen. Die Feigenwürfel unter die Weincreme mischen. Die Sahne steif schlagen, 6 Eßlöffel davon zurückbehalten und die übrige Schlagsahne kurz vor dem völligen Erstarren der Feigencreme mit dem Schneebesen unterheben. Das Feigendessert in sechs Kelchgläser füllen und im Kühlschrank völlig erkalten lassen. Die zurückbehaltene Sahne mit dem Spritzbeutel auf die Oberfläche des Desserts spritzen. Nach Belieben die Sahnerosetten mit Schokoladenspänen garnieren.

Vanillecreme mit Kirschen

500 g Kirschen
⅛ l Rotwein, 1 Eßl. Zucker
6 Blätter weiße Gelatine
¼ l Milch, 1 Vanilleschote
3 Eier, 100 g Zucker
⅛ l Sahne
1 Eßl. Borkenschokolade

Pro Portion etwa 1510 Joule/360 Kalorien

Die Kirschen waschen, entstielen, entsteinen und mit dem Rotwein und dem Zucker etwa 4 Minuten dünsten. Die Kirschen dann abkühlen und abtropfen lassen. Die Gelatine in reichlich kaltem Wasser einweichen. Die Milch zum Kochen bringen. Die Vanilleschote längs aufschneiden und das Vanillemark in die Milch schaben. Die Eier in Eigelbe und Eiweiße trennen. Die Eigelbe mit dem Zucker schaumig rühren. Die Milch etwas abkühlen lassen und unter die Eigelbcreme rühren. Die Gelatine ausdrücken und in der Eigelbcreme unter Rühren gründlich auflösen. Die Creme abkühlen lassen. Die Eiweiße zu steifem Schnee schlagen. Die Sahne steif schlagen und 4 Eßlöffel davon zurückbehalten. Den Eischnee und die Sahne unter die Vanillecreme rühren und die Creme abwechselnd mit den abgetropften Kirschen schichtweise in vier Gläser füllen. Mit einer Schicht Vanillecreme abschließen. Die Creme im Kühlschrank erstarren lassen. Vor dem Servieren mit dem Spritzbeutel Sahnerosetten, die Borkenschokolade und jeweils 1 Kirsche auf jede Portion setzen.

Zarte Cremes

Mehlspeisen und Desserts

Preiselbeercreme

500 g Preiselbeeren
¼ l Wasser
Saft von 1 Zitrone
200 g Zucker
2 Blätter rote Gelatine
⅛ l Sahne

Pro Portion etwa 1 490 Joule/ 355 Kalorien

Die Preiselbeeren verlesen, in eine Schüssel mit Wasser schütten und die an der Oberfläche schwimmenden Blättchen und anderen ungenießbaren Teilchen abschöpfen. Die Preiselbeeren dann in einem Sieb noch einmal kalt abbrausen und in das Wasser mit dem Zitronensaft und dem Zucker schütten. Die Preiselbeeren zugedeckt bei schwacher Hitze 15 Minuten dünsten, bis die Beeren weich sind. Die Gelatine in reichlich kaltem Wasser einweichen. Von den garen Preiselbeeren 12–16 Stück zum Garnieren zurückbehalten. Die restlichen Beeren mit dem Dünstsud in ein Sieb schütten. Die Beeren durchpassieren und mit der Dünstflüssigkeit verrühren. Die gut gequollene Gelatine ausdrücken, in die noch warme Preiselbeermasse rühren und kalt werden lassen. Die Sahne steif schlagen, 4 Eßlöffel davon zurückbehalten und die restliche Sahne unter das fast kalte Preiselbeermus mischen. Die Creme in vier Portionsgläser füllen und im Kühlschrank restlos kalt werden und erstarren lassen. Auf die Preiselbeercreme vor dem Servieren mit dem Spritzbeutel Sahnerosetten spritzen, die Beeren darüberstreuen.

Passionsfruchtcreme mit Himbeeren

½ l Milch
1 Päckchen Vanille-Puddingpulver
2 Eßl. Zucker
4 Passionsfrüchte
300 g Himbeeren
⅛ l Sahne
1 Eßl. Butter
2 Eßl. Mandelblättchen

Pro Portion etwa 1 240 Joule/ 295 Kalorien

Von der Milch 4 Eßlöffel abnehmen und das Puddingpulver damit anrühren. Die restliche Milch mit dem Zucker unter Rühren zum Kochen bringen, das Puddingpulver hineinrühren und unter Umrühren einige Minuten kochen lassen. Den Pudding dann vom Herd nehmen und unter öfterem Umrühren abkühlen lassen. Die Passionsfrüchte halbieren, das saftige Fruchtfleisch und die Kerne mit einem Löffel aushöhlen und unter den Vanillepudding mischen. Die Himbeeren waschen und gut abtropfen lassen. Die Sahne steif schlagen, unter den abgekühlten Vanillepudding rühren, die Creme in vier Portionsschalen oder Gläser füllen und im Kühlschrank kalt werden lassen. Die Butter in einer Pfanne zerlassen, die Mandelblättchen unter Umrühren darin goldgelb braten, aus der Pfanne nehmen und abkühlen lassen. Die Creme vor dem Servieren mit den Himbeeren belegen und mit den Mandelblättchen bestreuen.

198

Mehlspeisen und Desserts

Zarte Cremes

Mousse au chocolat

Schokoladenschaum

100 g halbbittere Schokolade
1 Eßl. Butter
2 Eier
1 Eßl. Zucker
1 Prise Salz
¼ l Sahne
1 Eßl. Puderzucker
1 Eßl. gehackte Pistazien
4 Kaffeebohnen

Pro Portion etwa 1825 Joule/ 435 Kalorien

Die Schokolade zerbröckeln, mit der Butter in einen kleinen Topf geben und bei äußerst schwacher Hitze oder im Wasserbad schmelzen lassen. Die Eier in Eigelbe und Eiweiße trennen. Die Eigelbe mit dem Zucker schaumig rühren. Die Eiweiße mit dem Salz zu steifem Schnee schlagen. Die Sahne mit dem Puderzucker steif schlagen. Die geschmolzene Schokolade vom Herd nehmen, mit dem schaumigen Eigelb mischen und 2 Eßlöffel vom Eischnee unterrühren. Die Schokoladencreme etwas abkühlen lassen, mit dem restlichen Eischnee und der Hälfte der Schlagsahne mischen. Die Creme in kalt ausgespülte Portionsschalen oder Gläser füllen und im Kühlschrank erstarren lassen. Die übriggebliebene Sahne in einen Spritzbeutel mit Lochtülle füllen. Die Mousse au chocolat vor dem Servieren mit kleinen Sahnekugeln garnieren. Die Sahnekugeln nach Belieben noch mit gehackten Pistazien bestreuen und je 1 Kaffeebohne daraufsetzen.

Crème russe

Russische Creme

4 Eigelbe
4 Eßl. Zucker
3 Eßl. Arrak oder Rum
¼ l Sahne
1 Eßl. Puderzucker
4 Weintrauben

Pro Portion etwa 1930 Joule/ 460 Kalorien

Die Eigelbe mit dem Zucker zu einer weißlich-schaumigen Creme verrühren. Nach und nach den Arrak oder den Rum unter die Creme mischen. Die Sahne steif schlagen, 4 Eßlöffel davon zurückbehalten und die restliche Schlagsahne unter die Eigelb-Creme heben. Die Creme in vier Portionsschalen oder Gläser füllen. Die zurückbehaltene Sahne in einen Spritzbeutel mit Sterntülle füllen und auf jede Portion 1 Sahnerosette spritzen. Nach Belieben die Rosetten mit in Puderzucker gewendeten Weintrauben garnieren.

Unser Tip
Für die Crème russe gibt es Rezepte mit leichten Varianten, und jeder schwört auf die Originalität seines Rezeptes. So wird in vielen Familien die Schlagsahne über die Eigelb-Creme gefüllt und erst bei Tisch mit ihr gemischt. In anderen Varianten werden Suppenmakrönchen mit der Hälfte des Rums getränkt und auf der Creme arrangiert.

Eis, festlich angerichtet

Mehlspeisen und Desserts

Vanilleeiscreme mit kandierten Früchten

200 g gemischte kandierte Früchte
1 Schnapsglas Rum (2 cl)
⅛ l Sahne
2 Eßl. Pistazienkerne
1 Haushaltspackung Vanilleeis (500 g)

Pro Portion etwa 1 850 Joule/ 440 Kalorien

Die kandierten Früchte in gefällig große Stücke schneiden. 1 Eßlöffel Wasser zum Kochen bringen, mit dem Rum mischen und über die kandierten Früchte gießen. Die Früchte zugedeckt 30 Minuten durchziehen lassen. Die Sahne steif schlagen. Die Pistazienkerne kleinhacken. Kugeln oder Halbkugeln von dem Vanilleeis abstechen und in vier Portionsgläser verteilen. Die kandierten Früchte mit dem Saft über dem Eis verteilen. Die Schlagsahne in einen Spritzbeutel mit Sterntülle füllen und in Rosetten auf die Eiscreme spritzen, mit Pistazien bestreuen.

Unser Tip
Für Vanilleeiscreme mit heißen Himbeeren die geputzten, gewaschenen, gut abgetropften Himbeeren in 1–2 Eßlöffel Butter bei schwacher Hitze unter Umwenden erhitzen, mit Puderzucker süßen und heiß über das angerichtete Vanilleeis geben. – Oder 4 Teelöffel kandierten Ingwer aus dem Glas kleinwürfeln und über das Vanilleeis geben. 100 g halbbittere Schokolade mit 1 Eßlöffel Butter schmelzen lassen und heiß über das Eis träufeln.

Mehlspeisen und Desserts

Eis, festlich angerichtet

Birne Hélène

*2 vollreife
  Williams-Christ-Birnen
¼ l Moselwein
1 Eßl. Zucker
1 Päckchen Vanillinzucker
½ Stange Zimt
½ Tafel zartbittere Schokolade
⅛ l Sahne
1 Haushaltspackung Vanilleeis
  (500 g)
12 kandierte Kirschen*

Pro Portion etwa 1640 Joule/ 390 Kalorien

Die Birnen schälen, halbieren, vorsichtig das Kerngehäuse herausstechen und die Birnenhälften mit dem Wein, dem Zucker, dem Vanillinzucker und der Zimtstange bei schwacher Hitze 10 Minuten dünsten. Die Birnen dann in der Flüssigkeit erkalten lassen. Vier Portionsschalen oder Gläser im Kühlschrank, besser noch im Gefriergerät gut durchkühlen lassen. Die Schokolade zerbröckeln, in einem kleinen Topf bei schwacher Hitze schmelzen lassen, die Sahne unterrühren und die Sauce heiß halten. Die Birnen abtropfen lassen. Das Vanilleeis in gleich große Würfel schneiden, auf den vorgekühlten Portionsschälchen verteilen, jeweils 1 Birnenhälfte darauflegen und die Birnen mit der heißen Schokoladensauce übergießen. Jede Portion mit 3 kandierten Kirschen garnieren. Birne Hélène sofort servieren.

Pfirsich Melba

*1 Vanilleschote
300 g Himbeeren
6 Eßl. Wasser
100 g Puderzucker
Saft von ½ Zitrone
1 Schnapsglas Himbeergeist
  (2 cl)
2 frische vollreife Pfirsiche,
  ersatzweise 4 Pfirsichhälften
  aus der Dose
½ Haushaltspackung Vanilleeis
  (250 g)
⅛ l Sahne
1 Päckchen Vanillinzucker
einige Schokoladenblätter
  (Fertigprodukt)*

Pro Portion etwa 1470 Joule/ 350 Kalorien

Die Vanilleschote mit einem spitzen Messer längs aufschlitzen, das Mark herauskratzen. Die Himbeeren verlesen, waschen und im Mixer mit dem Wasser, dem Puderzucker, dem Zitronensaft, dem Vanillemark und dem Himbeergeist pürieren. Das Püree durch ein Sieb streichen. Die Pfirsiche mit einer Gabel mehrmals einstechen, kurz überbrühen und die Haut abziehen. Die Pfirsiche halbieren und entsteinen. Pfirsichhälften aus der Dose abtropfen lassen. Das Vanilleeis in vier Portionsgläsern verteilen, die Pfirsichhälften darauflegen und diese halbseitig mit der Himbeersauce überziehen. Die Sahne mit dem Vanillinzucker steif schlagen, in einen Spritzbeutel mit Sterntülle füllen und die Sahne um die Pfirsiche spritzen. Das Dessert nach Belieben mit Schokoladenblättern garnieren.

Happen und Herzhaftes

Besonderes für Gäste

Festlich belegte Vollkorntaler

Zutaten für 6 Personen:
30 Vollkorntaler
1 Eßl. Butter
100 g Lachsschinken
6 gefüllte Oliven
etwas Petersilie
4 hartgekochte Eigelbe
1 Teel. Currypulver
je 1 Prise Salz und Pfeffer
1 Eßl. Mayonnaise
10 tiefgefrorene Garnelen
etwas frischer Dill
62,5 g Doppelrahm-Frischkäse
2 Eßl. Sahne
2 Eßl. Avocadowürfel
1 Eßl. Butter
1 Blatt Friséesalat
50 g Roquefortkäse im Stück
6 Walnußkerne
50 g Goudakäse im Stück
3 kandierte Kirschen

Pro Taler etwa 420 Joule/ 100 Kalorien

6 Taler mit Butter bestreichen. Den Lachsschinken in Röllchen, die halbierten Oliven und Petersilie darauflegen. Die Eigelbe durch ein Sieb streichen, mit dem Curry, dem Salz und dem Pfeffer abschmecken und mit der Mayonnaise verrühren. Die Creme auf 6 Taler spritzen. Jede Rosette mit 2 aufgetauten Garnelen und 1 Dillzweig belegen. Den Frischkäse mit der Sahne verrühren, ebenfalls in einen Spritzbeutel füllen und auf 6 Taler spritzen. Die Käserosetten mit den Avocadowürfeln bestreuen. Die restlichen 12 Taler dünn mit Butter bestreichen und mit dem gewaschenen, kleingerissenen Friséesalat belegen. Aus dem Roquefortkäse kleine Vierecke stechen und diese auf 6 der Taler legen, auf jeden Roquefortwürfel 1 Walnußkern setzen. Aus dem Goudakäse mit kleinen Ausstechförmchen dicke Käseplätzchen ausstechen, jeweils 2 auf 1 Taler legen und jeden Taler mit ½ kandierten Kirsche belegen.

Besonderes für Gäste

Happen und Herzhaftes

Schinkenbrot mit pochiertem Ei

4 Scheiben Kastenweißbrot zu je 50 g
2 Eßl. Butter, 4 Eier
1 Teel. Salz, 2 Eßl. Essig
100 g gekochter Schinken ohne Fettrand im Stück
4 Teel. Mayonnaise
4 Teel. Tomatenketchup
4 Messerspitzen grobgemahlener weißer Pfeffer

Pro Portion etwa 1 765 Joule/ 420 Kalorien

Die Brote toasten, abkühlen lassen und einseitig mit der Butter bestreichen. Die Eier nacheinander in einer Tasse aufschlagen. 2 l Wasser mit dem Salz und dem Essig zum Kochen bringen, die Eier nacheinander ins schwach kochende Wasser gleiten lassen, den Topf vom Herd nehmen und mit einem breiten Messer versuchen, das Eiweiß möglichst um das Eigelb zu halten. Den Topf noch einmal auf den Herd geben. Sobald das Wasser wieder zu kochen beginnt, den Topf endgültig vom Herd nehmen und die pochierten Eier noch 4 Minuten im heißen Wasser ziehen lassen. Den Schinken in gleich breite Streifen schneiden. Die Eier aus dem Wasser heben, die Eiweißränder etwas glattschneiden und die Eier abkühlen lassen. Die abgekühlten Eier in die Mitte der Brote legen, die Schinkenstreifen ringsum auf den Broten verteilen und über jedes Ei 1 Streifen Mayonnaise und 1 Streifen Tomatenketchup geben. Die Eiweiße mit dem Pfeffer bestreuen.

Rührei auf Tomatenbrot

4 Scheiben Weißbrot zu je 40 g
50 g durchwachsener Speck in dünnen Scheiben
4 Tomaten
2 Eßl. Butter
1 Teel. Senf
4 Eier
2 Eßl. Milch
½ Teel. Salz
1 Prise weißer Pfeffer
2 Eßl. Schnittlauchröllchen

Pro Portion etwa 1 430 Joule/ 340 Kalorien

Die Weißbrote kurz toasten, ohne sie bräunen zu lassen. Die Speckscheiben in einer Pfanne von beiden Seiten knusprig braun ausbraten, aus der Pfanne nehmen und auf einem vorgewärmten Teller zugedeckt heiß halten. Die Tomaten waschen, abtrocknen und in 16 gleich dicke Scheiben schneiden. 1 Eßlöffel Butter mit dem Senf verrühren, die Brote damit bestreichen und die Tomatenscheiben auf die Brote legen. Die restliche Butter zum Speckfett in die Pfanne geben und schmelzen lassen. Die Eier mit der Milch, dem Salz und dem Pfeffer verquirlen, ins heiße Fett gießen und unter Umrühren in der Pfanne zu Rührei stocken lassen. Das Rührei in 4 Portionen teilen und auf die Tomatenscheiben geben. Jede Portion mit 2 knusprig ausgebratenen Speckscheiben belegen und die Brote mit dem Schnittlauch bestreuen.

203

Happen und Herzhaftes

Besonderes für Gäste

Fränkischer Zwiebelblatz

Für den Teig:
500 g Mehl, 30 g Hefe
¼ l lauwarme Milch
60 g Butter, 1 Ei
½ Teel. Salz
Zum Belegen:
1 kg Zwiebeln, 75 g Butter
750 g Sahnequark, 1 Ei
½ Teel. Salz
1 Eßl. Mehl
100 g frisch geriebener Käse
Für das Backblech: Butter

Bei 16 Stücken pro Stück etwa
1345 Joule/320 Kalorien

Das Mehl in eine Schüssel sieben, in die Mitte die Hefe bröckeln, mit etwas Milch und Mehl verrühren und zugedeckt etwa 20 Minuten gehen lassen. Die Butter zerlassen, auf den Mehlrand träufeln, mit dem Ei, dem Salz, dem gesamten Mehl, der restlichen Milch und dem Hefevorteig verkneten und schlagen, bis der Teig Blasen wirft; dann zugedeckt gehen lassen, bis er sein Volumen verdoppelt hat. Die Zwiebeln schälen, in Ringe schneiden und in der Hälfte der Butter glasig braten. Den Quark mit dem Ei, der restlichen Butter, dem Salz und dem Mehl verrühren und mit den Zwiebeln mischen. Den Backofen auf 200° vorheizen. Den Teig etwa 1 cm dick ausrollen. Scheiben von 15 cm Durchmesser mit kleinem Rand daraus formen, mit der Zwiebelmischung belegen und auf einem gefetteten Blech 15 Minuten backen. Den Käse über die Zwiebelmasse streuen und die Fladen weiterbacken, bis sie goldgelb sind.

Pizza mit Artischocken

Für den Teig:
300 g Mehl, 20 g Hefe
⅛ l lauwarmes Wasser
½ Teel. Salz
1 Eßl. weiche Butter
Zum Belegen:
300 g Tomaten
100 g Salami in dünnen
  Scheiben
400 g Artischockenherzen aus
  der Dose
10 schwarze Oliven
200 g Mozzarellakäse
je 1 Prise getrockneter Oregano,
  Basilikum und Rosmarin
2 Eßl. Öl

Bei 6 Stücken pro Stück etwa
2835 Joule/675 Kalorien

Das Mehl in eine Schüssel sieben, in die Mitte die Hefe bröckeln und mit etwas Wasser und Mehl verrühren. Den Vorteig zugedeckt etwa 15 Minuten gehen lassen. Dann das gesamte Mehl mit dem restlichen Wasser, dem Salz, der Butter und dem Hefevorteig zu einem glatten Teig schlagen, diesen 10 Minuten kneten und zugedeckt 30 Minuten gehen lassen. 2 Scheiben formen und auf ein Backblech legen. Den Backofen auf 220° vorheizen. Die Tomaten brühen, häuten, in Würfel schneiden und mit der Salami auf den Teigscheiben verteilen. Die Artischockenherzen in kleine Stücke schneiden und mit den halbierten Oliven und dem Mozzarella in Scheiben auf den Pizzen verteilen. Die Kräuter darüberstreuen, mit Öl beträufeln. Die Pizzen 15 Minuten gehen lassen, dann etwa 25 Minuten backen.

204

Besonderes für Gäste

Happen und Herzhaftes

Champignonpiroggen

300 g tiefgefrorener Blätterteig
50 g durchwachsener Speck
1 große Zwiebel
150 g Champignons
1 Eßl. Tomatenmark
½ Teel. Selleriesalz
1 Messerspitze weißer Pfeffer
2 Eßl. Butter
2 Eigelbe

Bei 12 Stücken pro Stück etwa
715 Joule/170 Kalorien

Den Blätterteig auftauen lassen. Den Speck und die Zwiebel würfeln; beides in einer Pfanne hellbraun anbraten. Die Champignons putzen, waschen, blättrig schneiden und mit dem Tomatenmark, dem Selleriesalz, dem Pfeffer und der Butter zu dem Zwiebelgemisch geben und unter Umwenden braten, bis alle Flüssigkeit verdampft ist. Den Blätterteig auf einer bemehlten Arbeitsfläche messerrückendick ausrollen und 12 Teigkreise daraus ausstechen. Die Champignonfüllung auf die Mitte der Teigkreise geben. Die Teigränder mit Wasser befeuchten, jedes Teigstück zusammenklappen und mit der Gabel die Ränder gut zusammendrücken. Den Backofen auf 180° vorheizen. Das Backblech kalt abspülen und nicht abtrocknen. Die Eigelbe verquirlen. Die Piroggen auf das feuchte Backblech legen und mit dem verquirlten Eigelb bestreichen. Die Teigtaschen mit einer Gabel mehrmals einstechen, damit Dampf entweichen kann. Die Piroggen im Backofen 25 Minuten backen und heiß servieren.

Kurländische Speckkuchen

375 g Mehl, 20 g Hefe
knapp ⅛ l lauwarme Milch
80 g Butter, 2 Eier
1 Messerspitze Salz
200 g durchwachsener Speck
2 Zwiebeln, 1 Eßl. Butter
4 Eßl. saure Sahne
2 Eßl. gehackte Petersilie
Für das Backblech: Butter

Bei 16 Stücken pro Stück etwa
2 060 Joule/490 Kalorien

Das Mehl in eine Schüssel sieben, die Hefe in die Mitte bröckeln und mit wenig lauwarmer Milch und etwas Mehl verrühren. Den Hefevorteig 20 Minuten gehen lassen. Die Butter auf dem Mehlrand verteilen, mit 1 Ei, der restlichen Milch, dem Salz, dem gesamten Mehl und dem Hefevorteig schlagen, bis der Teig Blasen wirft, dann zugedeckt 1 Stunde gehen lassen. Den Speck und die Zwiebeln würfeln. Die Speckwürfel in der zerlassenen Butter glasig, die Zwiebeln goldbraun braten. Die saure Sahne unterrühren. Die Pfanne vom Herd nehmen und die Petersilie untermengen. Den Teig 1½ cm dick ausrollen, 16 Scheiben von 8 cm Durchmesser ausstechen. Die Füllung darauf verteilen. Die Ränder mit verquirltem Ei bestreichen, die Scheiben zusammenklappen und die Ränder fest zusammendrücken. Die Speckkuchen auf einem gefetteten Blech zugedeckt 20 Minuten gehen lassen. Den Backofen auf 180° vorheizen. Die Speckkuchen in 25 Minuten goldbraun backen und möglichst heiß servieren.

Happen und Herzhaftes

Besonderes für Gäste

Schweinesülze

*2 Eier
1 große Möhre
½ rote Paprikaschote
100 g tiefgefrorene Erbsen
600 g gebratener kalter
 Schweinehalsgrat
8 Maiskölbchen aus dem Glas
100 g Gewürzgurken
100 g kleine Champignons
16 Blätter weiße Gelatine
1 l Fleischbrühe (Instant)
1 Eßl. Weinessig
10 Pfefferkörner*

Pro Portion etwa 2140 Joule/ 510 Kalorien

Die Eier in 10 Minuten hart kochen, abschrecken und kalt werden lassen. Die Möhre schaben, waschen und mit dem Buntmesser in Scheibchen schneiden, die Paprikaschote von Rippen und Kernen befreien und in Streifen schneiden. Die Möhrenscheibchen in wenig kochendem Salzwasser 10 Minuten dünsten, nach 5 Minuten die Paprikastreifen zufügen und mitgaren, dann abtropfen lassen. Die tiefgefrorenen Erbsen in 1 Eßlöffel kochendem Wasser zugedeckt 5 Minuten dünsten, in ein Sieb schütten und abkühlen lassen. Das Schweinefleisch in dünne Scheiben schneiden. Die Maiskölbchen längs halbieren. Die Gurken in dünne Scheiben schneiden. Die Champignons putzen, waschen, abtrocknen und in Scheiben schneiden. Die Gelatine in reichlich kaltem Wasser einweichen. Die Fleischbrühe mit dem Essig und den Pfefferkörnern erhitzen. Die Eier schälen und in Scheiben schneiden. Die eingeweichte Gelatine gut ausdrücken und in der heißen, aber nicht kochenden Fleischbrühe unter Rühren auflösen. Die Bratenscheiben abwechselnd mit allen anderen Zutaten in eine große Schüssel füllen und mit der abgekühlten Gelatineflüssigkeit begießen. Die Sülze im Kühlschrank in etwa 6 Stunden restlos erstarren lassen.

Besonderes für Gäste

Happen und Herzhaftes

Gefüllte Salatgurke

1 große Salatgurke von
   etwa 1 kg
200 g Tatar
1 kleine Zwiebel
1 kleine Knoblauchzehe
1 Eigelb
½ Teel. Salz
1 Messersp. schwarzer Pfeffer
1 Spritzer Tabascosauce
1 Schnapsglas Wodka (2 cl)
8 gefüllte Oliven
etwas Petersilie
400 g tiefgefrorene Garnelen
Saft von ½ Zitrone
100 g Roquefortkäse
⅛ l Sahne
1 Messerspitze weißer Pfeffer
1 Eßl. Dillspitzen

Pro Portion etwa 1805 Joule/
430 Kalorien

Die Gurke waschen, abtrocknen und aus der Mitte 4 gleich dicke Scheiben schneiden. Die beiden Enden längs halbieren und die Kerne mit einem Löffel herauskratzen. Das Tatar in eine Schüssel geben. Die Zwiebel und die Knoblauchzehe schälen, beides feinhacken und mit dem Eigelb, dem Salz, dem Pfeffer, der Tabascosauce und dem Wodka zum Tatar geben, alles mischen, auf die Gurkenscheiben füllen und das Tatar mit Olivenscheibchen und Petersiliensträußchen garnieren. Die Garnelen aus der Verpackung nehmen, mit dem Zitronensaft beträufeln und zugedeckt auftauen lassen. Den Roquefort mit einer Gabel zerdrücken, mit der Sahne, dem Pfeffer und dem Dill mischen, in die Gurkenviertel füllen und diese zuletzt mit den Garnelen belegen.

Schweinehalsgrat in Gelee

Zutaten für 8 Personen:
6 Blätter weiße Gelatine
1 kg gebratener
   Schweinehalsgrat
200 g Möhren
½ rote Paprikaschote
4 kleine Gewürzgurken
1 kleines Glas Silberzwiebeln
etwas Petersilie
½ l entfettete Fleischbrühe
4 weiße Pfefferkörner
1 Stückchen Lorbeerblatt
0,1 l Weißwein

Pro Portion etwa 1805 Joule/
430 Kalorien

Die Gelatine in reichlich kaltem Wasser einweichen. Das Fleisch und die Möhren in dünne Scheiben schneiden. Die Paprikaschote putzen und in Streifen schneiden. Die Gewürzgurken fächerartig einschneiden. Die Silberzwiebeln abtropfen lassen. Die Möhren in wenig Salzwasser 10 Minuten dünsten, die Paprikastreifen zugeben und 5 Minuten mitdünsten. Das Gemüse abtropfen lassen und mit der Petersilie, den Gurken und den Silberzwiebeln dekorativ zwischen den Fleischscheiben auf einer großen Platte anrichten. Die Fleischbrühe mit den Pfefferkörnern und dem Lorbeerblatt 10 Minuten köcheln lassen, mit dem Weißwein verrühren. Die ausgedrückte Gelatine darin unter Rühren restlos auflösen. Die Gelatineflüssigkeit kurz vor dem Gelieren über das Fleisch gießen; im Kühlschrank in 3 Stunden erstarren lassen.

207

Rustikale Leckerbissen

Besonderes für Gäste

Rühreier auf Auberginenscheiben

400 g Auberginen
1 Teel. Salz
3 Eßl. Öl
100 g gekochter Schinken ohne Fettrand
1 Zwiebel, 2 Eßl. Butter
100 g tiefgefrorene Erbsen
4 Eier, 1 Teel. Salz
1 Messerspitze weißer Pfeffer

Pro Portion etwa 1345 Joule/ 320 Kalorien

Die Auberginen waschen, abtrocknen, in fingerdicke Scheiben schneiden, auf eine Platte legen, mit dem Salz bestreuen und 30 Minuten ziehen lassen. Das Öl in einer Pfanne erhitzen. Die Auberginenscheiben beidseitig trockentupfen und im heißen Öl von jeder Seite 3 Minuten braten. Die Auberginenscheiben auf einer vorgewärmten Platte warm halten. Den Schinken in Würfel schneiden. Die Zwiebel schälen und würfeln. Die Butter zerlassen, die Zwiebelwürfel darin glasig braten, den Schinken und die noch gefrorenen Erbsen zugeben und unter Umwenden einige Minuten dünsten. Die Eier mit dem Salz und dem Pfeffer verquirlen, über den Schinken und die Erbsen gießen und bei schwacher Hitze zu Rührei stocken lassen; dabei mit einem Holzlöffel die Eimasse leicht umwenden. Das Rührei auf den Auberginen anrichten.

Das paßt dazu: Tomatensauce, Rezept Seite 15, und Salzkartoffeln.

Eier-Schinken-Auflauf

Zutaten für 8 Personen:
6 hartgekochte Eier
150 g gekochter Schinken ohne Fettrand
200 g Emmentaler Käse
2 Eßl. Butter
2 Eßl. Mehl
¼ l Milch
⅛ l Sahne
½ Teel. Salz
je 1 Prise weißer Pfeffer, geriebene Muskatnuß und Knoblauchpulver
3 Eßl. Semmelbrösel
2 Eßl. Butter
Für die Form: Butter

Pro Portion etwa 1325 Joule/ 315 Kalorien

Die Eier schälen und in gleich dünne Scheiben schneiden. Den Schinken in schmale Streifen schneiden. Den Käse reiben. Eine feuerfeste Form mit Butter ausstreichen. Den Backofen auf 220° vorheizen. Die Butter in einem Topf zerlassen, das Mehl hineinstäuben, unter Rühren anbraten und nach und nach mit der Milch aufgießen. Die Milch aufkochen lassen, mit der Sahne, dem Salz, dem Pfeffer, dem Muskat und dem Knoblauchpulver verrühren und vom Herd nehmen. Abwechselnd die Eischeiben, den Schinken und den geriebenen Käse in die feuerfeste Form schichten und jeweils etwas von der Sauce dazwischengießen. Zuletzt die Semmelbrösel über die Füllung streuen und die Butter in Flöckchen daraufsetzen. Den Auflauf im Backofen 30 Minuten backen.

Besonderes für Gäste

Rustikale Leckerbissen

Gefüllte Eierkuchen

Zutaten für 8 Personen:
200 g Mehl
1 Prise Salz, 4 Eier
⅛ l Mineralwasser
⅛ l Milch, 3 Eßl. Öl
50 g durchwachsener Speck
1 Zwiebel, 1 Knoblauchzehe
300 g Cervelatwurst, 2 Eßl. Öl
1 Teel. Paprikapulver, edelsüß
2 Eßl. Tomatenmark
je 1 Prise Salz, schwarzer Pfeffer, Zucker und Cayennepfeffer
4 Eßl. geriebener Emmentaler Käse, 2 Eßl. Butter
Für die Form: Butter

Pro Portion etwa 1975 Joule/ 470 Kalorien

Für die Eierkuchen das Mehl mit dem Salz, den Eiern, dem Wasser und der Milch gründlich verrühren und zugedeckt 30 Minuten ruhen lassen. Das Öl nach und nach in einer Pfanne erhitzen und aus dem Teig dünne Pfannkuchen darin braten. Den Backofen auf 220° vorheizen. Den Speck, die Zwiebel, die Knoblauchzehe feinwürfeln und in dem Öl glasig braten, die Wurst kleinwürfeln, zu der Speckmischung geben und anbraten. Das Paprikapulver mit dem Tomatenmark und etwas heißem Wasser verrühren und unter die Wurst mischen. Die Füllung mit den Gewürzen abschmecken und auf die Eierkuchen verteilen. Diese aufrollen, in eine gebutterte feuerfeste Form legen, mit dem Käse bestreuen, mit der Butter in Flöckchen belegen und im Backofen überbacken, bis der Käse geschmolzen ist.

Überbackene Kräuter-Crêpes

Zutaten für 8 Personen:
120 g Mehl, 1 Ei
2 Eigelbe, ⅛ l Sahne
⅜ l Milch, 1 Prise Salz
3 Eßl. Butter
250 g Speisequark (20% Fettgehalt)
2 Eiweiße
200 g roher Schinken ohne Fettrand
½ Teel. Salz
1 Prise weißer Pfeffer
4 Blättchen frisch gehacktes Basilikum
1 Eßl. gehackte Petersilie
½ Teel. getrockneter Thymian
4 Tomaten
100 g geriebener Hartkäse
Für die Form: Butter

Pro Portion etwa 1575 Joule/ 375 Kalorien

Das Mehl mit dem Ei, den Eigelben und der Sahne glattrühren und soviel Milch zugießen, daß ein dünnflüssiger Teig entsteht. Den Teig salzen und mindestens 1 Stunde zugedeckt quellen lassen. Die Butter nach und nach in einer Pfanne zerlassen und aus dem Teig dünne, etwa kuchentellergroße Crêpes braten. Den Quark mit den Eiweißen verrühren. Den Schinken würfeln und mit dem Salz, dem Pfeffer und den Kräutern unter den Quark mischen. Die Crêpes mit der Quarkmasse bestreichen und aufrollen. Den Backofen auf 220° vorheizen. Eine feuerfeste Form mit Butter ausstreichen und die Crêpes einlegen. Die Tomaten häuten, würfeln, auf die Crêpes verteilen und mit dem Käse bestreuen. Die Crêpes überbakken, bis der Käse schmilzt.

209

Rustikale Leckerbissen

Besonderes für Gäste

Folienkartoffeln mit pikanten Saucen

*8 Kartoffeln zu je 100 g
1 Eßl. Öl
1 Teel. Salz
2 Eßl. Kümmel*

Pro Portion etwa 735 Joule/ 175 Kalorien

Die Kartoffeln gründlich unter fließendem Wasser bürsten, abtrocknen und an einer Seite kreuzweise einschneiden. Acht genügend große Stücke Alufolie mit dem Öl bestreichen. Das Salz und den Kümmel mischen, auf die Alufolie streuen, die Kartoffeln darauflegen und die Folie rundherum gut schließen. Den Backofen auf 220° vorheizen. Die Kartoffeln auf den Rost legen und auf der mittleren Schiene in 50 Minuten garen.

Das paßt dazu: Butterflöckchen, saure Sahne oder eine der folgenden Würzsaucen:

Dip à la russe
⅛ l saure Sahne mit ½ Tasse kleingewürfelten Roten Beten aus dem Glas, je 4 Eßlöffeln Mayonnaise und Senfgurkenwürfel, 1 geriebenen Zwiebel, 1 kleingehackten Knoblauchzehe und 1–2 Eßlöffeln geriebenem Meerrettich verrühren.

Kräutercreme
⅛ l Schlagsahne mit 100 g kleingewürfeltem gekochtem Schinken, 1 Eßlöffel mildem Senf, 1 Teelöffel Zitronensaft, 1 Spritzer Worcestershiresauce und reichlich gehackten Kräutern wie Petersilie, Schnittlauch, Zitronenmelisse und Kresse mischen.

Sardellenquark
250 g Speisequark mit wenig Weißwein glattrühren und mit 10 gehackten Sardellenfilets, 1 kleinem Glas gehackten Kapern, 1 gehackten Zwiebel, 1 gehackten Gewürzgurke, 2 Eßlöffeln Schnittlauchröllchen, Salz und Pfeffer mischen.

Besonderes für Gäste

Rustikale Leckerbissen

Gefüllte Folienkartoffeln

8 mittelgroße Kartoffeln
100 g Schweineleber
1 Zwiebel, 1 Knoblauchzehe
2 Eßl. Öl
200 g Schweinehackfleisch
4 Eßl. Schnittlauchröllchen
1 Teel. Salz
2 Messerspitzen weißer Pfeffer
4 Eßl. frisch geriebener Käse
2 Eßl. Butter

Pro Portion etwa 2270 Joule/ 540 Kalorien

Acht genügend große Stücke Alufolie mit Öl bestreichen. Die Kartoffeln waschen und abtrocknen. Der Länge nach das obere Drittel abschneiden und die Kartoffeln so tief wie möglich aushöhlen. Das Ausgehöhlte der Kartoffeln und die geschälten Deckelchen feinhacken. Die Leber waschen, abtrocknen und in kleine Würfel schneiden. Die Zwiebel und die Knoblauchzehe schälen, sehr klein würfeln und in dem Öl glasig braten. Die Leber, das feingehackte Kartoffelinnere, das Hackfleisch und den Schnittlauch zugeben, alles unter ständigem Umwenden rösten, salzen und pfeffern. Die Kartoffeln mit dieser Masse füllen. Den Backofen auf 220° vorheizen. Die Kartoffeln auf die Alufolien-Stücke setzen, mit geriebenem Käse und Butterflöckchen versehen und die Folie locker schließen. Die Kartoffeln auf dem Rost des Backofens in 50–60 Minuten garen.

Das paßt dazu: ein frischer gemischter Salat.

Edelpilz-Kartoffeln

8 mittelgroße Kartoffeln (800 g)
1 Eßl. Salz
200 g Magerquark
200 g Roquefortkäse
2 Eßl. Schnittlauchröllchen
½ Teel. weißer Pfeffer
2 Eßl. weiche Butter
2 Teel. grobes Salz
1 Teel. Paprikapulver, edelsüß
Für die Form oder das Backblech: Butter

Pro Portion etwa 2015 Joule/ 480 Kalorien

Die Kartoffeln gründlich unter fließendem kaltem Wasser bürsten und ungeschält mit dem Salz von Wasser bedeckt 20 Minuten kochen lassen. Die Kartoffeln dann abgießen und das obere Drittel der Kartoffeln der Länge nach als Deckel abschneiden. Das Innere der Kartoffeln mit einem spitzen Löffel aushöhlen und mit dem Quark, dem Roquefort, dem Schnittlauch, dem Pfeffer und der Butter zu einer geschmeidigen Masse verkneten. Die Kartoffeln damit füllen und die Deckel wieder aufsetzen. Den Backofen auf 200° vorheizen. Eine feuerfeste Form oder ein Backblech mit Butter ausstreichen. Die Kartoffeln mit den Deckeln nach unten dicht nebeneinander auf das Blech oder in die Form setzen, mit dem groben Salz und dem Paprikapulver bestreuen und etwa 10 Minuten im Backofen erhitzen. Die Kartoffeln heiß oder kalt servieren.

Das paßt dazu: Tomatensalat mit Zwiebelringen.

Feine Fondues

Besonderes für Gäste

Holländischer Kaaspott

Zutaten für 8 Personen:
800 g alter Goudakäse
600 g mittelalter Goudakäse
1 Knoblauchzehe
2 Schnapsgläser Genever (Wacholderschnaps, 4 cl)
800 g Weißbrot
½ Teel. weißer Pfeffer
1 Prise geriebene Muskatnuß
1 l Weißwein (Traminer oder Gewürztraminer)
1 Teel. Zucker
Saft von 1 Zitrone
1 Eßl. Speisestärke
1 Tasse Sahne

Pro Portion etwa 3 465 Joule/ 825 Kalorien

Den Käse grobraspeln. Die Knoblauchzehe schälen und durch die Knoblauchpresse zum Käse drücken. Die Käsemasse mit dem Genever beträufeln und zugedeckt 2 Stunden durchziehen lassen. Das Weißbrot in dicke Würfel schneiden. Den Käse in eine irdene Fondueform geben und bei schwacher Hitze auf dem Herd unter ständigem Rühren schmelzen lassen. Den Pfeffer, den Muskat, den Wein, den Zucker und den Zitronensaft gut unterrühren. Die Speisestärke mit der Sahne und ½ Tasse Wasser anrühren, unter die Käsemasse mischen und einmal aufkochen lassen. Die Käsemasse dann auf einem Rechaud zu Tisch bringen. Jeder Teilnehmer der Tafelrunde steckt Weißbrotwürfel auf Fonduegabeln, taucht diese in die Käsemasse und rührt dabei kräftig um.

Tessiner Fondue

Zutaten für 8 Personen:
je 400 g Greyerzer und Emmentaler Käse
⅛–¼ l Milch
4 Eßl. flüssige Butter
½ Teel. weißer Pfeffer
1 Teel. Paprikapulver, edelsüß
4 Eßl. feingewürfelte Zwiebel
1 Eßl. Speisestärke
⅛ l Weißwein
1 Schnapsglas Kirschwasser
800 g Weißbrot

Pro Portion etwa 3 530 Joule/ 840 Kalorien

Den Greyerzer und den Emmentaler Käse grobraspeln und mit der Milch, der Butter, dem Pfeffer, dem Paprikapulver und den Zwiebelwürfeln in einem irdenen Fonduetopf auf dem Herd bei schwacher Hitze unter ständigem Rühren schmelzen lassen. Die Fondue muß gut erhitzt werden; dabei am besten mit einem Kochlöffel kräftig rühren, damit die Käsemasse nicht ansetzt. Die Speisestärke mit wenig Weißwein anrühren. Den Weißwein in die Fondue mischen, die angerührte Speisestärke und das Kirschwasser unterrühren und alles noch kurz kochen lassen. Die heiße Käsefondue dann auf einem Rechaud auf den Tisch bringen. Das Weißbrot in Würfel schneiden. Jeder Teilnehmer steckt Brotwürfel auf Fonduegabeln und taucht diese unter kräftigem Rühren in die Käsemasse, bis sie sich gut vollgesogen haben.

Besonderes für Gäste

Feine Fondues

Italienische Fonduta

Zutaten für 8 Personen:
300 g Provolonekäse
100 g Champignons
800 g Weißbrot
300 g Rahmgorgonzolakäse
¼ l Milch
4 Eier
4 Eßl. Butter
½ Teel. weißer Pfeffer
⅛ l Asti Spumante oder italienischer Weißwein

Pro Portion etwa 2625 Joule/ 625 Kalorien

Den Provolone auf der Rohkostreibe zu großen Locken raspeln. Die Champignons putzen, waschen, gut abtropfen lassen und in dünne Scheiben schneiden. Das Weißbrot in Würfel schneiden. Den Provolone in einem irdenen Fonduetopf bei sehr schwacher Hitze auf dem Herd schmelzen lassen. Den Gorgonzola in kleinen Stückchen dazugeben. Die Milch mit den Eiern verquirlen und langsam unter die warme Käsemasse rühren. Die Hitze darf dabei nicht zu hoch sein; die Fondue sollte höchstens 60° erreichen, damit die Eier nicht gerinnen. Die Butter in Flöckchen schneiden und nach und nach mit dem Pfeffer und den Champignonscheibchen sowie mit dem Asti Spumante in die Käsemasse rühren. Die Fondue auf einem Rechaud zu Tisch bringen. Die Weißbrotwürfel auf Fonduegabeln spießen, in die Käsemasse tauchen und dabei gut umrühren, damit sie sich vollsaugen können.

Neuenburger Käsefondue

Zutaten für 8 Personen:
400 g Greyerzer Käse
300 g Emmentaler Käse
800 g Weißbrot
1 Knoblauchzehe
1 Teel. Zitronensaft
4 Teel. Speisestärke
0,2 l trockener Weißwein
1 Schnapsglas Kirschwasser
1 Messerspitze geriebene Muskatnuß
1 Messerspitze weißer Pfeffer

Pro Portion etwa 2310 Joule/ 550 Kalorien

Die beiden Käsesorten auf einer Reibe feinraspeln. Vom Weißbrot die Rinde abreiben und das Brot in nicht zu kleine Würfel schneiden. Die Knoblauchzehe schälen, halbieren und mit den Schnittflächen einen irdenen Fonduetopf gründlich ausreiben. Den Käse mit dem Zitronensaft bei äußerst schwacher Hitze auf dem Herd unter ständigem Rühren mit dem Schneebesen schmelzen lassen. Die Speisestärke darüberstäuben und unterrühren. Nach und nach den Wein und zuletzt das Kirschwasser, den Muskat und den Pfeffer unter die Käsemasse rühren. Der Käse muß ganz geschmolzen sein und die Oberfläche soll sich leicht kräuseln. Den Fonduetopf auf ein Rechaud stellen und die Flamme so regulieren, daß der Käse gut heiß bleibt, da er sonst leicht zu fest wird. Bei Tisch die Brotwürfel auf Fonduegabeln spießen, in den Käse tauchen und dabei kräftig umrühren.

Feine Fondues

Besonderes für Gäste

Winzer-Fondue

Zutaten für 6 Personen:
800 g Kalbslende
je 5 weiße und schwarze
  Pfefferkörner
8 Korianderkörner
1 Stange Zimt
4 Pimentkörner
1½ l kräftig-würziger Pfälzer
  Weißwein
1 Teel. Zucker
1 Teel. Salz
½ Teel. Selleriesalz
¼ Teel. Knoblauchsalz

Pro Portion etwa 2690 Joule/
640 Kalorien

Die Kalbslende waschen, abtrocknen, von Häutchen und Sehnen befreien und in dünne Scheiben schneiden. Die Pfefferkörner in einem Mörser grob zerkleinern und mit den Korianderkörnern, der Zimtstange und den Pimentkörnern in ein Gewürzbeutelchen aus feinem Gazestoff binden. Den Wein in einem Metall- oder emaillierten Fonduetopf auf dem Herd zum Kochen bringen. Das Gewürzbeutelchen an einem Faden in den Wein hängen. Den Zucker im Wein auflösen. Die Salzsorten in einem Schälchen miteinander mischen. Den kochenden Wein im Fonduetopf auf ein Rechaud stellen und die Flamme so regulieren, daß der Wein leicht weiterkocht. Die Fleischscheiben auf Fonduegabeln spießen, in dem Wein in etwa ½ Minute garen und mit dem Salz würzen.

Das paßt dazu: Weißbrot, gewürzte Mayonnaise, Cumberlandsauce oder beliebige, fertig gekaufte Würzsaucen.

Fondue chinoise

Zutaten für 8 Personen:
400 g Kalbsschnitzel
500 g Geflügelfleisch
400 g Schweinelende
200 g Kalbsnieren
400 g Kalbsleber
1 Teel. Salz
1½ l Geflügelbrühe
100 g fetter Speck
4 Eßl. ostasiatische Sojasauce
4 Schnapsgläser trockener
  Sherry (8 cl)

Pro Portion etwa 1995 Joule/
475 Kalorien

Das Fleisch, die Nieren und die Leber waschen, abtrocknen, von Sehnen und Häutchen befreien und in hauchdünne Scheiben schneiden, das Fleisch leicht salzen. Die Geflügelbrühe in einem Metall- oder emaillierten Fonduetopf auf dem Herd erhitzen. Den Speck in Würfel schneiden und in die Bouillon geben. Die Bouillon mit der Sojasauce und dem Sherry verrühren, auf einem Rechaud bei Tisch leicht weiterkochen lassen. Die Fleischscheiben zu Röllchen formen, auf Fonduegabeln spießen und in der Bouillon garen. Die kräftige Bouillon zuletzt zum Trinken anbieten; eventuell vor dem Einfüllen in die Tassen mit etwas Weißwein verdünnen.

Das paßt dazu: Weißbrot und ein trockener Weißwein.

Besonderes für Gäste

Feine Fondues

Sukiyaki

Zutaten für 8 Personen:
1 kg Hochrippe vom Mastochsen ohne Knochen
1 kg Bambussprossen aus der Dose, 250 g Fadennudeln
10 Frühlingszwiebeln
20 frische Champignons
2 große milde Gemüsezwiebeln
1 kleine Staude Eissalat
50 g Rindertalg
4 Eßl. ostasiatische Sojasauce
je 4 Eßl. Zucker und Sherry

Pro Portion etwa 2750 Joule/ 655 Kalorien

Die Hochrippe vom Mastochsen beim Metzger bestellen. Das Fleisch anfrieren lassen, dann in 3 cm große dünne Scheiben schneiden. Die Bambussprossen in dünne Scheiben schneiden. Die Nudeln in reichlich Salzwasser 12 Minuten kochen, abgießen, kalt abbrausen und abtropfen lassen. Die Frühlingszwiebeln und die Champignons putzen, waschen und halbieren. Die Zwiebeln schälen und in Scheiben schneiden. Den Eissalat putzen und achteln. Etwas Rindertalg in einer Pfanne erhitzen, die erste Portion Fleischscheiben darin braten, einige Tropfen Sojasauce und etwas Zucker darübergeben und karamelisieren lassen. Einige Bambussprossen, Frühlingszwiebeln, Champignons, Zwiebelscheiben, Eissalat und Fadennudeln zufügen, schmoren lassen und mit Sherry befeuchten. Die nächsten Portionen in der gleichen Weise garen.

Das paßt dazu: Brot und Bier oder grüner heißer Tee.

Fondue bourguignonne

Zutaten für 8 Personen:
1 kg Roastbeef oder Rinderlende, gut abgehangen
1 Tasse Tomatenketchup
4 Eßl. Dosenmilch
4 Eßl. Mangochutney
2 Eßl. Paprikamark
2 Eßl. Sahne
je 1 Eßl. gehackter frischer Estragon, Petersilie und Dill
4 Eßl. Mayonnaise
1 Gewürzgurke
16 Eßl. Tomatenketchup
16 grüne gefüllte Oliven
2 l geschmacksneutrales Öl

Pro Portion etwa 2815 Joule/ 670 Kalorien

Das Fleisch in etwa 3 cm große Würfel schneiden. Das Tomatenketchup mit der Dosenmilch verrühren. Das Mangochutney feinwürfeln und mit dem Paprikamark und der Sahne mischen. Die Kräuter mit der Mayonnaise verrühren. Die Gurke feinhacken und mit 8 Eßlöffeln Tomatenketchup mischen. Die Oliven ebenfalls feinhacken und mit dem restlichen Ketchup mischen. Alle Saucen in kleinen Schälchen anrichten. Das Öl in einem Metall- oder emaillierten Fonduetopf auf dem Herd zum Sieden bringen. Den Topf dann auf einem Rechaud auf den Tisch bringen und die Flamme so regulieren, daß das Öl den Siedepunkt hält. Die Fleischstücke im Öl auf Fonduegabeln fritieren.

Das paßt dazu: frisches Stangenweißbrot und ein Burgunder Rotwein.

Vom Kochvergnügen zur Küchen- meisterschaft

Den Weg zur Küchenmeisterschaft ohne viel theoretischen Ballast vermitteln Ihnen die abschließenden Kapitel dieses Buches mit den Themen: »Garnieren und Verzieren«, »Menüvorschläge«, »Begriffe und Kniffe von A–Z« sowie »Gartechniken, Garzeiten«.

Garnieren und Verzieren

Große Liebe zum Detail beweist das Bild auf der gegenüberliegenden Seite. Salate, kalte Platten, Desserts und Braten gewinnen an Reiz durch eine hübsche Garnitur. Mit etwas Geduld und Übung wird es letztlich jedem gelingen, die abgebildeten Vorschläge nachzuvollziehen. Orangen- oder Zitronenkörbchen serviert man zu Wildgerichten mit Preiselbeerkonfitüre oder mit Johannisbeergelee gefüllt, als Dessert mit Obstsalat, Sorbet oder Creme. Stilisierte Blüten aus Möhren-, Gurken- oder hauchdünnen Rettichscheiben sowie die dekorativen Radieschen zieren Salate und kalte Platten. Geformte Butter läßt sich nicht nur leichter aufstreichen, sondern ergibt zugleich das geeignete Maß als Menübegleiter. Zur Vorspeise oder als Appetithäppchen zum Aperitif eignen sich Cracker mit gewürzter Käsecreme. Mit dem Buntmesser geschnitten erhalten alle Gemüse- und Salatbestandteile das reizvolle Rillenmuster.

Menüvorschläge

Ein Menü ist die gut abgestimmte Folge und Zusammenstellung von Speisen, die eine Mahlzeit ausmachen. Je größer und festlicher der Anlaß, umso reichlicher wird die Speisenfolge sein und umso exquisiter auch die Auswahl alles Gebotenen. Das große Festmenü bietet meistens eine kalte Vorspeise, danach eine Suppe, ein warmes Zwischengericht, ein warmes Hauptgericht mit Beilagen, einen Käsegang, ein Dessert und zum Schluß Mokka oder Kaffee und Kleingebäck.

Beim Zusammenstellen eines Menüs – auch wenn es sich um ein alltägliches handelt – sollten immer folgende Regeln beachtet werden:

● Das ideale Menü lebt vom Kontrast und von der Farbigkeit. Kontrastarm von den Grundzutaten her gesehen wäre beispielsweise eine Zusammenstellung mit Gänseleber als Vorspeise, einer Geflügelcremesuppe, einem Hühnerfrikassee als Zwischengericht und als Hauptgericht schließlich noch einem geschmorten Fasan.

● Hausgeflügel darf mit Fisch und Wild in der Menüfolge erscheinen, mit Schaltieren oder mit einem Braten.

● Wenn es als Hauptgericht Braten gibt, dann sollten Vorspeise und Zwischengericht nicht ebenso gebraten, sondern auf andere Art zubereitet sein. Reichen Sie eine Tomatensuppe, so sind geschmorte Tomaten als Gemüsebeilage oder Tomatenachtel als Dekor nicht mehr abwechslungsreich genug.

● Es sollte immer auch auf die farblichen Kontraste geachtet werden. Ein Menü, das beispielsweise aus Geflügelsalat, Spargelcremesuppe, überbackenem Blumenkohl, Kalbsragout und Vanilleeis bestünde, würde auf den Appetit der Gäste kaum anregend wirken.

Die folgenden Vorschläge für Menüzusammenstellungen aus den Rezepten dieses Buches berücksichtigen die verschiedensten Gelegenheiten, zu denen ein Menü serviert wird; angefangen vom großen Festmenü bis zu einfachen Menüs mit drei Gängen für die tägliche Küche.

Wenn Sie Menüs mit drei und mehr Gängen planen, so dürfen Sie je nach Zusammensetzung der Tafelrunde die Mengen für die einzelnen Gänge etwas geringer halten als sie in den Rezepten angegeben sind, da dort sehr oft das entsprechende Gericht als Mittelpunkt einer Mahlzeit rezeptiert wurde.

Menüvorschläge

Vom Kochvergnügen zur Küchenmeisterschaft

Große Festmenüs

Garnelen-Spargel-Sülzchen 29
Kressesuppe mit Croûtons 38
Flambierte Kalbsnieren 97
Wiener Tafelspitz 74 mit Sahnemeerrettich, Bratkartoffeln und
    grünen Bohnen 121
Käseplatte mit frischem Weißbrot
Preiselbeercreme 198

Schinkensoufflés 32
Chicoréesalat mit Mandarinen 46
Scampi auf provenzalische Art 63
Rehrücken mit Kirschsauce 114 und Kartoffelkroketten 9
Käseplatte mit frischem Weißbrot
Karamelpudding 196

Fischragout in Jakobsmuscheln 30
Sardische Selleriesuppe 39
Naturreis mit Geflügel 155
Roastbeef 78 mit Yorkshire Pudding 13 und Buttergemüse
Käseplatte mit frischem Weißbrot
Erdbeer-Charlotte 194

Kleine Schlemmer-Menüs

Mariniertes Gemüse 28
Kleine Käsesoufflés 32
Saltimbocca 81 mit Reis und Löwenzahnsalat 46
Zitronenspeise 195

Gefüllter Staudensellerie 26
Krautsuppe mit Rindfleisch 43
Milchrahmstrudel 189

Garnelenbeignets 61 und Möhrensalat mit Orangen 51
Feine Hackfleischpastete 105
Rhabarbergrütze 193

Windsor-Salat 52
Chinesischer Karpfen 67 mit Faden- oder Glasnudeln
Crêpes mit Aprikosen 183

Kräftige Mahlzeiten

Waterzooi, holländische Fischsuppe 37
Gefüllte Kohlrabi 130 mit Petersilienkartoffeln
Hollerkücherl 185

Bouillon mit gefüllten Pfannkuchen 36
Schellfisch aus dem Ofen 64
Rotweinäpfel 192

Thunfischsalat 53
Nudeln mit Bologneser Sauce 156
Bühler Pflaumenpudding 186

Leberknödelsuppe 36
Sub gum, holländisches Reisgericht 154
Flambierter Obstcocktail 191

Menüs ohne Fleisch

Gefüllter Chicorée 27
Überbackene Champignons 142
Mohr im Hemd 186

Champignoncremesuppe 38
Blattspinat mit Pistazien 122 und Kartoffeln à la dauphinoise 146
Gefüllte Melone 58

Artischocken mit Vinaigrette 26
Dotschwuchtele 179 mit Kresse- oder Löwenzahnsalat 46
Birne Hélène 201

Kressesuppe mit Croûtons 38
Kirschenmichel 181

Egerlinge mit gedünsteten Zwiebeln und Tomaten 142
    mit frischem Bauernbrot
Marillenknödel 184

Menüs aus der Vollwertküche

Mariniertes Gemüse 28
Vollkornhörnchen mit Käsesauce 158 und ein gemischter Salat
Obstsalat mit Sahne 59

Sauerampfersuppe 39
Grünkernfrikadellen mit Tomatensalat 160
Honigbananen mit Schokoladensahne 192

Fenchelsalat 51
Buchweizenplinsen mit geriebenen Möhren 160
Hollerkücherl 185

Löwenzahnsalat 46
Vollkornmakkaroni mit Tomatensauce 158
Passionsfruchtcreme mit Himbeeren 198

Champignoncremesuppe 38
Gemischtes Wildgemüse 128 mit Pfannkuchen aus
    Vollkornschrot
Salat mit exotischen Früchten 59

Einfache Menüs mit drei Gängen

Leberknödelsuppe 36
Chinakohlrouladen 133 mit Kartoffelpüree 9
Apfelkücherl 185

Tomatensuppe mit Reis 41
Kabeljau aus der Folie 66 mit Petersilienkartoffeln
Pfirsich Melba 201

Feldsalat mit Speck 45
Schlesisches Himmelreich 89
Dukatennudeln 188

Champignonsalat 53
Hacksteaks Maryland 101 mit Bratkartoffeln
Vanilleeiscreme mit kandierten Früchten 200

Begriffe und Kniffe von A bis Z

Ananas schälen: Werden Ananasringe benötigt, die beiden Enden der Frucht abschneiden und die Ananas in Scheiben schneiden. Die Scheiben sorgfältig schälen, die dunklen Stellen, die dabei stehengeblieben sind, einzeln herausschneiden. Zuletzt die harte Mitte, das Strunkteil, aus den Scheiben entfernen. Soll die Ananas ganz bleiben oder längs in Viertel geteilt werden, zum Beispiel um sie zu füllen, die Enden abschneiden. Die Frucht spiralenförmig schälen, die schwarzen Stellen (Augen) ausstechen. Dann die Ananas mit einem großen scharfen Messer längs halbieren und die Hälften nochmals längs teilen. Zuletzt den Strunk aus den einzelnen Vierteln herausschneiden.

Zum Schälen der Ananas die Enden der Frucht abschneiden.

Die »Augen« mit einem spitzen Messer herausstechen.

Artischocken vorbereiten und verzehren: Sollen die Artischocken im ganzen gegart werden, das Stielende abschneiden, die äußerste Blattreihe der Artischocke abbrechen und die übrigen Blätter auf zwei Drittel ihrer Länge kürzen. Die Artischocken dann in Salzwasser kochen und nach Rezept anrichten. Werden Artischocken gefüllt, bereitet man sie ebenso vor. Die Füllung entweder zwischen die Blätter quetschen, die Blattreihen zuvor etwas auseinanderbiegen, oder die mittleren Blätter mit dem »Heu«, den Blütenfäden, entfernen und die Füllung in die Mitte geben. Werden nur die Böden der Artischocken benötigt, die Unterseite mit einem scharfen Messer abschälen, alle Blätter so weit wie möglich abschneiden und die Blütenfäden vom Boden ablösen.

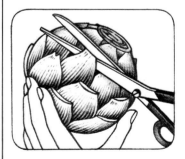

Die Artischockenblätter mit einer Schere kürzen.

Das »Heu«, die Artischockenstaubfäden, herausheben.

Am äußersten Blattkranz beginnend die Blätter einzeln abzupfen, in die Sauce tauchen und mit den Zähnen das weiche Artischockenfleisch von den Blättern streifen. Die Blätter auf den Tellerrand legen. Ist man an das Artischockenherz, den innersten Blattkreis gelangt, löst man es mit dem »Heu« vom Artischockenboden ab. Den Artischockenboden, das Beste, ißt man mit Messer und Gabel.

Aspikspiegel: Unter Aspik versteht man Fleisch-, Geflügel-, Fisch- oder Gemüsespeisen, in herzhaftes Gelee eingebettet.

Auf dem Aspikspiegel die Gemüseteile hübsch arrangieren...

...und am Ende mit flüssigem Gelee übergießen.

Auch Fruchtspeisen mit süßem Gelee bezeichnet man als Aspik. Damit die festen Bestandteile eines Aspiks nach dem Stürzen aus der Aspikform völlig von Gelee bedeckt sind und eine glatte Oberfläche entsteht, gießt man in die Aspikformen zuerst flüssiges Gelee, den Aspikspiegel. Durch Drehen und Schwenken der Formen werden diese innen ganz mit Gelee überzogen. Sobald das Gelee erstarrt ist, einen »Spiegel« bildet, können die festen Teilchen des Aspiks darauf arrangiert werden. Auf diese Weise können mehrere Schichten übereinander in die Form gefüllt werden, ohne daß die Teile nach unten sinken oder ihre Lage stark verändern.

Auberginen vorbereiten: Es ist üblich, dem Auberginenfleisch Bitterstoffe zu entziehen. Viele Auberginenzüchtungen enthalten allerdings heutzutage nur noch wenig oder gar keine Bitterstoffe mehr. Man kann sie also je nach Rezept geschält oder ungeschält gleich verarbeiten. Sollten Sie bittere Eierfrüchte bekommen haben, gehen Sie so vor: Die Auberginen waschen, abtrocknen, den Stiel abschneiden und die Auberginen wie gewünscht in Scheiben schneiden. Die Scheiben lagenweise übereinander auf einen flachen Teller legen, jede Lage gut mit Salz bestreuen. Einen Teller obenauf legen und mit einem beliebigen Gegenstand beschweren. Die Auberginenscheiben 20 Minuten ziehen lassen. Das Salz entzieht den Auberginen Flüssigkeit und mit der Flüssigkeit werden die Bitterstoffe ausgeschwemmt. Die Auberginenscheiben kurz kalt abspülen, abtropfen lassen und, sollen sie gebraten werden, trockentupfen.

Zum Häuten die Auberginen im ganzen auf einem Backblech 5 bis 10 Minuten in den heißen Backofen legen, bis die Haut in kleinen »Löckchen« aufspringt. Die Auberginen ein- bis zweimal wenden. Die aufgesprungene Haut läßt sich dann entfernen.

Austern aufbrechen, anrichten, verzehren: Die Austern unter fließendem kaltem Wasser bürsten und anschließend auf einem Tuch trocknen lassen. Um sich nicht an den scharfen Austernschalen zu verletzen, die Auster mit einem feuchten Tuch anfassen, die stärker gewölbte Schalenhälfte nach unten auf dem Tuch

Den Austernbrecher am »Scharnier« der Auster ansetzen und die Schale aufbrechen.

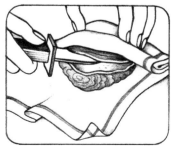

Den Muschelkörper der Auster mit dem Austernbrecher von der Schale lösen.

219

Begriffe und Kniffe von A bis Z

Vom Kochvergnügen zur Küchenmeisterschaft

in den linken Handteller legen und festhalten. Mit der anderen Hand den Austernbrecher, ein kurzes, stumpfes Spezialmesser, mit der Spitze am »Scharnier«, der spitzen Seite der Auster, ansetzen und zwischen die Schalenhälften schieben. Diese mit einem kräftigen Ruck öffnen. Mit der Klinge am Rand der flachen Schale entlangfahren und den Schließmuskel durchtrennen. Die obere Schale abnehmen, darauf achten, daß nichts von dem Austernwasser, das besonders geschätzt wird, verlorengeht. Den Austernkörper mit der Klinge des Austernbrechers von der Schale lösen. Die Austern in den Schalen auf eine Austernplatte oder auf eine Platte in ein Salzbett setzen, damit sie nicht umkippen können. Bevor die Auster aus der Schale geschlürft wird, den Muskel des Muschelkörpers mit der Austerngabel am »Scharnier« lockern. Austern genießt man ohne Beilagen pur. Man würzt sie höchstens nach Belieben mit etwas Pfeffer aus der Mühle und ein paar Tropfen Zitronensaft. Ein trockener Weißwein wie zum Beispiel ein Chablis oder Champagner sind passende Getränke.

Blanchieren (Brühen): Kurzes Kochen von Lebensmitteln in reichlich Wasser. Durch den Blanchiervorgang sollen entweder Enzyme abgetötet, Bitterstoffe herausgelöst oder ein leichtes Weiterverarbeiten des Lebensmittels ermöglicht werden. Zum Tiefkühlen werden Gemüse oder Obst mit fester Konsistenz vor dem Einfrieren blanchiert. Das geputzte zerkleinerte Gemüse oder Obst in einem Drahtkorb (Blanchierkorb) je nach Art und Beschaffenheit 1 bis 2 Minuten ins sprudelnd kochende Wasser hängen, danach im Drahtkorb sofort in eiskaltes Wasser tauchen. Dadurch wird der Kochvorgang unterbrochen, das Obst oder Gemüse behält seine Festigkeit. Muschelkörper werden blanchiert, »gesteift« wie es in der Fachsprache auch heißt, damit sich ihr Fleisch festigt.

Bries vorbereiten: Das Bries 2 Stunden kalt wässern, damit sich Blutreste lösen. Das Wasser dabei mehrmals erneuern. Bries 10 bis 15 Minuten in reichlich Wasser kochen, kalt abspülen, die Haut abziehen und alle Äderchen entfernen. Zwischen 2 Holzbrettern leicht beschwert erkalten lassen und aufschneiden.

Broccoli vorbereiten: Den Kohl waschen und je nach Zubereitungsart die Röschen abtrennen oder die Stauden im ganzen lassen. Sorgfältig die dicken Stiele und feinen Stengel dünn bis zum Ansatz der krausen Kohlröschen schälen. Die Stiele und die Stengel kleinschneiden oder bei ganzen Kohlstauden den dicken Stiel kreuzweise tief einschneiden, damit er ebenso rasch gart wie die zarten Teile.

Vor dem Kochen die Broccolistiele sorgfältig schälen ...

... und die dicken Stiele kreuzweise einschneiden.

Brühe entfetten und klären: Die Brühe abkühlen lassen und zugedeckt etwa 1 Stunde in den Kühlschrank stellen. Das Fett setzt sich an der Oberfläche ab, erstarrt und bildet eine feste weißliche Schicht. Die Fettschicht abheben und die Brühe durch ein Sieb gießen, damit auch die kleinen Fetteilchen entfernt werden. Oft ist Fleischbrühe nach dem Erkalten leicht trüb. Man klärt sie, indem man 2 Eiweiße mit etwas kalter entfetteter Brühe verquirlt, in die heiße Brühe schüttet und einige Minuten kochen läßt. Die geklärte Brühe durch ein Sieb gießen, um die Eiweißteilchen wieder zu entfernen.

Dressieren: →Geflügel dressieren.

Eier aufbewahren: Bis zu 3 Wochen im kühlen, nicht zu trockenen Keller in einem Drahtkorb oder im Eierfach des Kühlschranks. Eier nicht in unmittelbarer Nähe von Käse oder anderen geruchsintensiven Lebensmitteln lagern. Durch die Poren in der Schale nehmen sie leicht Fremdgerüche an. Eier, die nicht innerhalb von 3 bis 4 Wochen verarbeitet werden können, werden eingefroren, jedoch nicht als ganze Eier in der Schale, weil diese zerspringen würde. Eiweiß und Eigelb trennen, jeweils mit 1 Prise Salz verrühren und in kleinen Gefäßen einfrieren. Hartgekochte Eier sind zum Einfrieren nicht geeignet.

Eier in Eigelb und Eiweiß trennen: Die Schale am Schüsselrand oder mit einem Messer in der Mitte kräftig aufschlagen und vorsichtig auseinanderbrechen. Das Eigelb über der Schüssel von einer Schalenhälfte in die andere gleiten lassen. Das Eiweiß tropft dabei in die Schüssel. Die Hagelschnur mit der scharfen Kante einer Eihälfte vom Eigelb lösen und entfernen.

Eier kochen: Die Schale kurz abspülen, wenn nötig vorsichtig abwaschen. Das runde Ende mit dem Eipicker oder einer Nadel anstechen und die Eier entweder in kaltes oder warmes Wasser einlegen. Im kalten Wasser ist die Gefahr, daß die Eier platzen, geringer. Das Wasser zum Kochen bringen und die Eier nach Wunsch weich oder hart kochen.

Kochzeiten für ganze Eier der Gewichtsklasse 3 (vom Zeitpunkt des Siedens an gerechnet):

	warm aufgesetzt	kalt aufgesetzt
Eiweiß gestockt, aber nicht fest, Eigelb flüssig	3–4 Minuten	4–5 Minuten
Eiweiß fest, Eigelb am Rande gerade fest werdend	4–5 Minuten	5–6 Minuten
Eiweiß und Eigelb hart, schnittfest	8–10 Minuten	10 Minuten

Alle Eier auf einmal ins Wasser legen, damit alle zur gleichen Zeit den gewünschten Gargrad erreicht haben. Küchenwecker zu Beginn der Kochzeit stellen und die Eier nach dem Kochen sofort mit kaltem Wasser abschrecken. Dadurch werden sie heruntergekühlt und können nicht mehr nachgaren. Außerdem läßt sich die Membrane unter der Schale leichter entfernen.

Rohe Eier kann man von gekochten unterscheiden, wenn man sie auf der Tischplatte kreiseln läßt. Gekochte Eier drehen sich wie ein Kreisel, rohe trudeln, weil sich das flüssige Innere verschiebt.

Eier pochieren: Für pochierte oder »verlorene« Eier einen Topf etwa 15 cm hoch mit Wasser füllen, etwas Essig und Salz zufügen und zum Kochen bringen. Die Eier nacheinander in eine Untertasse schlagen und in das kochende Wasser gleiten lassen. Die Eiweiße während des Kochens mit einem Löffel immer wieder möglichst dicht an die Eigelbe schieben; so bekommen die pochierten Eier eine runde Form. Nach dem Einlegen eines Eies immer warten, bis das Wasser wieder simmert; es darf nicht sprudelnd kochen. Wenn alle Eier im Wasser sind, den Topf vom Herd nehmen und die Eier noch 5 Minuten ziehen lassen. Die Eier mit dem Schaumlöffel herausheben, in kaltes Wasser tauchen, abtropfen lassen und die Eiweißränder glattschneiden.

Eierstich: 2 Eier mit 2 Eßlöffeln Fleischbrühe, 1 Messerspitze Salz und je 1 Prise geriebener Muskatnuß und weißem Pfeffer verquirlen. Die Masse in ein mit Öl ausgestrichenes Förmchen

Vom Kochvergnügen zur Küchenmeisterschaft

Begriffe und Kniffe von A bis Z

oder eine Tasse füllen, und mit dem Deckel des Förmchens – die Tasse mit Alufolie – verschließen. Die Eier in etwa 25 Minuten im leicht kochenden Wasserbad im verschlossenen Topf stocken und abkühlen lassen, dann stürzen. Für Eierstich als Suppeneinlage in Würfel oder Rauten schneiden.

Eischnee schlagen: Die Eier aufschlagen und in Eigelbe und Eiweiße trennen. Pro Eiweiß 1 Teelöffel Wasser zufügen und das Eiweiß mit dem Handschneebesen oder dem elektrischen Schneebesten steif schlagen. Wird mit dem elektrischen Schneebesen gearbeitet, zuerst mit mittlerer Geschwindigkeit schlagen. Beginnt das Eiweiß fest zu werden, auf Höchststufe schalten und weiterschlagen, bis sich Spitzen bilden, die stehen bleiben, und der Eischnee stumpf aussieht. Dann jedoch nicht länger schlagen, weil der Schnee sonst zusammenfällt. Achtung! Um Eiweiß steif zu schlagen, nur völlig fettfreie Geräte benutzen. Darauf achten, daß kein Eigelb ins Eiweiß gerät, da sonst der Schnee nicht steif wird.

Fenchelknollen vorbereiten: Die Stiele abschneiden, das Blattgrün und die Knollen waschen. Die Blättchen aufbewahren und zuletzt feingehackt roh an das fertige Gericht geben. Von den äußeren dicken Blättern der Knolle die dicken Rippen abschneiden und für gedünsteten Fenchel große Knollen halbieren oder vierteln, kleine können im ganzen bleiben. Für Salat die Knollen längs in dünne Scheiben schneiden.

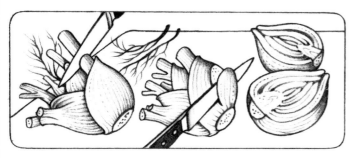

So bereiten Sie Fenchel vor: Zuerst das Grün abschneiden, dann die dicken Blattrippen entfernen und schließlich die Knollen halbieren.

Filetieren: →Fisch vorbereiten, Orangen filetieren.

Filetsteak vorbereiten: Mit einem scharfen Messer alles Fett und weiße Häutchen entfernen. Das Fleisch kurz kalt abspülen und sorgfältig mit Küchenkrepp trockentupfen. Das Steak unter keinen Umständen klopfen oder flachdrücken, sondern dressieren, das heißt mit Küchengarn horizontal rundbinden. Steaks immer erst nach dem Braten salzen. Salz entzieht dem Fleisch Wasser. Bevor Steaks in die Pfanne gelegt werden, mit den Händen noch etwas zusammenstauchen.

Fisch blau zubereiten: Die Fische sollten möglichst kurz vor dem Garen geschlachtet werden. Man setzt dem Sud pro Liter Flüssigkeit 1 bis 2 Eßlöffel Essig zu und gart den Fisch in so viel Sud, daß er gut davon bedeckt ist. Früher übergoß man den Fisch, um eine schöne Blaufärbung zu erhalten, mit einer starken Essiglösung. Die konzentrierte Säure beeinträchtigt aber den feinen Fischgeschmack. Ist die Schleimschicht gut erhalten, wird die Fischhaut auch in schwachem Essigwasser blau.

Fisch braten: Kleine Fische, Fischkoteletts und Fischfilet eignen sich gut zum Braten in der Pfanne. Nach Belieben die Fische würzen, in Mehl wenden oder panieren und in reichlich heißem Bratfett von beiden Seiten braun braten. Bei größeren Fischen schneidet man die Seiten zwei- bis dreimal schräg ein, damit das Fischfleisch durchbrät. Zuletzt gießt man überschüssiges Bratfett ab und brät den Fisch zur Geschmacksverfeinerung noch einige Sekunden in Butter.

Fisch grillen: Kleine Fische, Fischfilets oder Fischscheiben – Koteletts – mit Öl bestreichen oder auch panieren und auf dem Grillrost grillen. Gegrillten Fisch stets nach dem Garen würzen.

Fisch im Sud gar ziehen lassen: Ein guter Fischsud, der Fachausdruck dafür ist Court-Bouillon, besteht je nach Größe der Fischportion aus 2 und mehr Litern Wasser, in Scheiben geschnittenen Zwiebeln, Möhren, einem Kräutersträußchen aus Dill, Estragon, Petersilienstengel und Thymian, einigen Pfefferkörnern und je nach Wassermenge 2 Teelöffeln oder mehr Salz. Den Sud 1 Stunde kochen lassen. Die Pfefferkörner erst nach 50 Minuten Kochzeit hinzufügen. Den Sud dann durch ein Sieb gießen und mit 1 Tasse Weißwein verfeinern.

Eine noch bessere Flüssigkeit zum Garziehen von Fisch ist der Fischfond. Er bildet den Grundstock für Fischsaucen. Kleine Fische und Fischstücke pochiert man gern in Fischfond. Fischabfälle wie Gräten, Köpfe, Flossenteile, Schwänze oder billige Kleinfische mit Zwiebelscheiben, Champignonstückchen, Petersilienstengel und Zitronensaft in 2 Litern Wasser und ¼ Liter Weißwein 30 Minuten kochen lassen. Nach 20 Minuten 3 Pfefferkörner zufügen. Den Fischfond durch ein Sieb gießen. Den Fischsud zum Kochen bringen, den Fisch einlegen und die Hitze so regulieren, daß der Fisch darin nicht kocht, sondern nur gar zieht. Wenn der Sud dennoch zu kochen beginnt, mit etwas kaltem Wasser herunterkühlen. Große Fische gibt man in den kalten Sud, damit die Haut nicht platzt. Vom Siedepunkt der Kochflüssigkeit an gerechnet brauchen große Fische 15 bis 20 Minuten, mittelgroße Fische 12 bis 15 Minuten und kleine Fische etwa 10 Minuten Garzeit.

Damit große Fische gleichmäßig garen, schneidet man sie an den Seiten einige Male schräg ein. Zum Garen von großen Fischen empfiehlt sich ein Fischkessel mit Siebeinsatz.

Kleine Fische oder Fischstücke in eine feuerfeste Form auf ein Bett aus kleingeschnittenen Zwiebeln legen, mit wenig Fischfond und Weißwein begießen, mit gebuttertem Pergamentpapier bedecken und im Backofen gar ziehen lassen.

Genauso können auch große Fische im ganzen im Fischkessel im Backofen gegart werden. Auf den Boden des Fischkessels dafür eine Mischung aus kleingeschnittenem Suppengrün, Petersilienstengeln und Champignonstücken geben. Den Fisch auf dem Siebeinsatz mit Speckscheiben belegen, Fischsud zugießen, bis der Fisch fast bedeckt ist, und diesen während des Garens im Backofen häufig mit der Garflüssigkeit aus dem Kessel begießen.

Fisch vorbereiten: Im Fachgeschäft bekommt man Fisch küchenfertig. Haben Sie Gelegenheit, fangfrischen Fisch zu kaufen, müssen Sie diese Arbeiten bis auf das Töten selber vornehmen. Zunächst den Fisch ausnehmen. Mit einem scharfen Messer die Bauchseite vom Schwanz bis zum Kopf hin aufschlitzen und die Eingeweide herausziehen. Dabei aufpassen, daß die Gallenblase dicht hinter dem Kopf nicht verletzt wird. Die Bauchhöhle des Fisches mit etwas Salz ausreiben, um Blutreste und Hautteile zu entfernen. Soll Fisch im ganzen gefüllt werden, die Kiemenöffnung mit dem Daumen durchstoßen, um die Eingeweide mit den Kiemen herauszuziehen.

Die meisten Rundfische aus dem Meer müssen geschuppt werden. Dabei den Fischschwanz mit einem Tuch festhalten und die Schuppen mit dem Messerrücken oder einem Fischschupper vom Schwanzende zum Kopf hin – also gegen den Strich – schuppen. Dafür legt man den Fisch am besten im Spülbecken oder in einer großen Schüssel ins Wasser, damit die Schuppen nicht überall herumspritzen. Anschließend große harte Flossen abschneiden und den Fisch innen und außen mit klarem Wasser abspülen. Soll Fisch im Sud gar ziehen, braucht er nicht geschuppt zu werden. Nach dem Garen läßt sich die Haut mit den Schuppen mühelos abziehen.

221

Begriffe und Kniffe von A bis Z — Vom Kochvergnügen zur Küchenmeisterschaft

Schuppenlose Rundfische wie Karpfen, Forelle, Renke werden oft »blau« zubereitet. Dabei muß man darauf achten, daß die dünne Schleimschicht, die die Blaufärbung bewirkt, nicht verletzt wird. Solche Fische nur mit nassen Händen anfassen.
Plattfische werden nicht geschuppt. Seezunge und Rotzunge müssen jedoch vor dem Zubereiten gehäutet werden. Die Haut am Schwanzende schräg einschneiden, ein Stück ablösen, das Hautende und den Schwanz jeweils mit einem trockenen Tuch umfassen und die Haut im ganzen über den Kopf hinwegziehen. Rundfische zum Filetieren den ganzen Rücken entlang bis zur dicken Mittelgräte einschneiden. Das Filet durch einen Schnitt am Ende des Kopfes hinter den Kiemen vom Rücken bis zum Bauch hin bis auf die Mittelgräte durchtrennen und ein Stück weit von der Mittelgräte abziehen. Jetzt mit Hilfe der flachen Klinge eines spitzen Messers das ganze Filet Stück für Stück mit kleinen Schnitten von der Mittelgräte ablösen. Den Fisch umdrehen und das andere Filet genauso von den Gräten lösen. Zum Häuten der Filets die Stücke mit der Hautseite nach unten auf ein Brett legen und mit einem scharfen Messer zwischen Haut und Filet entlang schneiden. Mit einer Hand das Filet hochziehen. Zum Filetieren von Plattfisch den Fisch entlang der Mittelgräte einschneiden. Ein Filet hinter dem Kopf beginnend mit der flachen Klinge eines scharfen Messers zum äußeren Rand hin Stück für Stück von den Gräten lösen und mit der freien Hand nach außen hin abziehen. Mit dem anderen Filet genauso verfahren. Fisch niemals in Wasser liegen lassen. Das zarte Fischfleisch laugt dabei aus. Man kann Fisch vor dem Garen mit Essig oder Zitronensaft beträufeln. Dadurch wird das Fischfleisch fester und heller, doch überdeckt die Säure etwas den Eigengeschmack des Fisches. Fisch niemals vor dem Garen salzen.

Flambieren (Abflammen): Durch das Abbrennen fertiger Gerichte mit Alkohol werden die Speisen mit dem Geschmack der verwendeten Spirituose aromatisiert. Das kann als besondere Zeremonie bei Tisch geschehen oder in der Küche. Soll ein Gericht für mehrere Personen flambiert werden, den Alkohol in einer kleinen Schöpfkelle über einer Kerzenflamme oder Rechaudflamme vorsichtig erwärmen, den Rand der Speise damit beträufeln und den Alkohol durch leichtes Kippen der Servierschüssel an die Flamme bringen, so daß er sich entzündet. Die Speise umrühren oder den Alkohol so ausbrennen lassen. Sollen Einzelportionen, zum Beispiel Steaks, flambiert werden, einen Suppenlöffel leer erwärmen, den Alkohol hineingießen, an einer Flamme entzünden und die brennende Flüssigkeit auf die Speise träufeln und ausbrennen lassen.
Weil sich der Geschmack der zum Flambieren verwendeten Spirituose mit dem der Speise vermischt, spielt ihre Qualität und Art eine Rolle. Man verwendet je nach Art des Gerichtes Cognac, Rum, Kirschwasser, Himbeergeist oder für Süßspeisen Likör. Der Alkoholgehalt muß jedoch mehr als 38 Vol.-% betragen.

Geflügel dressieren: Geflügel, das im ganzen gegart werden soll, wird dressiert, das heißt gebunden, damit abstehende Flügel oder Keulen nicht beim Braten verbrennen: Küchengarn mit einer Nadel durch einen Flügel, den Brustkorb und den anderen Flügel ziehen, zum Schenkel führen und die Schenkel ebenso durchstechen. Die Garnenden miteinander verknoten. Oder die Flügel im Gelenk drehen und die Flügelenden unter den Rücken legen. Die untere Bauchhaut einschneiden und die Keulenenden durch den Schnitt stecken. Bei gefüllten Tieren die Hals- und Bauchöffnung zunähen oder senkrecht zur Öffnung mit Holzspießchen zustecken und diese mit Garn umwickeln.

Geflügel tiefgefroren aufbewahren und auftauen: Beim Einkauf von tiefgefrorenem Geflügelfleisch folgende Kriterien beachten: Das Verfalldatum kontrollieren, vor allem wenn Sie die Ware als Vorrat in Ihr eigenes Gefriergerät einlagern wollen. Überzeugen Sie sich davon, daß die Verpackung unbeschädigt ist, daß das Fleisch keine dunklen Verfärbungen aufweist und keine Eiskristalle oder ausgetretenes Blut zu sehen sind, was auf unsachgemäße Lagerung schließen läßt. Vor dem Verzehr solchen Geflügelfleisches muß gewarnt werden, denn es besteht die Gefahr, daß es salmonellenverseucht ist. Aufgetautes Geflügelfleisch soll nicht mehr aufbewahrt werden. Die Flüssigkeit, die sich beim Auftauen gebildet hat, unbedingt weggießen. Das Geflügel sorgfältig unter fließendem kaltem Wasser waschen, ganze Tiere auch von innen. Die für die Zubereitung von tiefgefrorenem Geflügel benutzten Geräte sehr heiß spülen. Nur dann ist garantiert, daß keine Salmonellen mehr an ihnen haften. Tiefgefrorenes Geflügelfleisch muß stets gut durchgebraten werden. Je nach Größe des Tieres kann das Auftauen bis zu 46 Stunden dauern. Kleine Geflügelteile können auch nur angetaut, jedoch gründlich gewaschen gegart werden. Am schonendsten wird Geflügel im Kühlschrank aufgetaut. Man nimmt es aus der Verpackung und stellt es zugedeckt in einer Schüssel in den Kühlschrank.

Auftauzeiten für Geflügel:

	Kühlschrank	Raumtemperatur
800–1000 g	16–18 Stunden	12 Stunden
1,5 kg	26–30 Stunden	16–20 Stunden
4–6 kg	40–46 Stunden	20–26 Stunden

Geflügel tranchieren: Geflügel wird traditionell bei Tisch tranchiert. Doch bedarf es einiger Übung, bis man das vollendet kann. Kleines Geflügel – Poularden, Brathühner, Tauben, Perlhühner – mit einem kräftigen, scharfen Messer (Tranchiermesser) nur längs halbieren und, sollen 4 Portionen entstehen, die Längshälften noch einmal quer teilen. Von großem Geflügel zuerst die Flügel und Keulen mit dem Muskelfleisch am oberen Gelenk abtrennen. Das geht am besten mit einer Geflügelschere und einer

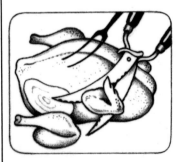

Von großem Geflügel mit der Geflügelschere zuerst die Flügel und die Schenkel abtrennen . . .

. . . und dann das Brustfleisch in Scheiben schneiden.

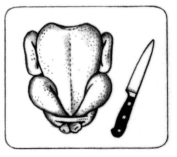

Die einfachere Methode, Geflügel vorzubereiten: Die Keulenenden in den Hautschnitt stecken.

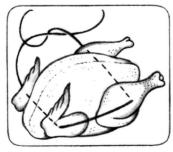

Die kompliziertere Methode: Man bindet die Extremitäten des Vogels mit Küchengarn.

Vom Kochvergnügen zur Küchenmeisterschaft

Begriffe und Kniffe von A bis Z

zweizinkigen Gabel, mit deren Rundung man den Braten festhält, jedoch nicht einsticht. Dann das Brustfleisch mit dem Tranchiermesser schräg in Scheiben schneiden und von der Karkasse (Gerippe) lösen. Zuletzt den Vogel wenden, das Fleisch vom Rücken in Scheiben schneiden und ebenfalls ablösen. Das Schenkelfleisch von großem Geflügel schneidet man längs zum Knochen.

Geflügel vorbereiten: Bei frischem Geflügel prüfen, ob es vollständig ausgenommen ist. Stehengebliebene Federn und Kiele auszupfen oder die Federn über einer Gas- oder Kerzenflamme abbrennen. Das Geflügel sorgfältig unter fließendem Wasser innen und außen waschen und anschließend trockentupfen. Nicht verwertbare Teile – Kopf, Flügel und Beine – abschneiden. Geflügelhaut, ob von Geflügelteilen oder ganzen Tieren, nicht vor dem Braten oder Grillen salzen; sie würden dadurch nicht knusprig, sondern ledern.

Gelatine auflösen: Damit eine Gelatinespeise gleichmäßig geliert, muß die dazu verwendete Gelatine aufgelöst werden.

Blattgelatine: Die Gelatineblätter in reichlich kaltem Wasser – etwa 1 Liter für 6 Blätter – quellen lassen, bis die Gelatineblätter vollkommen weich sind. Das dauert etwa 10 Minuten. Die Gelatineblätter aus dem Wasser nehmen, ausdrücken und in der heißen, niemals kochenden Flüssigkeit auflösen. Wird Blattgelatine zum Steifen eines Gerichts aus kalter Flüssigkeit verwendet, die gequollenen, ausgekühlten Gelatineblätter in wenig heißem Wasser (2 Eßlöffel für 6 Blätter) auflösen, mit einigen Eßlöffeln der Flüssigkeit, aus der die Speise bereitet wird, mischen und unter die kalte Flüssigkeit rühren.

Gemahlene Gelatine: Das Gelatinepulver mit wenig kaltem Wasser (5 Eßlöffel für 1 Päckchen Gelatine) verrühren und 10 Minuten quellen lassen. Die gequollene Gelatine bei sehr schwacher Hitze unter Rühren erwärmen, bis sie flüssig geworden ist.

Gemüse aufbewahren: Blattgemüse wie Spinat, Mangold, Portulak und Blattsalat, alle grünen Salatpflanzen und Wildkräuter möglichst bald nach dem Einkauf verarbeiten. Blattgemüse und Salat aus eigenem Anbau erst kurz vor der Zubereitung ernten. Wenn man solches Gemüse nicht gleich zubereiten kann, entfernt man alle schlechte Blätter, schlägt das Gemüse in ein feuchtes Tuch ein und lagert es kühl und vor Sonnenlicht geschützt. Kohl ist weniger empfindlich. Ganze Kohlköpfe können kühl, trocken und dunkel, am besten auf einem Lattenrost im Keller, bis zu 2 Monaten gelagert werden. Verfügt man weder über eine Speisekammer noch über einen kühlen Keller, Kohl in der Küche lagern, doch auch da dunkel und trocken. Angeschnittene Kohlköpfe bewahrt man in Folie gewickelt bis zu 1 Woche im Kühlschrank auf.

Wurzel- und Knollengemüse lagert man ebenfalls trocken, kühl und dunkel, kleinere Mengen am besten im Kühlschrank. Weiße und rote Rettiche möglichst bald verbrauchen. Sie verlieren rasch ihre pralle Frische. Schwarze Rettiche halten sich länger, Sommermöhren schrumpfen ebenfalls schon nach wenigen Tagen ein, Wintermöhren halten sich lange. Von Wintermöhren, Roten Beten, Meerrettich, Pastinaken und Sellerieknollen kann man sich einen Wintervorrat anlegen, sofern man einen kalten Kellerraum dafür hat. Eine ungeheizte Garage ist auch geeignet. Das Gemüse soll möglichst nicht gewaschen sein. Man reibt mit der Hand Erdrückstände ab und schichtet die trockenen Rüben in eine Kiste mit einem Gemisch aus Erde und Sand. Die Rüben jedesmal nach der Entnahme wieder gut mit Sand bedecken. Fruchtgemüse kann mit Ausnahme des Gartenkürbisses nicht sehr lange aufbewahrt werden. So halten sich Tomaten bei Raumtemperatur – nicht im Kühlschrank – gelagert, je nach Reifegrad 3 bis 10 Tage, Gurken im Kühlschrank etwa 1 Woche, Auberginen, Zucchini und Paprikaschoten bei Raumtemperatur etwa 3 Tage, ohne daß es zu großen Wertstoffverlusten kommt. Grüne Bohnen und frische Erbsen müssen bald verbraucht werden. Bohnen trocknen rasch aus. Bei Erbsen wandelt sich der in ihnen enthaltene Zucker in Stärke um. Nicht länger als 2 Tage im Kühlschrank aufbewahren.

Spargel ungeschält in ein feuchtes Tuch schlagen und nicht länger als 1 Tag im Gemüsefach des Kühlschranks lagern.

Gemüse waschen und putzen: Jedes Gemüse zuerst waschen. Blattgemüse jedoch zuvor verlesen, das heißt schlechte und welke Blätter und Stiele herauslesen. Blattsalate in einzelne Blätter zerlegen, Kohl im ganzen waschen. Wenn das Gemüse nicht aus biologischem Anbau stammt, wäscht man es in schwach warmem Wasser. Sehr viel Wasser verwenden und die Blätter portionsweise mehrmals waschen und anschließend abtropfen lassen. Dann erst kleinschneiden, hacken oder hobeln.

Wurzelgemüse, sofern es jung ist, nur unter fließendem Wasser mit einer harten Bürste säubern, schlechte Stellen herausschneiden, jedoch die Wurzeln nicht schaben oder schälen. Bei älteren Knollen und Wurzeln läßt sich das Schälen oft nicht vermeiden. Von Lauchstangen zuerst die harten dunkelgrünen Blätter abschneiden. Lauch muß, damit Sand und Erde ausgespült werden, vor dem Waschen längs aufgeschlitzt werden. Die Stangen unter fließendem Wasser waschen, dabei auseinanderbiegen.

Bohnen im ganzen waschen, danach die Stiele und Blütenansätze abzwicken. Gurken und Zucchini unter fließendem, schwach warmem Wasser waschen und abtrocknen. Salatgurken und junge Zucchini aus biologischem Anbau brauchen nicht geschält zu werden. Schmorgurken werden wegen ihrer harten Schale geschält, ebenso große Zucchini.

Hirn vorbereiten: Das Hirn so lange wässern, bis sich alles Blut gelöst hat. Das Wasser dabei mehrmals erneuern. Das Hirn dann in heißes Essigwasser legen, zum Kochen bringen und noch 10 Minuten im heißen, nicht mehr kochenden Wasser liegen lassen. Das Hirn häuten und alle Äderchen und das gestockte Blut entfernen. Das Hirn nach Rezept weiterverarbeiten.

Käse aufbewahren: Am besten wird Käse, der nicht noch nachreifen soll, bei Raumtemperatur unter einer Käseglocke nicht länger als 1 bis 2 Tage aufbewahrt. Alle Käsesorten mit Ausnahme von Schmelzkäse unterliegen einem Reifungsprozeß, bei dem sich ihr Aroma voll entfaltet. Bei niedrigen Temperaturen wird dieser Prozeß verlangsamt, im Gefrierfach sogar unterbrochen. Für Käse, der länger lagern soll, ist eine Temperatur von 13° ideal. Die Luftfeuchtigkeit sollte dabei nicht zu hoch sein. Ein kühler Kellerraum oder eine luftige Speisekammer sind, wie so oft, auch für Käse als Lagerraum zu empfehlen. Dort sollte er auf einem Lattenrost aufbewahrt werden, so daß die Luft von allen Seiten heran kann. Große Käsestücke schützt man vor dem Austrocknen, indem man sie in ein feuchtes Tuch einschlägt, kleine Stücke können in Pergamentpapier eingewickelt werden. Von Haushaltsfolie muß abgeraten werden. Es sei denn, sie trägt einen Vermerk, daß sie den Empfehlungen des Bundesgesundheitsamtes entspricht. In den meisten Haushalten steht weder ein kühler Kellerraum noch eine Speisekammer zur Verfügung. So muß der Käse im Kühlschrank im dafür vorgesehenen Fach aufbewahrt werden. Camembert und Brie bleiben am besten in der Originalverpackung, Schnittkäse kann in Alufolie gewickelt werden. Käse mindestens 1 Stunde vor dem Verzehr aus dem Kühlschrank nehmen. Sein Aroma entfaltet sich erst bei Raumtemperatur.

Kluftsteak vorbereiten: Das Fleisch mit einem feuchten Tuch abreiben. 2 bis 3 Tage vor dem Zubereiten mit Öl einreiben und zugedeckt im Kühlschrank lagern. Danach wird das Fleisch so zart wie Filet. Nicht klopfen.

Kokosnuß öffnen: Zwei der an einem Ende erkennbaren Keimlöcher der Nuß durchbohren. Das Fruchtwasser ausgießen und auffangen. Die Schale mit einem Hammer zerschlagen und ab-

223

Begriffe und Kniffe von A bis Z

Vom Kochvergnügen zur Küchenmeisterschaft

nehmen oder die Nuß durchsägen und das Fleisch stückweise mit einem Messer herauslösen.

Krustentiere vorbereiten und garen: Das ausgelöste Fleisch von Krustentieren in Dosen braucht nur mit der Gabel etwas aufgelockert und im Sieb kurz kalt überbraust zu werden, bevor es nach Rezept weiterverarbeitet wird.

Tiefgefrorene Krustentiere läßt man in einer Schüssel zugedeckt im Kühlschrank oder bei Raumtemperatur auftauen und löst sie, wenn erforderlich, wie frische Krustentiere aus dem Panzer. Lebendige Krustentiere müssen durch Kochen getötet, gegart und dann aufgebrochen und das Fleisch ausgelöst werden. Dabei geht man bei Hummer und Langusten folgendermaßen vor: In einem großen Topf sehr viel Wasser zum sprudelnden Kochen bringen. Das Tier am Rücken greifen und rasch mit dem Kopf zuerst ins kochende Wasser tauchen. Große Krustentiere müssen in jedem Fall mindestens 5 Minuten im sprudelnd kochendem Wasser untergetaucht werden, damit ihr Todeskampf so kurz wie möglich ist. Nie mehrere größere Krustentiere auf einmal ins Wasser geben. Es würde dabei abkühlen. Die Tiere nacheinander im Abstand von 5 Minuten in den Topf werfen und jedes mit dem Kochlöffel lange genug unter Wasser halten. Hummer und Langusten von 500 g benötigen eine Garzeit von 15 Minuten.

Bei Flußkrebsen kann man jeweils 4 Stück ins kochende Wasser werfen. Wenn alle Krebse im Wasser sind und auch die letzte Portion sprudelnd gekocht hat, die Hitze reduzieren und die Krebse noch 8 bis 10 Minuten leicht sieden lassen.

Hummer und Languste werden folgendermaßen aufgebrochen und aus dem Panzer gelöst: Ißt man ein ganzes Tier bei Tisch, den Hummer mit beiden Händen fassen und Kopf und Schwanzteil in entgegengesetzter Richtung drehen und voneinander trennen. Vom Schwanzteil die Spitze abbrechen. Mit der Hummergabel das Fleisch aus der Schwanzkruste stoßen. Den dunklen Faden, den Darm, entfernen. Die Scheren abbrechen, mit der Hummerzange aufknacken und das Fleisch mit der Hummergabel herausziehen. Aus dem Rumpfteil die orangeroten Hummereier und das weiße Hummerblut herausholen. Die Beine vom Rumpf abbrechen und ausschlürfen.

Wird ½ Hummer (Languste) als Vorspeise serviert, zuerst mit einem starken Messer den Panzer entlang der Mittellinie auf dem Rücken vom Schwanzansatz bis zur Spitze durchschneiden. Das Tier umdrehen und den Panzer des Kopfteiles ebenso halbieren. Soll kalter Hummer festlich angerichtet werden, dressiert man das Hummerfleisch auf der Karkasse. Das heißt, man ordnet es fächerförmig auf dem im ganzen erhaltenen Hummerpanzer an und garniert es mit feinen Zutaten. Dazu zuerst die Beine vom Rumpf abbrechen. Den Hummer auf den Rücken legen. Die beiden gerippten Kanten des Rückenpanzers entlang der dünnen Bauchkruste einschneiden und vom Schwanzende zum Kopf hin abziehen. Jetzt das Schwanzfleisch und den Inhalt des Kopfteiles auslösen. Die Hummerscheren bleiben unberührt. Sie werden zum Schluß in der Küche geknackt und das Fleisch für ein anderes Gericht verwendet. Flußkrebse bricht man so auf: Die Scheren abbrechen. Die Spitzen der Scheren in das Loch im Krebsmesser stecken und abbrechen. Das Scherenfleisch mit der Krebsgabel herausziehen. Die Beine vom Brustpanzer abbrechen und auslutschen. Den Krebs zwischen Kopfteil und Schwanzteil durchbrechen. Das Schwanzfleisch mit der Krebsgabel herausziehen. Den dunklen Faden, der an der Oberseite verläuft, entfernen. Den Brustpanzer auslutschen.

Lachs geräuchert, in Scheiben schneiden: Das Lachsfilet mit der Hautseite nach oben auf ein Holzbrett legen und die Haut vom Schwanzende des Stückes aus mit einem Lachsmesser – es ist besonders scharf – lösen und vorsichtig abtrennen, ohne dabei ins Lachsfleisch zu schneiden. Das Hautstück nur nach augenblicklichem Bedarf lösen, nicht abschneiden. Es schützt das restliche Lachsfleisch bis zum Verzehr vor dem Austrocknen. Das Lachsfilet umdrehen, so daß sich die Hautseite unten befindet und das Lachsfleisch schräg in dünne Scheiben schneiden. Mit dem Hautende das stehengebliebene Lachsfleisch bedecken.

Lamm- und Hammelkoteletts vorbereiten: Die Koteletts mit einem feuchten Tuch abwischen. Die Fettränder im Abstand von 5 cm einschneiden. Die Koteletts mit Öl einreiben und durchziehen lassen. Besonders zu empfehlen bei Hammelkoteletts.

Leber vorbereiten: Die Leber kurz kalt waschen und abtrocknen. Mit einem spitzen, scharfen Messer unter die Haut der Leber fahren und die Haut lösen und abziehen. Alle harten Stränge (Blutgefäße) herausschneiden, dabei darauf achten, daß die Leber nicht zu sehr zerschnitten wird. Die Leber in Scheiben schneiden oder ganz lassen. Schweineleber und Rinderleber vor dem Braten 30 Minuten in Milch legen. Kalbsleberscheiben kurz in Milch tauchen. Die Leberscheiben in Mehl wenden und nach Rezept würzen, erst nach dem Braten salzen.

Lunge vorbereiten: Die Lunge waschen, die Röhren entfernen und das Fleisch in einem kräftigen Sud aus Wasser, Zitronensaft, Lorbeerblatt, Piment, Pfefferkörnern und Zwiebelringen 1 bis 1½ Stunden kochen und zwischen zwei Holzbrettern gepreßt erkalten lassen. Die Lunge in dünne Streifen schneiden.

Maroni schälen: Die Kastanien auf der runden Wölbung kreuzweise einschneiden und auf einem Kuchenblech bei mittlerer Hitze im Backofen in 20 bis 30 Minuten weich backen. Die Schalen springen dabei auf. Die Maroni mit einem scharfen Messer schälen, solange sie noch heiß sind. Die bräunliche, behaarte dünne Haut, die den Kastanienkern umschließt, abziehen. Sollen die Maroni nach dem Schälen in Flüssigkeit weich gegart werden, macht man es besser so: Die rundgewölbte Seite kreuzweise einschneiden. Die Maroni in kochendes Wasser legen und 10 bis 15 Minuten sprudelnd kochen lassen. Die Maroni möglichst noch heiß schälen und die braune Haut dabei abziehen.

Muscheln vorbereiten: Miesmuscheln unter fließendem kaltem Wasser bürsten. Den »Bart«, die Byssusfäden an der Muschel-

Die Muscheln unter fließendem Wasser gründlich abbürsten.

Die »Bärte« lassen sich mit etwas Übung einfach entfernen.

Muscheln gibt es in vielerlei Form. Besonders hübsch sind die Jakobsmuscheln, doch auch Herz- und Venusmuscheln sehen dekorativ aus.

224

Vom Kochvergnügen zur Küchenmeisterschaft

Begriffe und Kniffe von A bis Z

kante, entfernen und die Miesmuscheln garen.
Jakobsmuscheln wie Austern (→Austern aufbrechen) aufbrechen, den Muschelkörper aus der Schale lösen. Das weiße Muschelfleisch und den orangefarbenen Rogen – Corail – von den dunkel aussehenden Eingeweiden trennen, den »Bart« entfernen und das Muschelfleisch 10 Minuten in einem Sieb in kochendem Wasser blanchieren. Herzmuscheln und Venusmuscheln wie Miesmuscheln behandeln oder wie Austern roh essen.

Nieren vorbereiten: Die Nieren waschen, Rinder- und Kalbsnieren quer, Schweinenieren längs halbieren. Alle Röhren, Häute und möglichst alles Fett abschneiden und Rindernieren 30 bis 40 Minuten in Milch oder Buttermilch legen. Die Nieren anderer Schlachttiere 20 bis 30 Minuten in kaltem Wasser wässern. Dabei das Wasser ein- bis zweimal erneuern. Rindernieren können auch 5 Minuten blanchiert werden. Durch das Wässern oder Einlegen in Milch verlieren die Nieren ihren strengen Geschmack. Je älter die Nieren sind und je länger sie vor der Zubereitung gelagert werden, desto länger müssen sie gewässert werden, damit sich der Harngeschmack verliert.

Orangen filetieren: Die Frucht wie einen Apfel schälen, auch die weiße Haut mit abschneiden. Mit einem Sägemesser an beiden Seiten entlang den feinen Häutchen, die die Frucht in Segmente teilen, bis zur Mitte einschneiden. Die Fruchtstücke aus den Häutchen lösen. Genauso werden auch Grapefruits filetiert.

Pilze: Zuchtchampignons gibt es das ganze Jahr über frisch zu kaufen. Auch die Zuchtegerlinge mit den braunen Hüten und dem zartrosa Fleisch sind eine Champignonart. Sie haben etwas mehr Aroma als die im Geschmack sehr milden weißen Champignons. Die beiden Standardsorten sind meist makellos, rasch geputzt und absolut ungefährlich. Bei wildwachsenden Speisepilzen ist Vorsicht geboten. Niemals Pilze verzehren, die nicht eindeutig als Speisepilze bestimmt werden können.

Pilze, ob selbst gesammelt oder gekauft, zum Nachhausetragen nicht in Plastiktüten stecken. Wegen des verminderten Luftaustausches fangen die Pilze in Kunststoffolien an zu »schwitzen«. Das in ihnen enthaltene Eiweiß beginnt sich zu zersetzen, die Pilze verderben rasch. Am besten legt man sie in einen Spankorb, breitet sie zu Hause bis zur Verarbeitung auf Zeitungspapier aus und lagert sie kühl und trocken nicht länger als 12 Stunden. Zuchtpilze sind meist makellos. Sie brauchen kaum geputzt zu werden. Man kürzt die Stiele etwas und wäscht die Pilze anschließend in reichlich kaltem Wasser. Von wildwachsenden Speisepilzen je nach Pilzsorte die lose Haut vom Pilzhut abziehen, bei großen, älteren Exemplaren die Lamellen oder die Röhrenschicht entfernen, die Pilze durchschneiden und auf Maden kontrollieren. Schlechte Stellen abschneiden und die Pilze gründlich waschen. Die geputzten Pilze nach Rezept feinblättrig oder in größere Stücke schneiden.

Die Pilze niemals kochen, das heißt in reichlich Wasser garen. Die am häufigsten angewendete Garmethode ist das Schmoren in Fett. Pilze enthalten so viel Wasser, daß auf zusätzliche Garflüssigkeit meist verzichtet werden kann. Oft genügt schon eine Garzeit von 5 Minuten; länger als 10 Minuten, bei größeren Stücken 15 Minuten, sollten Pilze nicht gegart werden. Sie werden dann gummiartig, zäh.

Reste von Pilzgerichten dürfen nur einige Stunden und nur im Kühlschrank aufbewahrt werden und müssen dann rasch wieder erhitzt werden. An schwülen Sommertagen dürfen Pilzgerichtreste jedoch keinesfalls noch einmal erwärmt werden.

Wer magenempfindlich ist, sollte von jeder ihm noch unbekannten Pilzart anfangs nur eine kleine Portion verzehren und ausprobieren, ob er sie gut verträgt. Viele Pilze sind aufgrund des in ihnen reichlich enthaltenen Eiweißes schwer verdaulich.

Porterhouse Steak vorbereiten: →T-Bone-Steak vorbereiten.

Reistimbale: Timbale ist ein französisches Wort und bedeutet Kesselpauke. Früher waren Timbalen kesselpaukenförmige Pasteten. Heutzutage versteht man darunter Speisen, die in kleine Becherformen gefüllt und dann gestürzt werden. Für Reistimbalen gegarten, gewürzten Reis bis zum Rand in dünn mit Öl ausgestrichene Tassen füllen und festdrücken. Die gefüllten Formen mit Alufolie verschließen und 10 Minuten in den auf 200° vorgeheizten Backofen stellen. Die Timbalen dann auf vorgewärmte Teller stürzen.

Eine aparte Art, Reis zu servieren: Sie drücken den gekochten Reis in eine Tasse...

...und stürzen ihn anschließend auf die Servierplatte oder den Portionsteller.

Rollbraten binden: Für Rollbraten das flache Fleischstück würzen, nach Rezept mit Füllung bestreichen oder belegen und von einer Schmalseite her aufrollen. Die Fleischrolle mit doppeltem Küchengarn wie ein Päckchen verschnüren. Das Garn dabei einmal vertikal um die ganze Fleischrolle herum führen und die Längsseiten im Abstand von 3 cm umwickeln.

 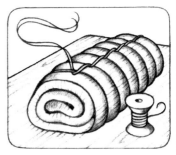

Die Gewürze auf das Fleisch streuen und mit einrollen.

Die Fleischrolle mit Küchengarn quer und längs binden.

Rumpsteak vorbereiten: Das Steak mit einem feuchten Tuch abwischen. Den Fettrand im Abstand von 3 cm mit einem scharfen Messer einschneiden. Das ergibt beim Braten den »Hahnenkamm«. Das Fleisch vor dem Braten ganz leicht klopfen.

Schwarzwurzeln vorbereiten: Am besten zieht man zu dieser Arbeit Gummihandschuhe an, denn Schwarzwurzelsaft färbt die Finger häßlich braun. Aus Textilien lassen sich Schwarzwurzelflecken nur schwer entfernen. Die Wurzeln unter fließendem Wasser gründlich bürsten, schaben und sofort in ein Gefäß mit Essigwasser oder Milch legen, damit sie weiß bleiben. Oder die Schwarzwurzeln bürsten, ungeschält in Salzwasser garen und anschließend wie Pellkartoffeln schälen.

Tomaten häuten: Bei den meisten Gerichten mit Tomaten wirkt die dünne aber feste Tomatenhaut störend. Deshalb heißt es in den Rezepten immer wieder: Die Tomaten häuten. Das macht man am besten so: Die Tomatenhaut oben kreuzweise einritzen, die Tomaten kochendheiß überbrühen, 20–30 Sekunden im hei-

Begriffe und Kniffe von A bis Z
Vom Kochvergnügen zur Küchenmeisterschaft

ßen Wasser liegen lassen, im Sieb kalt abschrecken. Jetzt läßt sich die aufgesprungene Haut leicht abziehen.

Die Tomaten in kochendes Wasser tauchen ...

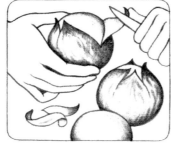
... dann läßt sich die vorher eingeritzte Haut leicht entfernen.

Tournedos dressieren: →Filetsteak vorbereiten.

Wasserbad: Im Wasserbad werden hauptsächlich empfindliche Cremes und Saucen gegart, die viel Eigelb enthalten. Die niedrigen, konstanten Temperaturen bewirken, daß das in den Speisen enthaltene Eigelb nicht zu rasch stockt und gerinnt oder die Speisen anbrennen. Dafür die zu garende Speise in eine Schüssel füllen, die bequem in einen Topf paßt. So viel Wasser in den Topf füllen, daß es etwa bis zur halben Höhe der Schüssel reicht. Das Wasser zum Kochen bringen, die Hitze stark reduzieren und die Schüssel in den Topf stellen. Das Wasser muß jetzt knapp unter dem Siedepunkt gehalten werden. Falls das Wasser zum Kochen kommt, kühlt man es mit einem Schuß kaltem Wasser ab.

Wild bardieren: Wild und Wildgeflügel wird nicht gespickt, sondern bardiert. Große Wildbraten wie Rücken oder Schlegel belegt man mit dünnen, möglichst ungesalzenen und ungeräucherten Speckscheiben. Bei Wildgeflügel bedeckt man die Brust mit Speckscheiben und bindet diese am besten mit Küchengarn fest. Rebhühner werden rundherum mit dünnen Speckscheiben eingewickelt. Gegen Ende der Bratzeit löst man die Speckscheiben, damit das Fleisch noch bräunen kann.

Saftig bleibt Wildgeflügel, wenn man es mit Speck umwickelt.

Auch Keulen von Wildbraten werden häufig »bardiert«.

Wildbret vorbereiten: Das Fleisch von Rehwild, Rotwild, Hase und Wildkaninchen ist von mehreren Häuten umgeben, die vor dem Braten oder Schmoren sorgfältig entfernt werden müssen. Das Wildbret zuvor waschen und trockentupfen. Mit einem spitzen, scharfen Messer mit schmaler Klinge die Haut an einem Ende einritzen und vorsichtig abziehen, dabei Stück für Stück mit der Messerklinge lösen. Auf diese Weise auch die Haut, die die einzelnen Muskelstränge umgibt, entfernen. Ebenso alle Sehnen und, wenn vorhanden, das Fett abschneiden. Wildbret älterer Tiere marinieren. Entweder in nasse Rotwein- oder Buttermilch-Marinade legen oder eine trockene Marinade aus zerkleinertem Gemüse und Gewürzen herstellen. Kleinfleisch von älteren Tieren kann auch in eine Essigmarinade gelegt werden. Wildbret junger Tiere braucht nicht mariniert zu werden.

Wildgeflügel dressieren: →Geflügel dressieren.

Wildgeflügel vorbereiten: Meist ist Wildgeflügel, das zum Kauf angeboten wird, abgehangen, ausgenommen und gerupft, also küchenfertig. Doch es kommt auch vor, daß man das Rupfen selber vornehmen muß. Man beginnt damit am Hals des Vogels und rupft zum Bürzel hin. Die Federn dicht über der Haut fassen und ruckartig, doch behutsam ausreißen, um die Haut nicht zu verletzen. Die weichen Flaumfedern an der Bauchseite gegen den Strich rupfen. Ist der Vogel gut abgehangen, geht das ganz leicht. Steckengebliebene Federkiele zupft man mit der Spitze eines Küchenmessers aus. Kleine Federreste werden über einer Kerzenflamme abgesengt. Den Kopf mit dem Hals abschneiden und die Beine im Gelenk, dort wo die Federn beginnen, abtrennen.
Bei Federwild stets die Bürzeldrüse am Ende des Rückens abschneiden. Die Tiere vor dem Garen innen und außen gründlich mit kaltem Wasser waschen und gut trockentupfen.

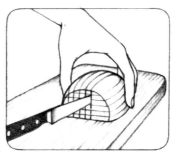
Für Würfel die Zwiebelhälfte zuerst längs ...

... und dann noch einmal quer schneiden.

Zwiebeln schneiden: Die Schärfe der Zwiebeln, die uns schon beim Schälen das Wasser in die Augen treibt, rührt von ihren ätherischen Ölen her. Das beste Mittel dagegen ist frische Luft. Deshalb Zwiebeln am besten am offenen Fenster schälen und schneiden. Für Zwiebelwürfel die geschälte Zwiebel halbieren. Die Hälften dann horizontal in Scheiben schneiden, dabei so festhalten, daß die Scheiben nicht auseinanderfallen. Die Zwiebelhälften dann vertikal noch einmal längs und quer in dünne Scheiben schneiden. Sollen Zwiebelringe entstehen, die ganze geschälte Zwiebel in dünne Scheiben schneiden.

Gartechniken, Garzeiten

Kochen ist der Sammelbegriff für alle Methoden, Speisen zu garen, ja selbst das Zubereiten von Gerichten, die nicht erhitzt zu werden brauchen, sondern aus rohen Zutaten bestehen, bezeichnet man mit Kochen. Wenn jedoch in einem Rezept Kochen, Dämpfen, Dünsten und ähnliches erwähnt wird, ist damit immer eine ganz bestimmte Methode des Garens gemeint.

Kochen (Sieden): Garen von Nahrungsmitteln in viel Flüssigkeit, mindestens jedoch von Flüssigkeit bedeckt, bei einer Temperatur von 100°. Ob im geschlossenen oder offenen Topf, ob sprudelnd, wallend oder nur leicht gekocht wird, hängt vom Gargut ab. Vollkornprodukte, Teigwaren und Hülsenfrüchte und einige wenige

Vom Kochvergnügen zur Küchenmeisterschaft

Gartechniken, Garzeiten

Gemüsesorten (Artischocke, Spargel) müssen immer gekocht werden. Fleisch, Geflügel, Kartoffeln und Eier können auch anderweitig gegart werden.

Simmern, köcheln oder leise kochen bedeutet Garen in viel Flüssigkeit, knapp unter dem Siedepunkt. Suppen, Eintöpfe und Saucen werden oft kurze Zeit sprudelnd gekocht, danach soll sich die Flüssigkeit nur noch leicht wallend bewegen.

Gar ziehen (Pochieren): Langsames Garen in Flüssigkeit bei Temperaturen um 80°, also deutlich unter dem Siedepunkt, eine schonende Garmethode. Sie eignet sich für Obst, Eier, Fisch und Klöße. Das Gargut wird in die schwach kochende Flüssigkeit eingelegt. Die Temperatur sinkt dadurch ab. Die Flüssigkeit soll dann nicht mehr zum Kochen kommen.

Dämpfen: Garen im Wasserdampf bei 100° im geschlossenen Topf. Dabei liegt das Gargut in einem Siebeinsatz über dem kochenden Wasser. Es darf mit dem Wasser nicht in Berührung kommen. Für diese Garmethode eignen sich Pellkartoffeln, Wurzelgemüse, Blumenkohl, Fisch.

Druckgaren: Die Nahrungsmittel garen im hermetisch abgeschlossenen Topf, in dem ein leichter Überdruck herrscht, bei Temperaturen zwischen 110 bis 120°. Die Garzeit beträgt etwa ein Drittel der sonst benötigten Zeit. Druckgaren ist immer dann angebracht, wenn Nahrungsmittel eine lange Garzeit beanspruchen, wie Kartoffeln in der Schale, Rote Bete, Knollensellerie, Hülsenfrüchte, gekochtes Rindfleisch oder Rouladen, Suppenhuhn. Die Vorteile dieses Verfahrens liegen hauptsächlich in der Energie- und Zeitersparnis. Der Eigengeschmack der Nahrungsmittel wird intensiviert.

Dünsten: Garen in wenig Flüssigkeit und Fett bei Temperaturen zwischen 90 und 100°. Diese Garmethode eignet sich für alle Nahrungsmittel von zarter Konsistenz, die nur eine kurze Garzeit benötigen, wie Blatt- und Fruchtgemüse, Obst, Fisch, Kalbfleisch. Soll Gemüse gedünstet werden, gießt man zuerst etwas Öl in den kalten Topf, wendet das Gemüse darin, gießt so viel Flüssigkeit zu, daß der Topfboden etwa 1 cm hoch davon bedeckt ist und schaltet dann erst die Herdplatte an. Fisch und Fleisch können zuerst ganz kurz in Fett angebraten werden, ohne daß sie dabei zu dunkel werden, bevor die Flüssigkeit zugegossen wird. Gedünstet wird im geschlossenen Topf. Das Umrühren des Garguts geschieht durch Schwenken des Topfes. Allerdings sollte man von Zeit zu Zeit kontrollieren, ob noch Flüssigkeit vorhanden ist, und wenn nötig etwas heiße Flüssigkeit nachfüllen.

Quellen: Garen bei Temperaturen unter 100°, bei dem das Gargut Flüssigkeit aufnimmt und dadurch aufquillt und weich wird. Der Garvorgang wird dabei oft durch vorheriges Quellenlassen in kaltem Wasser, wie etwa bei Hülsenfrüchten, Naturreis und anderen Getreidesorten, verkürzt. Eingeleitet wird der Garvorgang durch Kochen in der Quellflüssigkeit, das je nach Gargut wenige Minuten bis zu 1 Stunde dauern kann. Dann wird die Hitze stark reduziert und das eigentliche Ausquellen beginnt. Dabei soll am Ende die Flüssigkeit völlig aufgesogen sein. Diese Methode ist, da während des Garens nur kurze Zeit eine Temperatur von 100° herrscht, sehr schonend.

Schmoren: Garen durch Anbraten in Fett bei einer Temperatur um 180° und anschließendes Garen in wenig Flüssigkeit im geschlossenen Topf oder im Backofen im Bräter. Durch das Anbraten werden Röststoffe erzeugt, die nachher zum Teil in die Flüssigkeit übergehen. Dadurch sind alle beim Schmoren entstehenden Saucen besonders schmackhaft. Geschmort wird hauptsächlich Gargut von fester Konsistenz. Kohl, Gurken und Kürbis bekommt das Schmoren gut. Das Schmoren ist die ideale Gartechnik für Fleisch, Geflügel und Wild von älteren Tieren, deren Fleisch beim Braten zwar gar, aber nicht genügend weich wird.

Braten: Garen bei trockener Hitze in wenig Fett. Ob das in der Bratpfanne oder im Backofen geschieht, hängt von der Größe des Bratgutes ab.

In der offenen Pfanne, auf der Herdplatte, brät man kleine Fleisch- und Fischstücke, ganze Fische bis zu 300 g, Geflügelteile, Gemüse, Kartoffeln, Eier, Pfannkuchen und alle pfannkuchenartigen Gerichte wie Puffer, Blinsen, Fladen. Außerdem werden auf der Herdplatte in der Bratpfanne oder im Bräter größere Fleisch-, Fisch- und Geflügelstücke in heißem Fett rundherum angebraten, die dann im Backofen fertig gebraten werden. Beim Braten in der Pfanne soll das Fett, vor allem Öl, nicht zu heiß werden, weil bestimmte Inhaltsstoffe dabei verharzen und gesundheitsschädlich werden. Fette, die einen hohen Schmelzpunkt haben, wie beispielsweise Kokosfett, verbrennen beim Erhitzen nicht so rasch. Fleisch und Geflügel werden bei hohen Temperaturen von allen Seiten rasch angebraten, dann gart man das Bratgut bei niedrigerer Temperatur fertig. Bei Gemüse- und Eiergerichten muß die Anfangstemperatur etwas niedriger sein, damit sie nicht zu rasch bräunen oder gar verbrennen.

Für das Braten im Backofen gibt es 3 Möglichkeiten: Braten in der Fettpfanne oder im offenen Bratgeschirr, auf dem Bratenrost und im geschlossenen Gefäß. In der Fettpfanne (Bratenpfanne) des Backofens werden große Braten gegart, deren Gewicht weit über 1 kg liegt. Kleinere Braten gart man besser in einem Bratentopf oder in der Bratreine. Während des Bratens im offenen Gefäß muß der Braten beschöpft werden, außerdem muß immer etwas Flüssigkeit in der Pfanne oder dem Bratgeschirr vorhanden sein, damit der Braten nicht austrocknet. Damit auch die Unterseite des Bratens bräunt, wendet man den Braten meist nach gut der Hälfte der Bratzeit.

Auf dem Bratenrost mit untergeschobener kalt ausgespülter Fettpfanne brät man sehr große Braten und großes Geflügel (Gans, Puter). Das Bratgut brät dabei von allen Seiten in heißer Luft und bekommt rundherum eine braune Kruste. Das Fett tropft in die Bratenpfanne und ergibt mit würzenden Zutaten und etwas Flüssigkeit (Brühe, Wasser, Wein, Sahne) zuletzt eine gute Bratensauce. Mageres Fleisch wird auch während des Bratens auf dem Rost mit zerlassener Butter oder dem sich in der Fettpfanne ansammelnden Bratensaft bestrichen. Magere Braten in den vorgeheizten Backofen schieben, fette – Gans, Ente, Spanferkel – können in den noch kalten Backofen gegeben werden.

Das Braten im geschlossenen Gefäß im Backofen ist ideal für kleinere Bratenstücke, die sonst rasch austrocknen und leicht anbrennen. Für diese Methode ist der Tontopf geeignet oder ein Bratgeschirr aus Eisen mit festschließendem Deckel. Das Bratgeschirr stets kalt ausspülen, den Tontopf wässern, bevor man den Braten hineinlegt. Bei mageren Braten legt man den Boden mit Speckscheiben aus. Den Braten nur schwach salzen, jedoch würzen. Außerdem würzende Zutaten für die Sauce wie kleingeschnittenes Suppengrün, Tomaten, Zwiebeln zufügen. Den Deckel auflegen. Das Bratgeschirr auf den Bratenrost in den vorgeheizten Backofen stellen. Der obere Rand des Bratgeschirrs soll etwa die halbe Höhe des Backofens erreichen. Den Tontopf stellt man stets auf den Rost auf den Boden des noch kalten Backofens. Das Braten im Backofen im geschlossenen Bratgeschirr benötigt zwar eine etwas längere Bratzeit, bringt aber sonst einige Vorteile: Das Bratgut muß nicht beschöpft werden. Es bildet sich dabei eine wohlschmeckende Sauce, die nur noch pas-

Gartechniken, Garzeiten

Vom Kochvergnügen zur Küchenmeisterschaft

siert und abgerundet zu werden braucht. Das Bratgut kann nicht verbrennen, doch es bräunt. Will man eine Kruste erhalten, kann man den Deckel 15 Minuten vor Beendigung der Bratzeit abnehmen. Weil bei dichtschließendem Deckel kaum Gerüche nach außen dringen, können mehrere Speisen gleichzeitig im Backofen gegart werden.

Grillen: Garen in heißer Luft durch Strahlungshitze. Dabei schließen sich die Poren des Grillguts durch die intensive Hitzeeinwirkung sofort. Der Eigengeschmack und die Nährstoffe bleiben weitgehend erhalten. Wird ohne Fettzugabe gegrillt, ist diese Garmethode für Magen-, Gallen- und Leberdiät geeignet. Gegrillt wird am Spieß, auf dem Rost oder in der Grillpfanne auf der Herdplatte. Elektrogrill und Holzkohlengrill funktionieren nach dem gleichen Prinzip. Beim Elektrogrill und Kontaktgrill ist die Umgebungshitze jedoch größer. Wird im Elektroherd unter dem eingebauten Grill gegrillt, bleibt die Backofentür während des Grillens geöffnet. Beim Grillen über Holzkohle muß verhindert werden, daß austretendes Fett in die Glut tropft. Durch verbrennendes Fett entstehen Dämpfe, die gesundheitsschädlich sind.

Zum Grillen geeignet sind Fleisch, Geflügel, Fisch, Hackfleisch, Tomaten, Maiskolben, Kartoffeln und Obst festerer Konsistenz.

Fritieren (Ausbacken): Garen eines Nahrungsmittels in heißem Fett schwimmend. Die Temperatur des Fettbades muß dabei so hoch sein, daß sich die Poren des Fritiergutes sofort schließen oder sich rasch eine Kruste bildet. Die Temperatur richtet sich nach Größe und Konsistenz des Fritiergutes und beträgt meist zwischen 175 und 190°. Je größer das Fritiergut, desto niedriger die Temperatur. Damit die Nahrungsmittel während des Garens im heißen Fett nicht austrocknen und zäh werden, paniert man sie oder zieht sie durch einen Ausbackteig. Zum Fritieren eignen

sich Fisch, Kalbfleisch, Geflügel – vor allem Hähnchenfleisch –, Gemüse, Kartoffeln, Obst festerer Konsistenz, Käse und Kleingebäck. Als Fritierfett eignen sich nur Fette, die hoch erhitzt werden können, ohne zu verbrennen, wie Kokosfett, Schmalz oder nicht kaltgepreßte Öle. Das Fett muß so reichlich bemessen sein, daß das Fritiergut darin schwimmen kann. Das Fritiergefäß darf jedoch nur etwa zur Hälfte gefüllt werden, weil das heiße Fett leicht überschäumt.

Ideal zum Fritieren ist eine elektrische Friteuse. Darin läßt sich das Fett durch Schaltereinstellung auf die gewünschte Temperatur erhitzen. Die Kontrollampe an der Friteuse erlischt, wenn die eingestellte Temperatur erreicht ist. Wird im Fritiertopf mit Siebeinsatz oder in einem anderen genügend großen Topf mit einem passenden Sieb fritiert, kontrolliert man die Temperatur mit einem Fritierthermometer. Hat man keines, taucht man einen Holzlöffelstiel ins heiße Fett. Bilden sich schäumende Bläschen, ist das Fett heiß genug. Oder man gibt Weißbrotwürfel ins heiße Fett; bräunen sie rasch rundherum, ist die nötige Temperatur erreicht.

Werden größere Mengen in Portionen nacheinander fritiert, muß das Fett vor jedem neuen Einlegen immer wieder genügend erhitzt werden. Das Fett nicht zu heiß werden lassen, sonst fängt es Feuer. Wenn das doch einmal passiert, sofort den Deckel auf den Topf legen und den Fritiertopf vom Herd ziehen.

Das gegarte Fritiergut zuerst im Siebeinsatz und dann auf saugfähigem Papier sehr gut abtropfen lassen; danach erst würzen. Fritiertes im offenen Gefäß im Backofen warm halten; nicht zudecken, da die Kruste dabei wieder weich wird.

Damit Sie auch unabhängig von den Rezepten nach ihren eigenen Ideen kochen können, geben wir Ihnen in den nachfolgenden Tabellen die Garzeiten für die wichtigsten Zutaten.

Kochen (Sieden)

Nahrungsmittel	besondere Hinweise	Elektroherd (Schaltstufe) Elektropl./ Automatikpl.		Gasherd (Flammenhöhe)	Dampfdrucktopf (Gebrauchsanweisung beachten)
Frischgemüse:					
Artischocken	ins kochende Wasser legen	1½–2	4–7	½	
		20–30 Minuten		20–30 Minuten	8 Minuten
Kartoffeln		1½–2	4–7	½	
ganz, mit Schale	in kaltem Wasser aufsetzen	25–30 Minuten		20–30 Minuten	9–12 Minuten
ganz, geschält	in kaltem Wasser aufsetzen	1–1½	3–4	¼	
		20–25 Minuten		20–25 Minuten	6–8 Minuten
Knollensellerie, ganz	in kaltem Wasser aufsetzen	1½–2	4–7	½	
		30–45 Minuten		30–45 Minuten	10–15 Minuten
Rote Bete, ganz	in kaltem Wasser aufsetzen	1½–2	4–7	½	
		1½–2 Stunden		1½–2 Stunden	20–40 Minuten
Schwarzwurzeln, ganz, mit Schale	in kaltem Wasser aufsetzen	1–1½	3–4	¼	
		30 Minuten		30 Minuten	10–12 Minuten
Spargel, ganz	in kochendes Wasser legen	1½–2	4–7	½	
		20–30 Minuten		20–30 Minuten	6–8 Minuten
Hülsenfrüchte:					
Erbsen, Bohnen, Kichererbsen, ungeschält	zuvor 12 Stunden in Wasser quellen lassen, im Einweichwasser kalt aufsetzen	1–1½	3–4	¼	
		1½ Stunden		1½ Stunden	30 Minuten
Linsen, Erbsen, Bohnen, geschält	1–2 Stunden oder gar nicht quellen lassen, kalt aufsetzen	1	3	¼	
		1–1½ Stunden		1–1½ Stunden	20–30 Minuten

Vom Kochvergnügen zur Küchenmeisterschaft

Gartechniken, Garzeiten

Nahrungsmittel	besondere Hinweise	Elektroherd (Schaltstufe) Elektropl./ Automatikpl.		Gasherd (Flammenhöhe)	Dampfdrucktopf (Gebrauchsanweisung beachten)
Getreide:					
Weizen, Gerste, Roggen, ganz	5–10 Stunden in kaltem Wasser quellen lassen, im Einweich- wasser zum Kochen bringen	1–1½ 2½ Stunden oder 1 Stunde und bei ½ (80°) 1 weitere 3 Stunden	3–4	¼ 2½ Stunden oder 1 Stunde und bei kleinster Flamme weitere 3 Stunden	
Hafer, ganz	3–5 Stunden in kaltem Wasser quellen lassen, im Einweich- wasser zum Kochen bringen	1–1½ 1½ Stunden oder 1 Stunde und bei ½ (80°) 1 weitere 2 Stunden	3–4	¼ 1½ Stunden oder 1 Stunde und bei kleinster Flamme weitere 2 Stunden	
Dinkel, Grünkern, Naturreis	2–3 Stunden in kaltem Wasser quellen lassen, im Einweich- wasser zum Kochen bringen	1–1½ 1 Stunde oder 30 Minuten und bei ½ (80°) 1 noch 1 Stunde	3–4	¼ 1 Stunde oder 30 Minuten und bei kleinster Flamme noch 1 Stunde	
Getreideschrot	1–3 Stunden in kaltem Wasser quellen lassen, im Einweich- wasser zum Kochen bringen	1 10–15 Minuten und bei ½ (80°) 1 weitere 30 Minuten	3	¼ 10–15 Minuten und bei kleinster Flamme weitere 30 Minuten	
Fleisch:					
Rindfleisch, 1 kg	Für Kochfleisch ins kochende Wasser legen, für Brühe kalt aufsetzen	1–1½ 2 Stunden	3–4	¼ 2 Stunden	40 Minuten
Geflügel:					
Suppenhuhn, 1 kg	ins kochende Wasser legen	1–1½ 2 Stunden	3–4	¼ 2 Stunden	40 Minuten
Krustentiere:					
Hummer/Languste, 500 g	in reichlich sprudelnd kochendes Wasser legen	2½–3 12 5 Minuten und bei 1–1½ 3–4 weitere 15 Minuten		¾–1 5 Minuten und bei ¼ weitere 15 Minuten	---
Krebse	in sprudelnd kochendes Wasser legen	2½–3 3–4 3 Minuten und bei 1 3 weitere 8–10 Minuten		¾–1 3 Minuten und bei ¼ weitere 8–10 Minuten	---

Garziehen (Pochieren)

Nahrungsmittel	besondere Hinweise	Elektroherd (Schaltstufe) Elektropl./ Automatikpl.		Gasherd (Flammenhöhe)
Beerenobst	mit Zucker bestreuen, ohne Wasser kalt aufsetzen	½ (80°) 2 5–15 Minuten		knapp ¼ 5–15 Minuten
Äpfel, Birnen	Topfboden mit Wasser bedeckt, kalt aufsetzen; die Garzeit richtet sich nach der Sorte	½–1 2–3 (80–90°) 15–35 Minuten		knapp ¼ 15–35 Minuten
Aprikosen, Kirschen, Pfirsiche, Pflaumen	mit Zucker bestreuen, je nach Saftgehalt mit wenig oder ohne Flüssigkeit kalt aufsetzen	½ (80°) 2–3 10–25 Minuten		knapp ¼ 10–25 Minuten
Eier, ohne Schale	in das nur leicht kochende Wasser gleiten lassen	½–1 2–3 1 Minute und 5 Minuten ohne weitere Hitzezufuhr (Topf vom Herd nehmen)		¼ 1 Minute und 5 Minuten ohne weitere Hitzezufuhr (Topf vom Herd nehmen)
Fisch, 1 kg, ganz	im kalten Sud aufsetzen, bis knapp unter dem Siedepunkt erhitzen, nicht kochen lassen!	½–1 2–3 15–20 Minuten		knapp ¼ 15–20 Minuten
Fisch, 500 g, ganz und kleinere Fische	in den heißen Sud legen, sonst wie oben	½–1 2–3 12–15 Minuten		knapp ¼ 10–15 Minuten
Hähnchen, Poularde, 1 kg	in kaltes Wasser legen, langsam zum Kochen bringen, die Hitze reduzieren und bei 100° schwach kochen lassen	1 2–3 1–1¼ Stunden		knapp ¼ 1–1¼ Stunden
Klöße aus gekochten Kartoffeln	ins sprudelnd kochende Wasser legen, aufkochen lassen, die Hitze reduzieren, knapp unter 100° halten	1–1½ 3–4 20 Minuten		¼ 20 Minuten

Gartechniken, Garzeiten

Vom Kochvergnügen zur Küchenmeisterschaft

Nahrungsmittel	besondere Hinweise	Elektroherd (Schaltstufe) Elektropl./ Automatikpl.		Gasherd (Flammenhöhe)
Klöße aus rohen Kartoffeln	wie gekochte Kartoffelklöße	1–1½	3–4	¼
		25 Minuten		25 Minuten
Semmelknödel	wie Kartoffelklöße	1–1½	3–4	¼
		15 Minuten		15 Minuten
Quarkklöße, Grießklöße, Fleischklößchen	in die kochende Flüssigkeit legen, aufkochen lassen, die Hitze reduzieren und knapp unter 100° halten	1	2	knapp ¼
		10–15 Minuten		10–15 Minuten

Braten in der Pfanne

Nahrungsmittel	besondere Hinweise	Elektroherd (Schaltstufe) Elektropl. / Automatikpl.		Gasherd (Flammenhöhe)
Fleisch:				
Rindersteak, 200 g, raw, très saignant = innen noch roh, außen dünne braune Kruste	Garprobe: Fleisch gibt auf Fingerdruck weich nach	3	11	1
		je Seite 1–2 Minuten		je Seite 1–2 Minuten
very rare, saignant = im Kern noch blutig, außen herum rosa, braune Kruste	Garprobe: Fleisch gibt in der Mitte auf Fingerdruck weich nach	2½	10	¾
		je Seite 2–3 Minuten		je Seite 2–3 Minuten
medium, à point = innen rosa	Garprobe: Fleisch gibt auf Fingerdruck kaum noch nach	2	6	½
		je Seite 4–5 Minuten		je Seite 4–5 Minuten
well done, bien cuit = völlig durchgebraten	Garprobe: Fleisch gibt auf Fingerdruck nicht nach	2	6	½
		je Seite 5–6 Minuten		je Seite 5–6 Minuten
Tournedos, 100 g	Tournedos werden »medium« gebraten	2½	10	¾
		je Seite 3 Minuten		je Seite 3 Minuten
Chateaubriand (doppeltes Filetsteak), 400 g, very rare, saignant = im Kern blutig		3	11	1
		je Seite 1 Minute, dann bei		je Seite 1 Minute, dann bei
		2½	10	¾
		je Seite weitere 5 Minuten		je Seite weitere 5 Minuten
medium, à point = innen rosa		3	11	1
		je Seite 1 Minute, dann bei		je Seite 1 Minute, dann bei
		2	6	½
		je Seite weitere 6 Minuten		je Seite weitere 6 Minuten
Porterhouse Steak, 750 g, very rare, saignant = im Kern noch blutig		3	11	1
		je Seite 2 Minuten, dann bei		je Seite 2 Minuten, dann bei
		2½	10	¾
		je Seite weitere 7 Minuten		je Seite weitere 7 Minuten
medium, à point = innen rosa		3	11	1
		je Seite 2 Minuten, dann bei		je Seite 2 Minuten, dann bei
		2	6	½
		je Seite weitere 10 Minuten		je Seite weitere 10 Minuten
Kalbsmedaillon, 80 g		3	11	1
		je Seite 1 Minute, dann bei		je Seite 1 Minute, dann bei
		2½	10	¾
		je Seite weitere 2 Minuten		je Seite weitere 2 Minuten
Kalbsschnitzel, 125 g	unpaniert	2½	10	¾
		je Seite 3–4 Minuten		je Seite 3–4 Minuten
	paniert	2½	10	¾
		je Seite 4–5 Minuten		je Seite 4–5 Minuten
Kalbskotelett, 150 g	unpaniert	3	11	1
		je Seite 1 Minute, dann bei		je Seite 1 Minute, dann bei
		1½–2	6	½
		je Seite weitere 4 Minuten		je Seite weitere 4 Minuten
	paniert	3	11	1
		je Seite 1 Minute, dann bei		je Seite 1 Minute, dann bei
		1½–2	6	½
		je Seite weitere 6 Minuten		je Seite weitere 6 Minuten
Schweinemedaillon, 80 g		2½	10	¾
		je Seite 3 Minuten		je Seite 3 Minuten
Schweineschnitzel, 125 g	unpaniert	2½	10	¾
		je Seite 4 Minuten		je Seite 4 Minuten
	paniert	2½	10	¾
		je Seite 5 Minuten		je Seite 5 Minuten

Vom Kochvergnügen zur Küchenmeisterschaft

Gartechniken, Garzeiten

Nahrungsmittel	besondere Hinweise	Elektroherd (Schaltstufe) Elektropl./ Automatikpl.		Gasherd (Flammenhöhe)
Schweinekotelett, 150 g	unpaniert	3　　11 je Seite 1 Minute, dann bei 2½　　10 je Seite weitere 5 Minuten		1 je Seite 1 Minute, dann bei ¾ je Seite weitere 5 Minuten
	paniert	3　　11 je Seite 1 Minute, dann bei 2½　　10 je Seite weitere 6 Minuten		1 je Seite 1 Minute, dann bei ¾ je Seite weitere 6 Minuten
Lammkotelett, 80 g		2½　　10 je Seite 3 Minuten		¾ je Seite 3 Minuten
Hammelkotelett, 150 g		3　　11 je Seite 1 Minute, dann bei 2½　　10 je Seite weitere 5 Minuten		1 je Seite 1 Minute, dann bei ¾ je Seite weitere 5 Minuten
Innereien:				
Leberscheiben, 100–150 g	Leber mehrmals wenden, pro cm Dikke insgesamt 4 Minuten Bratzeit für Kalbs- und Schweineleber, für Rinderleber 5 Minuten	3　　11 je Seite 1 Minute, dann bei 1½–2　　6 insgesamt 4–5 Minuten		1 je Seite 1 Minute, dann bei 1 insgesamt 4–5 Minuten
Kalbs- oder Schweinenieren, halbiert, 150–200 g	in Scheiben geschnitten insgesamt 6 Minuten braten, mehrmals wenden	2½　　10 je Seite 8 Minuten		¾ je Seite 8 Minuten
Kalbsbries, Kalbshirn, unpaniert	panierte Scheibchen je Seite 3 Minuten braten	2½　　10 je Seite 2 Minuten		¾ je Seite 2 Minuten
Fisch:				
ganze Fische bis etwa 250 g, Fischfiletscheiben, Fischkoteletts	ganze Fische vor dem Braten vom Bauch bis zum Rücken 3–5mal einschneiden. Die Bratzeit richtet sich nach der Dicke des Bratguts	2　　8 je Seite 5–7 Minuten		gut ½ je Seite 5–7 Minuten

Braten im Backofen

Nahrungsmittel	besondere Hinweise	konventioneller Elektroherd °C	Gasherd Schaltstufe	Heißluftherd °C
Fleisch:				
Roastbeef, 1 kg	auf dem Rost braten	230° 35 Minuten	4	200° 40 Minuten
Rinderlende, Filet, 1 kg		230° 40 Minuten	4	190° 40 Minuten
Sauerbraten, 1 kg		220° 2 Stunden	4	190° 2 Stunden
Kalbsschulter, 1,2 kg		220° 1¼ Stunden	4	190° 70 Minuten
gefüllte Kalbsbrust, 1½ kg		220° 2 Stunden	4	190° 2 Stunden
Schweinenackenbraten, 1 kg		200° 1½ Stunden	3	190° 70–80 Minuten
Lammkeule, 1 kg		200° 70 Minuten	3	190° 55 Minuten
Geflügel:				
Taube, 400 g		210° 35 Minuten	3	190° 35 Minuten
Brathähnchen, 1 kg		210° 50–60 Minuten	3	180° 35–40 Minuten
Poularde, 1,4 kg		210° 1 Stunde	3	180° 70–80 Minuten
Ente, 1,6 kg		200° 1½ Stunden	3	175° 1½ Stunden
Gans, 3 kg		180° 150–170 Minuten	2	160° 120–150 Minuten
	auf dem Rost	130–150 Minuten		100–130 Minuten

Gartechniken, Garzeiten

Vom Kochvergnügen zur Küchenmeisterschaft

Nahrungsmittel	besondere Hinweise	konventioneller Elektroherd °C	Gasherd Schaltstufe	Heißluftherd °C
Puter, 3–4 kg		200°	3	170°
		150–180 Minuten		120–160 Minuten
	auf dem Rost	130–150 Minuten		100–130 Minuten
Wild und Wildgeflügel:				
Hasenbraten, 1 kg		200°	3	180°
		1 Stunde		1 Stunde
Rehrücken, 1 kg		220°	4	175°
		35–45 Minuten		35–45 Minuten
Wildschwein, 1 kg		220°	4	200°
		50 Minuten		50 Minuten
Fasan, 1,2 kg		200°	3	175°
		50–60 Minuten		50–60 Minuten

Die angegebenen Zeiten gelten für das Braten im Bratgeschirr. Soll auf dem Rost gebraten werden, sagt das ein entsprechender Hinweis. Bei modernen Elektro- und Heißluftherden lassen sich die Temperaturen stufenlos regeln. Die Schaltknöpfe sind mit einer Gradskala ausgestattet, so daß man die Temperatur exakt einstellen kann. Gasbacköfen haben eine Stufenschaltung von 1–8. Schaltstufe 1–2 entspricht 150–175°, 2–3 175–200°, 3–4 entspricht 200–225°, 4–5 225–250° und 5–8 250–300°. Gefüllte Braten wie zum Beispiel gefülltes Geflügel und Wildgeflügel benötigen je nach Größe eine um 20 bis 40 Minuten längere Garzeit als in der Tabelle angegeben.

Grillen

Grillgut	Gewicht oder Höhe des Grillguts in cm	Holzkohlengrill	Elektrogrill	Kontaktgrill	Grillpfanne
Fisch:					
Fisch, ganz	250 g	8 Minuten je Seite	6 Minuten je Seite	4 Minuten insgesamt	6 Minuten je Seite
Fisch in Folie	250 g	25 Minuten insgesamt	15 Minuten insgesamt	7 Minuten insgesamt	15 Minuten insgesamt
Rindfleisch:					
Steak (innen rosa)	2½ cm	4 Minuten je Seite	3 Minuten je Seite	2 Minuten insgesamt	3 Minuten je Seite
Steak (innen rosa)	4 cm	6 Minuten je Seite	5 Minuten je Seite	3 Minuten insgesamt	5 Minuten je Seite
Roastbeef (innen rosa)	1 kg	30–40 Minuten insgesamt (Drehspieß)	20 Minuten insgesamt (Drehspieß)	---	---
Lende	1 kg	30–45 Minuten insgesamt (Drehspieß)	25 Minuten insgesamt (Drehspieß)	---	---
Kalbfleisch:					
Schnitzel	1½ cm	6 Minuten je Seite	4 Minuten je Seite	2 Minuten insgesamt	4 Minuten je Seite
Kotelett	2 cm	7 Minuten je Seite	5 Minuten je Seite	2½ Minuten insgesamt	5 Minuten je Seite
Keule	1 kg	1½ Stunden (Drehspieß)	70 Minuten (Drehspieß)	---	---
Schweinefleisch:					
Schnitzel	2 cm	6 Minuten je Seite	5 Minuten je Seite	2½ Minuten insgesamt	5 Minuten je Seite
Kotelett	2½ cm	7 Minuten je Seite	6 Minuten je Seite	3 Minuten insgesamt	6 Minuten je Seite
Lende	500 g	40 Minuten (Drehspieß)	25 Minuten (Drehspieß)	15 Minuten insgesamt	---
Rücken	2 kg	2½ Stunden (Drehspieß)	1½ Stunden (Drehspieß)	---	---
Lammfleisch:					
Kotelett	2½ cm	5 Minuten je Seite	4 Minuten je Seite	2 Minuten insgesamt	4 Minuten je Seite
Keule	1 kg	1½ Stunden (Drehspieß)	50 Minuten (Drehspieß)	---	---
Rücken	1½ kg	1 Stunde (Drehspieß)	40 Minuten (Drehspieß)	---	---
Geflügel:					
Hähnchen	1 kg	1 Stunde (Drehspieß)	40–45 Minuten (Drehspieß)	---	---
Ente	2 kg	2 Stunden (Drehspieß)	1½ Stunden (Drehspieß)	---	---

Zum Nachschlagen

Alphabetisches Rezept- und Sachregister

A

Aargauer Schnitz und Drunder 168
Abflammen 222
Äpfel, Rotwein- 192
Alkoholische Getränke 23
Ananas 219
Ananasbeignets 185
Anis 17
Apfelbeignets 185
Apfelkücherl 185
Apfel-Reisauflauf 181
Apfelsauce, Kräutermakrelen mit 65
Apfelstrudel 189
Aprikosen
–, Crêpes mit 183
    Holländische Reistorte 182
    Marillenknödel 184
    Marillen-Palatschinken 187
Aromatische Pilzgerichte 140ff.
Artischocken 219
–, Gefüllte 139
– mit Vinaigrette 26
–, Pizza mit 204
Aspikspiegel 219
Auberginen 219
– auf Lyoner Art 137
Auberginenauflauf, Griechischer 177

Auberginenscheiben, Rühreier auf 208
Aufläufe als Mahlzeit 172ff.
–, Gemüse- 176ff.
–, Nudel- 172ff.
–, Süße 180f.
Auflauf, Apfel-Reis- 181
–, Chicorée-Käse- 177
–, Eier-Schinken- 208
–, Griechischer Auberginen- 177
–, Griechischer Hackfleisch- 175
–, Kartoffel- 176
–, Kartoffel- mit Hering 179
–, Kartoffel-Tomaten- 178
–, Makkaroni- 174
–, Nudel- mit Spinat 173
–, Sauerkirsch- 180
–, Sauerkraut- 178
Ausbacken 228
Austern 219
Austernpilze, Fritierte 143
Avocado, Geflügelsalat mit 50

B

Backobst, Schlesisches Himmelreich 89
Backpflaumen, Schweineschulter mit 90
Backtemperaturen 24

Bananen, Curryreis mit Schinken- 153
–, Honig- mit Schokoladensahne 192
Bardieren von Wild 226
Basilikum 17
Basilikumpaste, Makkaroni mit 157
Béarner Sauce 14
Béchamelkartoffeln 149
Beerengrütze 193
Beifuß 17
Beignets, Ananas- 185
–, Apfel- 185
–, Garnelen- 61
Beilage, Gemüse als 120ff.
–, Kartoffeln als 144ff.
–, Salate als 44ff.
Beilagenrezepte, Wichtige 9ff.
Bigos 171
Binden von Rollbraten 225
Birne Hélène 201
Birnen, Gegrillter Lammrücken mit Kokos- 94
Blätterteig
    Champignonpiroggen 205
–, Hackfleischrolle in 103
–, Kasseler in 91
Blanchieren 220
Blattspinat mit Knoblauchsauce 122
– mit Pistazien 122
Bleichsellerie siehe Staudensellerie
Blumenkohl mit Käsesauce 125
– mit Kräutersauce 121
Blumenkohlsalat 47
Böhmische Schnitzel 87
Boeuf Stroganoff 76

Bohnen auf Burgunder Art 136
–, Grüne 121
–, Poulardensalat mit grünen 49
Bohnenkraut 17
Bohnensalat 47
Bohnensuppe, Debracziner 42
Bohnentopf, Französischer 164
Bollito misto 170
Bologneser Sauce, Nudeln mit 156
Borretsch 17
Bouillon mit Einlage 36f.
– mit gefüllten Pfannkuchen 36
Braten 227
–, Festliche 78f., 84f., 90f., 94f.
–, Gefüllter Roll- 90
– im Backofen 231
– in der Pfanne 230
–, Kalbsnieren- 85
–, Klassische Wild- 114f.
–, Putenroll- 110
–, Sauer- mit Rotweinsauce 79
–, Senf- 78
–, Wiener Hack- 104
– von Fisch 221
Bratfett 24
Brattemperaturen 24
Bratwurstklößchen, Kartoffelpfanne mit 150
Brauner Fond 13
Bries 220
Broccoli 220
– mit Haselnußbutter 124
Broccolitörtchen 33
Brühe 220
Brühen 220
Buchweizenplinsen mit Möhrenrohkost 160
Bühler Pflaumenpudding 186

Rezept- und Sachregister

Zum Nachschlagen

Bündner Gerstensuppe 42
Butter 24
–, Stangenspargel mit zerlassener 131
Butterbrösel, Stielmangold mit 128
Buttersauce, Helle 14
–, Überbackener Spargel in 131

C

Cannelloni 172
Cayennepfeffer 17
Ćevapčići 102
Champagner 23
Champignoncremesuppe 38
Champignonpiroggen 205
Champignonreis 152
Champignons 225
–, Schellfisch mit 69
–, Überbackene 142
Champignonsalat 53
Charlotte, Erdbeer- 194
Chicorée, Gefüllter 27
– mit Schinken 130
– Käseauflauf 177
Chicoréesalat mit Mandarinen 46
Chili con carne 169
Chinakohlrouladen 133
Chinesische Frühlingsrollen 35
Chinesischer Karpfen 67
Cocktail, Flambierter Obst- 191
–, Garnelen- 31
Crème fraîche 24
Creme, Kräuter- 210
–, Orangen-Wein- 195
–, Passionsfrucht- mit Himbeeren 198
–, Preiselbeer- 198
–, Russische 199
–, Vanille- mit Kirschen 197
Cremes, Zarte 194 ff.
Crêpes mit Aprikosen 183
–, Überbackene Kräuter- 209
Croûtons, Kressesuppe mit 38
–, Pfifferlinge in 140
Currypulver 17
Curryreis mit Schinkenbananen 153
Currysauce 14

D

Dämpfen 227
Dampfdrucktöpfe 227
Debracziner Bohnensuppe 42
Dessert, Feigen- 197
–, Salate als 58 f.
Desserts 182 ff.
Dill 18
Dillgurken 120
Dip à la russe 210
Djuveč 169
Dotschwuchtele 179
Dressieren von Geflügel 220
Druckgaren 227
Dünsten 227
– von Fisch und Fleisch 227
– von Gemüse 227
Dukatennudeln 188

E

Edelpilz-Kartoffeln 211
Egerlinge mit gedünsteten Zwiebeln und Tomaten 142
Ei, Garnelen mit Rühr- 63
–, Rühr- auf Tomatenbrot 203
–, Schinkenbrot mit pochiertem 203
Eier 220, 229
–, Rühr- auf Auberginenscheiben 208
– Schinken-Auflauf 208
Eierkuchen, Gefüllte 209
–, Roggenschrot- mit Rettich 161
Eiersalat 55
Eierstich 220
Eiersülzchen mit Spargel 29
Eingelegte Heringe 70
Eintöpfe, Kräftige 164 ff.
Eintopf, Gemüse-Lamm- 167
–, Hühner-Gemüse- 167
–, Polnischer 171
–, Reis- mit Schweinebauch 166
–, Ungarischer Paprika- 169
Eis, festlich angerichtet 200 f.
Eisbergsalat siehe Eissalat
Eischnee 221
Eissalat 47
–, Gemischter 44
Elektrische Friteuse 228
Ente auf Rotkohl 108
–, Gebratene Wild- 118
–, Ingwer- 109
–, Peking- 109
Entfetten von Brühe 220
Entrecôte Cavour 73
Erbsen auf holländische Art 129
–, Fischsalat mit 48
–, Reis mit grünen 11
Erdäpfel, Saure 149
Erdbeer-Charlotte 194
Erdbeerquark 58
Eßkastanien siehe Maroni
Estragon 18
Exotische Früchte, Salat mit 59

F

Falscher Hase 103
Fasan, Gebratener 119
Feigendessert 197
Feine Fondues 212 ff.
– Hackfleischpastete 105
– Obstdesserts 190 ff.
– Schmorgerichte 116 f.
Feiner Jäger-Topf 164
Feldsalat mit Quarksauce 45
– mit Speck 45
Fenchel 18
–, Gratinierter 124
Fenchelknollen 221
Fenchelsalat 51
Festlich belegte Vollkorntaler 202
Festliche Braten 78 f., 84 f., 90 f., 94 f.
Filetieren von Orangen 225
Filetscheiben, Gefüllte 87
Filetsteak 221

Fisch blau 221
–, Garziehen von 229
– im ganzen serviert 64 f.
Fische und Krustentiere 60 ff.
Fischragout in Jakobsmuscheln 30
Fischsalat mit Erbsen 48
Fischsuppe, Holländische 37
Flambieren 222
Flambierte Kalbsnieren 97
– Pfirsiche auf Vanilleeis 191
Flambierter Obstcocktail 191
Flambiertes Pfeffersteak 73
Fleisch braten 230 f.
–, Kochen von 229
–, Kräftige Suppen mit 40 ff.
Fleischbrühe 24
Flußkrebse 224
Folienkartoffeln, Gefüllte 211
– mit pikanten Saucen 210
Fond, Brauner 13
–, Heller Kalbs- 13
Fondue bourguignonne 215
– chinoise 214
–, Neuenburger Käse- 213
–, Tessiner 212
–, Winzer- 214
Fonduta, Italienische 213
Forellen blau 67
–, Speck- 66
Fränkischer Zwiebelplatz 204
Französische Salatsauce 16
Französischer Bohnentopf 164
Frikadellen auf spanische Art 100
–, Grünkern- mit Tomatensalat 160
– mit Kräuterbutter 101
–, Garnelen- 62
Frischgemüse, Kochen von 228
Fritieren 228
Fritierfett 24
Fritierte Austernpilze 143
Fruchtsalat, Gemischter 58
Früchte, raffiniert serviert 190
Frühlingsrollen, Chinesische 35

G

Gäste, Besonderes für 202 ff.
Gans, Gebratene – mit Maronenfüllung 111
Garen von Krustentieren 224
Garnelen 60 ff.
Gefüllte Salatgurke 207
–, Gurkensalat mit 45
– mit Rührei 63
–, Spargelomelette mit 60
– Spargel-Sülzchen 29
Garnelenbeignets 61
Garnelencocktail 31
Garnelenfrikassee 62
Garnieren und Verzieren 217
Garzeiten 24, 227
Garziehen 227, 229
Gartechniken 227
Gebratene Enten 108 f.
– Gans mit Maronenfüllung 111
– Heringe auf holländische Art 70
– Hirschsteaks 112
– Kalbshaxe 84
– Kartoffelnudeln 144
– Lammkeule 95

Gebratene Maiskolben mit Speck 139
– Wildente 118
Gebratener Fasan 119
Geflügel dressieren 222
–, Kochen von 229
– braten 231
–, Naturreis mit 155
–, tranchieren 222
Geflügelbrühe 24
Geflügelsalat mit Avocado 50
– mit Trauben 48
Gefüllte Artischocken 139
– Eierkuchen 209
– Filetscheiben 87
– Folienkartoffeln 211
– Hackklöße 102
– Kalbsbrust 84
– Kohlrabi 130
– Melone 58
– Paprikaschoten mit Pfeffersauce 133
– Rebhühner 118
– Salatgurke 207
– Teigrollen 172
– Tomaten 27
– weiße Rübchen 136
– Zucchini im Ausbackteig 138
– Zwiebeln 132
Gefüllter Chicorée 27
– Rollbraten 90
– Schweinebauch 91
– Staudensellerie 26
Gefülltes Hähnchen 107
Gegrillter Lammrücken mit Kokosbirnen 94
Gegrilltes Kräuterhähnchen 107
Gelatine 223
Gelee, Schweinehalsgrat in 207
–, Zitronen-Wein- 196
Gemischter Eissalat 44
– Fruchtsalat 58
– Salat 44
Gemischtes Gekochtes aus Italien 170
– Paprikagemüse 126
– Wildgemüse 128
Gemüse 26 ff., 223
– als Beilage 120 ff.
– als Mahlzeit 130 ff.
– Aufläufe 176 ff.
– Djuveč 169
–, Gemischtes Paprika- 126
–, Gemischtes Wild- 128
– Hühner-Eintopf 167
– kochen 228
– Lamm-Eintopf 167
–, Mariniertes 28
– Minestrone 37
–, Möhren- 122
–, Rote-Bete- 123
Gemüsebrühe 24
Gemüsereis mit Schinken 153
Gemüsesauce
–, Spaghetti mit 156
Gemüsesuppen 38 f.
Gerstensuppe, Bündner 42
Geräucherter Lachs 224
Germknödel mit Mohn 187
Gerollte Lammschulter 95
Geschmort und gekocht 88 f.

Zum Nachschlagen

Rezept- und Sachregister

Geschmorte Hasenkeulen 117
– Kalbshaxe 82
Geschmortes Kalbfleisch 82f.
– Rinderherz 98
Geschnetzeltes, Zürcher Kalbs- 83
Gesotten und geschmort 74ff.
Getränkekunde, Kleine 23
Getreide, Kochen von 229
–, vielfältig verwendet 152ff.
Getrocknete Kräuter 16
Gewürze 16, 24
Gnocchi romana 162
Gratinierter Fenchel 124
Griechischer Auberginenauflauf 177
– Hackfleischauflauf 175
Grießschnitten, Römische 162
Grillen 221, 228
Grüne Bohnen 121
Grünkernfrikadellen mit Tomatensalat 160
Grünkohl mit Pinkel 138
Grütze, Rhabarber- 193
Gulasch, Kartoffel- 151
– mit Reis 89
Gulaschsuppe, Kräftige 40
Gulaschtopf mit Mais 77
Gurke, Gefüllte Salat- 207
Gurken, Dill- 120
Gurkensalat mit Garnelen 45
– mit Joghurtsauce 45

H

Hackbraten, Wiener 104
Hackfleisch-Variationen 100ff.
Hackfleischauflauf, Griechischer 175
Hackfleischpastete, Feine 105
Hackfleischring in Kraut 104
Hackfleischröllchen 102
Hackfleischrolle in Blätterteig 103
Hackklöße, Gefüllte 102
Hackklößchen, Kartoffelsuppe mit 41
Hacksteaks Albani 101
– Maryland 101
Hähnchen, Garziehen von 229
–, Gefülltes 107
–, Gegrilltes Kräuter- 107
–, Rotwein- 106
Häuten von Tomaten 226
Hammelfleischgerichte, Lamm- und 92ff.
Irish Stew 168
Hammelkoteletts 224
Hammelspieß 93
Happen und Herzhaftes 202ff.
Haselnußbutter, Broccoli mit 124
Hasenkeulen, Geschmorte 117
Hasenpfeffer 116
Hasenrücken mit Ingwersauce 115
Hecht aus dem Sud 65
Hefeklöße 12
Helle Buttersauce 14
Heller Kalbsfond 13
Hering, Kartoffelauflauf mit 179
–, Matjes und 70f.
Heringe, Eingelegte 70

Heringe, Gebratene – auf holländische Art 70
Herz, Geschmortes Rinder- 98
Herzogin-Kartoffeln 10
Himbeerbecher 58
Himbeeren, Passionsfruchtcreme mit 198
–, Vanilleeis mit heißen 200
Himmel und Erde 151
Hirn 223
Hirschrouladen 112
Hirschsteaks, Gebratene 112
Hörnchen, Vollkorn- mit Käsesauce 158
Holländische Fischsuppe 37
– Reistorte 182
– Sauce 15
Holländischer Kaaspott 212
Holländisches Reisgericht 154
Hollerkücherl 185
Honigbananen mit Schokoladensahne 192
Hühner-Gemüse-Eintopf 167
Hummer 224

I

Ingwer 18
– Ente 109
Ingwersauce, Hasenrücken mit 115
Innereien, schmackhaft zubereitet 96ff.
Irish Stew 168
Italienische Fonduta 213
– Tomaten-Knoblauch-Sauce 157
Italienischer Salat 57

J

Jäger-Topf, Feiner 164
Jakobsmuscheln, Fischragout in 30
Joghurtsauce, Gurkensalat mit 45
–, Matjes in 71
–, Schweinefilet in 88

K

Kaaspott, Holländischer 212
Kabeljau aus der Folie 66
– in Senfsauce 68
Käse 223
Edelpilz-Kartoffeln 211
Holländischer Kaaspott 212
Italienische Fonduta 213
–, Neuenburger -fondue 213
Tessiner Fondue 212
Käseauflauf, Chicorée- 177
Käsesauce, Blumenkohl mit 125
–, Vollkornhörnchen mit 158
Käsesoufflés, Kleine 32
Käse-Wurstsalat 50
Kaiserschmarrn, Wiener 184
Kalbfleischgerichte 80ff.
Kalbsbrust, Gefüllte 84
Kalbsfond, Heller 13
Kalbsgeschnetzeltes, Zürcher 83
Kalbshaxe, Gebratene 84
–, Geschmorte 82

Kalbsleber Berliner Art 96
– Mailänder Art 96
Kalbslende, Winzer-Fondue 214
Kalbsmedaillons mit Sauerampfer 80
Kalbsnieren auf normannische Art 97
–, Flambierte 97
Kalbsnierenbraten 85
Kalbsnuß mit Kräutern 85
Kalbsrahmschnitzel 81
Kalbsschnitzel mit Salbei 81
Kalbsvögerl 82
Kandierte Früchte, Vanilleeis mit 200
Kaninchen Burgunder Art 117
– mit Thymian 116
Kapern 18
Kapernsauce 14
Karamelpudding 196
Kardamom 18
Kartoffelauflauf 176
– mit Hering 179
Kartoffelgerichte
Aargauer Schnitz und Drunder 168
Dotschwuchtele 179
Himmel und Erde 151
Irish Stew 168
Sauerkrautauflauf 178
Kartoffelgulasch 151
Kartoffelklöße gar ziehen 229, 230
Kartoffelkroketten 9
Kartoffel-Mandel-Bällchen 10
Kartoffeln à la dauphinoise 146
– als Beilage 144ff.
– als Mahlzeit 147ff.
–, Béchamel- 149
–, Edelpilz- 211
–, Folien- mit pikanten Saucen 210
–, Gefüllte Folien- 211
–, Herzogin- 10
–, Klöße aus gekochten 145
–, Wiener 147
Kartoffelnocken mit Majoran 144
Kartoffelnudeln, Gebratene 144
Kartoffelomelette 148
Kartoffelpfanne mit Bratwurstklößchen 150
– mit Shrimps 150
Kartoffelpüree 9
Kartoffelpuffer 148
Kartoffelsalat mit Kasseler 56
– mit Matjes 56
Kartoffel-Speck-Klöße 145
Kartoffelsuppe mit Hackklößchen 41
Kartoffel-Tomaten-Auflauf 178
Kasseler in Blätterteig 91
–, Kartoffelsalat mit 56
Kastanien siehe Maronen
Kerbel 18
Kirschen
Sauerkirschauflauf 180
Sauerkirschdessert 190
–,Vanillecreme mit 197
Kirschenmichel 181
Kirschkompott mit Weinschaumsauce 190
Kirschsauce, Rehrücken mit 114
Klären von Brühe 220

Klassische Steaks 72
– Wildbraten 114f.
Kleine Käsesoufflés 32
Klöße aus gekochten Kartoffeln 145
– gar ziehen 229, 230
–, Gefüllte Hack- 102
–, Hefe- 12
–, Kartoffel-Speck- 145
siehe auch Knödel
Kluftsteak 223
Knoblauch 19
–, Italienische -Tomatensauce 157
–, Tomatenreis mit 155
Knoblauchsauce, Blattspinat mit 122
Knochenbrühe 24
Knödel, Germ- mit Mohn 187
Leberknödelsuppe 36
–, Marillen- 184
–, Semmel- 12
–, Servietten-Pflaumen- 182
siehe auch Klöße
Kochen 226, 228
Kohl siehe Kraut und einzelne Kohlsorten
Kohlrabi, Gefüllte 130
– in Kräuter-Sahnesauce 126
Kokosfett 24
Kokosnuß 223
Koriander 19
Koteletts, Fisch- 68f.
–, Hammel- 224
–, Lamm- 224
–, Lamm- mit Tomatenpaprika 92
–, Mit Kräutern gefüllte 86
–, Reh- 113
–, Schweine- aux fines herbes 86
–, Seelachs- auf Leipziger Allerlei 69
–, Stiel- 92
Kräftige Eintöpfe 164ff.
– Gulaschsuppe 40
– Suppen mit Fleisch 40ff.
Kräuter 16, 24
–, Kalbsnuß mit 85
–, Mit – gefüllte Koteletts 86
Kräuterbutter, Frikadellen mit 101
Kräutercreme 210
Kräuter-Crêpes, Überbackene 209
Kräuterhähnchen, Gegrilltes 107
Kräutermakrelen mit Apfelsauce 65
Kräuter-Sahnesauce, Kohlrabi in 126
Kräutersauce, Blumenkohl mit 121
Kräutersträußchen 16
Kräutersuppen 38f.
Kraut, Hackfleischring in 104
Krautkrapfen, Schwäbische 162
Krautsuppe mit Rindfleisch 43
Krebse 224
Kressesuppe mit Croûtons 38
Kroketten, Kartoffel- 9
Krusteln, Mais- mit Sahnemöhren 159
Krustentiere 224
–, Fische und 60ff.
–, Kochen von 229
Küchenkräuter, Würzkraft 16
Kücherl, Apfel- 185

235

Rezept- und Sachregister

Zum Nachschlagen

Kücherl, Holler- 185
Kümmel 19
Kurkuma 19
Kurländische Speckkuchen 205
Kurzgebratenes 72f., 80f., 86f., 92f.

L

Lachs 224
Lamm-Gemüse-Eintopf 167
Lammkoteletts 224
– mit Tomatenpaprika 92
Lammkeule, Gebratene 95
Lammrücken, Gegrillter – mit Kokosbirnen 94
Lammschulter, Gerollte 95
Lamm- und Hammelfleischgerichte 92ff.
    Djuveč 169
    Moussaka 177
Langusten 224
Lappenpickert 147
Lasagne 172
Lauch, Überbackener 134
Lebendige Krustentiere 224
Leber 224
–, Kalbs- Berliner Art 96
–, Kalbs- Mailänder Art 96
Leberknödelsuppe 36
Leipziger Allerlei 127
–, Seelachskoteletts auf 69
Lescó 170
Liebstöckel 19
Linsentopf mit Spätzle 166
Löffelmaße 24
Löwenzahnsalat 46
Lorbeer 19
Lüngerl, Saures 98
Lunge 224

M

Maccheroni al pesto 157
Macis 19
Madeirasauce, Pökelzunge in 99
Mais, Gulaschtopf mit 77
Maiskolben, Gebratene – mit Speck 139
Maiskrusteln mit Sahnemöhren 159
Maissalat mit Wurst 54
Majoran 19
–, Kartoffelnocken mit 144
Makkaroni mit Basilikumpaste 157
–, Vollkorn- mit Tomatensauce 158
Makkaroniauflauf 174
Makrelen, Kräuter- mit Apfelsauce 65
Mandarinen, Chicoréesalat mit 46
Mandel-Kartoffel-Bällchen 10
Mandeln, Poularde mit 106
Mandel-Putenschnitzel 110
Mangold, Stiel- mit Butterbröseln 128
Margarine 24
Marillenknödel 184
Marillen-Palatschinken 187
Mariniertes Gemüse 28

Maronen, Gebratene Gans mit -füllung 111
Maroni 224
Matjes in Joghurtsauce 71
–, Kartoffelsalat mit 56
– und Hering 70f.
Matjesfilets nach Hausfrauenart 71
Maultaschen, Schwäbische 163
Medaillons, Kalbs- mit Sauerampfer 80
Meeresfrüchte, Reis mit 62
Meerrettich 20
Meerrettichsahne 15
Mehlspeisen 182ff.
Menüvorschläge 217f.
Melone, Gefüllte 58
Mexikanisches Pfefferfleisch 169
Milchrahmstrudel 189
Minestrone 37
Mini-Quiches 33
Mit Kräutern gefüllte Koteletts 86
– Schafkäse gefüllte Tomaten 132
Möhren, Buchweizenplinsen mit -rohkost 160
–, Maiskrusteln mit Sahne- 159
Möhrengemüse 120
Möhrensalat 51
Mohn, Germknödel mit 187
Mohnkließla, Schlesische 188
Mohr im Hemd 186
Moussaka 177
Mousse au chocolat 199
Muscheln 224
–, Fischragout in Jakobs- 30
–, Überbackene 30
Muskatnuß 20

N

Naturreis mit Geflügel 155
–, Quellreis aus 11
Naturreissalat, Normannischer 52
Nelke 20
Neuenburger Käsefondue 213
Nieren 225
–, Flambierte Kalbs- 97
–, Kalbs- auf normannische Art 97
Nierenbraten, Kalbs- 85
Nisslsalat siehe Feldsalat
Nocken, Kartoffel- mit Majoran 144
Norddeutscher Pepperpot 76
Normannischer Naturreissalat 52
Nudelaufläufe 172ff.
Nudelauflauf mit Spinat 173
Nudeln, Dukaten- 188
–, Gebratene Kartoffel- 144
– mit Bologneser Sauce 156
Nudelsalat mit Salami 57
Nudelspezialitäten 156f.

O

Obst, Garziehen von 229
Obstcocktail, Flambierter 191
Obstdesserts, Feine 190ff.
Obstsalat mit Sahne 59
Ochsenschwanzragout 77
Öl 24

Omelette, Kartoffel- 148
–, Spargel- mit Garnelen 60
Orangen filetieren 225
–, Radicchiosalat mit 44
Orangen-Weincreme 195
Oregano 20
Ossobuco 82

P

Paella 171
Palatschinken, Marillen- 187
–, Überbackene Topfen- 180
Palmfett 24
Panharing 70
Paprika 20
Paprika-Eintopf, Ungarischer 170
Paprikagemüse, Gemischtes 126
Paprikarisotto 152
Paprika-Schinkenrollen 135
Paprikaschoten, Gefüllte – mit Pfeffersauce 133
Parasolpilze, Fritierte 143
Party-Salate 54ff.
Passionsfruchtcreme mit Himbeeren 198
Pastetchen mit Putenragout 35
Pastete, Feine Hackfleisch- 105
Pastizio 175
Peking-Ente 109
Pepperpot, Norddeutscher 76
Petersilie 20
Pfannkuchen, Bouillon mit gefüllten 36
Pfeffer 20, 21
Pfefferfleisch, Mexikanisches 169
Pfefferminze 21
Pfeffersauce, Gefüllte Paprikaschoten mit 133
Pfeffersteak, Flambiertes 73
Pfifferlinge in Croûtons 140
Pfirsich Melba 201
Pfirsiche, Flambierte – auf Vanilleeis 191
–, Weißherbst- 190
Pflaumen, Rotwein- 190
Pflaumenknödel, Servietten- 182
Pflaumenpudding, Bühler 186
Pikanter Rindfleischsalat 49
Pilzcremesuppe 38
Pilze 225
Pilzfüllung, Riesenroulade mit 75
Pilzgerichte, Aromatische 140ff.
    Feiner Jäger-Topf 164
    siehe auch Champignons
Pilzragout 141
–, Überbackenes 34
Pilzrisotto 141
Piment 21
Pimpinelle 21
Pinkel, Grünkohl mit 138
Piroggen, Champignon- 205
Pistazien, Blattspinat mit 122
Pizza mit Artischocken 204
Plinsen, Buchweizen- mit Möhrenrohkost 160
Pochieren 227, 229
Pökelzunge in Madeirasauce 99
Polenta mit Speck 161
Polnischer Eintopf 171

Polnisches Weißkohlessen 165
Pommes duchesse 10
– frites 10
Porree siehe Lauch
Porterhouse Steak 72, 225
Portulak 21
Poularde, Garziehen von 229
– mit Mandeln 106
Poulardensalat mit grünen Bohnen 49
Preiselbeercreme 198
Preiselbeermus 119
Pudding, Bühler Pflaumen- 186
–, Karamel- 196
    Mohr im Hemd 186
Püree, Kartoffel- 9
Putenragout, Pastetchen mit 35
Putenrollbraten 110
Putenschnitzel, Mandel- 110

Q

Quark, Erdbeer- 58
    Fränkischer Zwiebelblatz 204
–, Sardellen- 210
    Überbackene Topfenpalatschinken 180
Quarksauce, Feldsalat mit 45
Quellen 227
Quellreis aus Naturreis 11
– aus weißem Reis 11
Quiches, Mini- 33

R

Radicchiosalat mit Orange 44
Ragout, Fisch- in Jakobsmuscheln 30
–, Ochsenschwanz- 77
–, Pastetchen mit Puten- 35
–, Pilz- 141
–, Überbackenes Pilz- 34
Rapunzelsalat siehe Feldsalat
Rat für die Praxis 9ff.
Ratatouille 125
Rebhühner, Gefüllte 118
Rehkoteletts 113
Rehrücken mit Kirschsauce 114
Rehschnitzel in Wacholdersauce 113
Reiberdatschi 148
Reis, Champignon- 152
–, Curry- mit Schinkenbananen 153
–, Gemüse- mit Schinken 153
–, Gulasch mit 89
– mit grünen Erbsen 11
– mit Meeresfrüchten 62
–, Natur- mit Geflügel 155
–, Quell- aus Natur-11
–, Quell- aus weißem 11
–, Tomaten- mit Knoblauch 155
–, Tomatensuppe mit 41
–, Wilder 11
Reisauflauf, Apfel- 181
Reisgericht, Holländisches 154
Reisgerichte 152ff.
    Djuveč 169
Reiseintopf mit Schweinebauch 166

Zum Nachschlagen

Rezept- und Sachregister

Reispfanne, Spanische 171
Reistimbale 225
Reistorte, Holländische 182
Remoulade 15
Rettich, Roggenschrot-Eierkuchen mit 161
Rhabarbergrütze 193
Riesenroulade mit Pilzfüllung 75
Rinderfilet auf russische Art 76
    Kartoffel-Tomaten-Auflauf 178
Rinderherz, Geschmortes 98
Rindfleisch, Krautsuppe mit 43
Rindfleischgerichte 72 ff.
    Chili con carne 169
    Fondue bourguignonne 215
Rindfleischsalat, Pikanter 49
Risi-Pisi 11
Risotto, Paprika- 152
–, Pilz- 141
Roastbeef 78
Römische Grießschnitten 162
Rösti, Zürcher 146
Roggenschrot-Eierkuchen mit Rettich 161
Rohkostsalate 51
Rohrnudeln 188
Rollbraten 225
–, Gefüllter 90
–, Puten- 110
Rosenkohl auf westfälische Art 135
Rosmarin 21
Rotbarsch mit Tomaten 68
Rote-Bete-Gemüse 123
Rotkohl, Ente auf 108
Rotweinäpfel 192
Rotweine 23
Rotweinhähnchen 106
Rotweinpflaumen 190
Rotweinsauce, Sauerbraten mit 79
Roulade, Riesen- mit Pilzfüllung 75
Rouladen, Chinakohl- 133
–, Hirsch- 112
– mit Schinken 75
Rübchen, Gefüllte weiße 136
Rührei auf Tomatenbrot 203
–, Garnelen mit 63
Rühreier auf Auberginenscheiben 208
Rupfen von Geflügel 226
Russische Creme 199

S

Safran 21
Sahne 24
–, Obstsalat mit 59
Sahnemöhren, Maiskrusteln mit 159
Sahnesauce, Steinpilze in 140
Salami, Nudelsalat mit 57
Salat, Blumenkohl- 47
–, Bohnen- 47
–, Champignon- 53
–, Chicorée- mit Mandarinen 46
–, Eier- 55
–, Eis- 47
–, Feld- mit Quarksauce 45
–, Feld- mit Speck 45
–, Fenchel- 51
–, Fisch- mit Erbsen 48

Salat, Geflügel- mit Avocado 50
–, Geflügel- mit Trauben 48
–, Gemischter Eis- 44
–, Gemischter Frucht- 58
–, Grünkernfrikadellen mit Tomaten- 160
–, Gurken- mit Garnelen 45
–, Gurken- mit Joghurtsauce 45
–, Italienischer 57
–, Käse-Wurst- 50
–, Kartoffel- mit Kasseler 56
–, Kartoffel- mit Matjes 56
–, Löwenzahn- 46
–, Mais- mit Wurst 54
– mit exotischen Früchten 59
–, Möhren- 51
–, Normannischer Naturreis- 52
–, Nudel- mit Salami 57
–, Obst- mit Sahne 59
–, Pikanter Rindfleisch- 49
–, Poularden- mit grünen Bohnen 49
–, Radicchio- mit Orange 44
–, Scampi- 52
–, Spaghetti- 54
–, Thunfisch- 53
–, Tomaten- 47
–, Windsor- 52
–, Wurst- besonderer Art 55
Salate als Beilage 44 ff.
– als Dessert 58 f.
– als Mahlzeit 48 ff.
–, Party- 54 ff.
–, Rohkost- 51
Salatgurke, Gefüllte 207
Salatkräuter 16
Salatsauce, Französische 16
Salbei 22
–, Kalbsschnitzel mit 81
Salsa pizzaiola 157
Saltimbocca 81
Salzheringe siehe Heringe
Samengewürze 16
Sardellenquark 210
Sardische Selleriesuppe 39
Sauce béarnaise 14
–, Blumenkohl mit Käse- 125
–, Blumenkohl mit Kräuter- 121
–, Curry- 14
–, Feldsalat mit Quark- 45
–, Französische Salat- 16
–, Gefüllte Paprikaschoten mit Pfeffer- 133
–, Gurkensalat mit Joghurt- 45
–, Hasenrücken mit Ingwer- 115
–, Helle Butter- 14
– hollandaise 15
–, Italienische Tomaten-Knoblauch- 157
–, Kabeljau in Senf- 68
–, Kapern- 14
–, Kirschkompott mit Weinschaum- 190
–, Kohlrabi in Kräuter-Sahne 126
–, Kräutermakrelen mit Apfel- 65
–, Matjes in Joghurt- 71
–, Nudeln mit Bologneser 156
–, Pökelzunge in Madeira- 99
–, Rehrücken mit Kirsch- 114
–, Rehschnitzel in Wacholder- 113
–, Sauerbraten mit Rotwein- 79

Sauce, Schweinefilet in Joghurt- 88
–, Spaghetti mit Gemüse- 156
–, Steinpilze in Sahne- 140
–, Tomaten- 15
– vinaigrette 16
–, Vollkornhörnchen mit Käse- 158
–, Vollkornmakkaroni mit Tomaten- 158
–, Überbackener Spargel in Butter- 131
Saucen, Folienkartoffeln mit pikanten 210
Sauerampfer, Kalbsmedaillons mit 80
Sauerampfersuppe 39
Sauerbraten mit Rotweinsauce 79
Sauerkirschauflauf 180
Sauerkirschdessert 190
Sauerkrautauflauf 178
Saure Erdäpfel 149
Saures Lüngerl 98
Scampi auf chinesische Art 61
– auf provenzalische Art 63
– und Garnelen 60 ff.
Scampisalat 52
Schafkäse, Mit – gefüllte Tomaten 132
Schaschlik 93
Schellfisch aus dem Ofen 64
– mit Champignons 69
Schinken, Chicorée mit 130
    Chicorée-Käseauflauf 177
–, Curryreis mit -bananen 153
– Eier-Auflauf 208
–, Gemüsereis mit 153
–, Rouladen mit 75
Schinkenbrot mit pochiertem Ei 203
Schinkenfleckerl 174
Schinkenrollen, Paprika- 135
Schinkensoufflés 32
Schlesische Mohnkließla 188
Schlesisches Himmelreich 89
Schmalz 24
Schmoren 227
Schmorgerichte, Feine 116 f.
Schneiden von Zwiebeln 226
Schnittlauch 22
Schnitzel, Böhmische 87
–, Kalbs- mit Salbei 81
–, Kalbsrahm- 81
–, Mandel-Puten- 110
–, Reh- in Wacholdersauce 113
–, Wiener 80
Schokoladensahne, Honigbananen mit 192
Schokoladenschaum 199
Schollen, Speck- 64
Schwäbische Krautkrapfen 162
– Maultaschen 163
Schwammerl, Schwämme siehe Pilzgerichte
Schwarzwurzeln 225
Schweinebauch, Gefüllter 91
–, Reiseintopf mit 166
    Schlesisches Himmelreich 89
Schweinefilet in Joghurtsauce 88
Schweinefleisch, Süß-saures 88
Schweinefleischgerichte 86 ff.
Schweinehalsgrat in Gelee 207

Schweinekoteletts auf flämische Art 86
– aux fines herbes 86
Schweineschulter mit Backpflaumen 90
Schweinesülze 206
Seelachskoteletts auf Leipziger Allerlei 69
Sekt 23
Selleriesuppe, Sardische 39
Semmelknödel 12
Senfbraten 78
Senfsauce, Kabeljau in 68
Servietten-Pflaumenknödel 182
Shrimps, Kartoffelpfanne mit 150
Sieden 227
Simmern 227
Šiš Čevab 93
Soufflés, Kleine Käse- 32
–, Schinken- 32
Spätzle 12
–, Linsentopf mit 166
Spaghetti al funghetto 156
– mit Gemüsesauce 156
Spaghettisalat 54
Spanische Reispfanne 171
Spargel, Eiersülzchen mit 29
– Garnelen-Sülzchen 29
–, Stangen- mit zerlassener Butter 131
–, Überbackener – in Buttersauce 131
Spargelomelette mit Garnelen 60
Speck, Aargauer Schnitz und Drunder 168
–, Feldsalat mit 45
–, Gebratene Maiskolben mit 139
– Kartoffel-Klöße 145
–, Polenta mit 161
Speckforellen 66
Speckkuchen, Kurländische 205
Speckschollen 64
Speisepilze 225
Spinat, Blatt- mit Knoblauchsauce 122
–, Blatt- mit Pistazien 122
–, Nudelauflauf mit 173
Steak braten 230
–, Filet- vorbereiten 221
–, Kluft- vorbereiten 223
–, Porterhouse 225
–, Rump- 225
–, T-Bone- 225
Steinpilze in Sahnesauce 140
Strudel, Apfel- 189
–, Milchrahm- 189
Sub gum 154
Sülzchen, Eier- mit Spargel 29
Sülze, Schweine- 206
Süße Auflaufe 180 f.
– Mahlzeiten 182 ff.
Süß-saures Schweinefleisch 88
Sukiyaki 215
Suppe, Bündner Gersten- 42
–, Champignoncreme- 38
–, Debrecziner Bohnen- 42
–, Holländische Fisch- 37
–, Kartoffel- mit Hacklößchen 41
–, Kräftige Gulasch- 40
–, Kraut- mit Rindfleisch 43
–, Kresse- mit Croûtons 38

237

Rezept- und Sachregister   **Zum Nachschlagen**

Suppe, Leberknödel- 36
–, Pilzcreme- 38
–, Sardische Sellerie- 39
–, Tomaten- mit Reis 41
–, Wildgemüse- 39
Suppen, Kräftige – mit Fleisch 40 ff.

T

Tafelspitz, Wiener 74
Tatar, Gefüllte Salatgurke 207
T-Bone-Steak 225
Teigrollen, Gefüllte 172
Temperatur des Weines 23
Tessiner Fondue 212
Thunfischsalat 53
Tiefgefrorene Krustentiere 224
Tiefkühlprodukte 24
Thymian 22
–, Kaninchen mit 116
Törtchen, Broccoli- 33
Tomaten auf französische Art 129
–, Egerlinge mit gedünsteten Zwiebeln und 142
–, Gefüllte 27
– häuten 226
–, Mit Schafkäse gefüllte 132
–, Rotbarsch mit 68
Tomatenbrot, Rührei auf 203
Tomaten-Kartoffel-Auflauf 178
Tomaten-Knoblauch-Sauce, Italienische 157
Tomatenpaprika, Lammkoteletts mit 92
Tomatenreis mit Knoblauch 155
Tomatensalat 47
–, Grünkernfrikadellen mit 160

Tomatensauce 15
–, Vollkornmakkaroni mit 158
Tomatensuppe mit Reis 41
Tontopf 228
Topfenpalatschinken, Überbackene 180
Torte, Holländische Reis- 182
Tournedos 72
Tranchieren von Geflügel 222
Trauben, Geflügelsalat mit 48

U

Überbackene Champignons 142
– Kräuter-Crêpes 209
– Muscheln 30
– Topfenpalatschinken 180
– Weißkohlachtel 127
Überbackener Lauch 134
– Spargel in Buttersauce 131
– Staudensellerie 134
Überbackenes Pilzragout 34
Ungarischer Paprika-Eintopf 170

V

Vanille 22
Vanillecreme mit Kirschen 197
Vanilleeis, Flambierte Pfirsiche auf 191
– mit heißen Himbeeren 200
– mit kandierten Früchten 200
Verzieren, Garnieren und 217
Vinaigrette, Artischocken mit 26
Vollkornhörnchen mit Käsesauce 158

Vollkornmahlzeiten 158 ff.
Vollkornmakkaroni mit Tomatensauce 158
Vollkorntaler, Festlich belegte 202
Vorbereiten von Krustentieren 224
Vorgerichte, Warme 32 ff.
Vorspeisen 26 ff.

W

Wacholder 22
Wacholdersauce, Rehschnitzel in 113
Warme Vorgerichte 32 ff.
Wasserbad 226
Waterzooi 37
Weincreme, Orangen- 195
Weine 23
Weingelee, Zitronen- 196
Weinschaumsauce, Kirschkompott mit 190
Weiße Rübchen, Gefüllte 136
Weißherbst-Pfirsiche 190
Weißkohlachtel, Überbackene 127
Weißkohlessen, Polnisches 165
Weißweine 23
Wiener Hackbraten 104
– Kaiserschmarrn 184
– Kartoffeln 147
– Schnitzel 80
– Tafelspitz 74
Wildbraten, Klassische 114 f.
Wildbret 226
Wildente, Gebratene 118
Wilder Reis 11
Wildgeflügel 118 f., 226
Wildgemüse, Gemischtes 128
Wildgemüsesuppe 39

Wildgerichte 112 f.
Feiner Jäger-Topf 164
Wildschweinrücken 115
Wildwachsende Speisepilze 225
Windsor-Salat 52
Winzer-Fondue 214
Würzkraft von Küchenkräutern 16
Wurst, Maissalat mit 54
Wurstsalat besonderer Art 55
–, Käse- 50

Y

Yorkshire Pudding 13

Z

Zimt 22
Zitronenmelisse 22
Zitronenspeise 195
Zitronen-Weingelee 196
Zitrusfruchtschalen, Haltbarmachung 16
Zitrusfrüchte 24
Zucchini, Gefüllte – im Ausbackteig 138
Zuchtpilze 225
Zürcher Kalbsgeschnetzeltes 83
– Rösti 146
Zunge, Pökel- in Madeirasauce 99
Zwiebelblatz, Fränkischer 204
Zwiebeln 226
–, Egerlinge mit gedünsteten – und Tomaten 142
–, Gefüllte 132
Zwischenrippenstück auf italienische Art 73

238

FAMILIENKÜCHE
...für kleine und große Genießer

ISBN 3-7742-1695-9
240 Seiten | € 19,90 [D]

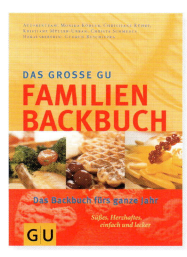

ISBN 3-7742-3292-X
240 Seiten | € 19,90 [D]

ISBN 3-7742-5469-9
240 Seiten | € 19,90 [D]

ISBN 3-7742-4879-6
64 Seiten | € 6,90 [D]

ISBN 3-7742-5762-0
64 Seiten | € 6,90 [D]

ISBN 3-7742-4880-X
64 Seiten | € 6,90 [D]

ISBN 3-7742-5721-3
64 Seiten | € 6,90 [D]

Wenn die Kleinen Hunger haben und die Großen verwöhnt werden wollen: Hier sind die Bücher für alle, die super leckere und ganz unkomplizierte Rezepte lieben.

Gutgemacht. Gutgelaunt.

Die Autoren

Christian Teubner
war früher Konditormeister. Seit vielen Jahren ist er aber viel-beschäftigter gastronomischer Fotograf. In seinem Studio für Lebensmittelfotografie entstehen Meisterwerke kulinarischer Aufnahmen, und aus seiner Probeküche kommen verlockende Kreationen von neuen Rezepten. Christian Teubners Arbeiten sind in ganz Europa ein Begriff, denn wo es um Küche und Keller geht – ob Buch, Plakat, Film oder Zeitschrift –, erkennt man seine »Handschrift«.

Annette Wolter
gehört zu den führenden Kochbuch-Autoren im deutschen Sprachraum. Seit zwei Jahrzehnten sind Kochen und Haushalt ihr Ressort. Annette Wolter begann als Mitarbeiterin großer Frauenzeitschriften. Heute ist sie anerkannte Expertin im Bereich Küche und Keller, Autorin erfolgreicher Kochbücher und mehrfache Preisträgerin der »Gastronomischen Akademie Deutschlands«.

Das Farbfoto auf dem Einband vorn zeigt ein gebratenes Rinderfilet mit pochierten Kohlblättern umwickelt und mit gegrillten Tomaten garniert, rechts Broccoli mit Haselnußbutter (Rezept Seite 124), links ein Kartof-felauflauf.
Das Farbfoto auf der Rückseite zeigt eine gefüllte Melone (Rezept Sei-te 58), auf gestoßenem Eis serviert und Weinschaumcreme mit Erdbeeren.

Die Farbfotos gestaltete das Foto-Studio Teubner, ergänzt durch Auf-nahmen von Susi und Pete A. Eising (Seiten 32, 33, 46, 47, 52, 53, 56, 57, 112, 113, 126, 127, 128, 129, 140, 141, 142, 143, 154, 155, 158, 159, 160, 161, 170, 171), Kraft Küchen-Service (Seite 58).

Nachdruck der Originalausgabe von 1984
© Gräfe und Unzer GmbH, München.
Alle Rechte vorbehalten. Nachdruck, auch auszugsweise, sowie Ver-breitung durch Film, Funk und Fernsehen, durch fotomechanische Wiedergabe, Tonträger und Datenverarbeitungssysteme jeder Art nur mit schriftlicher Genehmigung des Verlages.

Redaktion: Susi Pirouè und Brigitta Stuber
Zeichnungen: Gerlind Bruhn
Einbandgestaltung: Heinz Kraxenberger
Reproduktion: Brend'amour, Simhart & Co.

ISBN 3-7742-6168-7

Auflage	6.	5.	4.	3.	2.	1.
Jahr		06	05	04	03